El Mundo Al Reves
by Ventura Ruiz Aguilera

196.

EL MUNDO

AL REVES.

Miguel Guijarro, editor.

BIBLIOTECA MORAL DE LAS FAMILIAS.

EL

MUNDO AL REVES

NOVELA DE COSTUMBRES

SU AUTOR

DON VENTURA RUIZ AGUILERA.

TOMO II.

MADRID
IMPRENTA Y LIBRERIA DE MIGUEL GUIJARRO
calle de Preciados, núm. 5.

1865.

EL MUNDO AL REVES.

CAPITULO I.

Correspondencia epistolar entre el intruso y Taravilla, que marca los grados de cariño que entrambos se profesan.

I.

Abatido caminaba el bueno de Taravilla á casa de Quico Perales, para que Cipriana le enseñase una carta que de Baños habia recibido, y en la cual, segun su primo, poníasele como chupa de dómine.

Habia llegado á noticia del intruso que su cortesano rival decia pestes de él, siempre que la casualidad le deparaba ocasion de hablar con personas de la referida poblacion ó de las inmediatas, como Béjar y otras; y quiso demostrarle de una vez que ni sus prosperidades presentes y futuras le quitaban el sueño, ni temia sus rencores y amenazas; al efecto, entregó cuatro letras á un choricero de Candelario, que podian arder en un candil.

Con la sal y pimienta derramadas en la fraterna del intruso, podian adobarse unas cuantas arrobas del producto industrial de aquel pueblo; cuya bandera, bajo la forma de una modestísima tripa de cerdo embutida de sabrosos ingredientes, se ostenta orgullosa en una gran parte de las tiendas de comestibles de la península, y es objeto de las golosas miradas de los transeuntes.

Las pretensiones de Taravilla en este punto eran singulares: creyéndose autorizado, en virtud de un derecho que á él mismo le hubiera sido difícil esplicarse, no ya para zaherir y llenar de improperios á su colega, sino para ahorcarlo, rebelábase á la sola idea de que este se rascase cuando le picaba, cuanto mas á la de que le pagara en igual moneda. De esto se ve mucho en el mundo.

Apenas hay hombre que en el código de sus relaciones individuales con los demás hombres, no escriba, por mano de su egoismo, el artículo que en las Constituciones fundamentales de los Estados libres establece la irresponsabilidad del monarca.

Taravilla sin duda habia escrito en el suyo:

—La persona de Perez es sagrada é inviolable... para el intruso.

Hé ahí, pues, el orígen de su actual estrañeza.

II.

Acompañémoslo á su visita, y oigamos sus desahogos contra *el de allá.*

—Daca eso; dice á Cipriana, sentándose mohino en una.

silleta de la cocina, en donde la prima está preparando la co-mida.

—¡Buenos dias te dé Dios, hombre! Yo buena: ¿y tú? esclama Cipriana, altamente resentida de que el primo no la haya saludado.

Rosarito juega en la cuna con un sonajero.

—¿Tienes á mano la carta de Baños?

—¡Ea, ya le fué con el cuento Quico!... ¡Y eso que le en-cargué que no te dijese nada!

—Mal hecho; yo lo desprecio altamente.

—¿A quién, á Quico?

—No, mujer, al intruso.

—¡Otra nos queda, primo!

—¡Por esta cruz bendita!... esclama Taravilla, formando una con los índices de las dos manos.

—No jures en falso.

—¡Pues si le haceis á uno salirse de sus casillas, ca-ramba!

Cipriana coge un papel que hay en la espetera, y se lo en-trega, diciendo:

—Toma la carta.

Desdóblala con rapidez Taravilla.

Rosarito arroja el sonajero y principia á llorar.

El barbero dirige á la cuna una mirada coléricamente teatral, y esclama:

—¿Qué diantres tiene ese renacuajo de chiquilla, que siempre está chillando?

—Poco á poco, primo; el renacuajo serás tú, que parece que le has jurado odio y mala voluntad. El dia que llegaste de Baños, tambien creiste que era un perro; lo tengo mas presente de lo que á tí te parece.

—¡Odio yo y mala voluntad á la niña! ¿En qué libro lo has leido? Mañana le traeré una muñeca, de las que dicen *pápa* y *máma*. ¡Sino que uno está dado á Barrabás!

—El remedio tienes en la mano.

—¿El remedio?

—¡Claro! ¿Por qué no vas á la sala á leer la carta, si quieres que no te estorbe?

III.

Taravilla aplaude la indicacion de Cipriana.

Vase, pues, á la sala, y lee:

✛

«Caballero:

»Me habia propuesto no hacer caso de las parlanchinerías de usté, porque donde no hay aquello que usté sabe, no hay que buscarlo; á tí te lo digo suegra, entiéndelo tú mi nuera. Pero llegan tantos chismes á mis oidos, que no puedo *por menos* de coger la pluma y acusarle las cuarenta, aunque se queme usté mas que un cabo de realistas.

»¿No me llamaba usté farolon, fachenda, botarate, tiquismiquis y otra porcion de cosas, burlándose de la pomada, el espejo dorado, las tenacillas, los polvos de arroz, la raiz de lirio de Florencia, los aceites *ecétera*? ¿Pues á qué santo dice usté ahora á los choriceros y otros individuos de estos contornos, que la *Correspondencia* va á poner el dia menos pensado un artículo anunciando el establecimiento que piensa abrir en Baños, con todos aquellos enseres, ó *item* mas, para dejarnos patitiesos y turulatos? ¿Cómo le llamaremos á usté entonces? ¡Si la envidia fuera tiña, señor artista en cabellos, cuántos tiñosos habria!

»Tambien cuentan que le hace usté ascos al nombre de peluquero, pareciéndole preferible el de *artista en cabellos.* ¡Cómo subo, cómo subo, de pregonero á verdugo! ¿Y á mí, qué?

»Bien considerado, todo esto prueba que sigue usté la corriente del siglo. Búrlese usté ahora, búrlese del *intruso,* porque sigue creyendo lo mismo que antes: sí señor: *el mundo marcha, quien se quiera parar será aplastado, y el mundo continuará marchando.*

»Yo me alegro de que usté prospere: en cuanto á mí, le confieso que no tengo queja. Hago por dar gusto al pueblo, el pueblo me aprecia, yo correspondo, y vamos anduviendo, como dijo el otro.

»Añadiré, para su satisfaccion, que todas las heridas que causó el serrucho de usté en estas inocentes barbas se han cicatrizado;

»que, sin embargo de que *apuro* hasta dejar el cútis liso como la seda, no salta ningun *cañon;*

»que mi gato está bueno y rollizo, sin que haya podido relamerse una vez siquiera, como el de usté, con las piltrafas de las víctimas;

»que aquí no hay otro *Ecce homo* que el de la iglesia, ni corre por la cara y por el pescuezo de nadie otra sangre que la de las cisuras de las sanguijuelas, cuando el médico manda aplicarlas á las sienes ó detrás de las orejas;

TOMO II. 2

»que si piensa volver á esta con su título de practicante, se arma un pronunciamiento;

»que hasta sus mismos parroquianos, le miran ya como un verdugo, y que uno de ellos, de lo principalito de Baños, cada vez que se acuerda de los tajos y reveses que usté le tiraba á diestro y siniestro, repite chungándose:

¡Antes morir que consentir tiranos!

»Por último, las mandíbulas siguen sin novedad en su importante salud, desde que el gatillo y la torpeza de usté no se dedican á arrancarlas de cuajo, echando la culpa de estos horrores unas veces á la insercion particular de las raices de los dientes y las muelas, y otras á lesiones que sólo existian en su cabeza de chorlito de usté.

»¡Invente usté, invente injurias y calumnias contra mí, pero no olvide que desprecio su fanfarria, que sus palabras por un oido me entran y por otro me salen, pues las oigo como quien oye llover, y mas vale así, porque si me sulfurase... ¡pobre *artista en cabellos!*

»Esto le dice

EL INTRUSO.»

IV.

—¡Esto le dice el intruso!—esclama Taravilla, pálido como la cera, estrujando la carta con sus manos.—¡Esto le dice el intruso! ¡Yo te diré á tí cuántas son cinco!

Vuelve, sin embargo, á la cocina con aire risueño, y pide un vaso de agua á su prima.

—¿Qué tienes? le pregunta Cipriana.

—¿Qué he de tener?

—Eso tú lo sabrás, que te fuiste colorado como una rosa y vienes amarillo como el azafran.

—Me ha sentado mal el almuerzo; ya lo sabes.

—¿Pues qué has almorzado?

—Caracoles, que son comida indigesta.

—¡De veras! ¿Y la carta?

—Esto no es carta ni quien tal pensó; es un papelucho con mas tonterías que palabras.

—¿Piensas contestar?

—No; lo tengo á menos; seria rebajarme; hay mucha distancia de él á mí. Yo no sé dar coces, y á un burro sólo se le puede contestar coceándole.

Cipriana le sirve un vaso de agua, y el barbero respira con mas desahogo.

En seguida se despide de la prima, y se dirige á una tienda de objetos de escritorio.

V.

—¿Hay papel fino con orlas iluminadas y canto dorado? pregunta (entrando en la primera que ve) al mancebo que está detrás del mostrador.

—Sí señor.

El mancebo le presenta varias resmillas para que escoja, y él se decide por la mas vistosa, esto es, por la que se le figura de mejor gusto.

Propónese deslumbrar con sus grandezas al intruso, y echa

el resto, comprando, además, una cajita con polvos de color de rosa y limaduras de metal plateado, y otra de obleas de goma, en cuyo centro hay una flor diminuta.

La orla del papel consiste en una guirnalda verde, de cuyos tallos penden infinidad de corazones, contra los cuales el travieso Cupido dispara furibundas saetas.

La alegoría, como se ve, no puede ser mas espresiva, ni mas propia del caso.

Provisto de semejantes adminículos corre á la peluquería, revolviendo su magin en busca de ideas para rebatir victoriosamente las de su vengativo adversario.

—¡O somos ó no somos!—piensa por el camino.—¡A papel de á ochavo, papel de á real! ¡A obleas de harina, obleas de goma! ¡A polvos de hierro, polvos de coral y de plata! ¡Al que no quiere caldo, taza y media!

> Tú te lo quieres,
> fraile mosten,
> tú te lo quieres,
> tú te lo ten.

VI.

Luego que viene la noche, y en el silencio de su zaquizamí, da principio á su importantísima tarea.

La vanidad, la venganza, el amor propio ajado, la cólera y el desprecio, le inspiran y le dictan las frases que salen á borbotones de su pluma, y que borra y corrige mil veces, durante las seis horas mortales que, á costa del sueño, en la operacion emplea.

Finalmente, despues de bien pulido y afiligranado todo, copia la minuta en el papel comprado por la mañana, complaciéndose de antemano en las rabietas que de seguro va á causar al intruso la epístola modelo, que, literalmente, á continuacion traslado:

«Caballero:

»Quédese para los hipócritas eso de poner una cruz delante de sus picardías; yo sé por dónde va el agua del molino, y digo: «detrás de la cruz el diablo;» con que así, arre allá, á otro perro con el hueso, que acá no comulgamos con panes de cuatro libras. ¿Qué tal? ¿Me esplico?

»Parlanchinerías llama á las verdades del barquero, y cree que sus bocachonadas van á quemarme como á un cabo de realistas. ¡Anda, salero! ¡Y qué adelantados estamos de noticias!

»Ahora no hay realistas, señor mio, á no ser que á usté se le figuren realistas algunos que se llaman liberales, por razones que yo ignoro, en cuyo caso con su pan se lo coma.

»Y haga usté el favor de no hablar de política en sus cartas, para sonsacarme y comprometerme; mas valia que se encerrase, como yo, dentro del terreno científico, limitándose á ejercer las funciones del cargo que me usurpó con escándalo de todas las personas honradas y amantes de la propiedad, tan combatida hoy por los enemigos declarados ú ocultos del órden.»

Para escribir los renglones que anteceden, Taravilla ha apuntado las voces y conceptos de la *Correspondencia* que mas al caso le parecen, y ahora siembra con ellos su carta, colocándolos donde el capricho le dicta.

«No retiro ni una sola palabra de las que usté me atribuye:.tan farolon, tan fachenda, tan botarate y tan tiquis-miquis es usté hoy como ayer; y si me burlé de su pomada, de su espejo dorado, de sus tenacillas, sus polvos de arroz, su lirio de Florencia y sus aceites, fué porque eran enseres de lance y géneros adulterados ó fabricados por usté, y no procedentes de las perfumerías de Frera, Fortis y demás que han obtenido privilegios de invencion, si no me engaño, en las esposiciones estranjeras.

»¡Quisiera yo saber con qué diablos hace usté esos *mejunjes*, que dan náuseas! Malas lenguas dicen que su pomada es sebo, que su espejo dorado se lo compró á un tísico, que sus tenacillas pertenecieron á una tiñosa, que sus polvos de arroz y su lirio de Florencia son cal rebujada con harina de habas, y sus aceites rebañaduras de candil.»

Leyendo estos renglones, y asombrado de la energía que revelan, hace una breve pausa para esclamar:

—Cuando llegue aquí, de seguro le da un patatús.

Y luego continúa:

«El nombre de peluquero, muy respetable en tiempos de Maricastaña, ya no es moneda corriente. ¡Valor es menester para venírsenos con que es mas elegante y mas bonito que el de *artista en cabellos*, inventado en París de Francia! ¡Si querrá saber mas un hominicaco lastimoso que las primeras notabilidades de Europa, esos hombres encanecidos y calvos á fuerza de hacer estudios profundos y de trascendencia! ¡Qué atrevimiento!

»Pero cuando mas enseña la punta de la oreja, es cuando dice que *el mundo marcha.* ¿Quién se lo ha contado á usté? El mundo se está quieto y muy quieto, cosa que saben hoy hasta los niños de teta. ¡Qué ignorancia! Es preciso no tener ojos en la cara para no ver que el que marcha es el sol alrededor del mundo; mire usté el calendario, que allí está mas claro que la luz de medio dia; y sino ¿á qué viene aquello de que sale y se pone á las tantas horas y minutos de la mañana y de la tarde? Ademas, si el sol no marchara, siempre nos estaria alumbrando, y escusaba uno de gastar dinero en aceite.

»Si mi navaja era un serrucho, si yo mantenia al gato con las piltrafas de mis víctimas, si convertia los parroquianos en *Ecce homos*, ¿en qué consiste que en la córte, donde los cútis son delgados como tela de cebolla y suaves como el raso, confiesan á una voz los marqueses y banqueros que afeito y rizo, que tengo mano de manteca? ¿En qué consiste que me regalan brevas imperiales, y me llaman amigo, y ofrecen pagarme los gastos de reválida?

»Usté no puede hablar de mandíbulas, porque no ha saludado ni por el forro la Anatomía. ¡Gracias si de oidas conoce á Martin Martinez!

»Cuando usté se pase los dias y las noches, como yo, estudiando á fondo los dientes incisivos, caninos y molares, entonces, y solo entonces, tendrá derecho á echar su cuarto á espadas.

»Adorne usté su tienda con estampas indecorosas, como aquella en que un mozo rubio besa la mano á una jóven, y la otra en que á una señorita se le ve hasta el tobillo al subir una escalera; yo adorno mi cuarto con huesos, calaveras, y grabados de angiologia, neurologia y esplacnologia; con frasquitos que contienen trozos de solitarias, cálculos vesicales y otros varios objetos, recreando mi vista y robusteciendo mis facultades intelectuales. Pero ¿á qué me canso? Todo esto debe ser *gringo* para usté.

»Concluyamos.

»Dentro de dos años, ó menos, volveré yo á esa, con mi título; se lo advierto para que vaya usté preparando la maleta; porque si para entonces no ha puesto piés en polvorosa, pasaré un oficio al subdelegado de Medicina y Cirujía del partido, que le pondrá las peras á cuarto, como intruso y usurpador de lo ajeno.

»Esto le dice

EL ARTISTA EN CABELLOS.»

CAPITULO II.

———

Comentarios á la *Vida del hombre obrando bien* y del hombre *obrando mal.*—
Saludable consejo de Quico Perales á Taravilla, y curiosidad de conocer el
primero de los dos á Bravo.

I.

Escrita la carta, la dobla Taravilla cuidadosamente y al
otro dia la lleva á casa de Quico, para que, por el conducto que
él recibió la suya, y sin temor de estravío, llegue á manos del
intruso.

Hállase Quico á la sazon muy embebido leyendo unas aleluyas que acaba de comprar á un ciego. Estas aleluyas son la
Vida del hombre malo, ú *obrando mal*, que es como verdaderamente dice su título.

Quico se habia figurado encontrar en ellas uno de esos héroes hábiles y astutos, que poco á poco se levantan del polvo
hasta clavar la rueda de la fortuna, y se pasean y brillan entre las personas decentes, siendo unos solemnes bribones. Su

espíritu conserva oscuras reminiscencias de tan instructivo *poema*, reminiscencias de cuando niño; y ahora ve que el protagonista fué un ente vulgar, cuyo fin le estaba perfectamente merecido.

Dice la segunda aleluya:

> *A su madre se rebela,*
> *y no quiere ir á la escuela.*

—¡Toma!—esclama.—¡Eso lo hacen todos los muchachos, aunque sean como una malva!

Pasa á la tercera:

> *Por su desaplicacion*
> *es de todos la irrision.*

Y tampoco encuentra nada de particular.

En la cuarta aparece el héroe jugando á la pedrea con otros chicos, y él, que siempre ha sido bueno, se acusa del mismo pecado, sin que la conciencia le dé un mal mordisco.

En la sesta:

> *A su madre no respeta,*
> *y le hace una morisqueta.*

—¡Vaya un crímen!—dice.—¡Habré hecho yo tantas y tantas morisquetas á la mia, queriéndola mas que á las niñas de mis ojos!

Se fija en la octava, y lee:

> *Roba á sus padres, y luego*
> *toma las de Villadiego.*

—¡Estas ya son palabras mayores! piensa.

En seguida,

Falsifica una libranza
y la cobra sin tardanza.

Va á presidio, se escapa, asesina, vuelven á prenderle, pónenle en capilla, y le dan garrote.

II.

Semejante modelo no conviene á Quico.

Quico sueña nuevamente con un hombre malo, pero un hombre malo especial; quiere soplar y sorber, repicar y andar en la procesion; en una palabra, pretende ser malo, sin dejar de ser bueno, para lograr beneficios, sin sentir remordimientos. Pero su alma tiene una balanza, en uno de cuyos dos platillos echa la voluntad y en el otro la conciencia; y como el peso de la conciencia suya es mayor, siempre la voluntad queda vencida.

Yo compadezco al miserable que para justificar sus acciones atribuye la conducta del hombre de bien á cualidades negativas, y no á la preponderancia del elemento moral en su naturaleza.

—Fulano—dice—es bueno, porque no se atreve á ser malo; no toma, porque no le dan; camina erguido, porque no sabe doblarse; va por el camino real, porque no ve el atajo.

Yo respondo que no hace nada de esto, porque no quiere; y este no querer es, precisamente, lo que constituye su bondad.

La suerte de Quico es cada vez mas negra, y para conjurarla, forma planes y planes. Pero sus planes fracasan, y determina renunciar á ellos, por mas que le haga cosquillas la especie de aviso que le dan estos dos versos de la aleluya undécima:

No teniendo ocupacion
por vago está en correccion.

III.

—¿Qué demonches haces agarrado á ese papel, Quico? le pregunta el barbero, al entrar.

—Leia estas aleluyas.

—¿Qué aleluyas?

—La vida del hombre malo.

—A ver.

Entrega Quico al curioso barbero las aleluyas, y este les echa un vistazo.

Es de advertir que en la parte superior del pliego están las del hombre de bien, el cual, por premio de su obediencia á los padres, de su aplicacion en los diversos estudios que emprende, de su caridad, de su valor como militar, de la rigidez que observa en el cumplimiento de sus obligaciones y de la suavidad de su mando y comportamiento con los soldados, á quienes considera como hombres y hermanos y no como perros, sólo llega á capitan, muriendo al cabo de algun tiempo á consecuencia de la herida que recibe en una accion de guerra.

—Hombre, ¿sabes qué digo? esclama Taravilla.

—¿Qué dices?

—Que estas coplas parecen pintiparadas para mí. ¡Si me conocerá el que las ha escrito!

Quico reflexiona dos minutos, y por mas que la busca, no encuentra la analogía que puede existir entre el personaje de las aleluyas y el que le habla.

—Esplícate; observa Quico.

—Dejando á un lado la infancia del hombre de bien, el respeto que tenia á sus padres, el aprecio del maestro, la admiracion de los niños y las limosnas que hacia, en lo cual la semejanza conmigo es completa, en la aleluya novena observo que

Marcha á un colegio á estudiar
la carrera militar.

Yo marché, cuando aún no me apuntaba el bozo, á la barbería de Aldea Nueva del Camino.

Segun la décima,

Sus padres, siempre queridos,
le despiden afligidos.

Mi madre lloró como una Dolorosa, al separarme de ella; el pobre de mi padre (Dios lo tenga en el cielo) no lloró, porque ya estaba en el otro mundo.

La undécima tiene al pié estos versos:

En la esgrima se ejercita,
pero los duelos evita.

Yo me ejercité en el manejo de la navaja, y diga lo que quiera el intruso, evité los duelos y el derramamiento de sangre, aun contra alguno de mis parroquianos que no era santo de mi devocion, cuando tan fácil me hubiera sido rebanarle una oreja ó partirle la nuez.

Y sigue la décimacuarta:

Reputado por valiente,
es ascendido á teniente.

Reputado yo como el mancebo mas listo de los dos que ayudábamos al maestro de Aldea Nueva del Camino, me establecí en Baños.

Dice la décimanona:

En una accion muy reñida
ha recibido una herida.

No es floja la que he recibido yo en mis intereses y en mi honor, por causa de aquel tunante. Pero, como dijo el otro, paciencia y mala intencion, que al fin de los años mil, vuelve el agua á su carril, y mas dias hay que longanizas. No, lo que es yo no moriré como el capitan de las coplas, sin haberme vengado del danzante consabido.

Por supuesto, que, á juicio de Taravilla, la vida del hombre malo, es, ni mas, ni menos, la vida del intruso.

IV.

—Quico—dice, sacando la carta escrita la noche anterior,—habia pensado en despreciar al de allá; pero pudiera achacarlo á miedo, y al fin, he resuelto contestarle. Escucha.

Lee su terrible fraterna, y despues de concluir, pregunta el primo:

—¿Puede saberse quién te ha ofrecido pagar los gastos de tu reválida?

—El señor Enriquez.

Quico le mira con curiosidad y estrañeza.

—¿Y quién es el señor Enriquez?

—Uno de mis parroquianos.

—¡Como nada me habias dicho!

—Es un caballero jóven, muy guapo, muy rico, á quien me recomendó la señora marquesa de la Estrella.

—¿Qué servicios particulares le has prestado, para que tanto se interese por tí?

Taravilla teme haberse descubierto demasiado, y dice para sus adentros:

—Recojamos velas. ¡Hombre! ¡servicios!... ¡servicios!...—esclama, balbuceando en alta voz:—¿qué mas servicios que hacerle la barba, y luego... las simpatías... su buen corazon... ¡Perque tiene un corazon!... ¡qué corazon!...

—Oye un consejo—interrumpe Quico:—acabas de leer la vida del hombre malo; con que... mucho ojo, primo; ya has visto el fin que tuvo.

—El merecido.

—Justamente.

—El que espera al de allá.

—Déjate de tonterías, y sigue escuchando. En la aleluya octava se refiere que el hombre malo robó á sus padres, tomando en seguida las de Villadiego; y en la trece, que falsificó y cobró una libranza. Pues bien: ese protector tan jóven, tan guapo y tan rico que te ha salido, es un *rapaverum*... ¿Lo quieres mas claro?... Un ladron.

—¡Quico!—grita el barbero, estremeciéndose como si le picase una víbora.—¡Quico!

—Esa persona tan jóven, tan guapa y tan rica, robó á su padre, al infeliz don Lorenzo Figueroa, que le queria como á un hijo; y le robó, segun cuentan, fingiendo operaciones de comercio, y falsificando muchos documentos.

—¡Chismes! ¡Chismes!

—El consejo que te doy, es que andes con piés de plomo, y no olvides lo que acabas de oir. Con el tiempo verás si son chismes las cosas que te he dicho.

V.

¡Adios ilusiones, adios castillos, adios soñadas grandezas de Taravilla!

La relacion del primo le deja con la boca abierta, los ojos alelados y los brazos caidos.

El miedo, la duda, la credulidad y la estrañeza se pintan en su semblante.

—¡Hombre!—esclama. — No adelantes el discurso; mira bien lo que dices, Quico.

—Lo tengo bien mirado. Las relaciones con ese pillo y con la marquesa de la Estrella y su hermano, te comprometerán al cabo y á la postre; y si no, vivir para ver.

—Tú hablas así, porque estás resentido con ellos; por lo tanto, no eres voto en la materia.

—Estoy resentido, porque el tunante de don Amadeo no tuvo compasion de mí, pobre infeliz, cuando, sin querer, le salté un ojo á un señor, siendo yo picapedrero. Si él hubiese tenido entrañas, me hubiese librado de ir al Saladero y de confundirme entre *maloshechores*.

—Echa la culpa al juez, y no á él.

—El juez hizo lo que debia.

—No comprendo.

—Se buscaron testigos falsos, se abultaron unos hechos, se inventaron otros, de una conformidad que yo mismo llegué á dudar de mi inocencia.

—¿Y qué pruebas tienes tú de que el señor Enriquez es ladron? Porque las cosas se dicen muy bien.

—Cuando el rio suena...

—¡Ah! ¿Con que basta el dicho de cualquiera para desacreditar á las personas honradas?

—¡De cualquiera! ¿Es el dicho de cualquiera el dicho de Cipriana y de sus amos?

—Son partes interesadas, y cada ermitaño es natural que pida para su ermita.

—A tí sí que te ciega el interés, primo; siento que defiendas á esos bribones.

—Hijo mio, cada uno habla de la feria, como le va en ella. Si para tí son unos bribones, allá te las hayas; para mí son unos santos.

—¿De veras?... Pues, primo, punto redondo: enciéndeles un cirio pascual y adóralos; no te arriendo la ganancia. ¡Cuando no te salgan á la cara los favores que te hacen! ¡Cuando no te metan en algun berenjenal!

—La señora marquesa ha proporcionado á mi principal parroquianos lúcidos, que me estiman y me agasajan, y que se vendrian á mí si mañana se me encalabrinase la idea de poner establecimiento en Madrid. Uno de ellos es el señor Enriquez, otro el señor de Bravo, aquel que bailó en Baños con la señorita de Figueroa, la madrina de Rosarito. Con que... ¡ve atando cabos!

—¡Ya! Ya los ato, y veo que el interés te ciega.

—Si tan mal quieren la marquesa y don Amadeo á los amos de Cipriana, ¿cómo es que se tratan con el señor de Bravo, que, por cierto, llegó ayer de Buñol, en donde ha estado juntamente con mi protectora?

—¡Cómo!

—¿Cómo? Comiendo.

—¡Se tratan con el señor de Bravo!... dice Quico un tanto caviloso.

—Estas son cosas que tú no alcanzas, y que se quedan para el curioso lector; responde Taravilla, con acento y aire de importancia.

—¡Hombre, tengo curiosidad de conocer al señor de Bravo! esclama Quico.

—Lo conocerás. Nada mas fácil, con tal de que busques un pretesto.

—Creo haberte oido que es rico.

—¡Vaya!

—Que tiene dos criados.

—Justo.

—Ya hay pretesto; le diré que sirvo, que estoy sin acomodo, y que noticioso de que ha despedido á uno de sus criados, me convendria quedarme en su casa.

—Pero, ¿haces ánimo de servir?

—Allá veremos; lo que yo deseo principalmente, es saber

de los amos de Cipriana, para darle á mi mujer una sorpresa. Pero no eches en saco roto mi consejo, pues no obstante lo que me has contado, si he de confesar lo que siento, no veo claro en este negocio.

Taravilla dice á Quico las señas de la casa de Bravo, y sale pensativo y menos gozoso que cuando vino á la de su prima.

———————

CAPITULO III.

———

Proyectos misteriosos de Quico Perales.—Primero se pilla á un mentiroso que á un cojo.—La fortuna sonrie á Quico, el cual lo celebra con un almuerzo propio para despertar la sensibilidad en un muerto.—Las campanas tocan á fuego, y la fortuna hace una mueca al pobre Mala-Sombra.

I.

Reuniendo Quico Perales, luego que se ve á solas, todo lo que acaba de decir Taravilla, con lo que ha oido al mismo en diferentes ocasiones, comprende, ó para hablar con mas exactitud, adivina que hay quien trabaja contra la familia de Figueroa; que los eternos enemigos de este aún no están satisfechos, y que Bravo es quizá la única persona que compadece su desgracia.

Insiste, pues, en presentarse á él, y ofrecerle su débil apoyo, si, en efecto, se confirma la opinion que de este ha formado, y no le arredra el temor de que pueda Bravo ser cómplice de Enriquez, de la marquesa y de don Amadeo.

—¿Qué me puede suceder?—medita.—¿Que me zampen

otra vez en el Saladero? Sarna con gusto no pica; Dios, que conoce mis buenas intenciones, me perdonará si les ofendo pensando mal de ellos. ¡Ojalá me equivoque! Pero el que malas mañas há, tarde ó nunca las olvida, y quien hace un cesto hará ciento, si tiene mimbres y le dan tiempo.

No vacila un instante en su generosa resolucion, por mas que le aflija la escasez de sus fuerzas para llevar á cabo lo que su imaginacion concibe.

—Soy un miserable gusano—murmura, continuando en sus meditaciones;—ellos ricos y fuertes, y por eso me pisan y me desprecian; pero no olviden que á veces los gusanos trabajan á la chita callando, debajo de tierra, y que, royendo las raices de árboles bien robustos y lozanos, los secan y los derriban como quien no quiere la cosa.

II.

Vuelve Cipriana, y encontrándolo tan ensimismado, se sonrie.

—Saber quisiera yo qué saldrá de esa cabeza de chorlito; le dice.

—¿Qué saldrá?... Saldrá... en fin, callemos; de una cabeza de chorlito nada bueno puede salir.

—¿Hay secretos?

—Sí señora; yo me entiendo y bailo solo.

—¿Qué aleluyas son estas? dice Cipriana, que las ha visto en el suelo y las recoge.

—¿No lo sabes?... La vida del hombre malo y la vida del hombre...

—¡Ah! ya caigo; ¿qué apostamos á que te ronda todavía la idea de ser malo?

—Sí.

Este *sí*, pronunciado solemnemente despues de una pausa, equivale á un *no*.

—Te empeñas en balde: tú no has nacido para eso; yo me rio de tus maldades.

Quico se encoge de hombros, mírala como con lástima, y tararea irónicamente:

> Usté no es ná,
> usté no es ná,
> usté no es chicha,
> ni limoná.

—¿Quién ha estado aquí? pregunta Cipriana, con el fin de sacar por el hilo el ovillo.

—Tu primo Taravilla; que toda te vuelves preguntas, como si me estuvieses tomando declaracion de algun delito.

—¿A qué ha venido Taravilla?

—A leerme y entregarme su contestacion al de siempre. ¿Cómo diantres llama al barbero de Baños?

—El intruso. ¿Y á que mas ha venido el primo?

—A nada.

—¡Bah! ¡bah! A tu tia que te dé *pa* libros.

—¿No dices que soy un cabeza de chorlito? Pues á las cabezas de chorlito se las deja.

Y repite, en el mismo tono que antes:

> Usté no es ná,
> usté no es ná,
> usté no es chicha,
> ni limoná.

A Cipriana le pica la curiosidad de saber lo que calla Quico, por lo mismo que este nunca ha tenido secretos de ninguna especie para ella.

—Anda, hombre—esclama, siguiéndolo hasta la puerta,
agarrada á su chaquetilla,—anda, dímelo.

—¿Me prometes silencio?

—Sí.

Detiénese Quico en el umbral, y dice:

—¡Pues oye: voy... á ser hombre de bien!

—¡Mira qué embajada! ¿Y para eso tanto misterio?... A mí
no me la pegas: algo me ocultas; ¡te conozco, besugo!

—¡Quiá!

—Tú traes algo entre manos.

—¡Si soy un *quisque*, un ente, una persona de poco mas ó
menos!

Usté no es ná,
usté no es ná,
usté no es chicha,
ni limoná.

Despues de este alarde valeroso de importancia, Quico echa
á correr y desaparece, no sin volver tres ó cuatro veces la cabeza, para hacer desde la calle la mamola á Cipriana.

III.

Subiendo la escalera de la casa de Bravo, discurre la manera mas hábil de realizar su intento.

Antes ha preguntado por él en la portería; y el cerbero, á
quien sin duda no inspiran bastante confianza sus trazas, le

hace mil preguntas, y, despues lo acecha con disimulo desde abajo, y aun le dan terribles impulsos de seguirlo mas de cerca, viéndolo pararse en cada peldaño.

La situacion para él es crítica hasta no mas; considérase en el caso del lidiador que tiene que hábérselas con un bicho, cuyas intenciones desconoce, y á quien hay que sortear al principio, guardando todo lo posible el cuerpo, hasta descubrirlas y hacer su composicion de lugar.

Estas ideas tauromáquicas desde luego merecen su aprobacion sincera; pero no le impedirán aceptar otras, siempre que otras se dignen iluminar el laberinto de confusiones en que se pierde.

Hé ahí por qué, repitiendo los latinajos macarrónicos con que el pueblo *erudiciona* frecuentemente sus discursos, murmura:

—*Inteletus apretatus discurre qui rabian.*

Ó bien:

—*Apretavis quibis cobis;* y apretaba las escobas.

IV.

Párase en la meseta del tramo principal, dase un rascon en la cabeza, tose, escupe, y llama.

Abre un criado, y le pregunta:

—¿Qué se le ofrece á usté?

—Ver al señor de Bravo.

—Está ocupado.

—No importa: esperaré, aunque sea una hora; pero haga usté el favor de decirle que...

—No se le puede pasar recado.

—Es para un asunto que le interesa.

—Vuelva usté mas tarde.

—Pero hombre, dígale usté...

—Tengo órden de no distraerlo.

—Pero hombre... repite con enojo, Quico.

—Pero mujer...—responde quemado el mozo.—¿Cómo se dicen las cosas?

—¡Qué fueros!

—Los fueros son los que trae usté.

—Pues á mí á cabezota no me ha de ganar usté—repone Quico,—y se sienta en el suelo, escarranchándose.—¡Despues que vengo á traerle noticias de Buñol!... continúa, soltando diplomáticamente esta esclamacion, con el objeto de que se la comunique á Bravo.

En efecto, el criado, á poco de cerrar la puerta, vuelve y le manda pasar á un gabinete.

—¡Como lo ven á uno de chaqueta!—va refunfuñando entre dientes.—¡Estos criadillos de ahora tienen mas humos que un capitan general!

V.

El gabinete de Bravo está adornado con la mayor elegancia, como puede estarlo el tocador de una dama aristocrática.

Quico mira á todas partes; al contemplar tanta riqueza, se le figura que se halla en una region encantada, y ni á respirar se atreve.

Su arrojo le asombra, le escandaliza.

¿Cómo un *quisque*, un ente, una persona de poco mas ó menos (segun sus propias espresiones) ha osado penetrar en este recinto, que parece el santuario de una divinidad? ¿Cómo no ha temido manchar con sus toscos zapatos, llenos de lodo, aquella alfombra de terciopelo que sólo debia ser hollada por el pié de un ángel ó de una vision aérea?

Clava los ojos en dos hermosos cuadros, que, atendido el resto de la decoracion de la estancia, y el efecto que en él producen, deben ser dos obras maestras, y murmura arqueando las cejas:

—¡Cosa de gusto!

Luego continúa irónicamente, rascándose cada vez con mas ahinco y comparándolos con unas deplorables litografías francesas, compradas por él dias antes en uno de esos baratillos que con frecuencia vemos en el suelo junto á las aceras de Madrid:

—¡Lo mismo son los mios! ¡Siempre le habrán costado un par de reales!

Así que ve entrar á Bravo, y le examina de arriba abajo con una rápida ojeada, dice para sus adentros:

—¡Este hombre me gusta!

Siéntase Bravo, y Quico principia á dar vueltas al hongo, con las puntas de los dedos.

A no serle simpático su interlocutor, arrepintiérase quizá de su empresa; pero animado por su mirada benévola, no vacila en romper el silencio, y esclama:

—Yo soy Quico Perales.

Como quien dice: «yo soy todo un personaje conocido: yo soy Napoleon.»

—Por muchos años; responde Bravo.

—El marido de Cipriana Santos.

—Sea enhorabuena.

—Tengo una niña que se llama Rosarito.

—Sí tendrá usted.

Quico observa, y comprende que no ha logrado encontrar la cuerda sensible del que le escucha. A su ternura paternal y conyugal le hiere algo la ignorancia en que este vive acerca de la existencia de séres tan dignos de ser conocidos y amados, y seguramente lo atribuye á una de tantas injusticias como en el mundo se ven.

—Aún no me ha dicho usted—esclama benévolamente Bravo—el objeto que aquí le conduce.

—He oido que necesita usté un criado.

—Hombre... lo que es por ahora no. .

—Lo siento; otra vez será.

—Acaso mas adelante, y prévios los informes correspondientes... ¿Quiere usted dejar las señas?

—Mi primo Taravilla le informará de...

—¡Cómo! ¿Es usted primo de Taravilla?

—Sí señor. Además, mi mujer—añade Quico Perales, con marcada intencion—ha sido niñera de la señorita doña Amparo Figueroa. ¡Oh, si la señorita pudiera, otro gallo nos cantara! ¡Figúrese usté que es mi comadre, que Rosario es su ahijada! ¡Y que la quiere poco, en gracia de Dios! ¡Como que nunca se olvida de ella cuando nos escribe!

—Siéntese usted, jóven; dice Bravo.

Quico obedece, coloca el hongo entre las piernas, y pone impensadamente los piés sobre el travesaño de una silla torneada, de palo santo, con preciosas incrustaciones de nácar en el respaldo y en el borde del asiento.

El rostro de su interlocutor y toda su traza se le antojan cada vez mas simpáticos; su afabilidad creciente acaba de subyugarle.

—Veo que aprecia usted mucho á la familia de Figueroa—continúa Bravo,—y eso me da escelente idea de sus sentimientos.

—¡Si la aprecio! ¡Vaya! Estoy por decir que mas que á la mia, mejorando lo presente.

—No se portan así ciertas personas.

—¿Qué le hemos de hacer? Yo no entiendo de filosofías; pero me parece que en el mundo se ve de todo, como en botica; que al lado de un jarabe inocente, hay soliman y polvos para matar ratones. Lo que me quema es que mi primo Taravilla defienda á... ¡En fin, rarezas de los hombres!

Detiénese Quico; teme haber dicho mas de lo conveniente, pues al fin, por mucha confianza que le inspire, Bravo es todavía para él una persona estraña.

—¿A quién defiende su primo de usted?—pregunta este.— Esplíquese usted sin miedo; habla usted con el mejor amigo de la señorita Amparo.

—¿Estamos solos? dice Quico, dirigiendo una mirada recelosa en torno de la habitacion.

—Enteramente solos.

—Confio en usté, caballero, y me echo en sus brazos. Mi primo Taravilla defiende al señorito Enriquez. ¿Conoce usté por casualidad al señorito Enriquez?

—Un poco.

—¿Y cree usté que merece que le defienda ninguna persona honrada?

—Lo creo muy digno de ir á presidio. Otros con menos causa que él están allí.

—¡Gracias á Dios que al fin tropiezo con un hombre de bien! ¡Hay tantísimo danzante!

—¿Qué favores debe á Enriquez Taravilla? Pues supongo que sólo el agradecimiento puede hacerle interesarse por esa alhaja.

—El señorito Enriquez le ha ofrecido pagarle todos los gastos de reválida, cuando acabe la carrera de practicante de Cirujía.

—¡Acabáramos! esclama Bravo.

—¡Y como él es tan hablador...

—Se lo ha contado á usted.

—¡Cabales!

Bravo se confirma en que Enriquez es el autor del anónimo dirigido á la familia de Figueroa.

—No hace mucho—prosigue Quico,—he tenido con él una disputa.

—¿Con Enriquez?

—No señor, con el primo. Yo le aconsejaba que huyese del señorito Enriquez, y él erre que erre en que el señorito Enriquez es un santo. La verdad, me vinieron tentaciones de darle un par de sopla-mocos buenos. ¡No se pueden oir á sangre fria ciertas especies!

—Calma, Quico, no lo echemos á perder. Enriquez las pagará; yo se lo aseguro á usted; pero conviene andarse con tiento, no solo con él, sino con algunas otras personas. ¿Conoce usted á un tal don Amadeo, abogado, y á su hermana la marquesa viuda de la Estrella?

—Responderé como usté me respondió á mí hace un instante: un poco. Don Amadeo fué causa de que me llevasen á la cárcel, porque, siendo yo picapedrero, salté un ojo á un amigo suyo. Por poco me cuesta la torta un pan.

—Pues cuidado con ellos, y cuidado con su primo de usted, con Taravilla.

—¡El caso es que hoy mismo le he dicho tanta y tanta picardía del señorito Enriquez!

—¡Mal hecho, mal hecho! A estas horas probablemente habrá ido á él con el cuento.

—Probablemente; es un comprometedor: tiene mucho de aquí; dice Quico, sacando la lengua y tocando la punta con un dedo.

—Vamos á otra cosa: ¡usted ha indicado que quiere servir! ¿no es esto?

Quico se pone de veinte colores, baja los ojos, y torna á rascarse.

—¡Yo!... ¡la verdad!... balbucea.

—Acabe usted.

—Señor de Bravo, pido á usté perdon por haberle engañado; mi pensamiento al venir aquí era conocerlo, porque se me figuraba que usté queria á mis amos, y... *velay*. Bien dicen: primero se pilla á un mentiroso que á un cojo.

—No se arrepienta usted de la mentira; la intencion la disculpa. De esta manera sé que, si se ofrece, puedo contar con usted.

—¡Oh! sí señor; hasta la pared de enfrente, hasta perder

la última gota de mi sangre por los de allá y por usté. ¡No faltaba mas!

—¡Gracias, Quico!

—No hay de qué darlas.

—¿Y en qué se ocupa usted ahora?

—En nada, señor de Bravo; es tan *endina* mi suerte, que por eso me llaman *Mala-Sombra.*

La ingénua confesion de Quico, arranca una sonrisa á su interlocutor.

—¿Sabe usted escribir?

—Cipriana dice que mis letras parecen patas de araña, y que pongo mil barbaridades; pero yo estoy en que es ella quien no sabe lo que se pesca. En la última carta que escribí á la comadre, cuando el viático de don Lorenzo, le decia que confiaba en que la Vírgen del Cármen se compadeceria de sus tirabuzones. Pues ¿creerá usté que tuve que borrar esta palabra, y poner que se compadeceria de sus tribulaciones? ¡Poco se habrá reido la señorita Amparo, ella que es tan *sútil!* Sino que Cipriana se las echa de fina, y no quiere caer de su asno. Yo cedí, por no disputar.

—¡Con todo! lo que es en esa ocasion no iba descaminada su mujer de usted.

—¿Que no?... En fin, basta que usté lo diga.

—Yo deseaba ocupar á usted en...—esclama Bravo; y despues de reflexionar un instante, prosigue:—pero ahora recuerdo una cosa, que tal vez le convenga. ¿Le acomoda á usted la portería de una buena casa?

—¡Qué duda tiene... me acomoda, mas que si me nombrasen canónigo de Toledo!

—Pues dése usted una vuelta por aquí dentro de un par de dias; procuraré hablar hoy á un amigo, y de seguro será usted portero.

—Dios se lo pague á usté, señor de Bravo.

V.

Quico voló á dar á Cipriana la noticia, que se celebró con un plato de sardinas y de pimientos de los que producen sudores, y lágrimas, y zumbido de oidos, y horribles inflamaciones intestinales, á poco que de ellos se abuse.

La garita porteril franqueó su hueco al afortunado Quico, y una espaciosa buhardilla recibió á Cipriana y á Rosario, quienes habitaban las alturas, salvo los momentos que empleaba aquel en sus escursiones poco frecuentes.

Se me olvidaba hacer mencion de un incidente notable, ocurrido durante el almuerzo.

Cipriana, *para desengrasar*, habia puesto en la mesa el vaso del vino junto á un plato de esa escarola rizada, tierna, finísima, y suavemente amarilla, que sólo se come en Madrid. Al ejecutar Quico un movimiento con los brazos, volcó el vino, cosa que á los ojos preocupados del vulgo, es de buen agüero, y que á nuestros dos inocentes amigos los llenó de esperanzas risueñas. Creian los infelices haber agarrado á la calva fortuna por el cabello único que le queda, tras de tanto repelon como la pobre ha llevado.

¡Quién pensara que el tiempo habia de desengañarlos pronto!

En efecto, dos ó tres semanas despues del *gaudeamus* y

toma de posesion de la portería, y cuando la córte reposaba tranquilamente en brazos de Morfeo, como diria un clásico de reata, las campanas de San Sebastian comenzaron á tocar á fiesta, esto es, á fuego, y respondieron las de las demás parroquias con sus lúgubres tañidos, poniéndose al par en movimiento, autoridades, piquetes de soldados, aguadores y bombas.

El fuego era en la casa que habitaban Quico Perales y su familia; pero un fuego terrible, horroroso, voraz; fuego que, favorecido por una especie de huracan, se estendió con rapidez á todo el edificio, abriendo en sus muros enormes boquetes, por los cuales salian atropellándose y envueltas en negros borbotones de humo vivísimas llamaradas.

Gritos horribles, que partian el corazon; ayes aterradores, que se escuchaban en momentos de silencio solemne; el ruido de los chorros de agua lanzados por las bombas contra el edificio, semejante al de una catarata que se despeña; el de los muebles arrojados á la calle por balcones, ventanas y buhardillas; la peligrosa ascension de los jornaleros que trepaban como gatos por escalas y paredes, para arrancar víctimas al incendio y atajar sus estragos, y el descenso de los habitantes de la casa, unos por escaleras, otros descolgándose con sábanas y cuerdas atadas á la cintura, estos medio desnudos, aquellos mal arrebujados en capas y cobertores; hé aquí un débil bosquejo del espectáculo asolador, que presenciaban multitud de curiosos.

Pasaron dos horas, y todavía se escuchaba el clamor de las campanas.

Poco despues callaron; el incendio habia devorado su presa.

VI.

Casi toda la casa quedó reducida á cenizas y escombros, como la soñada felicidad de Quico Perales; quién, para mayor desdicha, entre los diversos rumores que corrieron acerca del orígen de tamaño desastre, oyó achacarlo á descuidos del portero y de los habitantes de la buhardilla, en el número de los cuales se contaba la familia de aquel desventurado.

El sofocon de Quico, á consecuencia de este siniestro, le hizo caer en cama.

En vano su mujer le prodigó consuelos; acaricióle en vano Rosario con sus manecitas y con sus sonrisas inocentes; habíasele metido en la cabeza la idea de que alguna gitana ó alguna vieja le habia hecho, de niño, mal de ojo, y de que todo el mundo debia abandonarlo, y era difícil convencerlo de lo contrario.

—Lo que has de hacer ahora—le repitió varias veces Cipriana,—es enfermar de veras, para que la funcion sea completa.

—¡Ojalá!—respondió él, con ánsia feroz.—Así acabaremos de una.

—¿Cuánto pones—le dijo una vez Cipriana—á que cojo la mantilla, y me planto en casa del señor de Bravo, para contarle lo que sucede?

—¿Y á mí qué?—contestó él con indiferencia.—Lo mismo me da *así* que *asá*.

—¿Cómo quieres que Dios te ayude, ofendiéndolo como lo ofendes? En vez de aburrirte y desesperarte, pídele que se

compadezga de nosotros;. pues Dios atiende igualmente las *plo-
clamas* (las oraciones quiso decir) de los pobres, que las de los
ricos.

Cipriana vencia siempre al fin, y esperaba vencer igualmente en aquellas críticas circunstancias.

CAPITULO IV.

La buhardilla número 3.

I.

La redaccion de *La Nueva Era*, periódico en que escribe Garciestéban, recibió cierto dia, dentro de una carta, el anuncio siguiente:

«Una familia, compuesta de una señora y dos criaturas de corta edad, que ocupa la buhardilla número 3 de la casa marcada con el 26, calle del Leon, se halla en la mayor indigencia, y próxima á sucumbir de hambre. Se ruega á las buenas almas se dignen socorrerla con lo que su caridad les dicte, seguras de merecer las bendiciones de aquella desgraciada madre y de sus dos tiernos niños.»

El anuncio se insertó el dia despues en la gacetilla, que por cierto estaba chispeante de gracia á la sazon, formando en ella, por consiguiente, el singular contraste que formaria un sollozo de dolor en medio de un baile, ó el chasquido de una cuerda que salta de improviso en el momento mas interesante de un concierto.

Unos lo leyeron con los ojos, otros con el corazon, quién lo saltó como cosa desagradable y molesta; y el olvido, activo enterrador, le dió inmediatamente sepultura en el alma de la mayor parte de los lectores.

Garciestéban copió las señas de la casa en su cartera, y siguió trabajando como si tal cosa.

II.

Ocupábase de tiempo atrás nuestro amigo en escribir una obra acerca del pauperismo, de la prostitucion y de la beneficencia en España.

Los materiales reunidos por él con este fin, eran inmensos. Los lupanares, las cárceles, los presidios, los palacios, las buhardillas, las calles, los hospitales, las inclusas, los libros, las revistas, los periódicos políticos, las aldeas y las ciudades, eran el campo que le habia suministrado la miel, mas amarga que dulce, del panal, si es lícito decirlo así, que á guisa de industriosa abeja iba fabricando.

Él, sin necesidad de globos aereostáticos, ni de ictíneos, habia recorrido en alas de su inteligencia, las altas regiones de la atmósfera social, y sondado los abismos de ese grande océano de miserias anónimas, de virtudes ignoradas, y de crímenes que bullen en la sombra, para presentarlos en la cámara oscura de su epopeya, á la contemplacion del país y del gobierno.

La mágia de su estilo, la finura de su observacion, la profundidad de su filosofía, unidas á la delicadeza de su sentimiento, que circulaba por todo el libro como la sangre por las venas del cuerpo humano, iban á dar, con la publicacion del mismo, á la aridez minuciosa y fria de la estadística, el encanto y la belleza de una creacion estética.

Habiendo oido Somoza decir á Bravo que el libro de Garciestéban, tanto como una obra social, filosófica y literaria, era una obra de caridad, y sabiendo que el segundo le proporcionaba á menudo noticias y observaciones recogidas en los círculos brillantes de la córte, bautizó á aquella con el nombre prosáico, aunque espresivo y propio, de *cepillo*, y á estas con el de *limosnas*.

Los números (que en esta clase de obras son poco menos que cifras muertas, porque suelen hablar solamente á la cabeza), colocados con arte maravilloso por nuestro amigo en la suya, adquirian formas llenas de vitalidad y de espresion, y su voz resonaba, ora con la dulzura angélica, ora con los alaridos terribles de las visiones dantescas·en el inmortal poema del antiguo vate florentino. En una palabra, Garciestéban, espíritu altamente moral y cristiano, pretendia redimir por el sentimiento de su libro, almas caidas en la abyeccion y el crímen, de los cuales no acertaba á rescatarlas la mano fria y seca de la administracion: su libro, destinado á una popularidad sin ejemplo, iba á taladrar, sin duda, entrañas petrificadas, desatando en ellas las fuentes del llanto, y á despertar en la memoria de criaturas desgraciadas el cuadro de los goces inefables y de la paz de sus primeros años.

¿Quiere usted ver á mamá?

III.

La mañana está fria. Garciestéban, despues de redactar la última cuartilla de su artículo, y de corregir las pruebas de algunos sueltos, añadidos para la edicion de la tarde de *La Nueva Era*, se pone un tapabocas, y se dirige á la calle del Leon.

Llegado á la casa del anuncio, hace varias preguntas al portero acerca de la familia objeto de su visita, sin obtener otro resultado de sus investigaciones que noticias vagas respecto de la clase de personas que la componen.

La puerta de la buhardilla número 3, por la cual no puede entrar un hombre de mediana estatura sin bajarse algo, se abre á los pausados golpes que Garciestéban da con los nudillos de los dedos.

Una niña de diez años, rubia, descolorida, triste, despeinada, mal cubierta por una camisa de estopa, llena de tiznes, y descalza de pié y pierna, le dice:

—¿Quiere usted ver á mamá? Está en cama: pase usted adelante, caballero.

Difícil es, sin embargo, obedecer á la niña.

El techo, inclinándose en rápido declive desde el dintel de la puerta hasta el estremo opuesto de la buhardilla, cuchitril dividido por tres tabiques delgados como cartones, impide á los cuatro pasos avanzar ni uno mas.

En el fondo de la habitacion principal hay una cama de tablas, y en la cama una mujer.

A la cabecera de la cama, sobre el suelo, una estera, con

dos ruedos en mal uso, y una almohada sin funda, indica que allí duermen los niños. Porque la enferma es madre de dos hijos; uno, la niña que ha recibido á Garciestéban, y otro un gorgojo hermosísimo y robusto, una especie de ángel de siete años, que no se ha lavado la cara, que no se ha peinado, que roe un hueso, barnizándose de grasa la barba y los carrillos, y á quien un gozque americano, con lacito azul de seda y cascabel al pescuezo, que sabe ponerse de centinela, bailar, hacer el cañon, sostener una pared y otras habilidades, contempla con ojos hambrientos, sentado sobre las patas y sacudiendo las manos como si le dijese:

—¡Dame! ¡dame!

Arturo, que así se llama el niño, sigue, no obstante, roe que te roe, sin hacerle caso, lo cual equivale á contestarle estas palabras:

—¡No quiero! ¡no quiero!

La escasa luz que penetra por una ventanilla, traspasando el papel amarillento con flecos de telarañas, que suplen á los rotos vidrios, no permite distinguir bien el rostro de la enferma, medio tapado, además, por un pañuelo que le sirve de cofia.

Pero la enferma, acostumbrada á esta luz ruin, lo mismo ha sido ver á nuestro amigo, que incorporarse en la cama esclamando:

—¡Garciestéban! ¡Ay, amigo mio, en qué estado me encuentra usted!

—¡Señora!...—dice Garciestéban, acercándose trabajosamente á ella.—¡Señora!...

—¡Soy Clotilde! ¡soy Clotilde! repite esta, echándose á la

espalda la copiosa cabellera de pelo castaño que, con el pañuelo, cubre en parte sus facciones, y sirve de fondo á un rostro desencajado, marchito, blanco, pero con la blancura mate del mármol de Carrara que produce la accion del tiempo en las esculturas, y que da á Clotilde cierta semejanza con esas Dolorosas que existen en algunos templos católicos. Unicamente en las mejillas de la enferma percíbese un suave sonrosado, que no puede confundirse con el de la salud, y que mas parece efecto de la calentura. Este color y el azulado de las sutiles ramificaciones venosas y arteriales que le sombrean las sienes, dilatándose y contrayéndose ligeramente por el movimiento de la sangre, son las dos solas señales que indicarian la existencia de Clotilde, á cualquiera que no hubiese oido su voz. La belleza de su rostro es admirable, y de sus ojos, medio apagados, brotó una intensa llamarada, al pronunciar las palabras que el lector conoce; prueba inequívoca de que si la materia se va consumiendo, el espíritu arde, como arde la luz dentro de una frágil lámpara de cristal.

Garciestéban recuerda una Clotilde, una hermosa jóven, paisana suya, con cuyo hermano, ya difunto, habia tenido él estrecha amistad. Pero no se atreve á dar crédito á sus ojos; la Clotilde que le habla, no puede ser aquella Clotilde que se llevaba tras dé sí las almas en el Campo Grande, en el paseo del Espolon, y en las brillantes reuniones de Valladolid, siendo uno de los mas bellos ornamentos de la antigua córte de Castilla. Sólo cuando ella pronuncia su apellido, sólo cuando se enjuga una lágrima hablándole del hermano, sólo cuando despierta en su corazon memorias de la niñez y de la juventud, sólo entonces el periodista, bajándose mas para acercarse á la cama y estrechar la descarnada y trémula mano que le tiende la enferma, ve disiparse sus dudas, y articula balbuceando este saludo:

—¡Pobre Clotilde! ¡Pobre Clotilde! ¡No puede usted figurarse lo que siento...

—¿Quién le ha contado á usted la triste situacion en que me encuentro, paisano?

—Escribo en *La Nueva Era*, y habiendo visto en la gacetilla el anuncio de...

— ¡Ah! ¡Comprendo, comprendo! ¿Sabia usted tambien el nombre de la infeliz que en aquella carta imploraba la caridad pública?

—No señora; pero me he constituido en el deber de visitar de cuando en cuando enfermos y pobres.

—En ese caso, Garciestéban, es doble mi gratitud, puesto que el paso que usted da no es obligatorio, sino un acto espontáneo de su voluntad.

—Antes de todo, Clotilde, es preciso que esas dos criaturas coman, y que usted misma me indique el alimento y las medicinas que necesita para sí. No lo deje usted por cortedad. ¿Cómo se llaman los chiquitines?

—El niño Arturo, y Amelia la niña.

—¡Oye, Arturo!—esclama Garciestéban, llamando con la mano al niño.—¡Ven acá, hombre, ven acá!

—¡No quiero ir acá, ni ir *acó*, ni ir á ninguna parte! contesta Arturo, con aire resuelto.

—¿Ha visto usted criatura mas descarada? Como sabe que no puedo levantarme, hace burla de mí. ¡A ver, niño, póngase usted de rodillas y pida perdon á este caballero!

Lejos de obedecer Arturo, anda á gatas por la estera, echa mano al perro y lo levanta por las orejas, arrancándole agudos aullidos.

Amelia coge de un brazo á su hermano, y se lo lleva casi á rastras á Garciestéban.

—¿Con que eres tan revoltoso y tan desobediente?... le pregunta nuestro amigo.

—Es de la piel del diablo—contesta la madre.—No se parece á su hermana: esa pobrecita es dócil como un cordero. Ella me cuida, ella me vela, ella sale á todos los recados, y hasta hace de cocinera, bajo mi direccion, cuando hay qué... pues no siempre...

La enferma no puede acabar la frase, porque la niña la interrumpe diciendo:

—Mamá, no digas eso; tú crees que te lo agradezco, y lo que consigues es ponerme triste.

—Tiene razon—añade Garciestéban, adivinando el pensamiento de Clotilde.—Amelia—continúa,—hoy vamos á almorzar juntos; quiero que me trates bien; con que á ver cómo te las compones.

Amelia mira tristemente á su madre, preguntándole, sin duda, con la vista lo que debe hacer.

Esta mirada revela á nuestro amigo, que ha cometido una imprudencia; para remediarla, echa mano al bolsillo, y sacando una moneda de oro, se la entrega á la niña, prévia la conformidad de la madre.

—Anda, hija mia—le dice,—baja á la fonda, y trae lo que mas te guste.

Amelia saca de entre un monton de ropa vieja un miserable vestido negro de percal, con florecillas blancas. Al írselo á poner, esclama Garciestéban:

—Mira, Amelia, no te vistas; mejor será que yo baje, y en cinco minutos...

—No, Garciestéban—interrumpe Clotilde.—¿A qué ha de molestarse usted? La niña está acostumbrada á todo, segun usted ha oido, y en un decir *Jesus* la tendremos aquí de vuelta. Es ya toda una mujercita; ¿verdad, Amelia?

Amelia da una infinidad de besos á su madre, échase encima el vestido, y despues de sellar su linda boca en la frente de Garciestéban el pacto de una tierna amistad con este, baja la escalera corriendo.

IV.

Arturo, interesado como la mayor parte de los niños, ha comprendido, aunque no lo manifiesta, que se trata de celebrar un opíparo banquete, y que le conviene captarse las simpatías del Anfitrion. Así, pues, comienza á poner en juego los diplomáticos ardides que las criaturas de su edad emplean con perseverancia y habilidad sumas en semejantes casos.

Lo primero que hace es pegar un puntapié al perro, como si el inofensivo animal tuviese la culpa de su anterior despego y desobediencia; en seguida le arroja el hueso, para que se entretenga lamiéndolo, y haga mas llevadera la destitucion de su privanza; despues de esto, se planta inmóvil delante de Garciestéban, metiéndose un dedo en la boca, y le mira de hito en hito, sin pestañear, deseando que esta actitud espectante y pacífica le reconcilie con el periodista; por último, viendo que nadie fija su atencion en él, resuelve entrar en negociaciones con nuestro amigo, á cuyo efecto se sienta sobre sus rodillas, y principia á desabrocharle los botones del gaban, volviéndoselos á abrochar, para repetir luego alternativamente una y otra operacion.

—¡Te veo, bribonzuelo!—dice Garciestéban;—pero no me engañas: ó pides perdon á la mamá, ó no hay almuerzo. ¿Qué es eso? ¿No sabes hablar? Clotilde, este niño no tiene lengua; se la habrá comido el perro.

—¡Sí la tengo; mira!... responde Arturo, abriendo la boca, y enseñando hasta las agallas.

—Efectivamente, la tienes; pero eres mudo, puesto que no sabes pedir perdon.

—¡Perdon, mamaita, perdon, perdon, perdon y reperdon! Si quieres lo diré ochenta y *milenta* veces.

—Así me gusta, Arturo; observa Clotilde.

—¡Guapo chico! ¡Guapo chico!—repone Garciestéban.—Merece almorzar.

CAPITULO V.

I.

Reconciliado con el periodista, el niño le pasa las manos por la cara, le registra los bolsillos del chaleco, le retuerce el bigote, y le hace otra porcion de zalamerías, echando á menudo miradas furtivas á la puerta, por donde ha de entrar el santo advenimiento.

—He insistido—esclama Clotilde—en que baje Amelia, porque no es prudente que esa niña se entere de ciertas cosas. Quiero revelar á usted todo lo que me pasa, para que conozca hasta qué estremo llegan mis desventuras, si es que mis fuerzas me permiten contarlas.

—Antes deseo reparar un olvido involuntario, una distraccion, de que me acuso, Clotilde. ¿Qué es de su mamá de usted? ¿Qué es de su hermano?

Esta pregunta repentina, pero tan natural y, al parecer, tan inocente, produce en la enferma una esplosion de llanto, de sollozos, y de profundos gemidos, que alarma sériamente á Garciestéban.

—Clotilde—esclama,—no me diga usted una palabra mas; adivino lo que ha ocurrido; pero suplico á usted que se tranquilice, que ponga algo de su parte para conformarse con la voluntad de Dios, siquiera por los dos niños.

—¡Oh, sí! ¡todo por ellos! ¡todo por mis niños de mi alma! responde la enferma.

Arturo echa pié á tierra, y arrimándose á la cabecera de la cama de su madre, le pregunta, apuntando con el dedo á Garciestéban:

—¿Es ese el papá?

—¡Tú no tienes papá, lucero mio! responde Clotilde, con acento desesperado.

—¡Son huérfanos de padre!—esclama Garciestéban.—¡Triste cosa es siempre quedar huérfano, y principalmente en edad tan tierna!

—Peor todavia—repone la enferma;—su padre vive, pero no quiere roconocerlos; ¡es un infame, con entrañas de tigre! Diré á usted su nombre para que lo maldiga, para que lo desprecie, para que pida á Dios que derrame sobre su cabeza toda la copa de sus iras! El padre de Amelia y de Arturo se llama don Amadeo; es un vejestorio hipócrita, cínico, tacaño, repugnante, maquiavélico; no encuentro espresiones para pintar un sér tan abominable.

—¿Es hermano de la marquesa de...

—¡Ah! ¡lo conoce usted! Tanto mejor; así conocerá que no

' exagero nada, que aún le favorece el retrato que de él acabo de hacer. Pues bien; ese hombre, digo mal, ese demonio, respetado y bendecido por los que no lo conocen como nosotros, entró en mi casa con motivo de un pleito que la mamá sostenia contra un primo nuestro; siendo los mezquinos intereses que disputábamos el único recurso que nos quedaba para vivir, porque la mala suerte de mi padre en las empresas que últimamente habia acometido, ocasionaron su ruina, poco antes de su muerte. Despues de esta desgracia ocurrió la de mi hermano; madre cayó enferma, y me encontré en Madrid sola, sin medios, sin relaciones, y único testigo de los crueles padecimientos de la que me habia dado el sér. Dos años duró la enfermedad, mejor dicho, la agonía de mi madre; mil veces me habia rogado la pobre que la trasladasen á un hospital, y que yo (inútil para todo, porque me habia criado con el regalo y el mimo de una princesa) me pusiera aunque fuese á servir, para ganar honradamente el sustento; pero yo estaba llena de vanidades, y no quise rebajarme, segun decia. A mi negativa contribuyeron tambien los consejos de don Amadeo, quien visitándonos cada vez mas á menudo, y proporcionándonos algunas mezquinas cantidades, logró conquistar la confianza de mi madre. Una noche le pidió mi mano, y ella, consultándolo conmigo al otro dia, le contestó afirmativamente. Yo queria arrancar á mi madre de las garras de la muerte, y ¿por qué no he de confesarlo? queria mas que eso, queria evitarme á mí propia la vergüenza y las amarguras de la miseria, presentarme en los paseos, brillar en los teatros, vestir mi cuerpo de ricas galas, sin ver que desnudaba mi alma de su inocente belleza; en una palabra, queria respirar, vivir, gozar, ser envidiada, realizar los locos planes que hasta la doncella mas modesta y mas casta concibe en sus sueños juveniles.

II.

Al llegar aquí Clotilde, pide agua á Garciestéban. La calentura seca su garganta.

Levántase nuestro amigo, y no viendo por allí ningun vaso, toma un pucherillo ahumado que hay sobre una tinaja, lo llena y se lo alarga á la enferma, que lo apura con ánsia febril.

Clotilde se ha trasfigurado. Relampaguéanle los ojos, y una especie de iluminacion, producida por el dolor, por la cólera y por la venganza, borra la palidez de su semblante, comunicándola una espresion varonil y enérgica.

III.

—Garciestéban—continúa,—ese miserable, despues de tres años de un amor y de una caridad de farsa, nos abandonó, y mi madre, á quien ya las consecuencias de mi estravío y de mi confianza en juramentos falsos habian dado el último golpe, pasó á mejor vida perdonándome... y perdonándolo. Yo no quiero—añade Clotilde, torciendo los ojos y con los puños cerrados, como una loca,—¡yo no quiero perdonarlo!... ¡no quiero!... ¡no quiero!... ¡no quiero!... Esas dos inocentes criaturas, desprendidas de mis entrañas, criadas á mis pechos, no con el dulce alimento de las madres honradas y felices, sino con las lágrimas y la sangre de mi corazon que los llenaban, no pueden respirar este aire enfermizo, ni dormir sobre el duro suelo, ni sufrir desnuditos y mal alimentados la crudeza de la estacion presente.

¡Me piden pan, me piden agua, me piden lumbre, me piden vestidos, me piden sonrisas!... ¡A mí, que no puedo darles mas que gemidos! ¡Me piden el nombre de su padre... que no ha de venir nunca, y me preguntan dónde está para ir á buscarlo, para tenderle los brazos, para bendecirlo, para amarlo!

Yo, por mí, renuncio á todo, y llamaria á la muerte como un consuelo; pero estoy en el deber de amparar á mis hijos, y ¡no moriré... no, Garciestéban, no moriré, créalo usted! porque la voluntad con que quiero vivir es tan decidida, tan firme, tan sobrehumana, que la muerte no ejercerá su poder sobre ella.

Yo me pondré buena, y, con mis hijos de las manos, me presentaré á él en todas partes como un remordimiento, en su casa, en las calles, en los tribunales; y lo señalaré con el dedo á la indignacion y al desprecio públicos, y aun soy capaz de abofetearlo y de escupirlo, aunque me esponga á ser encerrada en una casa de locos.

Clotilde se aplica una mano sobre el corazon, descansa un segundo, y continúa:

—Porque yo, amigo Garciestéban, he perdido en el horrible martirio de estos años, la dulce timidez y la sublime paciencia de la mujer fuerte, de la mujer cristiana, quedándome sólo las pasiones de las almas débiles, las flaquezas de la desesperacion, que es el olvido de la costumbre de mirar al cielo. Yo llamo á Dios, y no viene; espero una aurora que no asoma en el horizonte... ¿No és todo esto para perder el juicio? ¿No he espiado bastante mi culpa?...

—¡Vamos, Clotilde—observa el periodista,—no hay que desesperar de la misericordia divinal ¿Cómo dice usted, siendo cristiana, que Dios no acude á su voz? Pues qué, ¿no le enseña á usted la religion del Crucificado, en sus trágicas leyendas, que el palacio mas digno de Dios es el corazon de los pobres y de los afligidos? Pues qué, ¿ha creido usted, por ventura, que la escala para subir al lugar de las recompensas inmortales, es una escala fácil, suave, alfombrada de rosas, é iluminada por alegres resplandores?

El dolor es amargo, seguramente, pero es su amargura (valiéndome de una comparacion vulgar) como la amargura de algunos medicamentos, como la amargura de la quina, que entona y robustece; y cuando el Señor acerca su copa á los labios del hombre, es para infundirle la vitalidad que le falta.

Al contrario el placer: este no es otra cosa que un dolor sin lágrimas, un dolor sin herida, un dolor... (tal vez usted no me entienda, porque yo me esplique mal) *un dolor que no duele*, y, por tanto, un dolor estéril, una planta sin flor, un árbol sin fruto.

Razon tiene Garciestéban.

El poeta que canta, el escultor que modela una estátua, el pintor que cubre de pinceladas un lienzo, el músico que traza sobre el papel sus notas, han sufrido: el fruto de sus inspiraciones mas bellas es siempre resultado de una dolorosa elaboracion mental; y antes de ceñirse la corona de laurel que el mundo arroja á sus plantas, agudas espinas, es decir, la miseria, el abandono, el hambre, la sed, el frio, las injusticias, las persecuciones y otras muchas, han afligido su espíritu, desgarrado sus sienes, y manchado su rostro con la púrpura de su propia sangre.

Cuando Dios visita un corazon, no suele anunciarse con la frenética algazara, con la pompa, ni con el séquito que acompañan á los grandes de la tierra; acércase con suavidad y dulzura á sus puertas, y si no se las abren, llama con la voz de las tribulaciones.

El golpe del martillo sobre los clavos con que los gentiles taladraban los piés y las manos de los mártires que morian en la Cruz; el crujido de las ruedas con que los verdugos descoyuntaban sus miembros; la crepitacion de los huesos de las víctimas arrojadas á las hogueras; los gritos de las que espiraban despedazadas por los leones, por los tigres y las panteras en el Circo de Roma, podian no tener eco en la tierra, por ser un teatro de condiciones poco acústicas para el dolor; pero lo tenian en el cielo, que por sus maravillosas condiciones lo recibe, trasformándolo en armonías que no alcanza á concebir el entendimiento humano.

IV.

Las consoladoras observaciones de nuestro amigo, de cuyo espíritu y de cuya forma acabo de dar alguna idea en las palabras que anteceden, refrescan el espíritu de la pobre abandonada, como la brisa del mar los bosques de la costa abrasados por los rayos solares en un dia de agosto.

Una especie de éxtasis tranquilo sucede á la agitacion convulsiva que habia acompañado á su historia; sus labios entreabiertos y mústios como los pétalos de un clavel que dobla su tallo por falta de rocío, parece como que sienten un estremecimiento vital, y se coloran y ansían aspirar aquel soplo celeste de un corazon sano y generoso.

V.

—¿Por qué no he oido á usted antes, Garciestéban? ¡Cuánto sufrimiento me hubiera evitado!—esclama.—¡Porque aquí me he visto sola, sola con mi desesperacion!

—¿No ha habido nadie que le haya dirigido siquiera cuatro palabras cariñosas?

—La beneficencia oficial (así creo que se llama) me ha socorrido durante algun tiempo con alimentos y medicinas, y sus agentes se han portado muy bien; pero la beneficencia oficial tiene mucho que hacer, porque somos muchos los necesitados, y no puede desperdiciar los momentos que un amigo roba gustoso á sus ocupaciones, como usted, para oir con tanta paciencia la narracion de hechos lamentables. Y aunque pudiera, no seria justo abusar de ella.

—Ese es uno de los inconvenientes, entre algunas ventajas, de la beneficencia oficial, de la beneficencia del Estado. La eficacia de la de los particulares es infinitamente mayor, porque á la accion saludable de los medios físicos, de los socorros del órden material, reune la de los consuelos morales. Pero, dígame usted, ¿y don Amadeo?

—¿Don Amadeo?... Probablemente ni siquiera sabrá que existo. He muerto para él.

—¡Qué hombre!

—En el trascurso de seis años le he escrito repetidas veces, y no se ha dignado contestarme.

—No pasa, creo, por persona espléndida; pero tampoco sospecharia nadie en él semejante ruindad.

—Es tacaño casi hasta la avaricia; su tacañería tiene, sin embargo, escepciones.

—En ese caso, es tan imperdonable su conducta, que apenas se comprende.

—Sé que tiene relaciones secretas con una mujer que ha pertenecido al teatro, una mujer bien vista y perfectamente admitida en sociedad, á quien la infeliz que le habla á usted no permitiria, sin embargo, profanar con su presencia esta miserable buhardilla. Esa mujer ocupa una soberbia habitacion, en una de las calles principales de Madrid, y el tren que gasta es objeto de las hablillas de todo el que ignora su orígen. Para vengarse de la suerte que la sujeta á la dependencia de don Amadeo, á quien á pesar de esto mira con el mayor desprecio porque sabe que la adora y le seria imposible renunciar á ella, esa mujer mantiene antiguas relaciones con un hombre ordinario, el cual, segun mis noticias, vive tambien á espensas de don Amadeo.

—¡Dios los cria y ellos se juntan!

—¡Y no tener ese hombre ni una palabra, ni un recuerdo, ni un consuelo para sus hijos! Una vez, viviendo mi madre, que santa gloria haya, apurado por ella para que cumpliese la palabra de casamiento que me habia dado, respondió que la cumpliria así que se realizase el de su hermana con no recuerdo quién: que su casa habia venido á menos, por una porcion de reveses, y que el echar tantas obligaciones sobre sus flacos

hombros (porque estaba manteniendo á su hermana) era cargar con demasiadas responsabilidades.

—¿Usted conoce á la marquesa?

—No señor.

—Para ponderarle á usted su fealdad, diré que rivaliza con
la del alma de su hermano.

—¡Dios nos libre de ella!

—Hace años que se mantiene viuda; pero como nunca falta
un roto para un descosido, el censo que parecia irredimible
para don Amadeo, es posible que se redima.

—¿Se casa?

—Así dicen.

—¿Con quién?

—Con un mozo digno de ella, con un tal Enriquez. ¡Con
que esperanza, Clotilde!

—¡Yo esperanza! ¿de qué?

—No se asuste usted; no aludo á su enlace con él, suponiendo que él pensase en cumplir su palabra, y la mereciese á
usted. Hablo del reconocimiento de sus hijos.

—¡Ah! ¡Eso sí, eso sí, Garciestéban! Pero ¿y si se niega?
¡Oh! ¡De seguro se negará!

—Se le obligará por fuerza á reconocerlos; sin embargo,
ahora me ocurre otra idea... otro medio para obligarlo.

—A ver.

—No puedo decírselo á usted: es un secreto que no me pertenece; pero confie usted en mí.

—Confio, Garciestéban; confio ciegamente en usted; usted
es mi providencia.

—¿Ve usted ahora como la desesperacion nos ofusca, Clotilde? Hace poco decia usted que llama á Dios y que no la oye; y en este instante concede á un pobre mortal, á quien no debe aún beneficio alguno, un título que sólo conviene á EL que rige y gobierna todas las cosas de este mundo y del universo todo, segun su admirable sabiduría.

———————

CAPITULO VI.

Opíparo banquete en la buhardilla número 3.—Visita de la *señora buena* y de otra que no lo es, á Clotilde.—Los caseros y la ley de inquilinatos.

I.

La niña vuelve á la buhardilla con una cesta en una mano y una botella de vino en la otra.

La cesta contiene tres grandes chuletas de ternera esparrilladas, tres panecillos, una libra de dulces y otra de peras, todo cubierto con un papel.

—¿Qué traes, Amelia?—pregunta su madre.—¡Veamos, veamos la compra!

—¡Mira!

La niña descubre los comestibles indicados, y mostrándolos á su madre, esclama:

—Yo queria haber traido alguna cosa para tí; pero como el médico te ha mandado estar á dieta...¡

—¡Has hecho bien, hija mia!

—¡Tomarás un dulce!

—Eso sí, dice Garciestéban.

—¡No puedo, otra vez será!

El perro suelta el hueso, con el cual ha estado solazándose y engañando su apetito, que debe ser desordenado, á juzgar por la precipitacion con que se levanta y por las fiestas que hace á la niña, tocando, á mayor abundamiento, la falda de su vestido con una mano, como quien dice:

—Amelia, aquí estoy yo; cuidadito con olvidarse de los buenos amigos.

Arturo, por su parte, sin pedir permiso á nadie, atrapa la pera mas grande de todas y echa á correr, clavando los dientes en ella.

—¡Niño! grita Clotilde.

—Es muy goloso, caballero—dice Amelia;—en cuanto una se descuida... ¡adios! Despues, si le sucede algo, coge unos berrinches que parece que lo matan... El otro dia, sin ir mas lejos, metió la mano en el puchero del cocido para sacar un pedazo de carne, mientras mamá dormia y yo daba una escobada al pasillo, y se abrasó los dedos. La pobre mamá tuvo que levantarse desnuda al oir los gritos, esponiéndose á una pulmonía.

—¡Acusona! esclama desde su rincon el heróico Arturo, con la boca llena.

—¡Arturo!—dice la madre.—¡Vaya usted con su hermana ahí fuera á lavarse la cara! Perdone usted, Garciestéban—añade;—me han prohibido andar con agua, y los niños están hechos una lástima. Lo que sufro viéndolos tan desaseados, sólo una madre es capaz de saberlo.

II.

Luego que los niños se lavan y asean un poco, trátase de almorzar.

El mobiliario consiste únicamente en dos sillas sin respaldo, con el asiento de orillo, una mesita de pino, y un cajon lleno de trapos y restos de calzado.

Una de las sillas pertenece de derecho á Garciestéban; con respecto á la posesion de la otra, pudieran suscitarse dudas y aun querellas; pero Arturo repara poco en esto, por hallarse profundamente ocupado en la contemplacion de las chuletas y de las peras, cuyo olor cosquillea agradablemente su órgano nasal. Así, pues, echando una desdeñosa mirada á la silla vacante, dice á su hermana:

—Amelita, siéntate aquí, si quieres; yo me sentaré en el suelo.

Y diciendo y haciendo, acomoda su exígua humanidad en uno de los ángulos de la habitacion, abriendo las piernas para colocar en el hueco de entrambas el plato que con impaciencia aguarda.

Lo que á él le empieza á poner en cuidado es la actitud hostil del gozque, el cual corre de la mesa á Arturo y de Arturo á la mesa, como el que acecha en un desfiladero el paso de un convoy de víveres para el enemigo, con el objeto de sorprenderlo. Arturo conoce las criminales costumbres del perrillo; conoce sus instintos rapaces, refinados por largas abstinencias, y no le quita ojo. Este conocimiento le aconseja dar la voz de alerta, y aun adoptar otras muchas precauciones, cuya utilidad y eficacia le ha confirmado la esperiencia repetidas veces.

—Amelia—dice, levantándose:—no me pongas allí el plato; espera un poco, no sea que Turco se lo coma todo. Vuelvo al instante; voy por la cachiporra.

En efecto, á los dos minutos vuelve con el arma terrible que acaba de nombrar.

Turco agacha las orejas, y con el rabo entre piernas se mete debajo de la cama de Clotilde, condoliéndose sin duda de que su goloso rival apele á la fuerza bruta, para castigar en él, no ya un hecho realizado, sino la intencion que de realizarlo supone; á lo cual podria responder Arturo que como él ha sido cocinero antes que fraile, sabe dónde le aprieta el zapato.

III.

A lo mejor del almuerzo dan tres golpecitos en la puerta, y se oye un crujido como de seda.

Levántase Amelia y abre.

Garciestéban abandona tambien su asiento y aparta la mesa para dar paso á dos señoras, en una de las cuales, en la mas alta, cree ver una persona que no le es enteramente desconocida.

La de mas edad es rechoncha, blanca, de ojos muy abiertos y muy despabilados, nariz abultada y andar vacilante, como quien se tambalea; pero así su fisonomía franca como su aspecto general, indican desde luego que es una señora bonachona.

Su compañera, alta, delgada y tiesa, á quien Garciestéban acaba de reconocer, mediante un esfuerzo de memoria, es la hermana del respetable y virtuoso jurisconsulto.

—Hemos visto hace tres dias en ¡La Fama—dice la primera, acercándose todo lo que puede á Clotilde—el anuncio de una familia necesitada; y si las señas son exactas, esa familia ocupa la habitacion en que estamos.

—Sí señora, es cierto.

—En ese caso, sírvase usted indicarnos sus necesidades mas perentorias, para aliviarlas hasta donde alcancen nuestros medios, siempre reducidos séguramente, comparándolos con nuestra buena voluntad, que es ilimitada.

—Señora—responde Clotilde,—no tenemos que comer, y mis hijos están desnuditos, como usted ve.

—¿No lo gana su padre?

—No tienen padre, señora; y yo estoy enferma é imposibilitada hoy dia para trabajar.

Amelia mira con respetuosa ternura á la interpelante, que le da un beso.

Ocioso parece decir que Arturo, insensible á estas diversas demostraciones de compasion y de cariño, no lo es tanto á los irresistibles incentivos de la chuleta, que lo seduce, y á la cual manifiesta las mas ardientes simpatías, no por medio de ósculos suáves, sino de fieros mordiscos.

En cuanto á la hermana del respetable y virtuoso jurisconsulto, fuerza es confesar que no acaba de convencerse de la falta de alimentos que en la familia existe, observando, casi escandalizada, las peras, las chuletas, los dulces y el vino. Por otra parte, la presencia de un jóven elegante y buen mozo en la buhardilla, y la belleza de Clotilde, le inspiran reflexiones que alarman su conciencia, de suyo timorata, como el lector no ignora.

—¿Le hace á usted fálta asistencia facultativa? pregunta á la enferma la señora á quién llamaremos *buena*.

—Me visita un médico amigo—responde Clotilde.—¡Dios se lo pague!

—No molestamos á usted mas; á la tarde mandaré aquí un criado con algunas frioleras, y estaremos á la mira, para que no carezca usted de lo preciso.

—¡Dios bendiga á usted, señora!

IV.

La caritativa viuda deja pasar delante á su compañera, y las dos salen de la buhardilla.

—¿Se ha hecho usted cargo de la jugada, condesa? pregunta la hermana de don Amadeo á la señora buena, parándose un momento en la escalera.

—¿De qué jugada?

—¡Es usted una bendita de Dios!

—¿Por qué?

—Hay gentes que se echan el alma atrás, gentes enemigas del trabajo, olvidadas de los deberes morales y religiosos, y que especulan con la credulidad y la compasion del prójimo, de quien luego se mofan en sus francachelas y liviandades. La familia que acabamos de ver, Dios me perdone si no pertenece á ese número.

—¡Ave María Purísima, qué ocurrencias tiene usted! esclama la señora buena.

—Comprendo la estrañeza de usted—observa la viuda;— si se hubiera usted puesto los quevedos hubiera visto, como yo, los costosos manjares que cubrian la mesa.

—En efecto, no me he fijado mucho en ello.

—Magníficas chuletas, y no sé si merluza ú otro pescado, hermosas peras, su botella de vino, que si corresponde á lo demás, debe ser del caro, y sobre todo ¡los dulces, condesa, los dulces que llenaban una gran bandeja! ¡Dudo que en muchas casas muy decentes de Madrid se almuerce así! ¡Qué desórden! ¡Qué desgobierno!

—¡Es chocante, en verdad!

—¡Pero, señor, lo que á mí me escandaliza es el descaro con que se abusa de las personas sencillas y compasivas como nosotras! Ya que han anunciado una miseria que no existe, al menos en las proporciones qué nos figurábamos, ¿por qué no han tomado la precaucion de esconder el almuerzo, ó de almorzar en cualquiera de las otras habitaciones de la buhardilla? ¿No temian una sorpresa? ¡Y luego, amiga mia, aquel jóven... aquellos niños huérfanos!... ¡Vaya usted á averiguar!... ¿Pues no seria un cargo de conciencia socorrer necesidades imaginarias, cuando, por desgracia, existen tantas reales y efectivas en todas las clases?

—Pero la desnudez de los niños no es imaginaria, y el frio de la estacion es cruel.

—Bueno hubiera sido examinar los escondrijos de la buhardilla, para averiguarlo.

En la calle espera un carruaje á las dos señoras; suben á él, y un momento despues desaparece, doblando una de las esquinas de la de Atocha.

V.

Garciestéban y la niña vuelven á tomar asiento; el interrumpido banquete continúa.

—Clotilde—esclama aquel:—¿reparó usted bien en la señora muda? En la alta, digo.

—Sí por cierto.

—Es la hermana de nuestro escelente amigo don Amadeo.

—¡Cómó! la hermana de...

—La misma.

—¡Qué mujer tan seca, tan poco simpática! Con todo, esta buena acción la recomienda algo á mis ojos. En eso al menos, se diferencia de su hermano.

—Así parece, si ha de juzgarse por las apariencias; pero yo tengo motivos poderosos para asegurar que en ella no es oro todo lo que reluce. La marquesa es uno de esos séres perversos que dan uno á Dios y veinte al diablo, que son causa de males sin cuento, y que fingen condolerse de la desgracia. Hay un epigrama, que parece espresamente escrito para filántropos, como ella:

> El señor don Juan de Robres,
> con caridad sin igual,
> hizo este santo hospital...
> y tambien hizo los pobres.

No, Clotilde, esa caridad no es la que Dios acepta; esa caridad no es un mérito, esa caridad es un delito, porque usurpa á la caridad verdadera los laureles y las bendiciones que los desvalidos reservan para esta. Esa caridad tiene gran seme

janza con la devocion de los salteadores de caminos, muchos de
los cuales llevan sobre el pecho un escapulario de la Vírgen, á
quien se encomiendan fervorosamente, y cuya misericordia
creen sobornar con el oro mismo que han robado, pagando
unas cuantas misas y encendiendo en sus templos unas cuantas velas, que si alumbran los altares, á los ojos de los fieles,
alumbran tambien á los de la Reina de los ángeles los crímenes de tales devotos. Su compañera es la condesa del Baño, un
pedazo de pan, un alma sin hiel, una amiga de los pobres, una
mujer casi arruinada por hacer bien; con decir á usted que
es el reverso de la medalla de la otra, está dicho todo. En el
poco tiempo que han estado aquí, el mas torpe observador hubiera podido formar un juicio exacto de entrambas. Testigo
usted misma; y la prueba es su esclamacion referente á la
hermana de don Amadeo, de la cual ha dicho: «¡Qué mujer tan
seca y tan poco simpática!» Amelia—añade el periodista, llamando la atencion de la niña:—¿cuál te gusta mas de las dos
señoras que acaban de salir?

—La bajita.

—¿Por qué?...

—¡Toma!—responde la niña,—porque me ha besado al
tiempo de salir. ¿No reparó usted? La otra tenia una cara...
así... tan....

—Ahí tiene usted, Clotilde. La marquesa no sólo no ha
hecho caricias á los niños, sino que ni siquiera ha despegado
los labios. Supongo que ella no la conoce á usted; y siendo así,
no existe la única razon que hubiera, hasta cierto punto,
autorizado su silencio.

—Yo no fuí nunca á casa de don Amadeo; además, cuando

pasó lo que he referido á usted antes, ella vivia con su marido en otra calle.

—He notado igualmente—dice Garciestéban,—durante su visita, la insistencia con que miraba á la mesa; juraria que el almuerzo le ha inspirado desconfianzas acerca de la mala situacion de usted.

—Lo que usted dice me revela que conoce á fondo el carácter y la vida de la marquesa.

—No se equivoca usted; esto, Clotilde, pertenece tambien á mi secreto, por cuya razon me es imposible entrar ahora en esplicaciones circunstanciadas.

VI.

Una ráfaga de viento helado abre de par en par la ventana de la buhardilla.

Arturo, que ha almorzado al pié de ella, concluida esta operacion se levanta tiritando de frio, y con las manos amoratadas como berengenas. Los sabañones de los piés, de las manos y de las orejas, mortifican tambien no poco á la infeliz criatura.

Una chaquetilla de verano, abrochada hasta el cuello, y rota en varios puntos, mas que abrigarle, lo que hace es disimular apenas la falta de camisa.

—¿Tienes frio, Arturo?—le pregunta Garciestéban.—¿Por qué no lo has dicho?

El niño principia á llorar, sin responder.

Garciestéban cierra la ventana, y dice:

—¡Qué olvido tan imperdonable! ¿En que habré estado yo

pensando? Antes de todo, debíamos haber encendido unos cuantos carbones, y cuidar del abrigo de estos niños; ya veremos de remediarlo.

El papel de la ventana se ha desprendido, y á pesar de haberla cerrado, el viento penetra como un cuchillo por el hueco que deja.

—¿Cómo no ponen los cristales que faltan? Esto costaria una friolera; continúa Garciestéban.

—No quiere el casero; dice Clotilde.

—¿Le debe usted alguna mensualidad?

—¡Oh, no señor! ¡Bueno es él para esperar! Y la fortuna que hasta ahora no ha llovido, pues así que caen cuatro gotas de agua, como el techo está lleno de goteras, se pone la buhardilla hecha una balsa. Las paredes, como usted ve, están negras, y el pavimento destruido. Dice el casero que si la buhardilla es tan mala, que cojamos los trastos y nos vayamos con la música á otra parte; que para lo que pagamos, pedimos muchas gollerías, y que podemos dar gracias á Dios de que no nos suba la renta. Este año le han aumentado un seis por ciento la contribucion. ¿Pero qué tenemos? Lo que yo le digo: en último resultado el que paga este aumento, y con creces, es el inquilino; á él le subieron un seis, y él ha subido, hará escasamente cuatro meses, un veinte á todos los que vivimos en esta casa.

—Su casero de usted, Clotilde, merecia ir á presidio. La ley debe amparar, y en efecto, ampara y garantiza su propiedad, como la propiedad de los demás ciudadanos; y bajo este punto de vista, su casero de usted puede disponer de ella á su antojo; pero este derecho de los dueños, tiene, como no puede menos de tener, su límite en el derecho, tambien sagrado, de los inquilinos.

—Eso mismo me parece á mí en mis cortos alcances, Garciestéban.

—Comprendo que el casero quiera disponer de ésta buhardilla, y que le obligue á usted á desocuparla en el plazo y en los términos que la ley marca, por mas que usted satisfaga religiosamente el precio del inquilinato; pero lo que indigna, lo que subleva, lo que no se comprende es que, mientras esto no suceda, mientras usted habíte la buhardilla, mientras cumpla lo estipulado, sea tratada de un modo tan cruel. Lo que hace el casero, negándose á poner los cristales que faltan en la ventana, á cubrir el techo para que la lluvia y el frio no penetren, y á blanquear un poco la habitácion que, por lo visto, seguirá así hasta el día del Juicio, lo que hace ese casero, Clotilde, es una infamia, que no por hallarse fuera del dominio de la ley civil, deja de tener su castigo en la ley moral; lo que hace ese casero es volverle á usted moneda falsa por moneda buena. Esto no es vivienda humana, esto es una gazapera, una jaula, un calabozo que asfixia; esto afrenta á un pueblo civilizado, y caseros como el de usted, escitan la animadversion general contra otros que, sin dejar de exigir lo justo, no tratan grosera y despiadadamente como si fuesen perros á los inquilinos. Yo volveré, Clotilde—continúa Garciestéban, levantándose,—volveré pronto, y espero traer á usted algun consuelo.

—¡Gracias, Garciestéban, gracias; la Vírgen Santísima se lo pague á usted!—responde Clotilde, hondamente conmovida.—¡Hijos mios!... ¡Amelia!... ¡Arturo!... besad la mano á este caballero, y miradlo bien, sí, miradlo bien, para que su imágen no se borre jamás de vuestra memoria, ni de vuestro corazon.

Amelia se pone de rodillas, hace que el rebelde Arturo la imite gustoso, y los dos cubren de besos la mano de nuestro amigo.

Garciestéban sale de la buhardilla, sintiendo agolparse á sus ojos un raudal de lágrimas.

CAPITULO VII

Don Amadeo sigue defendiendo virtudes... averiadas, y truena contra la inmoralidad.—Háblase de él para la cartera de Gracia y Justicia.—Programa humorístico de un banquete, para celebrar su próxima subida al poder.

I.

Tengo para mí, lector benévolo, y creo serás de mi sentir, que con los antecedentes que en esta verdadera historia he podido ir reuniendo acerca de nuestro respetable y virtuoso jurisconsulto, habria sobrado motivo, puesto que la pena de muerte no ha desaparecido de nuestros códigos, para conducirlo con hopa amarilla, caballero sobre un borrico, al Campo de Guardias, y dejarlo allí en manos del *maestro de altas obras*, para hacer bajo su direccion unos cuantos ejercicios de gimnasia penal.

Esta debe ser, sin embargo, una opinion particular tuya y mia; y dicho se está que, siendo tú y yo únicamente dos míseros mortales, estamos mas espuestos á error que cuatro, y cuatrocientos, y cuatro mil y tantos que opinan de una manera distinta que nosótros. Así, pues, sea todo por Dios, y convengamos en que ni don Amadeo puede ser mejor, ni tú y yó podemos ser mas suspicaces y exigentes.

II.

Hoy está don Amadeo de enhorabuena; hoy es para él uno de los dias en que manda á su cocinera añadir un principio al de la comida ordinaria.

Ha defendido en una demanda de divorcio á una mujer, que pretendia separarse de su esposo, y hoy se ha sentenciado el pleito á favor de su cliente.

Acusábale ella (no á don Amadeo, pues ya hemos convenido en que no tiene pero, sino á su esposo) de una porcion de atrocidades que clamaban al cielo.

El acusado, por su parte, demostró matemáticamente su inocencia, y que los cargos de su consorte eran un tejido de embusterías y de calumnias, dignas sólo del mas osado cinismo.

La demostracion pareció clara como la luz del dia á los que vemos las cosas como tú y yo, lector miope y malicioso; pero don Amadeo, revolviendo los autos con su habilidad notoria, y valiéndose de otros medios que, por la costumbre de apelar á ellos con frecuencia, se le antojaban punto menos que legales, hizo que la demostracion apareciese turbia como la noche mas oscura.

El marido, cuando condujo la mansa cordera al ara nupcial, era hombre de los que se dice que tienen el riñon bien cubier-

to; cuando la mansa cordera lo condujo á él ante los tribunales, el riñon no estaba ya ni cubierto ni desnudo, porque ella
le había sacado los riñones y hasta los hígados. En otros términos, el pobre diablo contaba apenas á la sazon con lo suficiente para no morirse de hambre, ó para no entrar en el piadoso establecimiento de San Bernardino.

El triunfo de su amada consorte fué completo: el respetable y virtuoso jurisconsulto probó, segun queda indicado, que
la parte contraria era todo un mal esposo, é hizo que, por vía
de penitencia, el tribunal le impusiese la obligacion de pasar
alimentos á la esposa, cuya castidad fué comparada por don
Amadeo, en un arrebato oratorio, á la de Susana.

Los que estaban en autos acerca de la historia en cuestion,
confesaron en los pasillos de la Audiencia, despues de oir el
notable discurso de don Amadeo, que la virtud de su defen-
dida era un hecho; conviniendo igualmente en que dicha virtud estaba un poco averiada, cosa muy natural, segun ellos,
puesto que precisamente lo bueno es lo que corre peligro de
averiarse, que lo malo bien averiado se está de por sí.

Hubo, asimismo, gente menuda, como tal cual insignificante pasantillo de escribano, que osó comparar el marido á
un infeliz carnero, trasquilado por su mujer, que entregaba el
vellon á un mancebo que se habia hecho rico, y con quien ella
se presentaba en público; razon de mas, segun otros indivíduos
del gremio curialesco, para desvanecer toda duda sobre la pureza y la lealtad de la intachable dama, que ni de esta, ni de
otras cosas hacia secreto.

Don Amadeo abogó, con una elocuencia estraordinaria en
él, en favor de la santidad del matrimonio; esplicó los deberes

de los cónyuges; pintó las dulzuras y los goces inefables de la familia, y los desastres y horrores que originan las disensiones domésticas; tronó contra el celibato; fulminó rayos y centellas contra el adulterio; condenó enérgicamente ciertas *amistades* que con escándalo de la moral se toleran, y que nuestros antepasados llamaban amancebamientos; amistades que tiempos atrás eran raras, y que, con otras *costumbres* de fuera, se nos han ido poco á poco metiendo en casa; y todo esto, para ofrecer á su cliente como un modelo de esposas, ante cuya presencia debian los hombres honrados quitarse el sombrero, ponerse de rodillas, cantar una *Salve*, y las esposas culpables hundir avergonzadas su frente en el polvo. ¡Lo que su laringe trabajaria en la ocasion de que se trata, júzguelo el lector, sabiendo que el fogoso abogado tuvo que beber cuatro vasos de agua y tomar otros tantos azucarillos!

III.

Este ruidoso triunfo bien merece una enhorabuena.

Pero la enhorabuena es doble.

Hay crísis ministerial, y en una de las varias candidaturas que por los periódicos han circulado, figura el nombre de don Amadeo para ministro de Gracia y Justicia.

Si á la Justicia le hace ó no gracia la ocurrencia, misterio es que á nadie le es dado penetrar; pero *La Fama* bebe, como es sabido, en buenas fuentes, y asegura que todas las probabilidades militan en pró del nombramiento de su hombre; sus adversarios, y entre otros *La Nueva Era*, sin dejar de poner á don Amadeo como chupa de dómine, declaran que cosas mas imposibles se ven que la anunciada.

Con tal motivo, parece que en la casa de nuestro jurisconsulto hay jubileo.

Todo es abrir y cerrar puertas, entrar y salir gente, idas y venidas de criados, apretones de manos entre don Amadeo y sus amigos, sonrisas de satisfaccion, esclamaciones de júbilo, saludos y reverencias.

Si alguno de los concurrentes manifiesta recelos y temores de que la situacion se sostenga aún, poniéndole unos puntales, otros mas crédulos ó mejor enterados de lo que pasa en las altas regiones, anuncian con prosopopeya que la situacion se halla en su período álgido; el gacetillero de *La Fama*, que, con otros compañeros de redaccion, bulle por allí y gesticula á manera de energúmeno, va labrando en su mente las lápidas mortuorias, con sus epitafios y todo, que han de cubrir los restos de los gobernantes, y quizás, ó sin quizás, del buen gusto literario.

Allí se reparten como confites los destinos de todas las dependencias de todo el ramo de Gracia y Justicia: á Fulano, se le hará magistrado; á Zutano, juez de primera instancia; á Perencejo, fiscal de una Audiencia: este, no se contenta con menos que con un registro de hipotecas de los de primera clase; aquel, recomienda á un tio suyo para una canongía; esotro, pide para su hijo una plaza de médico forense; el de mas allá, encarece la conveniencia de un nuevo arreglo parroquial, en el que su hermano obtenga un curato de término.

A don Amadeo se le cae la baba, y si pudiera llorar, lloraria de júbilo, viendo que, al fin, se premian en esta tierra de garbanzos los méritos de los hombres sabios y modestos que, sacrificando, como él, su reposo en aras del bien público, son los

Taravilla ha echado el resto de su habilidad.

únicos que pueden conducir la nacion al grado de prosperidad y de grandeza á que está llamada.

Hombre de principios fijos, inalterables, no cree que se quebranten esta fijeza é inalterabilidad solicitando el apoyo de todos los amantes del órden, como él dice, sean blancos ó negros, verdes ó azules; en su consecuencia, necesita la situacion en proyecto desplegar una bandera en que brillen los siete colores del íris, á cuya sombra se sienten á merendar, con órden, por supuesto, en admirable consorcio, tirios y troyanos, perros y gatos, montescos y capuletes.

Esta concepcion estupenda de moralidad política, merecerá el aplauso de los hombres que por acá se llaman sensatos; y si no una estátua de bronce, de tamaño natural, seria insigne ingratitud no levantarle, cuando el caso llegue, siquiera una de plata, de á palmo, como coronacion de una escribanía del propio metal.

IV.

La marquesa de la Estrella, su digna hermana, anda atareadísima, ya en dar órdenes á los criados, ya en recibir visitas de señoras; porque, en esta ocasion, materialmente llueven amigas.

Taravilla ha echado el resto de su habilidad, aderezando la venerable cabeza de la matrona, con la ayuda de una muy suave y olorosa pomada y de una media caña, que hasta ahora no se habia estrenado.

A tener celos Enriquez y haber oido las lisonjas dirigidas á su futura por muchos de los amigos de su hermano, hubiérase dado á Barrabás en esta mañana.

—Está usted desconocida, marquesa.

—Nadie le echará á usted arriba de veinte años.

—Es usted la discrecion en persona.

—¡Qué color tan bello! Si hubiera rosas en este tiempo, se moririan de envidia.

—Su hermano de usted podrá ser jefe de la Justicia, pero niego rotundamente que lo sea de la Gracia; y no porque á él le falte, sino porque usted posee mas títulos que él á semejante jefatura.

La marquesa, ruborizada como una vírgen, pierde con tales lisonjas su natural aplomo, y convirtiéndolas en sustancia, responde á ellas con breves esclamaciones ó monosílabos; sirvan de ejemplos los siguientes:

—¡Qué adulador!

—¡Usted se burla!

—¡Gracias!

—¡Favor que usted me hace!

—¿Se le puede creer á usted?

—Yo estoy ya dada de baja.

—Reserve usted su galantería para Fulanita, no sea que se pique.

—Hijo mio, el incienso debe reservarse para los altares; no quiero usurpar yo á la divinidad esas demostraciones.

V.

—La gacetilla de *La Nueva Era* se habia mostrado muchas veces hostil á don Amadeo; pero este se cura muy poco de *cuchufletas*, segun llama á los alfilerazos de aquel periódico, atribuyéndolos á envidia, y diciendo que así se rebaja la dignidad de la prensa; la cual, en su concepto, cumple perfectamente su mision civilizadora, siempre que elogia á él y á los suyos, y desuella á los adversarios.

Pero todo lo que de él ha dicho *La Nueva Era* en la seccion festiva de sus columnas, es miel sobre hojuelas, comparado con lo que hoy trae á propósito de la candidatura del ministerio en ciernes.

«Varios amigos de los hombres—dice—indicados en el lugar correspondiente de nuestro periódico para hacer nuestra felicidad, parece que tratan de celebrar un banquete *in honore tanti festi.*

»El encargado de la mesa es un célebre fondista que ha dado palabra de *escederse á si mismo*, ofreciendo á la voracidad de los señores aludidos, platos en armonía con los principios que llevará al poder el futuro gabinete, y con los fines que aguardan al país; de manera, que formen una especie de alegoría ó de poema gastronómico, del que no sabemos que hablen Aristóteles, Longinos, Schlegel, Richter, ni Martinez de la Rosa en sus tratados de retórica y poética. ¿Quién se atreverá á negar ahora los adelantos del siglo?

»Para no ser difusos, nos contentaremos con citar los nombres de unos cuantos platos, reservándonos la enumeracion oportuna de los restantes, con las consideraciones filosóficas á que sin duda ha de prestarse un acontecimiento de esta naturaleza.

»SOPA Á LO JULIANO. Esta sopa desbanca y relega al olvido la que conocemos con el título de sopa *á la Juliana*. La sopa *á lo Juliano* es una sopa histórica, que recuerda al emperador aquel que habiéndose propuesto esterminar á los cristianos, de cuya religion habia renegado, al levantar el brazo, en una batalla, para animar á sus tropas, cayó mortalmente herido de una flecha; entonces, arrojando al cielo un puñado de la sangre que á borbotones manaba de su herida, esclamó lleno de rabia: ¡*Venciste, Galileo!* El que no recuerde bien la historia, puede llamar á esta sopa: *sopa de apóstatas.*

»Sopa de pluma.   Si las plumas de esta sopa fuesen las de los redactores de *La Fama*, ó las que usa don Amadeo para escribir sus alegatos, seria la sopa mas insustancial del mundo. El nombre de sopa de pluma no quiere significar otra cosa que *sopa de aves;* pero el cocinero no ha querido privarse de la gloria que le corresponde por la nueva combinacion que ha hecho de los séres alados y demás elementos que entran en su sopa. Al primer golpe de vista, parece que implica contradiccion lo de sopa de pluma, con lo de estar desplumadas las aves que la componen; pero si bien se mira, esta y otras particularidades de nuestro idioma revelan precisamente su flexibilidad, su gracia y su riqueza. ¿No se llama pelon al que no tiene pelo, y rabon al que carece de rabo?... Esta sopa es simbólica, segun tenemos entendido; con pocos esfuerzos de imaginacion que se hagan, se comprenderá que representa al país desplumado; los despojos ó desperdicios bien machacados en un mortero, por un sistema flamante, y bien desleidos, le darán, indudablemente, un sabor delicioso.

»Olla podrida. No se asusten los que ignoren la significacion de este título, creyendo que el fondista se propone envenenar á alguien. El adjetivo *podrida* no quiere decir que se echen en la olla indicada conciencias que ya huelen, corazones con gusanos, lenguas cancerosas, almas que corrompen; la olla podrida es pura y simplemente el buén cocido ordinario, con el aditamento de gallina, jamon, manos, piés, orejas, y aun rabos de cerdo, rellenos y despojos de aves. Al decir gallinas no aludimos á los que cacarean fuerte cuando están en el poder, y se asustan del zumbido de un cínife cuando están caidos; así como al decir cerdos, tampoco nos referimos á ciertos individuos que se revuelcan y solazan en el cieno de sus miserias, imitando á aquel útil cuadrúpedo, en esta y otras inocentes costumbres, tan higiénicas para todo animal que quiera conservarse robusto. Esta olla tambien es simbólica; representa á las de Egipto, y recuerda las bodas de Camacho. Camacho es aquí la nacion. Como habrá en la olla varios piés, nadie podrá decir con razon que los señores del banquete se van á comer la nacion por un pié, sino por los dos, si es que el país no tiene mas.

»SALSAS. Hé aquí dos de las salsas que se servirán: SALSA PICANTE, compuesta de pimienta, guindilla, vinagre, tomillo y laurel. Aunque el apetito de los señores sea voraz, nada se pierde con aguzarlo. Nunca afeita mejor la navaja que cuando está recien vaciada. Sabemos que el laurel está arrancado del árbol de la patria; el tomillo es tambien de tierra de Castilla, regada con el sudor y la sangre de sus hijos; el vinagre procede de la viña llamada *del Señor*, en la que trabajan laboriosos agricultores, para que otros la vendimien. Por último, la guindilla y la pimienta se pone para que la sensibilidad de los caballeros de estómago perdido en las orgías del presupuesto, se reanime y exalte debidamente.

»SALSA TÁRTARA. Esta se sirve por via de refuerzo de la

anterior, pues consta de cosas tan inocentes y atemperantes
como ajos, mostaza, vinagre, pimienta y sal; de modo que es
una salsa con su sal y pimienta. No se hace mérito del estragon y del perifollo, porque, siendo tan emperifollada la política
que se espera del futuro gabinete, no ha menester mas perifo-
llos; omítese, asimismo, el particularizarse con el estragon,
porque sin necesidad de apelar á él, los hombres de *La Fama*
ocasionarán razonable número de estragos durante su administracion, como ya los ocasionan con sus doctrinas; sólo que
ellos dan á los estragos un nombre que espresa lo contrario de
lo que son en sí. ADVERTENCIA: Esta salsa, segun el arte culi-
nario, se hace en frio; así es como hacen sus fechorías los señores á quienes arriba se alude. OTRA: Dásele el nombre de
tártara, por las simpatías que estos mismos señores tienen con
los tártaros, los cosacos y los cafres.

»CHULETAS AL NATURAL.   Este plato inspirará infaliblemente á los señores antedichos la idea patriótica de arrancar al país
las chuletas, y, con encantadora naturalidad, asarlas y comér-
selas. A esto observarán algunos que, como ya tienen asado y
frito al país, se las comerán crudas, por variar; á lo tártaro. Es
posible.

»CORDERO DE CORTIJO.   Manjar agradable, de seguro. Los
hombres de *La Fama* y sus correligionarios, serán capaces de
engullirse no sólo á los corderos de cortijo, si no á los de las aldeas, villas y ciudades, con las ciudades, villas, aldeas, corti-
jos, pastores... y pastos.

»SESOS.   Plato ordinario; pero admite disculpa la sana intencion del fondista, el cual cree que dándoles sesos, les dará
el seso de que carecen.

»BOFES. Tambien esto les falta; porque los unos ya han echado y otros andan echando los bofes para encaramarse á las altas regiones.

»ROPA VIEJA. La desechan como tres y dos son cinco; la razon es clara: ellos buscan ropa nueva.

»PEPITORIA DE PAVO.—GANSO EN ADOBO. Dos platos que apenas tocarán; su modestia, aunque escesiva, no les veda reconocer que son suficientemente gansos y pavos ellos, sin necesidad de alimentarse de carnes que les inspiren pavadas y gansadas.

»PERDIGONES EN SALSA. Los preferirian secos y de plomo, para hacer uso de ellos en caso de apuro; pero les consuela el pensamiento de que el país recibirá al ministerio que lo amenaza, con ramos de olivo y salvas de aplausos.

»TRUCHAS. Las aceptarán, con la idea de hacer alguna entruchada.

»LANGOSTA. Quizá no se les sirva este plato, á consecuencia de la juiciosa observacion del cocinero, que ha dicho al fondista: «Señor, podríamos suprimir este plato; ¿qué mas langosta que ellos?»

»RANAS. Con este ha hecho el fondista lo que el cocinero con el anterior; lo ha borrado de la *carta*, manifestando á su dependiente que los del banquete *no son ranas*, frase que, en nuestro idioma, quiere decir lo contrario.

»CALABACINES RELLENOS. Este sencillo producto vejetal no será rechazado, en razon á que los comensales son unos solemnes calabazas, lo cual, si bien se considera, no es lo mismo que ser calabacines.

»PASTELES. El ministerio en ciernes tiene ya las manos en

la masa para hacerlos á pedir de boca. Ha sido una feliz inspiracion la del fondista, el recordar, de una manera tan delicada, á sus amigos y correligionarios, el deber en que se hallan sus hombres de regalar al país unos cuantos para que disfrute los goces de tan esquisito bocado.

»VINOS. La satisfaccion embriaga; así, pues, no se servirán vinos del país, porque como los vinos del país están fabricados á lo tio Diego, producen el efecto que deben producir: en lugar suyo, se presentarán esos célebres enjuagues que vienen de Champagne, de Bordeaux y otros puntos del estranjero, los cuales, sobre la ventaja de no ser peleones, ofrecen la de servir para lavarse la boca, aunque no tan bien como con agua clara.»

VI.

Don Amadeo no ha leido La Nueva Era de este dia; pero uno de esos amigos oficiosos y aduladores, especie de ayudas de cámara que nunca faltan á los ricos' y á las personas importantes, le lleva el número.

Repasa el articulejo que ya conoce el lector, y sus ojillos agonizantes se inflaman y arrojan chispas que iluminan el oscuro hueco de sus órbitas.

Dominando, empero, su cólera, suelta su frase favorita en circunstancias análogas, al devolver al irritado amigo el periódico:

—¡Cuchufletas!—dice desdeñosamente.—¡Cuchufletas! ¡Se conoce que no saben en qué pasar el tiempo!

—Son abusos que el nuevo gabinete debe reprimir y castigar—observa su interlocutor.—¡Nada! ¡la mia! ¡Cómo el futuro gabinete hiciese la mia!

—¿Y cuál es la de usted?

—Un decreto suprimiendo la libertad, ó mejor dicho, el libertinaje de la prensa, ofreciendo dar cuenta de ello á las Córtes, aunque luego no se dé.

—¡Un golpe de Estado!

—¿Y qué? ¿Caben vacilaciones en la situacion á que han llegado las cosas?

—Por mi parte no; pero hay un inconveniente para adoptar esa medida estrema.

—¿Cuál, don Amadeo?

—Que las uvas están verdes todavía.

—¡Bah!... ¡bah!... ¡bah!... Se ahogan ustedes en un sorbo de agua.

—El terreno se va preparando; bien sabe usted que no nos dormimos en las pajas, y que no es la falta de perseverancia defecto que con razon pueda echársenos en cara; así, pues, descuide usted, que si el gabinete cuaja, en buenas manos caerá el pandero. Paciencia, amigo, paciencia, que mas dias hay que longanizas; no se ganó Zamora en una hora.

—Otra idea me ocurre.

—A ver.

—Que si el gabinete cuaja, segun usted acaba de decir con notable propiedad, compre La Nueva Era. ¿A que se vende, y eso que sus redactores se las echan de... ¡Como si no los conociéramos!

—Nosotros somos pobres—observa don Amadeo, humildemente;—por otra parte, ignoro hasta qué punto tendríamos derecho para disponer de los fondos del Estado, á cambio de las alabanzas que pudieran dispensarnos, y de las insolencias que se lanzasen á nuestros adversarios políticos.

—¡Ta! ¡ta! ¡ta!—esclama el inspirador del golpe de Estado.

—¿Qué quiere usted decir con ese ¡ta! ¡ta! ta?

—Digo que con tal rigidez, pronostico al nuevo gobierno un mes de vida, estirándolo mucho.

Don Amadeo dice para sí:

—¡Cómo subamos, ya se lo dirán de misas á esos perillanes!

Y añade en alta voz.

—¡Qué contraste tan singular forma la conducta de la verdadera prensa independiente, de la prensa de órden, de la prensa moral, con la prensa anárquica! *La Fama* hace justicia á la ilustracion, á la integridad, al patriotismo y la rectitud de mis compañeros de candidatura; y aun de mi humilde persona se ocupa en unos términos tan lisongeros, que seguramente me ruboriza. ¡Hé ahí lo que se llama escribir y respetarse!

—¡Ya lo creo! ¡Qué gracia!—murmura *in pectore* el del golpe de Estado;—si buenos elogios hacen de tí, buenos maravedises te cuestan.

—Esas manifestaciones imparciales de la opinion de la parte sensata del país—añade nuestro jurisconsulto,—compensan, hasta cierto punto, las amarguras que rodean á los hombres públicos.

—No lo dudo; pero ¡estas palabras, estas palabras—repite su interlocutor, mostrando *La Nueva Era*,—están pidiendo venganza!

—Esas palabras—responde don Amadeo, tragando una cantidad de bilis no escasa — ni siquiera me rozan la epidérmis; ¡son cuchufletas, cuchufletas!

—Pues á mí me horrorizan.

—Porque tiene usted demasiado fina la piel; la esperiencia y los desengaños le irán acostumbrando á hacerse á las armas, como á todos nos ha sucedido.

CAPITULO VIII.

El diablo dice que don Amadeo no es de recibo en el infierno.—Bravo, Garciestéban y Somoza acuerdan avistarse con un carbonero y otros individuos.

I.

La desesperada situacion de la pobre Clotilde y de su familia, da qué pensar á Garciestéban, quien no ha visto á Bravo y á Somoza en veinticuatro horas, por hallarse estos fuera de Madrid.

Muchas miserias ha descubierto Garciestéban en el fondo de esta sociedad, tan alegre, tan bulliciosa y tan feliz, aparentemente, en la superficie; pero la última que ha contemplado le llega al alma, por sus particulares circunstancias.

Cada vez que un espectáculo de esta naturaleza es objeto de sus observaciones, sufre lo que no es imaginable.

—«¿Con que esa infeliz mujer—va reflexionando por la calle,—ese cadáver galvanizado, es aquella candorosa niña,

encanto de los ojos, alegría de los corazones, sueño de los enamorados, llena de esperanza, de juventud y de belleza, que
tantas y tantas veces ví pasar en mis primeros años delante de
mí como una aparicion del cielo? ¡Qué pesar tan amargo, qué
horrible no será la desesperacion de esa mártir, para que á su
dulzura y á la bondad de otros dias hayan sucedido la convulsion y los arrebatos de la demencia que se advierten en su rostro y en todos sus ademanes! ¡Tristes flores humanas, que ven
llegar, inclinando con desaliento su hermosa cabeza, el otoño
de la vida, cuando apenas han conocido la primavera! No puede apartarse de mi memoria la imágen de aquellos huérfanos,
ateridos de frio, desnudos y desamparados. ¡Oh!—esclama interiormente.—¡Es necesario que en este carnaval, que en esta
abominable farsa, caigan muchas caretas y se desnuden muchas almas! Es necesario que, cuando tanto se desdeña la poesía, la verdadera poesía (que es la fé, que es la religion, que es
la creencia), el depositario leal y severo de estos ricos tesoros,
el poeta, arroje su voz de trueno á los vientos para concitar
todas las fuerzas vivas y morales contra los ateos y los verdugos. Es necesario que los que aborrecen la poesía, porque la
poesía es la luz, y ellos aman la sombra, porque la poesía es lo
ideal, y ellos adoran la materia, empuñen valerosamente la
piqueta demoledora para derrocar esos altares malditos, en los
cuales, al Dios del dolor, de la redencion y de la misericordia,
ha sustituido el becerro de oro, el dios del deleite, de la esclavitud y del egoismo. Es necesario, que don Amadeo...

II.

Garciestéban pronuncia en alta voz, sin advertirlo, el nombre del respetable y virtuoso jurisconsulto, en el momento mismo de darle alcance su amigo Somoza, que le ha visto desde lejos. Somoza y Bravo han regresado de su espedicion al medio dia.

.—¿Qué diablos—le pregunta este—murmuras de don Amadeo? ¡Le tienes tirria, odio y mala voluntad, y eres injusto; claro!

—¡Hombre, no seas plomo; déjame en paz, que no estoy para bromas!

—Don Amadeo, y esto no es broma, acaba de ingresar en una Orden estranjera; lo sé de buena tinta; hoy han llegado los despachos á la embajada correspondiente. Es oficial de la Legion de Honor.

—Me alegro.

—¿Qué tienes que decir?

—¿Yo?... Nada... que la honrará; responde Garciestéban con profundo sarcasmo.

—¡Gracias á Dios que te oigo una vez hacerle justicia! Pero, hombre, tú estás distraido; parece que vas pensando en las musarañas, y aun advierto que tienes cara de acelga.

—¿Dónde está Bravo?

—Acabo de dejarlo hace diez minutos en el *Café de la Iberia*, esperando á un amigo.

—¿Tienes que hacer?...

—Te diré; si se llama hacer el deshacer prevenciones desfavorables contra mi persona, de parte de otras que van á estar pronto en candelero, y que pueden serme útiles, en ese caso te confieso que estoy ocupadísimo. Se asegura cada vez mas la subida de don Amadeo al poder, y en verdad, ninguna ocasion mejor que la presente, pues si antes poseia honor bastante para dar y vender... considera tú cuánto no honrará al futuro gabinete la presencia de un hombre que acaba de recibir la remesa que le mandan de fuera, por si desgraciadamente le ocurriese un apuro.

—Vuelve conmigo al *Café de la Iberia;* tenemos que hablar largo y tendido.

—Formalmente, Garciestéban, necesito que me recomienden á don Amadeo. La flor de mi juventud se va agostando poco á poco, y yo no medro; la vejez se aproximará traidoramente á mí, como tiene de costumbre, y me teñirá de blanco los cabellos, sin que pueda yo decir con orgullo que he encanecido sirviendo á mi patria, ya en una Direccion, ya en una Subsecretaría, ó en otro puesto análogo. No, Garciestéban, esto no es decoroso, ni patriótico; yo debo resignarme al sacrificio de tomar un buen destino, para que mi nombre pase ileso y puro á mis sucesores, si los tengo, y no se pierda en la fosa comun.

—Hay momentos en que envidio tu carácter, y este es uno de ellos. Para tí, nada grave ni formal pasa de tejas abajo.

—Es un error tuyo. ¿Te parece que mi permanencia eterna en el limbo no es grave?... Pues te equivocas. Pero á bien que yo me tengo la culpa; tú nos has separado á Bravo y á mí, con tu perniciosa influencia, del camino que conduce via recta á la felicidad. ¡Mira á Bravo! ¿Quién conoceria en él al famoso Cantárida de años atrás? ¡Qué lástima de muchacho!

Cualquiera se figuraria al verlo, que no ha roto un plato en toda su vida. ¿Pues y yo? Mas vale callar. Tus ideas rancias nos arruinan; tú nos has metido á redentores, y vamos á salir crucificados.

III.

En esta conversacion llegan nuestros dos amigos al *Café de la Iberia*.

Acércanse á la mesa donde está Bravo, y despues de sentarse, dice Somoza:

—Aquí me tienes otra vez, Cantárida.

—Pues ¿qué ocurre?

—¿Qué ha de ocurrir? Lo de siempre. Mi señora doña Lucrecia se ha empeñado en conquistarme, y aunque mis desdenes debieran ya haberle hecho desistir de su propósito, sigue en sus trece. El compromiso, como comprenderás, es atroz; pues entre mis defectos, que son muchos y grandes, no tengo el de faltar á las atenciones que las damas se merecen.

—¿Me prometes oirme un rato sin chistar? pregunta Garciestéban á Somoza.

—Hable usted, señora, hable usted.

Garciestéban cuenta á sus amigos la historia de Clotilde, sin omitir la visita de la marquesa.

Bravo la oye atentamente; no pronuncia frase, ni palabra alguna que revele cólera, sorpresa ó lástima; pero algo indican de lo que pasa en su pecho los fuertes latidos que se perciben en su costado izquierdo, marcados por la rápida elevacion y depresion del chaleco.

Hagamos justicia tambien á los sentimientos caritativos de Somoza.

Indiferente, al parecer, al relato de Garciestéban, saca un lapicero y se entretiene en trazar sobre el mármol blanco de la mesa varias caricaturas caprichosas. Es una de ellas, la de una persona que el lector conoce. La otra, con el brazo derecho en actitud de despedirla, tiene rabo, y de su frente horrible parten dos cuernos de cabra; detrás de ella hay indicadas cinco ó seis cabezas, entre suaves líneas ondulatorias que figuran llamas, y debajo el letrero siguiente: *En esta posada no se admiten bribones como tú.* La primera, vestida de toga, señala con el dedo á la palabra Dios, rodeada de rayos, encima de toda la caricatura, y tiene esta leyenda á sus piés: *¿Temes que te destrone? Apelaré á Aquel.*

—¿Qué has hecho, Somoza? esclama Bravo, saliendo de sus meditaciones.

Somoza le contesta, apoyando la punta de un dedo sobre la primera figura, é interrogándole á su vez:

—¿Conoces á este?

—¡Admirable, chico! Es un delito imperdonable que hayas abandonado el dibujo.

—A la cuestion, señor Bravo. ¿Conoces á este?

—¿Quién no ha de conocerlo? ¡Don Amadeo en persona! ¡si está hablando!

Garciestéban examina el dibujo, y da un apreton de manos á su autor.

—¡El dibujo queda incompleto—murmura Somoza;—paciencia! Adivinad lo que falta.

—Don Amadeo—dice Bravo—quiere entrar en el infierno, para lo cual tiene andado todo el camino; pero Satanás lo considera indigno, segun la leyenda, por demasiado bribon. Creyendo injusta la sentencia, nuestro jurisconsulto responde que apelará de ella á Dios, manifestando con profunda conviccion que la causa de la repulsa es el temor que el demonio tiene de que, por sus méritos, le arrebate el dominio de las regiones infernales.

—Adivinad ahora—esclama Somoza,—la sentencia de Dios.

—No es dificil—responde Bravo.—Siendo los títulos de don Amadeo al imperio de los condenados, superiores en cantidad y calidad á los del diablo, la divina Providencia fallará el pleito en favor del jurisconsulto.

IV.

Despues de dos minutos de silencio, dice Garciestéban:

—¿Os parece digno de nosotros abandonar á esa pobre madre, pudiendo proporcionarle algun consuelo?

—No; responden á una voz sus interlocutores.

—Pues manos á la obra.

—Lo primero que, á mi juicio, debemos hacer, porque es lo mas urgente,—esclama Bravo,—es comprar dos vestidos para Amelia y para Arturo.

—Aprobado.

—Aprobado.

—En segundo lugar—continúa el orador,—hay que ajustar con un fondista el sustento de la familia.

—Aprobado.

—Aprobado.

—En tercer lugar, decir á un carbonero que cuide de que no les falte lumbre.

—Aprobado.

—Aprobado.

—Propongo—observa entusiasmado Somoza,—una adición al artículo alimentos. Aunque la conducta del niño con Turco antes, mientras y despues del almuerzo, es disculpable, por aquello de que entre dos que bien se quieren con uno que lo coma basta, teniendo en cuenta que el perrillo tal vez no se conforme con la filosofía del refran, no me parece descabellado añadir al presupuesto ordinario un par de cuartos para cordilla.

—Es muy justo—responde Garciestéban.—La desventurada Clotilde, agradecida como todas las almas nobles, dice que Turco es el único sér que no los ha abandonado, el único que les demuestra afecto, el único amigo de sus hijos, y que primero se quitaria ella de la boca el pan, que dejar sin comer al perrillo. Cierto es que Arturo, segun he dicho, le pegó un puntapié y aun sacó la temible cachiporra para mantenerlo á raya; pero este género de demostraciones tampoco dejan de ser frecuentes entre personas que se aman, y aun entre cierta clase de la sociedad, casi, casi, son pruebas de cariño.

—Vamos ahora á la mas negra; dice Somoza.

—¿A la madre?

—¿A Clotilde?

—Justo.

—La madre—esclama Garciestéban,—ya comprendereis que necesita otra especie de remedios.

—Apunta, dice Somoza.

—Ya sabeis que uno de los varios pretestos de don Amadeo para no reconocer á los niños, es el de que es un pobrecito que apenas tiene sobre qué caerse muerto, á consecuencia de los gastos que le ocasiona su hermana. Quitémosle este pretesto, aliviémosle de tan pesada carga.

—¡Escelente idea!—repone Somoza, frotándose alegremente las manos.—Casemos á la marquesa con Cantárida, y *laus Deó.*

—¡Antes cargar con el demonio! esclama Bravo.

—Pues, francamente, Cantárida, es una mala partida que no se concibe en un jóven arrepentido.

—Esta mala partida será la última. Lo he jurado.

—¡Hombre, cásate con la marquesa! ¡No seas tonto! Es una ganga para tí... y para mí. Las relaciones que á nosotros dos nos unen, me servirán de recomendacion para que don Amadeo derrame sobre mí el benéfico rocío de la gracia y de la justicia que le van á ser confiadas. Además, tengo echado el ojo á un distrito, cuyo nombre me reservo, sin contar con el de la provincia de Valencia, el cual se presenta un poco verde, no obstante el apoyo del marqués de la Cabeza, que me tiene por un absolutista como una loma; si este ministerio continúa, mi eleccion es segura; pero ya se desmorona: ¿y si cae? ¿á qué aldabas me agarro?

—Casemos á la marquesa con Enriquez—dice Bravo, dirigiendo la palabra á Garciestéban.—Cada oveja con su pareja. Antiguamente se acostumbraba en algunos pueblos atar al asesino con su cadáver, para castigarlo. No sé si esta pena seria mayor que la de atar al crímen con el crímen.

—¡Hombre—repite Somoza á Bravo, con voz suplicante,— cásate con la marquesa!

Bravo da tres palmadas, gritando:

—¡Mozo! ¡mozo!

Acude uno de los del café, y le dice Bravo:

—Papel y tintero.

El mozo vuelve al instante con los objetos indicados. Bravo dice á Somoza:

—Coge una pluma, y escribe.

V.

Somoza obedece, y Bravo le dicta lo siguiente:

«Háblase en los círculos aristocráticos del próximo enlace »de la marquesa viuda de... con un jóven bastante conocido »en Madrid, que se retira del comercio, en cuya honrosa ocu- »pacion ha hecho una fortuna considerable, debida á su celo, »á su probidad y á su inteligencia. Mucho celebraremos que »se verifique este enlace, aplazado hasta ahora, desde que se »acordó, por enfermedad de uno de los novios; pues será una »prueba mas de que las distancias que separaban á ciertas »clases van estrechándose, para desaparecer completamente »en un tiempo que no debe estar muy distante.»

Bravo deja de dictar, y Somoza le pregunta:

—¿Qué piensas hacer con esto?

—Publicarlo en *La Nueva Era*. Enriquez acosa terrible- mente á la hermana de don Amadeo para apresurar la boda, y la hermana de don Amadeo se resiste con una tenacidad in- comprensible en una vieja.

—¡Incomprensible! Lo seria si la vieja no esperase atrapar una presa mas de su gusto que ese jóven inteligente, probo y laborioso. Pero sepamos qué es lo que te propones sacar en limpio.

—Entregando mi gacetilla á la publicidad, y aun reproduciéndola á menudo en otra forma, obligamos á la marquesa á una de estas dos cosas: á que otro periódico, *La Fama*, por ejemplo, desmienta la noticia, á ruego suyo, ó á dar su mano á Enriquez. La marquesa no se atreverá á desmentir la noticia, porque Enriquez, como si lo viera, ha amenazado á don Amadeo, en un arrebato de despecho, con descubrir la complicidad de este en la ruina de don Lorenzo Figueroa; y aunque no dará este escándalo, basta con que amague, para que la marquesa y su hermano mediten lo que hacen, teniendo, sobre todo, en cuenta la favorable situacion política en que hoy se halla nuestro jurisconsulto. Si la marquesa no desmiente la noticia, queda comprometida á los ojos del mundo, y no podrá negar sus relaciones con Enriquez, ni la próxima celebracion de su casamiento con él.

—Ahora caigo—dice Somoza—en el motivo que te ha impulsado á regalar á Enriquez el celo, la probidad y la inteligencia consabidas. Le doras la píldora á la marquesa, rehabilitando ante la opinion á Enriquez, para que la trague sin escrúpulo. Y esta rehabilitacion tiene tanta mas fuerza, cuanto que procede espontáneamente de un periódico enemigo de don Amadeo.

—Así es.

—¡Hé aquí—esclama Somoza, dirigiendo la palabra á Garciestéban, y apuntando con un dedo á Bravo,—hé aquí los apóstoles de la moralidad! Mucha filípica, mucha mueca, mucha contorsion, mucha palabrería contra el vicio; y sin embargo, son los primeros que lo coronan de flores y lo colocan sobre un pedestal de no sé cuántos piés de elevacion.

—Te diré por qué: porque así se hará trescientos mil añicos, cuando sople el viento de la tempestad que le voy amontonando sobre su cabeza.

—¡Buenas te las dé Dios!... ¡Me gusta el modo de amontonar tempestades!

—¿No? ¿Cuándo suena mas la caida, y cuándo es mas funesta, cuando se cae de un entresuelo, ó cuando se cae de la torre de Santa Cruz? Cuando un hombre oscuro cae en la estrechez de un callejon, en medio de la noche, nadie se apercibe de este accidente, que no traspasa los límites de lo ordinario; cuando cae un hombre conocido, en medio del teatro del mundo y á la luz del medio dia, el espectáculo es público, y por consiguiente ruidoso.

—Yo doy á eso el nombre de venganza, señor moralista improvisado, y no veo que le convenga otro.

—Yo le doy el de justicia, que es el que le conviene, señor escéptico empedernido.

—La moral cristiana tiene siempre en sus labios una sonrisa que se llama perdon.

—Pero esos mismos labios piden al delincuente una cosa que se llama arrepentimiento; y el corazon de Enriquez, de la marquesa y de don Amadeo, ha perdido la memoria de esa virtud. ¿Quieres que antes de publicar la gacetilla sometamos á una prueba á cualquiera de los tres; á don Amadeo, *verbi gratia*, que debe ser, por su edad, por su posición y por su ministerio en el foro, el mas juicioso de todos ellos? No tengo inconveniente en avistarme con él; le espondré la situacion de Clotilde y de su familia, y le pediré el reconocimiento de sus hijos. Si los reconoce, soy capaz de arrojarme á sus piés y de regarlos con mis lágrimas; pero ¿y si no los reconoce? Si no los reconoce, esas tres mártires mueren desamparados en la sombra; nadie reparará en su muerte: serán tres hojas silenciosamente arrancadas del árbol de la vida por una mano invisible y cruel.

—Haz la prueba—dice Somoza con gravedad;—y si tu anuncio se realiza, no te negaré la razon.

—¿De veras?

—De veras.

—Te creo porque te formalizas.

—Nada, nada, haz la prueba.

—La haré mañana mismo. Ahora, si os parece, vamos á comprar los traje para Amelia y Arturo. Garciestéban se encargará de llevárselos, y de ajustarse con el fondista y el carbonero.

—Así lo haré.

—Un favor voy á pedirte, querido Cantárida—esclama Somoza;—es un favor insignificante, como todos los mios; yo nunca abuso.

—Sepamos.

—Que me recomiendes á don Amadeo, por si su candidatura pega; dile que soy un pregonero infatigable de su inteligencia, de su patriotismo y de sus virtudes. Convendrá que me nombres por mi segundo apellido, no sea que su hermana, por vengarse de lo que me oyó en la *Fonda del Cid*, influya contra mí, si sabe que te interesas en mi favor con nuestro gran jurisconsulto.

Los tres amigos salen del *Café de la Iberia*, y se dirigen á uno de los almacenes de ropas hechas que tanto abundan en la calle de la Cruz.

CAPITULO IX.

Debates parlamentarios en casa de don Lorenzo Figueroa, á propósito de una *paella*, y discurso del cura de Buñol, promovido por ciertas frases inconvenientes del marqués de la Cabeza, en el cual (no en el marqués, sino en el discurso) el cura hace varias consideraciones relativas al doble carácter del sacerdote, como tal y como ciudadano.

I.

Habiéndose restablecido completamente don Lorenzo Figueroa de su caida, trátase en la tertulia que en su casa se reune, de celebrar con una *paella* suceso tan fausto.

Los debates á que los preparativos, el órden y demás de la fiesta dan orígen, son acalorados, con especialidad entre el baron de Solares y su amigo el marqués de la Cabeza; sin que por esto se entienda que el cura, el alcalde y el médico, dejen de echar su cuarto á espadas, pues todos se disputan la gloria de amenizar la *paella*, proponiendo cada cual lo que mas conveniente juzga á tan laudable empresa.

El baron de Solares indica varios aditamentos á la *paella*

tradicional, á la *paella* histórica, digámoslo así, con escándalo del marqués, el cual persevera en su propósito de no admitir reforma alguna, por creerlos, en la rectitud de su conciencia, ocasionados á irritaciones, cólicos y otros peligros que su contrincante no descubre. En corroboracion de sus ideas apela al dictámen del facultativo, quien, conocedor de las manías y peloteras de los dos bondadosos ancianos, hace que el peso de su opinion incline la balanza unas veces al lado del marqués y otras al de Solares.

Tambien el alcalde restablece en ocasiones el órden, valiéndose de su autoridad, desconocida con frecuencia por aquellos rebeldes; y fuerza es confesar que la vara de la justicia no se tuerce, ni hay temores de que se tuerza, por la sencilla razon de que no la lleva.

Conviniendo todos en que Marieta es una notabilidad culinaria, y haciendo el honor debido á sus conocimientos paellísticos, sin rival en la villa, consúltanla á menudo, y de este modo rinden, al propio tiempo que á su habilidad, un tributo de galantería al sexo femenino, representado en la amable reunion, por ella, doña Cármen y Amparo.

II.

Ampliamente discutido el proyecto de *paella*, y aprovechando el breve silencio que sigue á los debates, el señor cura, anciano de grande ilustracion, dice:

—¡Pido la palabra!

A lo cual contesta el alcalde:

—El clero tiene la palabra.

—Señores—dice el párroco,—natural es, y muy puesto en el órden está, que demostremos la alegría que nos ha
causado el restablecimiento de nuestro buen amigo el señor de
Figueroa (á quien tanto estimamos los presentes) con los fes-
tejos que acaban de acordarse en paz y concordia; pero no hay
que olvidar que á quien principalmente debe la salud, es á
EL que la da y la quita, cuando conoce que á la criatura conviene lo primero ó lo segundo. El Señor se dignó entrar en esta
casa en el angustioso trance que todos lamentamos entonces;
y si pagamos las visitas y los consuelos de los amigos que nos
favorecen en nuestras adversidades y satisfacciones, justo y
razonable estimo que no seamos ingratos con el amigo mas seguro, mas fiel y mas bondadoso. Propongo, pues, que se le pague la visita; es un Señor que, á pesar de su grandeza (como
que á su lado no hay grande en el mundo, por mucho que lo
sea, que no aparezca pequeño), recibe con amor y alegría á
todas horas al que lo busca.

III.

Una salva de aplausos acoge la proposicion del cura, que
con tan sencillas frases ha sabido interpretar los sentimientos
del auditorio.

El baron de Solares es el único que no aplaude; notado lo
cual por el marqués, eternamente dispuesto á perseguirlo con
sus observaciones, dice:

—Señores, propongo á mi vez un voto de censura contra
el individuo que enfrente de mí tiene asiento, por no haberse
asociado á la espresion del entusiásmo unánime que en esta

asamblea domina; bien que no debia esperarse, otra cosa de quien profesa los principios liberalescos de que dicho señor diputado hace gala en todos los actos de su vida.

—Yo pudiera—responde el baron, mirando sin alterarse á su antagonista,—yo pudiera pedir que se escribiesen las palabras que su señoría acaba de pronunciar, hijas del despecho que le produce una conducta acrisolada ó intachable. Su señoría, con una audacia que pasma, acostumbra á penetrar en el terreno vedado de las intenciones siempre que á mí se dirige, atribuyendo á mis ideas políticas lo que es efecto de otro órden de ideas muy distinto: su conocido propósito de perjudicarme á toda costa ante la ilustrada opinion de esta asamblea, debia eximirme, hasta cierto punto, del trabajo de contestarle; pero no lo haré así. Y no lo haré, no por su señoría, ciertamente, sino por el respeto que se merecen las personas que me escuchan, y por lo que me debo á mí propio. Declaro, pues, en alta voz, que considero justísimo lo que nuestro escelente párroco ha propuesto, con su habitual lucidez; pero con una condicion, condicion que esplicará el motivo de mi actitud en el asunto que se ventila.

—No hay condiciones que valgan; esclama el inexorable marqués.

—Señor presidente, haga su señoría que no se me interrumpa; dice el baron, mirando al alcalde.

—¡Silencio, señor marqués!—grita el alcalde, con voz imperativa.—Señor baron, continúe su señoría en el uso de la palabra. Veamos la condicion á que se referia en el final de su discurso.

—Redúcese—prosigue el baron—á pedir que se me permita hacer los gastos de una solemne funcion de iglesia, que puede celebrarse el domingo próximo.

—¡Pido la palabra! ¡pido la palabra! repite el marqués, agitándose en su asiento, lo mismo que si lo pinchasen con alfileres.

—¡Ea! Ya está encima; esto es no dejarle á uno respirar; esclama el baron.

—Tiene la palabra el señor marqués de la Cabeza—dice el alcalde.—¡Órden, señor baron!

IV.

Amparo y Marieta no pueden contener la risa, viendo enzarzarse á los dos ancianos, cuyas miradas, cuya voz y cuyos ademanes les dan, como otras veces, la actitud de dos gallos dispuestos á lanzarse á la pelea.

El suceso feliz, orígen de los debates, tiene locos de contento á los dos amigos, que en esta noche se salen de sus casillas, aumentándose lo cómico de su gravedad á medida que la disputa arrecia.

Como el baron, despues de su conferencia con Bravo, ha renunciado á toda empresa amorosa, cuídase menos que antes del aliño de su persona: el frac, la corbata de puntas bordadas, los guantes, el chaleco, el pantalon, el traje, en fin, que constituia en otro tiempo el arsenal de sus seducciones, está dentro de una vieja cómoda, estrecho cuartel, digámoslo así, de inválidos, que algunas veces le recuerda con dolor, al abrirla, no pocas glorias de una edad que ya no volverá.

¡Qué diferencia del traje que ahora le cubre! Un gorro

negro de seda, de dormir, encasquetado hasta las orejas, como medio de evitar el catarro que le amaga; una bata que le llega á los piés, y unos zapatos de castor, con forro de piel de cordero, no son, seguramente, prendas á propósito para realzar la persona de ningun galan. El mismo don Juan Tenorio se hubiera visto en calzas prietas para alcanzar el mas miserable de todos sus triunfos, á presentarse á las damas con atavío semejante.

Hé ahí quizá una de las cosas que, juntamente con lo que arriba queda indicado, ocasiona la destemplada risa de su sobrina y de Amparo.

V.

—Yo creo poco—salta el marqués, así que el alcalde le concede la palabra—en las protestas de religiosidad que parten de ciertos labios; y aunque no incluyo en este número á mi amigo el baron de Solares, debo decir, sin embargo, que en las circunstancias presentes su exigencia es una usurpacion que hace á la iniciativa que en el asunto de que se trata me corresponde, y que, por un descuido que no me perdono, me he dejado arrebatar. En efecto, señores: la idea de celebrar con una solemne funcion de iglesia el restablecimiento de nuestro amigo don Lorenzo Figueroa, partió del diputado que tiene la honra de dirigir su voz á esta ilustre asamblea, el cual se la comunicó en la Fuente de San Luis, hace cuatro ó seis dias, al que se sienta en los escaños de enfrente.

—¡Pido la palabra! dice el cura.

—Hable su señoría; responde el alcalde.

Todos los circunstantes se apaciguan y callan como por encanto.

—Señores —esclama el cura:—llamo particularmente la atencion de este cuerpo sobre ciertas frases que el dignísimo marqués de la Cabeza ha pronunciado, sin duda en el calor de la improvisacion, y que espero se apresurará á recoger en el momento que se le designen. Su buena fé, y la sinceridad misma con que profesa sus principios políticos, le harán reconocer que se ha escedido en su manera de juzgar los sentimientos religiosos de los hombres que siguen otras banderas. En mi persona, señores, se reunen dos diversos caractéres, el de ciudadano y el de sacerdote: como ciudadano, mis opiniones son absolutistas, y no porque en realidad valgan acaso mas que las contrarías, sino porque, en mis cortas luces, creo yo que ellas son las que mas directa y fácilmente conducen á lo que todos ansiamos, á la felicidad y á la grandeza de la patria. Si vivo equivocado, cúlpese á mi ignorancia; pero se cometeria una injusticia culpando á mis intenciones. Oigo decir á menudo que el sacerdote no debe mezclarse en las cosas políticas, y, francamente, no comprendo este lenguaje: para que el sacerdote no se mezclase en las cosas políticas, seria preciso despojarlo de su razon, y convertirlo en idiota; de su libertad, y convertirlo en esclavo; del amor al país bajo cuyo cielo ha nacido, cuyo aire respira, cuya lengua habla, cuya prosperidad le interesa, cuyas glorias respeta y admira, y convertirlo en un sér insensible, egoista y abyecto.

Pero como sacerdote, me debo completamente á Dios, y me agravia el que piense que he de hacer de la Religion un instrumento servil de las pasiones humanas. La Cruz es una oliva, no una espada; y al leño que fué trono del Redentor no se sube con gorro frigio, ni con diadema real, entre músicas, flores y aplausos, sino con corona de espinas, con cetro de caña, y con púrpura desgarrada por los martirios de la vida. Cuando un católico se acerca de rodillas al tribunal de la penitencia á declararme sus culpas, no le pregunto yo, ni me cuido de averiguarlo, y aun si lo sé lo olvido, sus opiniones políticas; bástame ver que aquel pecador arrepentido deja al pié del confesonario el manto de sus vicios, para vestirle la blanca túnica de la inocencia, sin la cual no seria digno de presentarse ante la inagotable misericordia de Dios. ¿Quién soy yo, ciega criatura, para cerrar las puertas de la inmortalidad á la pobre alma contrita de un adversario político, que me llama desde el lecho del dolor, lléno de confianza en mis consuelos, y para desplegar ante sus ojos moribundos el espantoso cuadro de castigos tambien inmortales? ¿Quién soy yo para negar la sepultura á su cadáver, cuyos labios yertos parece que se entreabren para pedir un puñado de tierra que impida la profanacion de sus restos á las fieras y á las aves de rapiña? El pueblo judío, que crucificó al Gran Mártir, abandonó, sin embargo, su cuerpo divino á la piedad de José de Arimatea y de unas santas mujeres, en la cima del Calvario. ¡Oh amigos mios! La Religion es una cosa mas alta que nuestras miserias, y tan espléndido su manto, que debajo de él puede cobijarse la humanidad entera. ¡No! ¡Estas manos que en el sacrificio de la misa sostienen el cáliz, no lo ofrecerán lléno de hiel á la boca sedienta de un cristiano, como hicieron los verdugos del Salvador, sino lléno del vino consagrado, que simboliza la sangre saludable y regeneradora del Cordero! ¡Estas manos, que parten la hostia, cuerpo figurado de Jesucristo, no privarán de este alimento de las almas ni á mi mayor enemigo, cuando se acerca lloroso á la sagrada mesa! Yo soy pastor de almas, no lobo disfrazado de pastor: cuando alguna oveja huye del aprisco y se descarría, la llamo con los silbos cariñosos de la clemencia, para que vuelva al buen camino, y no arrojo contra ella mi cólera para que la despedace. ¿Quién ha dicho, quién ha pensado que baje la Religion de las serenas regiones del cielo al tumultuoso palenque de nuestras discordias, personificada en una furia humana con el puñal de las venganzas en una mano y la Cruz de la misericordia en la otra? ¡No, y mil veces no! Los que á eso llaman Religion, los desgraciados que eso hacen, no conocen que están arrastrando nuevamente al Señor por la via dolorosa, y que crucifican su espíritu, puesto que crucifican su doctrina. ¿Quiere decir esto que el ministro de Dios cierre los ojos para no ver el espectáculo de las desolaciones, y los oidos para que no lleguen á él los ayes del dolor? Tampoco. Para esas campañas de la caridad, cuyo término suele ser el martirio, es para lo que el sacerdote debe reservar su valor, su actividad, su abnegacion, su sangre, su vida. Cuando en 1848 monseñor d'Affre, arzobispo de París, se arrojó como un ángel de paz en medio de la furia y el fuego de los combatientes de las barricadas, una bala perdida fué á hundirse en su corazon magnánimo, arrebatando á la Patria un gran ciudadano y al catolicismo un gran apóstol. Con él sí que pudo decirse que estaba la Religion; y á ser posible detener en el aire el plomo fatal, no hubiera habido en París brazo alguno que no se hubiera levantado para detenerlo. Este dia fué un dia de luto para Francia; esta muerte fué un triunfo para la Iglesia, que cuenta entre sus mas gloriosos héroes á los mártires.

Pido, pues, que nuestro digno amigo el señor marqués de la Cabeza retire las palabras que han dado márgen á mi discurso, ó que, en caso contrario, se le dé un voto severo de censura.

V.

En silencio no interrumpido y con muestras de profunda atencion, oye la tertulia las sentidas razones del párroco, inspiradas por la imparcialidad y rectitud de su carácter, mas que por el deseo de una concordia que está seguro de que no ha de alterarse. Frases mas duras, alusiones mas picantes, filípicas mas terribles se dirigian los dos ancianos frecuentemente, siendo interpretadas por sus amigos como espresion de un cariño y de una confianza sin límites.

El baron, radiante de júbilo, es el primero que se atreve á hablar despues del cura, esclamando:

—Hé ahí lo que se llama poner el dedo en la llaga. ¡Saber quisiera yo lo que responderian mas de cuatro fariseos, si se les hablase el lenguaje con que el señor cura ha tenido en suspenso nuestras almas durante un rato!

—Ignoro—observa el marqués—lo que responderian los fariseos; lo que responde el marqués de la Cabeza, es que el señor cura ha interpretado fielmente el espíritu de la Religion en su manera de considerar los deberes que imponen á este mismo sacerdote, como ciudadano y como ministro del altar. Pero así como hay hombres en los partidos que, segun ha dicho nuestro párroco, pretenden hacer de la Religion un instrumento servil de las pasiones humanas, hay otros que todo lo niegan, que niegan hasta la existencia de Dios (¡vean ustedes qué descubrimiento!) y la niegan con la seguridad y el aplomo del que tiene en sus manos el pedazo de oro que acaba de sacar de la tierra y que indica el descubrimiento de una mina de este metal. A esa clase de gente aludia yo; pues en cuanto á lo demás, el derecho que tengo á que se respeten mis propias opiniones, sé muy bien que nace del deber en que me hallo de respetar las ajenas. Hecha esta rectificacion, retiro mis palabras, felicitándome de haber proporcionado con ellas á la tertulia una ocasion mas de oir á nuestro querido párroco un discurso tan digno de su ilustracion, como de sus sentimientos evangélicos.

—¡Por Dios, señor marqués! dice el cura.

—Muy puesto en razon—observa en seguida Solares, el cual no se conforma con permanecer callado, y continúa agitándose como si lo pinchasen con agujas,—muy puesto en razon está cuanto mi amigo el marqués acaba de manifestarnos, y no esperaba yo menos de su conocida lealtad; pero debo recordar á los señores que me escuchan, que nada se ha resuelto aún acerca de la condicion que he tenido la honra de ésponer antes de asociarme al entusiasmo con que se recibieron las palabras de nuestro párroco, referentes á la funcion de iglesia. Mi condicion, volveré á repetirlo, se reduce á pedir que se me permita hacer los gastos de la solemnidad religiosa acordada. No puedo ser menos exigente.

—Dispense su señoría—salta el cura, sin poderse contener;—la misa y el sermon corren á cargo mio, y en esto me propongo, á pesar de mi tolerancia, ser intolerante, no ceder ni en un ápice.

—Yo pago la cera—añade el marqués,—siempre que no bajen de cincuenta las luces que se pongan en el altar mayor, y además...

—Yo... interrumpe el médico.

—Pues yo no he de ser menos, y pagaré la... interrumpe á su vez el alcalde al médico.

Y ansioso cada uno de los tertulios de contribuir con algo que dé mayor brillo á la fiesta, arman tal confusion, arrebatándose recíprocamente el uso de la palabra, que es cosa de no entenderse.

Solares se rasca pensativo la cabeza, operacion que unas veces le derriba el gorro hasta las cejas, y otras se lo echa para atrás cubriéndole hasta la nuca. Tiénele preocupado el motin de los concurrentes, y aun llega á sospechar si será cosa convenida entre ellos para castigar su egoismo, aunque de buen género.

—Señor baron — esclama tambien Amparo, á quien el marqués hace repetidos guiños y muecas para que le diga algo,—la codicia rompe el saco.

—¡Tu quoque! murmura el baron, con gesto cada vez mas afligido.

—¿Qué ha dicho? pregunta Amparo á Marieta.

—No sé, hija—responde Marieta.—Esas palabras me parece que no son valencianas.

—Ha repetido—observa el marqués—las que dijo César á Bruto, al clavarle este su puñal el dia en que estalló la conjuracion para matarlo. César amaba á Bruto como á un hijo, y por esto pronunció en aquel terrible instante el célebre ¡*Tu quo-que!* que traducido significa: ¡*Tambien tú!*

—Puesto que la amistad—dice solemnemente el baron, abandonando su actitud meditabunda—se permite ciertas ven-ganzas (¡sí señores, venganzas, por mas que se doren con el nombre de lecciones merecidas ó de castigos!), justo es que yo realice la mia, y la realizaré, pese á quien pese, porque no es-taré sólo; cuento con dos robustos cómplices, que son el moli-nero y el hornero, y aun veré medio de sobornar al señor cura para que por su mano distribuya entre los pobres cien panes y cien pesetas. Atrévase el alcalde á prevenir este crímen, y veremos quién lleva el gato al agua.

Todos celebran la ocurrencia del baron.

VI.

Doña Cármen, que no ha cesado de codear á su marido, interpolando tal cual pisada impaciente sobre los callos del mismo, para mas obligarlo á salir de su silencio, le murmura al oido:

—Ahora es la tuya, Lorenzo; ¡anda!... ¡díles eso! ¿para cuándo lo déjas?...

—No he querido privar á ustedes—se resuelve á decir don Lorenzo, enjugándose una de las muchas lágrimas que duran-te la *sesion* han asomado á sus ojos,—no he querido privar á ustedes de la satisfaccion de celebrar el restablecimiento de mi salud, rivalizando cada uno en el noble afan de esceder á los otros en los medios de verificarlo, porque ni ustedes me lo hu-bieran permitido, ni debe lastimarse el afecto de las personas que verdaderamente nos estiman, oponiéndose á espansiones tan legítimas y tan dulces. Sin embargo, esta—añade volviendo la cabeza hácia su esposa—desea esponer, y yo lo verifico en su nombre, que, habiendo hecho voto de ir al monasterio de Monserrat si yo salia sano y salvo de mi caida, sólo aguarda á la primavera para que emprendamos la espedicion. Su madre, que esté en gloria, era catalana, y le inspiró desde niña particular devocion á la patrona de Cataluña; por cuyo motivo, aunque yo le he indicado que podríamos hacer la romería á cualquier otro santuario mas próximo, nada he conseguido. Bien que en esto no hay provincia que no tenga su manía, creyendo que el intercesor ó abogado mas influyente con Dios es el que cada una de ellas venera. La vírgen de Monserrat en el Principado, la del Pilar en Aragon, la de la Paloma y San Isidro en Madrid, San Vicente Ferrer en Valencia, y otros, son en los diversos puntos de España en que se les rinde culto especial, santos de primer órden, que gozan mas favor que los restantes en la córte celestial. Con esto responde mi familia, y dicho sea de paso, á los justos deseos del señor cura de dar gracias á Dios por el beneficio de la salud que se ha dignado devolverme. Sólo que como todos ustedes han hablado por los codos, despachándose á su gusto, nuestro papel se ha reducido al de meros espectadores.

VII.

En tan agradables pláticas, cuando no en partidas de *mediator* los caballeros, y en labores propias de su sexo las señoras, pasan muchas noches los tertulios de la familia de don Lorenzo Figueroa.

Al separarse cada noche hasta el dia siguiente, pónese So-
láres un sombrero encima del gorro de seda, y en esta disposicion, nada conforme con su antigua elegancia, debida á las
estimables prendas condenadas al ostracismo, se dirige á su
casa acompañado por los demás señores.

CAPITULO X.

Una *paella.*—Interesante confidencia del baron.

I.

Llega el domingo, y el alegre clamoreo de las campanas, y el estallido de los cohetes, llaman á los vecinos de Buñol á la festividad religiosa.

Terminada esta, el cura reparte entre los pobres los panes y el dinero del baron, que hace á don Lorenzo la *jugarreta*, como él dice al marqués, de atribuirle la limosna, para que á él y á su familia apliquen los pobres sus oraciones. ¡Alma hermosa, á quien la satisfaccion de una conciencia tranquila recompensa con usura los beneficios que tan discretamente oculta!

II.

El dia está sereno y apacible. El cielo sonrie, y el campo parece vestido de gala, porque ya apunta la yerba nueva en los vallecillos sembrados entre las escabrosidades del terreno, y los árboles se van cubriendo de hoja.

Acompáñeme el lector, y veremos á casi todos nuestros conocidos y algunos otros vecinos de Buñol, congregados para la *paella*, en la pintoresca Fuente de San Luis y sus mas cercanas avenidas.

Don Lorenzo y doña Cármen, rejuvenecidos; Amparo, radiante de hermosura, aunque un si es no es pálida, por motivos fáciles de adivinar; el baron de Solares, quien calculando que no podria manejarse libremente en aquel sitio con su bata, ha recurrido, tal vez sin ejemplar en mucho tiempo, al frac y demás prendas; el marqués de la Cabeza, acechando el menor renuncio de su amigo para acribillarlo á observaciones; el cura, pronto á mediar en las contiendas de los dos levantiscos ancianos; Marieta, con la cabeza hecha un mayo, por las flores, menos lindas que ella, con que se ha adornado; Chima, que quita á los santos de los altares para colocar en ellos á Amparo, desde que sabe las relaciones de ésta con Bravo; su tia Gertrudis (*alias*, la Capitana), vestida, como siempre, de carnaval, sin que en medio de las conversaciones mas joviales deje de conmemorar la sensible pérdida *del que pudre;* el tio Viséntet, pensando perpétuamente en los cahices consabidos, y con su ¡chufas! en los labios; su hija Mariana, con las del tio Cháume, que tampoco falta, muchachas todas que hacen raya donde se presentan; los unos sentados, corriendo los otros y saltando, forman un cuadro campestre que, bien trasladado al lienzo, bastaria para dar fama eterna á un pintor.

III.

¡Cogujadas inocentes, incautas perdices, cuitados conejos y pollos, vosotros sí que pagais las satisfacciones de nuestros amigos! ¡Para vosotros sí que acabaron las alegrías! ¿Quién habia de deciros que unas toscas y profundas cazuelas de barro atestadas de arroz servirían de sepultura á vuestros cuerpos, tan vivos, tan gallardos, tan lindos, tan jóvenes, sacrílegamente confundidos con el jamon vulgar, con la butifarra antipoética, con el feo caracol, con el tomate indigesto, con el pimiento abrasador, y con esas grandes habichuelas, no menos refractarias al estómago que el tomate, y que los valencianos llaman *tabelles?* ¡Oh crímen! Por mas que te bauticen con el nombre de *paella*, siempre serás crímen; por mas que disfraces tu perversidad, cubriendo los sepulcros, es decir, las cazuelas, con una costra dorada, brillante é incitativa, crímen serás; y si algo prueba este lujo en la lápida mortuoria, es el refinamiento de esa perversidad misma.

¡Y que este crímen, sin embargo, merezca alabanzas á la gran sacerdotisa, digámoslo así, de tan cruento sacrificio, á la inteligente Marieta que, para cuidar de que no se apagase el fuego sagrado, permaneció horas y horas en la cocina, creyendo ejecutar un acto meritorio!

Si yo pudiera hacer que el apetitoso perfume que en forma de humo se desprende de las cazuelas, llegase al olfato del lector; si me fuese dado conseguir que estas letras se convirtiesen en trozos de las aves y demás animalitos mencionados, y por medio de un salto ascendente se colocasen en su boca, el

lector, despues de bien examinada, masticada y digerida la
cuestion, no podria menos de horrorizarse contra Marieta, y
de convenir en que es uno de los mayores criminales del reino
de Valencia, puesto que es una de las mejores directoras
de *paellas*.

IV.

Despues de la comida, auméntase estraordinariamente la
concurrencia con motivo del baile, que figura tambien en el
programa. El *tabaler* y el *donsainer*, tocando la jota y otros
aires del país, acaban de llegar, siguiéndolos la flor y nata de
la juventud buñolense.

Infinidad de muchachas, rubias en su mayor parte, y bonitas, con jubones (*chipons*) de estameña oscura y faldetas, sayas de indiana, y pañuelos y delantales *á ramos* de percal
francés, bullen y bailan en la Fuente de San Luis, ó toman
asiento en las peñas para presenciar la danza.

Las labradoras acomodadas, con sus grandes aderezos de
oro y diamantes, sus pañuelos bordados de lentejuelas, y sus
ricas sayas con cintas de raso, brillan como flores escarchadas
de rocío; y si el pantalon y la chaqueta, en los hombres, va
destronando al traje morisco del país, todavía los zaragüelles,
la alpargata, el sombrero cónico y de ala ruin, á lo Felipe II,
ó el pañuelo de la cabeza, atado de una manera característica, dan claro testimonio de que Buñol pertenece al reino de
Valencia.

El baron, que no puede estarse quieto, por hacer algo, hace
de bastonero, y cuida, por consiguiente, de que en la funcion
reinen el mayor órden y compostura.

Los mozos no dejan un momento á Amparo, disputándose el gusto y el honor de bailar con ella. Digamos, no obstante, que á ser puntillosos, se hubieran picado en mas de una ocasion, viéndola moverse maquinalmente, y responder á sus galanterías con monosílabos y palabras que indicaban contínuas distracciones.

En efecto, Amparo recuerda el baile campestre de Baños; y en su alma resuenan las apasionadas frases con que Bravo le hizo la confesion de su amor, á pocos pasos del sitio en que ahora se encuentra.

El baron, que la sigue con la vista, y que adivina sus melancólicos pensamientos, resuelve sacarla á bailar, único medio de separarla un instante de la numerosa córte de aldeanos que la rodea.

Acércase á ella, y despues de hacer una muy reverenda cortesía, dice:

—Madama, ¿está usted comprometida?

—Sí señor; responde Amparo, sonriéndose.

—Lo siento—repone el baron.—Queria echar una cana al aire. ¿Y quién es el afortunado mortal que ha tenido la dicha de adelantárseme?

—Tono; dice Amparo.

Tono es un gallardo jóven de la huerta.

—¡Tono!—esclama el baron, dirigiendo la palabra al mancebo.—Te aplaudo el gusto; veo que lo entiendes, porque la pareja es *bocatto di cardinale*.

—Eso sí que no lo entiendo; repone Tono.

—¡Hombre, si quisieras hacerme un favor!

—Mande usté, señor baron.

—Cedérmela por diez minutos.

Tono se rasca una oreja, y calla un instante; hasta que, por último, responde, mas como quien niega que como quien concede:

—A usté sí, pero sólo á usté.

—¡Gracias, hombre, gracias!

—Digo—añade Tono inmediatamente;—supongo que esta señorita será gustosa en ello.

—No puedo negarme á los deseos de ustedes; dice Amparo levantándose y dando la mano al baron.

IV.

El *donsainer* y el *tabaler* tocan una jota.

De lo que menos se acuerda el baron es de lucirse; si en sus buenos tiempos fué un bailarin de siete suelas, la edad y las vicisitudes de la vida han ido moderando poco á poco su antigua aficion.

El baile es un pretesto para fortalecer el decaido espíritu de Amparo, con una revelacion.

—Niña, observo que no me dices nada de Bravo—esclama.—¿Habeis reñido?

—No señor; pero ¿qué he de decirle á usted, si nada he vuelto á saber de él desde su partida.

—¡Es verdad, torpe de mí! ¡Si no os escribís! Comprendo ahora tu tristeza.

—Yo no estoy triste.

—Estás distraida, estás pensativa; llámalo *ache*. Pero vamos al caso; he querido bailar contigo, para darte una buena noticia.

—De usted no puede venir nada malo.

—¿Y si viniera?

—Me pareceria bueno.

—¡Anda, aduladora!

—Acepto la calificacion... por el motivo que acabo de indicar; porque viene de usted.

—¡Ya escampa! En fin, Amparo, hagamos punto sobre esto, y hablemos de lo que interesa. Bravo me escribe y me dice que así que tu padre esté fuerte, nos dispongamos para ir á la córte.

—¡Oh! no querrá el papá.

—¡Irá, y tres mas!

—Se moriria de vergüenza. Madrid le seria insoportable despues de lo que ha pasado.

—¿Pues qué ha pasado de particular? pregunta el baron, haciéndose de nuevas.

—¿Acaso le parece á usted poco la quiebra, la prision en el Saladero, el...

—¡No ha de parecerme poco! A Jesus, que era mas inocente y mas bueno que tu papá, lo azotaron, y lo escupieron y lo crucificaron entre dos facinerosos. ¿Ha cometido algun crímen tu papá?

—¡Crímenes él!

—¿No tiene conciencia?

—¿Quién lo duda?

—Pues si tiene conciencia, y su conciencia no le acusa de ninguna accion vituperable, posee uno de los mayores tesoros que puede poseer el hombre para andar por el mundo con la frente levantada.

V.

El *tabaler* y el *donsainer* siguen toca que toca; el primero, descarga secos golpes sobre la tersa piel del tamboril: á los furibundos resoplidos del segundo, chilla la dulzaina en tono suplicante, como si dijera:

—¡En baile! ¡En baile!

Las parejas, colocadas por el órden correspondiente, sólo esperan que el baron concluya el coloquio con la suya, para dar principio á la jota.

Aunque Chima cree tener la seguridad de que no existen relaciones amorosas entre Amparo y el baron, parécele, y así se lo manifiesta á su tia, que *están demasiado metidos en harina*, y la duda vuelve á levantarse en su imaginacion, para mortificarla nuevamente.

—¡Pero, baron!... le dice el marqués, dándole una palmadita en un hombro.

—¡Pero, marqués! responde Solares, remedando el tonillo irónico de su amigo.

—¿Quién te manda á tí—observa el primero—meterte en estos berengenales? La danza es para los pollos; nosotros, como se dice vulgarmente, debemos atenernos á la bota y al rosario. ¿No ves que la gente se impacienta, esperando por tí, para romper el baile, y que el *donsainer* va á echar los bofes á puro soplar? Repara en sus carrillos: ¿no es verdad que parecen dos vejigas infladas?

—Me convences, amigo—responde el baron;—es una de las pocas veces en que no encuentro razones para contradecirte, y te otorgo de buen grado la palma de este triunfo, declarando que es quizá el mas legítimo que sobre mí has alcanzado en toda tu vida.

Pronto se olvida, sin embargo, Solares de los placeres de la danza, á la que tampoco Amparo, por su parte, presta atencion alguna. Así es que, separándose dos pasos de los compañeros, en virtud de una especie de convenio tácito, vuelven á su interrumpido coloquio.

Las demás parejas conocen que no harán vida del anciano y de la forastera, y siguen bailando que se las pelan, como si les faltase tiempo.

El que sospecha que el cronómetro del baron anda un si es no es perezoso, es Tono; los minutos en él deben ser elásticos, y si continúan alargándose como hasta aquí, sabe Dios cuándo el pobre mozo recobrará su pareja.

VI.

—Pues como iba diciendo—prosigue el baron, cogiendo el cabo suelto de su diálogo para reanudarlo,—el hombre que tiene la conciencia tranquila, puede desafiar los rigores de la suerte y las injusticias de sus semejantes. Comprendo la repugnancia de tu papá á volver á Madrid, y si hubiera medio de complacerlo, no violentaria yo en lo mas mínimo su carácter. Pero hija, no se cogen truchas á bragas enjutas; la presencia de tu papá en la córte es necesaria de toda necesidad. Se trata, como sabes, de su fortuna, y lo que es mas, de su honra, de su rehabilitacion; y ante motivos tan poderosos, no hay otro recurso que bajar la frente, y, lejos de resistir, dar gracias á

Dios. A propósito, Amparo, tengo gana de oirte tocar el arpa y cantar, pues, según noticias, que creo fidedignas, eres toda una profesora.

—¡Jesus, qué ponderaciones!

—Pues mira, me quedo corto; porque las personas que me lo han dicho, te comparan á los ángeles.

—Eso mismo le prueba á usted lo exagerado de sus elogios, pues supongo que esas personas no habrán oido á los ángeles. ¿Quién se lo ha dicho á usted?

—Tu papá y tu mamá.

—Sólo el cariño de un padre y de una madre es capaz de formarse ilusiones semejantes.

—*Item* mas: Bravo.

—¡Bravo! ¿No conoce usted que Bravo es tambien parte interesada? observa Amparo.

—Los aplausos de las brillantes reuniones á que concurrias en Madrid, hablan tambien en tu favor.

—Es que entonces no era yo pobre, y la fortuna ha tenido siempre muchos cortesanos.

—Bravo demuestra que es cortesano de la desgracia. Me felicito por mi derrota; hay derrotas que honran tanto como los triunfos. Bravo es mozo de un temple de alma superior, que ahogándose en la atmósfera corrompida en que se agitaba, mas por hábito que por voluntad ó por inclinacion, busca aire puro que regenere su vida. Ese mundo artificial y frívolo, que desnaturaliza todos los sentimientos, que dora todos los vicios, y en el que el pudor, la virtud, la inocencia, la lealtad y el amor son cosas de mal tono y objeto de sarcasmo, ese mundo, que lo tenia aprisionado con cádenas de hierro, que á él se le figuraban de flores, no ha dejado mas en su corazon, segun él confiesa amargamente, que hastío y desprecio. Su pasion por tí no es uno de tantos ardides como el libertinaje emplea para apoderarse de sus víctimas, no es la máscara de un arrepentimiento hipócrita para triunfar del candor de una jóven, sino la espresion de una necesidad irresistible de la existencia, que nunca es completa si el amor no le comunica su aliento divino. Voy á revelarte una cosa que á nadie he confiado, y que es la mayor apología de Bravo. Antes de partir me dijo que si para desvanecer los honrados escrúpulos de tu papá se le exigia su inmediato casamiento contigo, antes de quince dias lo tendríamos aquí. ¿Qué mas puede pedírsele? Si todavía, cuando á tu papá le hable yo de este asunto, se manifiesta intratable, me veré en la precision de reñirle sériamente, y aun de retirarle mi mano de amigo.

—¡Oh, eso no! ¡eso no!—esclama Amparo;—mi papá y mi mamá antes que todo.

—¡Eso sí, señorita Amparo, eso sí! Tu papá tiene el derecho de oponerse á lo que no sea justo, ni decoroso; pero no el de hacerte desgraciada á tí, y el de aburrirnos á los demás. Pero ¿qué haces, niña? ¿Vas á llorar? ¡Maldito sea el demonio!—prorumpe el baron, soltando su apóstrofe favorito.—Vamos, tranquilízate y deja rodar la bola, que hasta ahora no hay motivo para afligirse; al contrario.

VII.

El marqués se acerca nuevamente á su amigo, y repite la palmada en el hombro, diciendo:

—¡Pero, hombre!...

—¡Pero, mujer!—responde enojado el baron.—¿Quieres dejarme en paz?

—¿Dónde diablos has comprado tu cronómetro? ¿Es de la relojería de Losada? ¿Te lo han remitido de Lóndres? ¡Qué minutos!

—¡Ah, sí!—esclama el baron, acordándose de Tono.—¡Qué memoria! Con que Amparo—añade al oido de su pareja,—cuidadito con lo que hacemos: serenidad y confianza. Ahora voy á buscar á Tono, que debe estar hecho un tigre de Bengala contra mí.

El tio Visentet, que acaricia siempre en su imaginacion la idea de los cahices, ha dicho para sus adentros mas de una vez, al contemplar el amartelamiento que él se figura amoroso, del baron y de Amparo:

—¡Chufas! Ahora sí que me quedo alpiste de los cahices. Esa Chima no sabe lo que se pesca. ¿A qué decirme dias atrás que no perdiese las esperanzas?... ¡Buenas esperanzas te dé Dios!

—Sobrina—habia dicho tambien la Capitana, pellizcando á Chima, al ver á Amparo pasarse el pañuelo por los ojos,—¿has reparado? ¿Cuál será el *proyezto* del baron? ¡Luego dicen que si la *malediciencia*, que si pitos, que si flautas! ¡Él debe intentar que la plaza se le rinda á la fuerza; pero la plaza se resiste!

—¡Se resiste la plaza!... ¡A saber! ¡á saber! repite maliciosamente Chima.

Tono baila con Amparo, como un descosido, desquitándose del mal rato que le ha hecho pasar el baron.

VIII.

El dia fué completo. Cuando el fresco de la noche principió á soplar de la parte de los montes, el *donsainer* y el *tabaler*, á una seña del baron, rompieron la marcha hácia la villa, y los aires resonaron con la voz de la dulzaina y del tamboril, con la cual se mezclaban las de las muchachas y los mozos, que corriendo y danzando volvian á sus hogares.

———

CAPITULO XI.

El lacayo de don Amadeo abre la puerta á Bravo, al oirle decir que lleva una comision de Palacio.—Don Amadeo se asombra, y luego se desasombra, porque encuentra en sus méritos la clave de las grandezas con que amenazan á su modestia.—Justifícase don Amadeo de las graves fechorías que le atribuye Clotilde, y reprueba la cruel vanidad de esta.

I.

En cumplimiento de lo ofrecido á sus amigos Somoza y Garciestéban en el *Café de la Iberia*, encaminóse Bravo el dia despues á la casa del respetable y virtuoso jurisconsulto don Amadeo, para proponerle el reconocimiento de Amelia y Arturo.

Su paso era firme, altivo su ademan. Iba á ejecutar una accion loable, y para empresas tales, siempre, aun en sus tiempos de borrascoso desórden, habia sido, como suele decirse, materia dispuesta. En aquel entonces habia obedecido esclusivamente á sus naturales instintos, á su buena índole, y ahora se agregaba á esto su resolucion inquebrantable de seguir una via mas digna y mas recta, esperando llenar de esta suerte el vacío de su existencia que, de otro modo, quizá lo hubiera llevado al suicidio.

Pero á pesar de estas cualidades ingénitas y nobles propósitos, la comparacion de su conducta pasada con su conducta presente, hacíale sonreir algunas veces.

Su amigo Somoza, para recordarle la primera, dábale á cada paso el mote de *Cantárida*, y para calificar la segunda, llamaba *quijotescas* á sus empresas, pronosticándole, y pronosticándose á sí propio y á Garciestéban, que por meterse á redentores saldrian crucificados.

Mucho pronosticar era; sin embargo, los gigantes con quienes Bravo tenia que luchar, no eran molinos de viento, ni cueros de vino, sino enemigos de carne y hueso, no de gran talla por su estatura, pero gigantes por su perversidad. No hablemos de sus luchas interiores, de las reñidas batallas de sus hábitos con su conciencia, pues habia salido victorioso de aquellos, y apenas le mortificaba esta.

Así, pues, existiendo perfecta analogía respecto del ideal de Bravo y del Hidalgo manchego, puesto que el ideal de entrambos no era otro que enderezar entuertos, desfacer agravios y amparar menesterosos, muy bien pudiera suceder que nuestro amigo (metido en tan árduo empeño) saliese con las manos en la cabeza, como el héroe de la hermosa epopeya de Cervantes.

II.

Bravo, para evitar el compromiso de encontrarse con la marquesa en su casa, habia elegido la hora que esta solia dedicar á la beneficencia, con el cariño, entusiasmo y liberalidad que hemos visto en la buhardilla de Clotilde; quien debe saber el lector que al fin no recibió socorro alguno de su mano caritativa, ni de la *señora buena*, por haber logrado la hermana del jurisconsulto persuadir á la condesa, de que una mujer que, como Clotilde, tan opíparos almuerzos admitia de un jóven, cuya presencia en el pobre tugurio despertaba sospechas nada favorables á la conducta de la enferma, no era digna de la conmiseracion que otras personas verdaderamente necesitadas. Una limosna á Clotilde hubiera, en su concepto, sido un robo hecho á los pobres, y no queria echar ella sobre su conciencia el borron de un remordimiento.

III.

Tan seguro camina Bravo de no vacilar ante la presencia de don Amadeo, quien por su situacion actual en la esfera política, y por su maquiavelismo tratándose de envolver en un proceso al lucero del alba, es hombre temible, que lo que pide al cielo es calma y prudencia para contener la esplosion de su ira y no deshacerlo con sus propias manos.

Al abrirle la puerta un lacayo, se anuncia diciendo que necesita hablarle en secreto y con urgencia.

—No se le puede ver en este momento; responde el lacayo, con gesto desabrido y empaque de personaje, disponiéndose á cerrar la puerta.

—¿Tiene visita?

—Sí señor.

—Pues llámelo usted aparte, y dígale que vengo con una comision de Palacio.

—¡Ah! esclama el lacayo, saludándolo respetuosamente y franqueándole el paso.

—¡Salga el sol por Antequera! dice para sí Bravo, con el desenfado de otros tiempos.

—Sírvase usted entrar, caballero.

Entra Bravo, el lacayo lo conduce á una sala soberbiamente alhajada, y dice:

—Tome usted asiento; voy á avisar á su señoría.

IV.

Al comunicarle el lacayo el aviso, quédase nuestro célebre don Amadeo con un palmo de boca abierta, figurándose, lo menos, que la reina lo llama para encargarle de la cartera de Gracia y Justicia, ya que su modestia no le permita adjudicarse la presidencia del Consejo de Ministros, á la que no se considera tal vez, en su interior, con inferiores títulos á otro cualquiera. Porque eso sí, en España no hay ya muchacho recien salido de las áulas, ni hombre por poco ambicioso que sea, que no haya soñado con la probable eventualidad de acostarse hoy simple ciudadano y despertar mañana ministro simple.

—¿Quién será? ¿Quién no será? Hé aquí las preguntas que nuestro jurisconsulto se dirige á sí propio, verdaderamente sorprendido de que la crísis que prometia ser mucho mas laboriosa termine á los tres dias; aunque, meditándolo un segundo, llega á persuadirse de que, conociendo la Corona sus méritos estraordinarios, no debe haber tropezado con dificultad alguna para confiarle aquella Secretaría.

Resistencia, vacilaciones, ni inconvenientes por su parte para aceptarla, tampoco debian suponerse en su abnegacion y nunca desmentido amor al trono.

—Señores—dice con aire de importancia y un si es no es misterioso á la visita,—siento dejar á ustedes; en este momento soy llamado á Palacio, y no puedo perder minuto.

Es de advertir, que, antes de llegar Bravo, uno de los concurrentes habia dicho que el nuevo Ministerio estaba jurando, noticia que los demás pusieron en cuarentena. Así es que al despedirse de sus amigos para ir á la sala, añadió don Amadeo á sus últimas palabras, dirigiéndose al mal informado noticiero:

—¿Lo ve usted, señor don Celestino? ¿Se convence usted ahora de que le han vendido gato por liebre?

—Pues señor, no me vuelvo atrás de lo dicho: mi noticia era exacta; alguna cosa grave ha ocurrido, para hacer naufragar la combinacion.

Auséntanse los amigos de don Amadeo, haciendo mil calendarios, sobre lo que acaban de oir; y mientras Bravo permanece, en casa del jurisconsulto, el inesperado incidente de que se trata es conocido en gran parte de Madrid.

V.

Las maderas de los balcones están entornadas, y la sala, por consiguiente, á media luz.

Don Amadeo gasta anteojos, pero no se los pone mas que para salir á la calle. Así, pues, nada tiene de particular que salude á Bravo sin conocerlo, agregándose á dicha circuns-

EL MUNDO AL REVÈS.

tancia la de que las relaciones que entre ambos existen son pocas, y la de que ignora las de su hermana con él, por no haberla hablado todavía de este asunto, segun se lo prometió á Enriquez.

No obstante, ocúrrele la idea de que ha visto á su interlocutor en algunos de los altos círculos, y despues de estrecharle una mano, abre las maderas del balcon que hay enfrente del sofá, para cerciorarse de quién es.

Vuelve al sofá, y al distinguir claramente las facciones del que se figura enviado de Palacio, esclama, con toda la efusion que su frialdad le permite:

—¡Señor de Bravo!

—¡Servidor! dice este, correspondiéndole con espresion de entrañable afecto.

—¿Pues cómo su majestad...—prorumpe tartamudeando el jurisconsulto.—¡No sabia yo que usted!... ¡Qué sorpresa tan grata! Mucho celebro que usted sea el conducto, por el cual... porque yo siempre lo he estimado á usted... sino que no ha habido ocasion de... ¡Vaya, vaya! ¡Cuánto me alegro de...

—Señor don Amadeo, confieso á usted que estoy en un mar de confusiones.

—¿En un mar de... ¿por qué, Bravo, por qué? ¿De qué nacen esas confusiones?...

—Ha nombrado usted á su majestad, á propósito de no sé qué, y por mas que discurro, ignoro qué tiene que ver mi visita con...

—¿Habré entendido mal? ¿No viene usted... con una comision... de... Palacio?

—¿Yo? prorumpe Bravo, encogiéndose de hombros y arqueando las cejas.

—Usted.

—Aquí debe haber un error.

—¡Pues el lacayo me ha dicho!... refunfuña don Amadeo, cuyos ojillos, poco ha chispeantes, tornan á apagarse y adquirir su color ceniciento de costumbre.

—¡Ja! ¡ja! ¡ja! ¡Ya caigo!—esclama Bravo.—Lo que yo dije al lacayo fué que tenia que ir con precision á Palacio; y en efecto, se me hubiera hecho muy mala obra en dilatarlo, porque un amigo empleado en la Real Casa va á partir dentro de una hora, quizá para no volver jamás, y queria verlo; es un amigo de muchos años, á quien el médico manda á *tomar aires.*

—¡Que le aprovechen! responde ásperamente el jurisconsulto, sin reparar en lo que dice.

—Tal vez—continúa Bravo,—haya distraido á usted de asuntos urgentes; pero el que aquí me trae es de los que no tienen espera. Ruégole, pues, que me escuche dos palabras, y en seguida le dejo libre, pidiéndole antes mil perdones por el perjuicio y la molestia que haya podido causarle.

—Usted nunca me molesta; responde el jurisconsulto, recobrando su calma habitual.

—Gracias, don Amadeo. Es, pues, el caso que una jóven de Valladolid, llamada Clotilde, á quien usted conoce... ó ha conocido años atrás...

—Perdone usted, Bravo—interrumpe don Amadeo, instantáneamente,—yo no conozco á ninguna jóven que se llame Clotilde, ni de Valladolid, ni de...

—Pues esa jóven—interrumpe Bravo á don Amadeo,—se halla actualmente en el estado mas deplorable, sola, con dos hijos, enferma de gravedad, sin amparo, con hambre, con frio, con sed...

—Señor de Bravo, no es negarme á tratar del asunto que usted me indica; pero pudiéramos dejarlo, si á usted le parece, para mejor ocasion; negocios importantes exigen mi presencia en otro sitio: se me consulta con motivo de la crísis política, y yo me debo todo á mi palabra... á mis compromisos... á mi país...

—Lo que yo tengo que decir á usted interesa altamente al país, puesto que interesa á la moralidad, de la que usted es infatigable abogado en el foro. Y á propósito; felicito á usted, por el triunfo últimamente conseguido en el pleito de divorcio que tanto ha llamado la atencion del público. Y volviendo á mi asunto, digo que la infeliz, en cuyo nombre acudo á usted, nada pide para sí, ni un pedazo de pan, ni un consuelo, ni un recuerdo; lo que únicamente exige es que usted reconozca como hijos á una niña y un niño que le preguntan por su padre, y á quienes amenaza la orfandad mas espantosa, si Clotilde sucumbe.

—Una vez que esa desgraciada—esclama impasible don Amadeo,—ha tenido la debilidad de referir á usted sus estravíos, en vano seria ocultarle que, en efecto, entre ella y yo mediaron años atrás algunas relaciones; pero relaciones de esas que una mujer que conserve siquiera la hipocresía del pudor, no declara jamás. Ella las confiesa; juzgue usted, pues, de la clase de persona que será.

—¿No vivia Clotilde con su madre?

—Sí señor, digo, si es que merece el nombre de madre la persona que se mete en caima y se finge enferma para seguir los pasos de una hija, un poco ó un mucho ligera de cascos, que, so pretesto de un pleito, no deja á sol ni á sombra á su defensor, con la idea interesada de sacarle asiduamente los cuartos.

—No obstante, la madre de Clotilde sucumbió á esa enfermedad que usted califica de fingida, y principalmente al dolor de ver deshonrada á su hija.

—¡Farsa, señor de Bravo, farsa! Murió porque le llegaba la hora, y pare usted de contar. ¡Se ve tanto y tanto de eso en Madrid!

Bravo principia á desconfiar de seguir oyendo con paciencia á don Amadeo, cuyo cinismo subleva su generosa indignacion. Pero quiere hacer el último esfuerzo, apela á toda su fuerza de voluntad para no aplastarlo allí mismo como á una víbora, y esclama con acento de conviccion:

—En efecto, amigo, hay, por desgracia, madres desnaturalizadas que comercian con su propia sangre, y cuyo nombre debia ser borrado del libro de la humanidad, porque son peores que fieras. Usted, al contrario, es una persona intachable, prudente, veraz, considerada y religiosa, y estas cualidades alejan de mi ánimo hasta la mas mínima sospecha que pudiera abrigar acerca de su conducta:

—¡Gracias por el favor!

—Es justicia, amigo don Amadeo. Pero señor ¡qué candidez la mia! Si usted hubiera oido á la tal Clotilde jurar que le seguiria á usted, como una sombra, como un remordimiento á todas partes! ¡Si la hubiera usted visto incorporarse en la cama, crispadas las manos, los ojos saltándosele, dispuesta á venir aunque fuese arrastrando hasta su casa de usted, para martirizarlo.

—Que haga la prueba, y verá como se recibe en mi casa á miserables por el estilo.

—No hablemos de ella; se conoce que es una cómica eminente—continúa Bravo, con el corazon oprimido, como si se lo prensasen.—Pero ¿y Amelia? ¿y Arturo? ¿Qué culpa tienen aquellos angelitos de haber nacido? ¿Qué culpa tienen de la desavenencia de ustedes?

—Ninguna, seguramente; pero esas son cosas del mundo, que por lo comunes, ya á nadie sorprenden. Además, los asilos de Beneficencia están bien montados, y la sociedad se encarga de alimentar, vestir y educar á los que se encuentran en circunstancias análogas. ¿Por qué esa madre cruel no lleva allí á sus hijos? ¡Oh! ¡lo sospecho! ¡no los lleva por la pícara vanidad! Es el defecto de los pobres: prefieren morir de miseria, á separarse de sus hijos; cariño, si el nombre merece de cariño, que casi es un crímen, puesto que los privan de un porvenir mas lisonjero; y como carecen de recursos para educarlos por sí, los acostumbran á la vagancia y al vicio. ¿Quién responde, con el ejemplo de la madre á la vista, que la niña no se abandone con el tiempo?

Al oir Bravo estas palabras, que parecen, hasta por su sonido particular, salir de un corazon y de unos labios de piedra, siente oscurecérsele los ojos, como si cruzase delante de ellos una nube de sangre. Y lo que mas le espanta, es la sencillez, la naturalidad seráfica, la horrible calma con que el jurisconsulto las pronuncia.

—¿No es justo lo que digo? se atreve á preguntar este, esperando la aprobacion del que le escucha.

Bravo no responde.

Don Amadeo continúa:

—Y sobre todo, ¿en qué cabeza cabe, que un hombre como yo, de una reputacion sin mancha, respetado por todo el mundo, y en mis circunstancias presentes, descienda á dar su mano á una mujer que no llamo perdida por compasion, ó á reconocer á esos niños con quienes se habrá propuesto esplotarme? Pues qué, ¿no hay mas que consagrar un hombre de bien toda su vida al estudio, á la defensa de la virtud y del derecho, y á la felicidad del país, para que venga una aventurera á destruir con locas pretensiones el edificio á tanta costa levantado? ¿Dónde me presento yo con ella? ¿Quién se dignará saludarme, viéndome en semejante compañía?

—Las reflexiones de usted me convencen; dice Bravo, el cual se levanta, y se limpia una gota de sangre de la pequeña herida que se ha hecho mordiéndose los labios.

—Creo—observa don Amadeo—que no tienen vuelta de hoja; porque, como dicen muy bien el perspícuo Bartolo y otros eminentes jurisconsultos...

—¡Adios, señor don Amadeo! Mi amigo me espera, y no debo faltar á la despedida; interrumpe Bravo, haciéndose el desentendido. Sabe del pié que cojea su interlocutor, y teme que le fastidie con sus interminables citas de Bartolo y demás autores favoritos.

—¡Adios, Bravo! déjese usted caer por aquí mas á menudo; sabe usted que se le estima.

VI.

Viendo lo inútil de la visita de Bravo á don Amadeo, *La Nueva Era* publica el suelto de que ya tiene noticia el lector, relativo al enlace de Enriquez con la marquesa viuda de la Estrella.

La impresion que el suelto produce en las tres personas mas interesadas en su contenido, es muy distinta.

Enriquez lo lee con júbilo, considerándolo como un poderoso auxiliar de su impaciencia.

Don Amadeo tampoco muestra desagrado; porque el casamiento de su hermana le librará de un censo que amenaza ser irredimible.

En cuanto á la marquesa, ya varía la cuestion: navegando, digámoslo así, entre dos corrientes contrarias como una frágil barquilla, cuando una de las corrientes parece empujarla al deseado puerto, otra la hace retroceder á su punto de partida; cuando sale de Scila entra en Caríbdis.

Las misteriosas palabras de Bravo en Buñol, que á otra persona quizá desalentasen, llénanla á ella de esperanzas, porque como su pasion es mas grande que sus recelos, siempre la pasion sale vencedora. Bravo, despues de regresar de Buñol, ha sabido entretener estas esperanzas lo suficiente para que, en tanto, recobre don Lorenzo la salud y pueda ponerse en camino para la córte, en la cual va á ser indispensable su presencia.

El suelto de *La Nueva Era*, copiado por todos los periódicos, hasta por *La Fama*, de que es co-propietario su hermano,

cae, pues, sobre la caritativa dama como una camisa embrea-
da, incendiando parte de su arboladura.

Sus amigas la felicitan, y aun hay alguna que se ofrece á
ser la madrina, envidiando tal vez su suerte, pues al fin Enriquez es un escelente partido, como que se le supone hombre
de un caudal respetable. Cierto es que por bajo de cuerda
aquellas mismas amigas hacen largos comentarios sobre el
orígen del capital del novio; pero quizá no haya una de ellas
con valor suficiente para rehusarle su mano, á solicitarla Enriquez, porque en el mundo se puede vivír holgadamente sin
honra, sin alma, sin talento; pero es difícil vivir sin dinero.
¿Qué abrigo prestan el talento, el alma y la honra en los crueles dias del invierno? Y en cuanto á las ventajas de no tener
estómago, que es otra de las que disfrutan algunos séres pri-
vilegiados, baste decir que el que de él carece puede tragar
impunemente los manjares mas fuertes, seguro de que, por
fuertes que sean, no han de darle náuseas ni indigestiones.

CAPÍTULO XII.

En el que se declara quién es Piedad.—Tristes é ideales amores de don Amadeo, y positivismo de Piedad.—Diplomacia del señor Leoncio.

I.

El navío en que va embarcado nuestro buen jurisconsulto, camina con rapidez prodigiosa; el viento le da de lleno en la popa. Un ruidoso pleito ganado, su nombre en candidatura para una cartera ministerial, el anuncio de la boda de su hermana y el título de oficial de la Legion de Honor, que, en efecto, ha recibido, aumentan su alegría juntamente con su importancia.

Pero es raro que, aun en el viaje mas feliz, deje de asomar una nubecilla que ofusque la luz del sol; es raro que al que camina por tierra no le haga separarse un poco de su direccion un bache, ó que una espina olvidada no se le clave al que duerme sobre rosas.

La nubecilla, el bache y la espina de don Amadeo, en el colmo de sus satisfacciones, es Piedad.

II.

Piedad, actriz durante catorce años, vive retirada de la escena, con una viejecilla que la llama hija, y con dos niños que lo son suyos.

Lo simpático de su figura sólo tiene comparacion con lo arrebatado y duro de su carácter.

Amó la gloria por instinto; pero le faltaron alas, y nadie sube sin alas á la gloria. La tortuga que intentase volar para hacer su nido en las alturas del águila, se estrellaria sin remedio.

Piedad recibió aplausos, pero estos aplausos se dieron á la mujer, no á la actriz; á los relumbrones del traje, á los ojos, á la boca, al pecho, al talle, á los piés, á la belleza carnal de la cómica, no á su arte, no á su genio, porque carecia de genio y carecia de árte, estas dos alas sublimes que el mortal que las posee desplega para escalar el cielo y arrebatarle el dulce rocío y la electricidad con que baña los ojos ó inflama el corazon del auditorio. La mujer se envaneció con los aplausos; la actriz lloró su impotencia.

Cuando los periódicos, despues de haber trabajado una noche Piedad con todo el esmero, con toda la conciencia posible, ponderaron la riqueza de su vestido, la elegancia de su tocado y la hermosura de su rostro, ella esperimentó la sensacion que el niño á quien se le administra un amargo brebaje en una copa cuyos bordes se han endulzado con miel, para engañarlo.

Otra noche en que por primera vez se representaba un drama histórico, estrenó Piedad un traje elegantísimo y de gran precio. La pobre muchacha desempeñó tan desgraciadamente su papel, que si hubiera presidios correccionales para los malos actores, no se libra ella de diez años y un día. No lo entendieron así los *alabarderos*, y al final del segundo acto la llamaron á la escena; sin embargo, dos espectadores decididos á protestar contra semejante abuso, y de pulmones de toro, gritaron:

—¡Que salga la modista!

—¡Que salga el peluquero!

Lo cual irritó, como era natural, á la heroina de la funcion, y puso de humor pésimo á sus cortesanos, que al fin la calmaron atribuyendo á envidias y maquinaciones de otros teatros, ó á venganza de autores desairados, tan sensible ocurrencia. La verdad, averígüela Vargas.

Digamos imparcialmente, para que cada cual se lleve su merecido, que Piedad, mas discreta en esto que otras muchas, tuvo el feliz acuerdo de renunciar á las glorias escénicas, antes de que el público renunciase á su benevolencia y á su galantería.

Habíala defendido nuestro respetable y virtuoso jurisconsulto en un pleito contra la última empresa; y aunque aquel recurrió, como siempre, á su amado Bartolo, á quien materialmente saqueó para reforzar sus argumentos, la actriz salió condenada, teniendo que pagar las costas que, por cierto, fueron crecidas, porque el pleito fué largo. Las pretensiones de Piedad no tenian defensa posible, y en esto no se equivocó don Amadeo, el cual vió venir el resultado desde el principio;

pero ¿con qué alma abandonaba él una cliente, cuyo mérito
indisputable para representar esa dulce pasion que se llama
amor no habia sabido apreciar el público, al menos en el teatro? ¿Qué genio tan superlativo no necesitaria Piedad para
enloquecer á su abogado, persuadiéndole de que estaba perdidamente enamorada de él? ¿Qué cautela de gata, qué astucia
de culebra no emplearia la cómica, para introducírsele poco á
poco en el corazon, y arañárselo despues con sus uñas, y aho-
gárselo con la elasticidad de sus terribles anillos?

Apoderada de nuestro jurisconsulto, manéjalo ahora á su
gusto, como los niños manejan sus muñecos; y cuanto mas sumiso, y mas dócil, y mas humilde, y mas complaciente, y
mas rendido lo ve, tanto mas le mortifica con su desdeñosa
aspereza.

Piedad viste como una gran señora, y sus hijos, cómplices
de la tiranía de la madre, se presentan con igual lujo que ella,
reservando todo su cariño para el señor Leoncio, malicioso
tartamudo, de ceño sombrío y facha vulgar, que ejerce grande autoridad en el domicilio de la ex-actriz, á cuya costa vive,
gasta y triunfa.

III.

Hace veinticuatro horas que don Amadeo no ha visto á
Piedad; la crísis política tiene la culpa de esta falta imperdonable: ¡buena le espera al pobre!

—¿Qué es eso, Piedad?—dice entrando en el comedor, al
ver el gesto de la ex-actriz, la cual está almorzando con sus hijos.—¿Estás enfadada conmigo? ¿No merezco una palabra
siquiera?

—¿Con qué derecho me dirige usted esas preguntas?—responde Piedad, clavando en él una mirada arrogante.—¿A usted qué le importa, despues de todo, que yo me enfade ó deje de enfadarme?

—¡Ea, niña, pelillos á la mar! Permíteme justificarme, y verás...

—¡Justificarse! ¡Siempre con la Justicia á vueltas! ¡Mucho es que no ha sacado ya á relucir su Bartolo eterno, que ya me tiene apestada!

—¡Ja! ¡ja! ¡ja!—dice don Amadeo, soltando una carcajada.—¡Qué gracia de chica!

—Oiga usted, caballero—prorumpe la ex-actriz, con voz severa:—¿tengo yo alguna danza de monos en la cara? ¿Se propone usted convertirme en juguete? ¿Soy, acaso, muñeca de escaparate?

Julio, el mayor de los dos niños, dispara contra don Amadeo un hueso de aceituna, y el pequeño, á quien se ha acercado el jurisconsulto para besarlo, le dice:

—A mí no me beses.

—¿Por qué, Augusto?

—Porque tienes las narices llenas de rapé, y me dan asco: ya te lo he dicho otras veces.

—¡Qué amabilidad de criaturas! gruñe para sí don Amadeo, bajando humildemente la cabeza.

Siéntase despues, hecho un corderito, junto á Piedad, y continúa á media voz:

—Eres una ingrata.

—Y usted un hipócrita; nada nos debemos.

—Me estoy sacrificando por tí, procuro complacerte en

todo, y me pagas de una manera que, otro en mi lugar, ya
se hubiera aburrido.

—Pues abúrrase usted. ¿Acaso le tiro yo por el faldon de
la levita? ¡Hé aquí los hombres de bien, los santitos! Engañan á una mujer sencilla y crédula con promesas mentidas, y
luego... ¡anda, muérete, necia! añade Piedad, llevándose un
pañuelo á los ojos.

—¡Si hubieras leido los periódicos!

—He leido en uno de ellos lo suficiente para aborrecer á
usted por siempre jamás.

—Esplícate.

—He visto el anuncio del próximo enlace de su hermana
de usted. ¿Por qué me lo ha ocultado? Claro está, para dilatar
mas y mas el nuestro.

—Te juro que soy estraño al tal anuncio, y que no me ha
sorprendido menos que á tí.

—Cuando se case mi hermana—dice Piedad, con tonillo
burlon, como si remedase el acento del jurisconsulto,—cuando
se case mi hermana, te cumpliré mi palabra; cuando se case
mi hermana, me casaré contigo; cuando se case mi hermana... ¡Oh, por eso no venia usted! Y si hoy ha venido es para
gozarse en...

Nueva zalamería de Piedad; vuelta el pañuelo á los ojos, y
á dar patataditas en la alfombra.

—¡Como nunca lees mas que la gacetilla!—se atreve á
esclamar don Amadeo.—No he venido, porque las ocupaciones
políticas del momento me roban todo el tiempo. ¿No sabes lo
que hay? ¡Si lo supieras!...

—¿Qué hay?

—Parece que se empeñan en nombrarme Ministro de Gracia y Justicia.

—¿Cómo? ¡Ministro de... —esclama Piedad, amansándose por encanto.—¿Qué dices?

—Que se trata de encargarme de una cartera. Su majestad no olvida mis servicios eminentes, mis... Pasa los ojos por estas líneas.

Don Amadeo entrega un periódico á Piedad, señalándole lo que ha de leer.

—¿Me perdonas ahora, fierecita?

—Menos que antes.

—La razon.

—Si te nombran Ministro, tu vanidad será insoportable; ya lo es: te conozco bien. ¿Cómo un señor Escelentísimo ha de bajarse hasta mí?

Pareciéndole á Augusto que la escarola está mal aderezada, coge el botellin del aceite, cáesele, y todo el líquido se derrama sobre el trajecito nuevo que se habia puesto para salir de casa.

Piedad levanta una mano para pegarle.

—¿Qué haces?—pregunta don Amadeo, agarrándola del brazo.—¡Ea! no hay que tocarlo; yo lo tomo bajo mi proteccion. Mañana le enviaré un traje. ¿A qué viene incomodarse por tan poco?

Acude la viejecilla á la voz de Piedad, y se lleva al chico, para ponerle otro vestido.

—Yo quiero tambien un traje nuevo; dice Julio, con voz de mando.

—Quiérelo mucho, pedingon—responde la madre.—¡Aquí

tengo yo las rentas del duque de Osuna, para tirarlas por el balcon!

—Tendrás un traje nuevo, como el de tu hermano; responde el jurisconsulto.

—Están muy mal criados; observa Piedad, preparando el camino para lo que va á decir.

—No convengo en eso—replica don Amadeo;—los niños no pueden ser menos exigentes.

—Nunca abren la boca mas que para pedir: no se parecen en eso á su madre. Ellos me arruinarán.

Para don Amadeo es un enigma lo de arruinarse quien nada posee; pero cuando Piedad lo asegura, sus razones tendrá para ello. ¿Lo dijo Blas? Punto redondo.

—¿Con que de veras no sabes quién es el autor de la gacetilla?

—De veras ignoro quien la ha puesto.

—¿Y es cierto lo que anuncia?

—Así parece. Mi hermana es algo escéntrica, y esta es la hora en que no me ha dicho que lo de la boda se halle tan adelantado. Ella no se mezcla en mis asuntos particulares, y yo procuro no mezclarme en los suyos.

—Pues debieras mezclarte en el de su boda, sabiendo que me interesa. ¡Luego querrás que no me incomode! añade Piedad, con acento de tierna reconvencion.

Don Amadeo pregunta conmovido á la ex-actriz:

—¿Me perdonas, Piedad?

—Segun y conforme, caballero; responde esta, formalizándose otra vez.

—¿Hay todavía alguna condicion?

—Sí señor.

—A ver.

—Que apresures el casamiento de tu hermana.

—Se apresurará.

—Que nos casemos en seguida nosotros.

—Nos casaremos en secreto, segun te he jurado mil veces.

—¿Y por qué no en público? ¿Es un crímen?

—¡No, mujer; pero mi edad!... ¡Cincuenta y ocho años! Dirian que á la vejez viruelas.

—Eso es una disculpa.

—Te enseñaré mi partida de bautismo.

—¡Sí! ¡algun papelucho guisado y compuesto por tí! ¡Como eres tanto de fiar!

—¡Gracias, Piedad, gracias!

—Si tan viejo eras hace cuatro años, cuando andabas bebiéndote los vientos detrás de mí, ¿por qué entonces no fuiste franco? ¿Te parece digno de un anciano callejear como un cadete, acicalarse, pintarse y perfumarse como un Cupido, para ocultar los estragos de la vejez y reirse de uná jóven de buenas costumbres?

—¿Acaso yo me pinto, ni me perfumo? Precisamente, siempre he sido amigo de la naturalidad.

—Pues si no te pintas ni te perfumas, entonces... repito que mientes mas que hablas; tú no tienes arriba de cincuenta años.

—¿De veras te parezco tan jóven? pregunta don Amadeo, figurándose quizá que posee encantos que nunca ha echado de ver.

—¿Me hubiera yo enamorado de un carcamal, de una momia?—esclama Piedad, ofendida.—Hazme un poquito mas de favor. Además, quédese para las coquetas y casquivanas el apasionarse de figurines y muñecos de escaparate; la mujer que piensa con juicio, prefiere hombres maduros y formales, porque conoce que la felicidad no consiste en estar contemplando á todas horas una fisonomía mas ó menos bella, un cuerpo mas ó menos elegante, de que al cabo ha de aburrirse, porque todo acaba con el tiempo: la verdadera felicidad estriba en el afecto mútuo de dos almas que simpatizan y se comprenden; y las almas no envejecen. Si las almas envejeciesen, y tú fueras viejo, segun has dicho, una de dos: ó tú no podrias ya amarme, porque faltaria calor en la tuya, ó tu amor seria un amor fingido, un amor de pega, un amor... de teatro. ¡Y á fé que, á ser esto último verdad, desempeñarias á pedir de boca el papel de don Juan Tenorio! Elige pues; libre eres, Amadeo.

—Harto sabes que te amo, Piedad, y este amor me esclaviza de tal suerte, que no soy dueño de mi voluntad para nada. Tu desagrado me aflige, tus desprecios me matan; y sin embargo, tengo que bendecir y besar la mano misma que me castiga.

—¡Ave María Purísima! Cualquiera pensaria, al oirte, que soy una especie de Lucrecia Borgia. ¿No has pensado alguna vez en sacudir el yugo que te oprime? ¡Angelito! ¡Vamos! ¡habrá que comprar unos bombones al niño, para contentarlo! ¡Te veo! Guarda tu sentimentalismo trasnochado y tus gazmoñerías para esas imbéciles románticas que ponen los ojos en blanco y se desmayan, por un quítame allá esas pajas, y cuyo amor sólo se conquista á fuerza de lloriqueos y de lamentaciones. Yo soy

El señor Leoncio.

una mujer muy positiva; estoy ya curada de espantos, y si piensas hacerte el interesante con tales pamemas, te equivocas. Conmigo no hay ardides. Y en verdad, que ya me voy cansando de ser tan prudente y tan cándida. Señor don Amadeo, una palabra para concluir: es necesario casar á su hermana de usted, y en seguida ir nosotros á la Vicaría; ó errar, ó quitar el banco, que á mí proporciones me sobran á Dios gracias, y no hago ánimo de quedarme para vestir imágenes. Pero sabrá el mundo quién es usted; ¡vaya si lo sabrá! Yo le arrancaré la máscara con que encubre sus miserias; yo diré quién es el abogado de la virtud y de la familia; yo...

IV.

A tal punto llegaban de su conversacion Piedad y el jurisconsulto, cuando entró en la estancia el señor Leoncio, pisando quedo.

Para que el lector lo conozca si lo encuentra en la calle, voy á bosquejarlo con cuatro pinceladas.

Alto, facciones regulares, moreno subido á lo gitano, pelo rapado, liso y reluciente á lo torero, barba negra, larga y áspera á lo maton, ojos verdes, y tres grandes arrugas horizontales en su espaciosa frente que parecen tres nubes de tempestad; gaban oscuro de *patencour*, abrochado hasta el cuello, y un grueso bambú en la mano; toda la traza, en fin, de uno de esos hombres, sin oficio, ni beneficio, cuya vida es un misterio, y á que la jerga ó *caló* de los lupanares da el nombre de *gachés*, siendo, en una pieza, amantes, tutores, mayordomos, amigos, tiranos, comensales, y editores responsables de las mujeres de vida airada.

V.

El señor Leoncio saluda gravemente á don Amadeo; siéntase gravemente á la mesa, invitado por la ex-actriz, y asiendo un gran tenedor de boj para revolver la escarola, con la que se llena un plato, principia á engullírsela deprisa; todo esto con gravedad inalterable.

Antes ha brindado á don Amadeo; pero este, envidiando la fruicion hervíbora del señor Leoncio, en la que le es imposible acompañarlo, por la antipatía de su estómago á los productos del reino vegetal, se contenta con darle las mas espresivas gracias.

—¿Qué tiene usted, Pi... Pie... Piedad? ¿Qué ocu... cu... cu... que ocurre aquí? pregunta el señor Leoncio á la ex-actriz.

—¿Qué ha de ocurrir? Lo de siempre; ese caballero se empeña en matarme á disgustos.

—¡Cómo!—esclama el señor Leoncio—¡El señor don Amadeo! una persona tan... tan ra... razo... nable, tan incapaz de... tan...

El señor Leoncio es tartamudo, á cuyo trabajo agrega el de interrumpirse con frecuencia á sí propio, cuando está delante de don Amadeo, al final de sus frases. Este fenómeno ¿es efecto de una debilidad intermitente de la memoria, ó de un vicio singular orgánico en los instrumentos de la palabra? Se ignora.

—Mi amigo el señor Leoncio—dice don Amadeo—me hace justicia.

—El señor Leoncio—observa secamente Piedad—no es.

voto; lo recuso, por parcial en favor de usted en cuantas ocasiones ha mediado en nuestras querellas. ¡Si el señor Leoncio supiera...

—Yo no soy cu... cucú... curioso, Pi... Pié... Piedad, y como ustedes no se dig... no se dignen enterarme de... de... cla... cla... claro es que...

—Le acabo de pedir que me cumpla su palabra de casamiento.

—¿Y qué?

—Y la he contestado que se la cumpliré.

—¿Pues entonces de que se... se que... ja... jajá usted, Pi... Pié... Piedad? Si el señor don Amadeo le cumple su pa... pápa... pa... labra, cla... claro es que...

—Es que quiere que nos casemos en secreto.

—Pues si no qui... quié... quiere—esclama el señor Leoncio, cada vez mas grave, fingiendo haber entendido lo contrario—pues si no quiere que se ca... cáca... casen ustedes en secre... to... to... claro es que... El señor don Amadeo insiste en casarse en pu... pu... públi... co... co... porque de no hacer... lo... lo... así, se daria á entender que... Dispense usted Pi... Pié... Piedad; que yo no apruebe su empeño de andar con tapú... pu... pu... tapujos, y de... porque cla... cla... claro es que... Una señora que se estima—continúa esforzando su elocuencia,—ja... jajá... jamás debe de...

El señor Leoncio suspende su masticacion, y, tenedor en mano, recuerda al mismo Neptuno calmando una tempestad con su largo tridente. Don Amadeo lo mira con la boca abierta: las trabajosas esplicaderas de su estraño defensor, le dan trasudores; en sus frases mutiladas, en sus reticencias, al parecer favorables, figúrasele algunas veces descubrir cierta malignidad, que el principio de otra frase destruye y disipa.

—Ja... jajá..., jamás debe de... ja... ja...·jamás debe de... repite el señor Leoncio, con adorable cachaza, reanimando con una sonrisa de sus ojos verdes la yerta sonrisa de los ojos cenicientos del jurisconsulto.

·—¡Al que escupe al cielo, en la cara le cae!

Este inesperado proverbio, que la ex-actriz lanza sentenciosamente, causa grande asombro al señor Leoncio.

—Usted ha entendido que don Amadeo quiere casarse conmigo en público, y que yo me niego, y creyendo llevarme la contraria, como de costumbre, ha defendido la justicia de mi causa.

—Si es así, cla... cla... claro es que... Como yo siempre me pon... go... go, me pongo de parte de la ra... ra... razon, presumia que... Se me hace tan duro dudar de... porque como este ca... cáca... caballe... caballero es tan justificado y... cla... cla... claro es que...

—Pues hijo—esclama Piedad,—yo digo que es oscuro, á pesar de todas sus claridades de usted. Lo que hay aquí de positivo, es que este buen señor tiene á menos el descender de sus alturas á dar la mano á una pobre cómica, de quien él no es digno, y que lo desprecia soberanamente.

VI.

En efecto; la mirada con que la ex-actriz mide al jurisconsulto, de los piés á la cabeza y de la cabeza á los piés, lo aturde.

y lo ciega como si le hubiera sacudido con ella un latigazo en la cara.

Piedad coge por la mano á sus hijos, y hecha una furia, desaparece del comedor, cerrando tras sí la puerta, de golpe y porrazo.

Neptuno, esto es, el señor Leoncio, no ha podido apaciguar la borrasca, y cabizbajo y místio se resuelve á seguir comiendo escarola.

La sorpresa que se dibuja en su cara tampoco le permite reparar en una hojilla rizada que se le ha enganchado en los abrojos de la barba, y que se la rocía de suavísimo aceite de olivas. ¿Quién repara en pelillos, cuando tales accidentes sobrevienen?

—¿Lo ve usted, señor Leoncio? ¿lo ve usted?—murmura por lo bajo don Amadeo, para que no le oiga Piedad.—Es un carácter incomprensible; por fuerza tiene vena de loca. ¿Qué inventaria yo para contentarla? ¿Puedo yo ser mas prudente, mas sufrido?

—Yo no he po... po... podí... podido—esclama el señor Leoncio—hacer mas de lo que... Si yo hubiera adi... vina... adiviná... adivinado que usted no quiere cáca... casar... casarse en público, cla... cla... claro es que... Porque lo cierto es que es duro eso de ca... cáca... casar... casarse en... y como ella tiene arran... ran... ran... arranques así... tan... es capaz, porque cla... cla... claro es que...

—Señor Leoncio—dice don Amadeo, en tono de súplica,— yo me ausento: negocios de Estado, me obligan á partir; pero yo no puedo renunciar á ella, no lo conseguiria, aunque lo intentase. Usted, que ha presenciado algunas de nuestras reyer-

tas, usted que es el confidente de nuestros secretos mas íntimos, usted será hoy, como otras veces, el mediador entre Piedad y yo. Dígale usted que me someto sin condiciones á su
voluntad. ¿Se lo dirá usted, señor Leoncio?

—Cla... cla... claro es que...

—Pues bien—interrumpe don Amadeo á su interlocutor,
para que no acabe de asesinarle con sus soporíferas reticencias,—me abandono á su discrecion de usted, y le prometo no
olvidar sus favores.

El jurisconsulto, al salir, echa una mirada de dolorosa curiosidad á la habitacion que encuentra al paso, y baja la escalera, agarrado á la barandilla para no caerse.

VII.

—¡Papá! grita Augusto, apareciendo de pronto en el comedor con su hermano Julio, y colgándose del cuello del señor
Leoncio.

—A mí no se me lla... ma... ma, no se me llama papá
delante de gen... te... te... de gente, caballerí... to... to... ¿lo
entiende usted? responde el señor Leoncio.

—¡Como ya no está el señor feo!

—¡Pi... Pié... Piedad! ¡Pi... Pié... Piedad! grita el señor
Leoncio.

—¡Ese vejestorio—dice Piedad, entrando con manguito de
piel de armiño, sombrero y manteleta de terciopelo,—ha llegado, sin duda, á figurarse que aquí somos por ahí... una de
esas de poco mas ó menos! ¡No sé cómo me he contenido! ¡No

sé cómo no le he arrojado una botella á la cabeza! A mí la bondad me pierde.

—Paciencia, Pi... Pié... Piedad, paciencia, que con pa... pa... paciencia se gana el cie... lo... lo... Te casarás con él en pú... pú... en pú... en público.

—¡Qué! ¿Al fin?...

—Sí, pero mo... mo... modé... modera tu genial, ó todo se e... cha... cha... á perder.

—¡Qué poco le conoces, Leoncio!

Piedad se mira en la sala á un magnífico espejo, y sale á la calle con sus dos hermosos niños.

El señor Leoncio, que tiene una verdadera pasion por la ensalada, como la tia Chusepa por los altramuces, continúa comiendo escarola.

CAPITULO XIII.

En el que se da cuenta de la ingratitud de Quico Perales y consorte con Bravo, y de la venganza que toma este, obligándolos, ó poco menos, á desocupar la gazapera que habitan, con otros peregrinos sucesos.—Aparicion de *Albaricoque.*—Cipriana Santos y consorte se desquitan de la venganza de Bravo, poniendo en sus manos un tesoro.

I.

Contemplando está el bueno de Quico Perales, con ojos desmesuradamente abiertos, una tarjeta fotográfica que en las manos tiene, á tiempo que Bravo sube la escalera del casucho de viejo y ruin aspecto, sito en la calle de *La Comadre*, en que el desventurado Mala-Sombra, Cipriana Santos y su hija Rosario albergaron sus tristes humanidades, despues del incendio que el lector, si ayuda un poco su memoria, recordará dolorosamente, por las fatales consecuencias que tuvo para esta infeliz familia.

La antigua niñera de Amparo, empinándose sobre las puntas de los piés, detrás de Quico, en cuyo hombro derecho apoya su mano izquierda, levantando la otra para arrebatarle la fotografía, al verse rechazada por su marido, esclama riñéndole ásperamente:

—¡Anda, avaricioso, egoista!

—Mejor y remejor, responde Quico.

—¿No somos de Dios los demás? ¡Daca ese retrato, que no lo han mandado para tí sólo.

—Quiero hacértelo desear.

—¡Dácalo! ¡Hum! ¡Qué hombre mas aquel!... Parece que se lo come con la vista.

—¿Es envidia ó caridad?

—La culpa tuve yo que te dí la carta.

—Pues señor—esclama Quico, entregando por fin á su mujer la fotografía,—¡es cosa buena! ¡No hay duda! No será tonto el que se la lleve.

—¡Pobre señorita de mi alma! dice Cipriana, estampando algunos besos en la tarjeta.

—Es una moza de rumbo ¿noverdá, Cipriana? ¡Mira qué ojos! Les dicen á las moras: ¡arre allá! ¿Pues esa boquita de piñon? ¿Pues esa cintura de mimbre? ¿Y esa blancura de azucena?

Al llegar aquí, tararea Quico el cantar que dice:

> Por tu cara la nieve
> pasó diciendo:
> donde yo no hago falta
> no me detengo.

...Amparo se ha retratado en Valencia, en una espedicion dominguera que con su madre, Marieta y el marqués ha hecho, con objeto de sorprender con su fotografía á Cipriana y á Quico.

II.

Al oír que andan á la puerta, sale Quico y abre.

Es Bravo, su protector.

—¡Cipriana! ¡Cipriana!—grita.—¡Mira quién viene! Baje usté la cabeza, señorito—añade,—no se le apabulle el sombrero contra el techo.

—Pero, señorito—dice Cipriana,—¿cómo se ha incomodado usté en venir á esta gazapera? ¿Por qué no envió usté un recado, y Quico hubiera ido en un vuelo á su casa de usté? ¡Vaya! ¡es que de veras lo siento!

Bravo ha visto la fotografía que en la mano lleva Cipriana, y despues de sentarse en una silla desvencijada, el mejor mueble del tugurio, esclama:

—¿Me permite usted ver esa fotografía?

—Con mucho gusto.

—Y perdone usted mi curiosidad.

—Usté manda aquí, señorito.

Da la tarjeta á Bravo, y observa un tanto maliciosamente la impresion que en él produce.

La impresion que en nuestro amigo produce es igual á la que se recibe cuando se contempla la hermosura y la serenidad del cielo en una noche de luna: una impresion dulce y melancólica.

—¿Dónde han comprado ustedes esta fotografía?

—Nos la ha remitido la señorita Amparo dentro de una carta; responde Quico.

—Lo siento; observa Bravo.

—¿Lo siente usté?—pregunta Cipriana sorprendida.— Pues yo, con perdon de usté, me alegro.

—Lo siento, porque no podré hacerme con una, como quisiera; responde Bravo, devolviéndosela triste y silenciosamente á Quico.

Este y su mujer se miran de un modo significativo: cualquiera diria que se consultan sobre lo que han de hacer en semejante compromiso.

Al fin de este mudo y elocuente diálogo, los ojos de marido y mujer se deciden por la negativa, puesto que el primero abre un libro y coloca dentro de él la fotografía, envolviéndola antes en un papel blanco.

Bravo, que ha seguido el movimiento de las miradas de sus interlocutores, y que adivina lo mucho que les cuesta el privarse del pedazo de papel que guardan como oro en paño, no quiere, con sus exigencias, ponerlos en el caso de hacer un sacrificio violento, y sella sus labios.

III.

La habitacion que ocupan Quico y Cipriana publica, por la boca de sus rendijas y hendiduras, por las telarañas del techo (que atraviesan de un lado á otro, horizontalmente, negruzcos y carcomidos maderos), por el pavimento de ladrillos rotos y desmoronados, por la ventanilla de súcios cristales, y por lo tiznado de sus paredes, la miseria de sus moradores.

El que haya visto en alguna de las vetustas casas de Madrid buhardillas *trasteras*, esto es, *no vivideras*, destinadas á

depósitos ó almacenes de muebles inservibles, de esteras viejas
y podridas, de andrajosos deshechos de ropa y de calzado que el
Rastro mismo vacilaria en recibir, temiendo desacreditarse; el
que tales buhardillas haya visto, podrá formarse una idea
aproximada de la *gazapera* (segun la espresion de Cipriana)
en que la enfermedad de su marido, que siguió al incendio,
obligó á refugiarse á entrambos con la niña.

Como algunos inquilinos de la casa quemada cuya portería proporcionó Bravo á Quico, hubiesen achacado el desastre,
no sabiendo con quien pegar, á descuidos de la familia del portero, el pobre Quico prohibió terminantemente á su mujer
presentarse á Bravo, el cual, en su concepto, debia estar poco
satisfecho de sus protegidos. Entonces desapareció el matrimonio, y en el casucho de la calle de *La Comadre* pasó Quico el
resto de su enfermedad.

Sólo Taravilla tuvo noticia de su paradero, por haber encontrado casualmente en la Plaza Mayor á su prima Cipriana
Santos, y por él llegó á oidos de Bravo.

IV.

Despues de unos cuantos minutos de silencio, embarazoso
para todos, esclama Bravo:

—Tengo una queja de ustedes.

Estas pocas palabras hacen temblar de piés á cabeza al
pobre Quico. El convencimiento íntimo de su inocencia en lo
del incendio le abate, lejos de fortalecerle; fenómeno fácil de
comprender, recordando la manía que le persigue de que todas

las desgracias son efectos de su hombría de bien, y de que sólo prosperan los pícaros.

Cipriana, no menos sorprendida, pero mas intrépida que su marido, responde sin vacilar:

—Diga usté, y sabrémos, señorito.

—¿A quién se le ocurre huir y esconderse de mí como dos malvados que temen la persecucion de la justicia? ¿Se han figurado ustedes que soy yo algun don Amadeo, que trata de envolverlos en otra causa como la que se formó á Quico, por haber saltado un ojo á un rencoroso transeunte, cuando era picapedrero?

—¿Usté se burla, señorito? ¡Dios nos libre de semejantes figuraciones! dice Cipriana.

—¡Como el dueño me despidió! ¿Qué habiamos de hacer? se atreve á observar Quico.

—El dueño sabe á estas horas la causa de la quema, y se halla pesaroso de su ligereza. Además, el edificio estaba asegurado de incendios, y nada se ha perdido: asi, pues, no hay que abatirse.

Quico respira.

Bravo continúa:

—Aunque se me ofrece nuevamente la portería para ustedes, no la acepto, porque tengo otro plan. Ustedes—añade Bravo, recorriendo con una triste ojeada la habitacion—no deben pasarlo muy bien.

—¡A la vista está!—responde al punto Cipriana.—La enfermedad de *este* nos ha dejado hechos unos *méndigos*. Yo tampoco he podido buscármelas como otras veces, porque he estado asistiéndolo.

—¿Y qué piensan ustedes hacer para salir de su miserable situacion?

—Lo que *este*—responde Cipriana—piensa hacer, es echarse de cabeza en el Canal.

—¡Diga usté que no, señor de Bravo!—salta presuroso Quico, dirigiendo una mirada colérica á su mujer.—¡Diga usté que no! No le haga usté caso, es una cuentera y embolismadora.

—Diga usté que sí—insiste Cipriana.—Ahí donde usté le ve, es un tufillas, que por nada se sulfura, y en diciendo allá voy, se le sube el santo al cielo, y no tiene ley ni á la camisa que lleva puesta. Lo que yo le digo: «hombre, ten pecho, y criarás espalda; el mundo es una rueda de noria; cuando unos *arcabuces* suben otros bajan, y cuando unos bajan otros suben; ¿no tienes ahí á la tia Liebre, bien descansada y bien repotente, con un puesto que da envidia, en la plazuela del Cármen? Pues mírate en ese espejo.» Y él dale que le das con que el mundo está al revés, y con que quiere ser hombre malo para tener dinero y *convenencias*.

—¿Esas tenemos, Quico? pregunta Bravo.

—¿Quiere usté acertarla, señorito? esclama de repente el marido de la heróica Cipriana; sin duda le ha ocurrido una idea luminosa.

—¿No he de querer? responde Bravo.

—Pues no vuelva usté á acordarse de estos desgraciados; abandónenos usté á nuestra suerte.

—¿Está usted en sí, Quico?

—No señor, no está en sí, ni lo estará, segun las trazas que lleva—observa Cipriana;—es loco de atar.

—¡Loco de atar!—murmura Quico.—¿Piensa uno *aches?* pues salen *erres;* ¿tira uno por la derecha?... mal; ¿tira uno por la izquierda? peor. ¿Y esto se llama vivir? Pues ¡canastos! para una vida tan aperreada, valiera mas haber nacido animal de cuatro piés.

—¡Tiene mucha segunda y trastienda!—dice Cipriana á Bravo;—le pasa una por los ojos el ejemplo de la tia Liebre, y se hace el morlaco.

—Mira—replica con grande enojo Quico,—dale muchos recados de mi parte á la tia Liebre, que ya estoy de tia Liebre hasta por cima de las cejas.

Bravo no puede apreciar la fuerza del ejemplo de Cipriana, porque no tiene el honor de conocer al personaje femenino, cuya importancia tanto encarece aquella; pero sospecha que debe ser una pobre que ha hecho fortuna.

—No hay que desesperarse, Quico—dice Bravo;—aunque usted asegura que el mundo está al revés, yo me encargo de probarle ahora mismo que está al derecho, dándole un poco la mano para ayudarle á vivir.

—¿Lo ves, Quico? ¿Lo ves?—salta Cipriana.—Cuando Dios quiere, con todos aires llueve.

Bravo saca el lapicero de su cartera y apunta en una tira de papel el nombre y señas de Garciestéban, para gobierno de su recomendado.

—Pásese usted—dice—á la tarde por casa de este caballero, para que lo presente á una señora, madre de una niña y un niño, en cuya compañía pueden ustedes vivir, si gustan. La señora está algo delicada y necesita personas que la cuiden y atiendan á sus hijos.

—¿Lo ves, Quico? ¿Lo ves, terco y mas que terco? repite alborozada Cipriana.

—Se les dará á ustedes cuarto, lumbre y luz—continúa Bravo,—y veremos—añade, sonriéndose—de proporcionar alguna ocupacion al hombre malo para que no entregue su cuerpo á los peces del Canal.

—¿Lo ves, Quico? ¿Lo ves?—vuelve á repetir la antigua niñera de Amparo, en tono de dulce reconvencion.—¡Si tú creyeras á tu mujer!...

—Cipriana—esclama su marido, con acento regañon,—no interrumpas al señorito, que pareces una cotorra; no, y sino dénle cuerda, y seguirá charlando hasta el dia del Juicio. ¿No conoces que es de gente rústica el quitar la palabra de la boca al que habla?

A Cipriana la convencen las observaciones de su consorte, y cierra con tres llaves la puerta de su corazon, para que no se escapen los sentimientos de gratitud y de asombro en que rebosa.

—Una sola condicion pongo á ustedes, antes de concluir el trato; si la aceptan...

—Diga usté, señorito; responden á una voz marido y mujer.

—Que Taravilla ignore siempre el nombre y circunstancias de la señora enferma. En el mismo cuarto habrá habitaciones independientes, para que, sin perjuicio de aprovechar en comun la lumbre y la luz, la señora pueda recibir las visitas que guste, como ustedes las suyas; de esta suerte se evitará que se enteren personas estrañas á ustedes ó á ella de lo que no les importa. ¿Aceptan ustedes?

—A ojos cerrados; responde Cipriana.

—Taravilla es, como ustedes saben, algo indiscreto, y podria comprometer grandes intereses con cualquiera habladuría. Por consiguiente, encargo á ustedes con él mas cuidado que con nadie.

—Además de indiscreto—observa Quico,—es ingrato. ¿Creerá usté que desde que se ha visto un poco aseado se da un tono, que ni el gran *Tamberlan* de Persia? ¡Qué se habrá figurado ese...

—Ya gasta relój y todo—añade Cipriana;—y se da unos aires que parece un alcalde corregidor.

—¡Sí!—repone su marido.—¡Buen relój te dé Dios! Alguna cebolla, alguna caldera, lo que menos.

—Y lleva una sortija blanca, que Dios me perdone si no es de estaño, ó cosa así. El otro dia, en *cuantis* lo *guipé* en la Plaza Mayor, lo llamé... ¡Que si quieres! No fué capaz de decirme «por ahí te pudras, prima.» Pero yo dije para mí: «Te fastidias.» ¿Y qué hago? corro detras de él, y lo agarro por un faldon, que por un tris no me quedo con el gaban entre las manos.—«¡Ah! ¿eres tú, prima?»—me pregunta; y yo le respondo:—«La misma que viste y calza.»—Entonces le conté donde vivíamos. ¿Pues sabe usté con lo que me salió el muy tonto? Que sabe Dios cuando nos veria, porque como la parroquia de su maestro se compone de marqueses y gente de pró, no acostumbraba á venir por los barrios bajos. ¡Cómo subo, cómo subo! De pregonero á verdugo. Por supuesto que lo que le he referido á usté lo decia él mirándose y remirándose una mano, y rascándosela sin cesar con la otra; tanto, que yo me sospeché que tenia sarna, hasta que advirtiéndo él que la pie-

dra no daba chispas, me preguntó:—«Prima ¿qué te parece
esta sortija?»—Entonces caí de mi burro, y dije para mis adentros:—«¡Te veo!»—Le respondí que muy bien; y fingiendo
mucha prisa, un momento despues me dejó, sin preguntarme
siquiera por Quico y por la niña. Ese muchacho tiene humo en
la cabeza; Madrid ha de ser su perdicion.

V.

El relato de las grandezas de Taravilla, sazonado por la
graciosa cháchara de Cipriana, entretiene agradablemente á
Bravo; mas no así á Quico, el cual está frito, creyendo que á
su protector deben importarle poquísimo semejantes menudencias.

Antes de partir Bravo, quiere preguntarle aquella por la
familia de Buñol, y le dice:

—¿Ha sabido usté de mis amos, señorito?

—Sí, todos siguen bien.

—¿Se corresponde usté con ellos, aunque sea mala pregunta? Y p. done usté, señorito.

—No, pero me escribe con frecuencia mi amigo el baron
de Solares.

—¡Gran hombre!—esclama Quico.—Una persona de lo que
se usa poco.

—Nosotros—repone Cipriana—hemos sabido por un este-
rero de Buñol, de la calle Ancha de San Bernardo, que es quien
nos entregó la carta.

—Con que no hay que dormirse, Quico; á la tarde á ver al
caballero, cuyas señas he dado á usted.

—No faltaré.

—Y no amilanarse; el que dobla la frente cuando la desgracia lo persigue, es un cobarde; y al hombre de bien no le acobardan los golpes contrarios de la suerte.

Levántase Bravo, y al tiempo de dirigirse á la puerta, ve á Rosario que, apoyando sus manecitas en la pared, camina lentamente hácia lo que podremos llamar sala, por ser la habitacion donde aquellos están la principal de las tres que componen el cuarto.

—¡Hola, Albaricoque! dice Quico, cogiéndola por la caña de las piernas y levántandola sobre su cabeza.

—¿Es de ustedes esta niña?

—Sí señor—responde al punto Cipriana;—es la ahijada de la señorita Amparo.

—Por muchos años—dice Bravo, dando á Rosario un beso.—¿Porqué ha llamado Albaricoque á la niña su marido de usted?

—Calle usté, señorito, que me tiene quemada la sangre con semejante nombrajo.

—¿No tengo razon?—esclama Quico.—Repare usté bien la cara de la niña, y diga francamente si no parece un albaricoque de Toledo.

En efecto; el cútis de Rosario, sombreado por una especie de pelusilla formada por el vello, está lleno de pecas pardas y diminutas, que resaltan sobre la redondez y el color moreno subido del rostro, como las pintas que distinguen á la rica fruta de la ciudad de los Concilios, arriba mencionada.

Rosario dirige á Bravo, junto á la puerta, uno de esos graciosos saludos que los niños de tierna edad hacen con la mano, mientras la sonrisa de sus ojos resplandece tras el velo de sus largas y negras pestañas.

VI.

Luego que sale Bravo, acércase Cipriana á su consorte, y le dice:

—El señorito quiere á la señorita Amparo; esto es tan cierto como dos y dos cuatro.

—Eso es lo que yo me sospecho tambien.

—Pues un hombre que quiere á la señorita Amparo, y que tanto ha hecho y hace por nosotros, no merece que se le deje ir triste y con la cabeza baja.

—¿Por qué lo decias? ¡Ah!... ya caigo; esclama Quico, de repente.

Suelta la niña, saca del libro la fotografía de Amparo, y, sin hablar una palabra mas, parte corriendo en busca de Bravo, esponiéndose á bajar rodando como una pelota la oscura y angosta escalera del casucho.

Bravo se halla á corta distancia.

—¡Señorito! ¡Señorito! grita Quico.

Bravo vuelve la cabeza, y se detiene, diciendo:

—¿Qué hay, Quico?

—Lo que hay es que debia caérsenos la cara de vergüenza á mi parienta y á mí, por desagradecidos.

—No sé que haya motivo para tanto.

—Ahora lo sabrá usté.

Y así diciendo, le entrega la fotografía, dentro de un papel.

—¿Qué significa esto? pregunta Bravo.

—El retrato de la señorita Amparo; responde Quico, y echa á correr nuevamente, para no oir las palabras de gratitud y de gozo que su protector se dispone á dirigirle.

Bravo prosigue su camino, absorto en la contemplacion de aquella pálida imágen de su adorada.

CAPITULO XIV.

— — —

Quico mirando las musarañas.

I.

Un bonito cuarto segundo, en la calle de Lavapiés, alegre, recientemente empapelado, con tres balcones al Mediodía, por los cuales penetran los rayos del sol, que es, segun la frase gráfica del pueblo de Madrid, *el brasero de los pobres*, alberga ya á las familias de Cipriana y Clotilde.

Nada han omitido nuestros amigos Bravo, Garciestéban y Somoza, para endulzar la suerte de aquellos desventurados séres, á quienes mas que *el brasero de los pobres* y el de azófar puesto en medio de la sala, y encendido como una granada, reanima el suave calor de la caridad que los cobija y defiende bajo sus alas celestes.

Sillería nueva de nogal, mesa de caoba, cubierta de már-

mol blanco, con espejo encima, dos butacas de gutta-percha
á los lados del sofá, cortinas de color, y seis macetas en los tres
balcones, cuyas plantas visten ya el color de la esperanza, prometiendo abundante cosecha de flores, todo esto, que tan poco
significa en ciertas situaciones de la vida, puede ser, en otras,
la realizacion de un sueño de las *Mil y una noches.*

A Quico, en particular, casi le aterra el gozo; hay en su
alegría algo de miedo; en presencia de tanta grandeza, figúrasele que se empequeñece y anonada su individuo, como le
sucede al que admira desde el pico mas alto de la gran cordi-
llera de los Andes las maravillosas perspectivas de aquellas regiones del globo.

Todo el dia se le va en mirar las musarañas, recorriendo
el cuarto con los brazos atrás, alta la vista, grave el paso, serio
el continente y la cabeza á pájaros.

De un balcon se traslada á otro con la volubilidad de una
coqueta; y si se digna bajar los ojos, no parece sino que es
para decir con ellos á los transeuntes:

—¡Eh! ¡los de allá!... ¡aquí estoy yo, Quico Perales, toda
una persona de suposicion!

Nadie le diga que es preciso arrimar el hombro, salir á la
calle, buscarse el pan, descender, en fin, á las ocupaciones á
que estamos sujetos los débiles mortales; él, en las circunstancias presentes, sólo es mortal porque con los piés toca en la
tierra; pero su pensamiento vuela vagabundo por las nubes,
regodeándose y ocupado en mil travesuras, como el estudiante
que hace novillos y se va á jugar con otros compañeros, sin
acordarse del preceptor, de la clase, de los libros, ni de la re-
primenda que en su casa le espera.

II.

Una sencilla bata de merino negro se ciñe á la esbelta cintura de Clotilde, bajando hasta los piés en pliegues rectos y un si es no es planos, como los de las esculturas de las santas que cinceló el arte de la Edad Media, para poblar las capillas y las torres de las catedrales góticas. Naturalmente dotada de carácter enérgico, varonil, tienen, no obstante, sus formas el casto relieve y dulce contorno que en las vírgenes, correspondiendo así á la espresion de intensa amargura pintada en su faz de Dolorosa.

Con todo, la luz, el aire, la esperanza, la compañía y los inesperados consuelos que recibe, la envuelven en una atmósfera de vida que poco ha estaba ella muy lejos de soñar; y aunque sus mejillas no se coloran, y aunque apenas puede todavía tenerse en pié, la cólera ha desaparecido de sus ojos, reemplazándola dulces reflejos de la resignacion y de la bondad de su alma.

Escusado parece decir que Cipriana sigue contenta como siempre; lluevan trabajos ó cérquenla satisfacciones, vésela hoy de igual humor que ayer, y mañana se la verá de igual humor que hoy.

Rosario juega con Amelia y Arturo, que ya tienen trajecitos nuevos; siendo de advertir que Turco anda un si es no es cabizbajo desde que ha olfateado que su voluble compañero divide su cariño entre él y la hija de Cipriana, inclinándose un poco mas á la forastera. Este pequeño inconveniente se compensa con la ventaja de que Arturo, entregado á sus flamantes amores, no se acuerda ya de la cachiporra, y váyase lo uno por lo otro.

III.

—Oye—dice la buena de Cipriana á su marido, viéndolo al balcon:—¿haces ánimo de conservarte aqui para escabeche? ¿O es que va á venir un cuervo á traernos en el pico el pan, como á San Pablo?

—Cipriana—responde Quico, sentenciosamente,—deja rodar la bola, y no tentemos al diablo metiéndonos en dibujos: lo que ha de ser, ello vendrá, si es de ley; porque, como dice el refran, y dice bien, lo que es de Dios el agua lo lleva. No nos busquemos los males.

—A tí con las glorias se te olvidan las memorias; he de comprarte un cuarteron de pasas, á ver si te acuerdas de que para comer hay que trabajar.

—¡Ah! ¿Quieres convidarme?... Vengan, pues, las pasas; no me disgustan.

—Esa pobre señora conoce nuestra *nesecidad*, y nos convida á su mesa; pero por mas que diga ella que con lo que traigo de la tienda basta para mantenernos las dos familias, yo te digo á tí que no basta, ni mucho menos, y no es justo que por compadecerse de nosotros, ella y sus hijos carezcan de lo necesario.

Quico se pone un tanto meditabundo.

—Creo que tienes razon—esclama al fin;—pero ¿*quis fasendun?* Yo, la verdad, como siempre doy ciento en el clavo y una en la herradura, despues de grandes cavilaciones habia pensado dedicarme á no hacer nada.

—¡Vaya un dedicamiento! Se te habrán derretido los sesos de tanto cavilar; hemos de llamarte Cavila.

—Mejor: con eso no me llamarán Mala-Sombra.

—Yo tengo acá una idea que me está dando volteretas dentro del magin desde anoche.

—Pues échala fuera, no sea que se te malogre ó le entre la polilla de tanto guardarla.

—¿No es el señorito Garciestéban *relator*, ó cosa así, de esos de los periódicos?

—*Redator* se dice, Cipriana: ¡qué manera de trabucar los nombres!

—¡Como no soy tan sábia como tú! ¡Porque tú lo sabes todo; y sino, á los *tirabuzones* me agarro!

Viéndose cogido en renuncio Quico, no tiene mas remedio que cerrar la boca.

—¿En qué periódico escribe el señorito Garciestéban? pregunta Cipriana.

—En *La Nueva Era*.

—¿Por qué no vas á pedirle una plaza de repartidor? Mejor te la dará á tí que á otro.

—No voy, porque si me la da, no dura el periódico veinticuatro horas. Acuérdate del otro periódico que repartí. En lo tocante á eso, *no sucumbo*.

—Esas son razones. Anda, Quico, ponte el hongo y habla al señorito Garciestéban.

—Mujer, dirán que soy el rey Palomo: yo me lo guiso y yo me lo como. Despues de lo que el señorito Garciestéban y sus amigos han hecho por nosotros, saltar ahora con semejante pata de gallo me parece un abuso.

—¿Se reparte por sí solo el periódico?

—No señora.

—Pues saca la consecuencia.

—La consecuencia que yo saco es que *La Nueva Era* tendrá naturalmente sus repartidores.

—¡Tendrá! ¿Y si no los tiene? Pregúntalo, que el saber no ocupa lugar; no lo hagas por mí, hazlo por doña Clotilde. Te repito que los comestibles que traigo de la tienda, sólo son para ella y para sus niños; pero como esa alma es tan noble, y está al tanto de la penuria que nos aflige, prefiere que su familia siga á media racion, á vernos sufrir. Yo, por mí, te prometo que desde mañana no me siento á su mesa, aunque vengan á cogerme del brazo un par de municipales: *sanseacabó;* y ahora, tira por donde quieras.

—Te confieso, Cipriana, que soy un *pérdis*, como decia don Amadeo, cuando lo del ojo.

—El *pérdis* es él, y no mientes á semejante canalla en los dias de tu vida, porque con solo oir su nombre se me revuelve el entresijo.

—¿No es un cargo de conciencia para mí, Cipriana, el haber estado á mesa y mantel dias y dias, sin haber sido para decir: «Quico, lo que haces no es regular; es preciso portarse como corresponde, y ayudar á quien te ayuda, en vez de comerlo por los piés?»

—Pues ya que te reconoces, al avío; toma el hongo—añade Cipriana, encasquetándole el sombrero,—y á ver mundo. Si en *La Nueva Era* no hay vacante, Madrid es grande, y Dios sobre todo.

Los consejos de Cipriana espolean al perezoso Quico, cuya

imaginacion aventurera abandona las nubes en que ha estado
meciéndose y solazándose, para penetrar en el corazon de su
mujer, mas hermoso que las encantadas regiones de sus
sueños.

Pónese al cuello un pañuelo de seda, que recoge en su parte
superior con una sortija, atúsase la cabeza, se pasa la mano, á
falta de cepillo, por la chaqueta, empuña un junco de tres reales, enciende un puro, y mas galan que Gerineldos se dispone
á salir á la calle.

CAPITULO XV.

Los grandes crímenes de Quico le conducirán Dios sabe dónde, segun la opinion de Taravilla.—Cae Albaricoque, y Arturo entrega al barbero, por ocho maravedís, la llave del secreto que este quiere averiguar.

I.

Durante el diálogo que antecede, sube Taravilla la escalera de la casa que habitan Quico y Cipriana. Ha visto al primero mirando las nubes desde el balcon, y avivada su barberil curiosidad, desea saber de sus primos.

Desde luego ha llamado su atencion el buen aspecto de la casa, y supone que para ocupar nada menos que un cuarto segundo en ella, ha debido verificarse un gran cambio en la fortuna de sus parientes.

¿Cuál es el orígen de este cambio? Hé aquí lo que él trata de averiguar.

En el corto espacio que media entre el portal y el cuarto segundo, han ido sucediéndose en la privilegiada imaginacion del barbero las ideas mas peregrinas.

¿Habrán heredado los primos? ¿Les habrá caido el premio grande de la lotería? Lo ignora: lo positivo es que desechando sucesivamente estas y otras muchas ideas, viene á fijarse, por último, en la que mas puede perjudicar á aquellos dos infelices.

Un hombre que, como Quico, estuvo años atrás en el Saladero, por haber dejado tuerto á un incauto é inofensivo transeunte, nada de particular tiene que se dedique á industrias no permitidas por la ley, que conducen al mismo término. Con harta razon, pues, el respetable y virtuoso jurisconsulto don Amadeo, su parroquiano, considera á Quico, segun recuerda Taravilla, como persona peligrosa.

Por otra parte, aquel mudarse continuamente de domicilio, aquellos altos y bajos de la suerte, tan repetidos, y sobre todo, la ojeriza de Quico y de Cipriana contra un sugeto de las prendas y respetabilidad de don Amadeo, coloran con un tinte siniestro las profundas meditaciones del estudiante.

Pero es preciso que nadie penetre sus sospechas, y al efecto se propone conducirse con cautela diplomática.

Olvidábaseme decir que el barbero lleva en la mano una redomita de cristal llena de agua, en la que se agitan algunas sanguijuelas.

Llama Taravilla, y le abre Quico. ¿A qué vendrá el barbero á los *barrios bajos*?

II.

—¡Parece que estamos en grande! son las primeras palabras que Taravilla dirige á su primo, y al dirigírselas, dibújase en sus labios una sonrisa de proteccion.

—Digótelo, porqué no me lo digas; responde Quico, ceremoniosamente.

Pasan á una habitacion de las que ocupa la familia de Quico, el cual guiña un ojo á su mujer, para que anuncie á Clotilde que hay moros en la costa.

Cipriana saluda tambien ceremoniósamente al barbero, sale y vuelve en seguida.

—¡Vaya, hombre, me alegro, me alegro! repite, sin alegrarse, Taravilla.

—Estimando; salta Cipriana.

—De modo y manera—continúa el barbero, siempre fijo en su idea,—que aunque el mundo se venga abajo, vosotros... ¡chito! y tres puntos.

—¡Pues hombre, puedes hablar!—observa Cipriana;—despues de que si no te agarro y te tiro el otro dia por el faldon del gaban, te escurres como una *enguila*.

—¡Figúrate que ibá yo á curar unas cantáridas á un caballero que estaba si se va... si no se va! Y aun ahora, si no me da gana de levantar los ojos, no veo á Quico, y sigo en ayunas acerca de vuestro paradero. ¡Flojo paso llevaba yo! ¡Ando tan atareado! ¿Qué hora será? ¿A ver?

Saca Taravilla un relój descomunal de metal blanco con cadena y dijes de acero, y volúmen estupendo, y lo mira y remira veinte veces, tanto para lucirlo, cuanto para ostentar por arriba y por abajo la sortija que en la Plaza Mayor ha chocado á Cipriana.

—¡Las dos!... ¡Canario!... En fin, todavía puedo estar aquí doce minutos—dice el barbero, recitando luego de carretilla la siguiente descripcion, aprendida quizá la noche antes.—

Vengo de aplicar á la region infra-umbilical de un canónigo de Astorga, docena y media de estos benéficos animalitos, pertenecientes al género de anélidos abranquios, familia de los hirudíneos, caracterizados por tener el cuerpo oblongo, desnudo ó contráctil, y estremos terminados en una especie de ventosas destinadas á prenderse á los cuerpos y verificar movimientos de progresion, soltando uno de dichos estremos, estendiéndolo, adaptándolo á otro lugar, y así sucesivamente. La parte anterior les sirve de boca y está armada de pequeños dientes, con los cuales perforan la piel de otros animales, para estraer y chupar su sangre. Las sanguijuelas viven en el agua, especialmente entre el cieno, y á pesar de que son muy voraces, pasan mucho tiempo, á veces años enteros, sin tomar mas alimento que las materias inorgánicas contenidas en el agua. Su especie mas notable es la...

Cipriana principia á bostezar.

Su marido interrumpe al barbero, diciendo formalmente á Cipriana:

—¡Chica! el primo se ha vuelto loco.

—¡Loco, porque os hablo el lenguaje de la ciencia! Ayer mismo lo estudié en un libro de...

—¡Pues hombre, poca paja has gastado, en gracia de Dios, para nombrar las sanguijuelas!

—Te compadezco, primo.

—¡Cómo ha de ser!

—Con que dime, Cipriana: ¿qué significa este lujo? ¿De dónde salen las misas?

—¿Quieres saberlo?

—Sí.

—El que quiera saber, que vaya á Salamanca.

—No te enfades, prima: á creer yo que era delito el hacer una pregunta así... tan sencilla, no hubiera...

—¿Quién dice que sea delito? ¿Has leido tambien eso en algun libro?

—Vamos, comprendo: os ha tocado la lotería, y no me quereis convidar.

—Acertólo Bartolo.

—¿Le han dado algun empleo á Quico?

—¡Psit!

—No te canses—dice Quico,—porque sacarás lo que el negro del sermon.

—¿Me lo callais temiendo que os pida? Casualmente me sobra un duro para prestarle á quien lo necesite.

—¡Eche usté arroz, que pasa Dios! ¡Qué rumboso está el tiempo! esclama Quico.

—O somos, ó no somos; añade Cipriana.

—¿Me tomais acaso por un agente de policía?

—No señor; ¿pero quién te manda meterte en camisa de once varas?

—Ciertos son los toros—murmura para sus adentros Taravilla;—no se equivoca don Amadeo.

Luego pregunta en alta voz:

—¿Qué paga el cuarto?

—La *metá* y otro tanto; responde Cipriana.

—¿Os habeis propuesto cargarme?

—Si no te metieses en la renta del escusado, no te sucederia esto.

Taravilla desespera de sacar nada en limpio. Las misteriosas palabras, las respuestas evasivas de los primos, confirman sus sospechas.

Ráscase la mano de la sortija, vuelve á sacar el relój, se arregla el rizado pelo con los dedos, y dice sarcásticamente:

—¡Abájanse los adarves, y súbense los muladares!

—Eso digo yo—responde Cipriana;—¡cómo subo, cómo subo, de pregonero á verdugo!

III.

A estas indirectas siguen otras muchas de parte á parte, sin adelantar Quico un paso en sus averiguaciones.

La casualidad viene poco despues á favorecerlas.

Turco entra asustado, huyendo de su encarnizado amigo, que lo sigue enarbolando en actitud amenazadora la cachiporra funesta.

Amelia no puede salir, porque su mamá, que se siente desazonada, se está desnudando para meterse en cama, y la ayuda en esta operacion.

Y para que todo favorezca á Taravilla, el perro, al atravesar el pasillo, se enreda entre las piernas de Rosario, haciéndola caer de bruces en el suelo.

A los gritos de la niña acuden presurosos Quico y Cipriana, sin acordarse en aquel instante de la consigna de Bravo, y queda el barbero á solas con Arturo.

El curioso Taravilla, que ve la suya, se las promete buenas y felices. Coge al niño por una mano, y mostrándole una pieza de dos cuartos para engolosinarlo, esclama:

—Dime una cosa y te doy esta moneda para castañas. ¿Cómo te llamas?

Arturo está como cuando no quiere responder.

El barbero repite la pregunta:

—¿Has oido?... ¿Cómo te llamas?...

El interrogado abre por fin la boca, y dice:

—Arturo.

—¿Vives aquí?

—Sí.

—¿Cómo se llama tu papá?

—No sé.

—¿Y tu mamá?

—Clotilde.

—¿Tienes hermanos?

—Mi hermanita Amelia.

—¡Bendito sea tu pico! Toma la moneda, que bien merecida la tienes.

Así que el barbero suelta al niño, torna este á su departamento. Quico y Cipriana entran con Rosario, sin sospechar lo que ha pasado en su ausencia. Entonces Taravilla examina por tercera vez el relój, se rasca la desdichada mano de la sortija, y dice:

—¡Ea! el quinto mandamiento es no estorbar, y yo creo que estorbo aquí.

Los primos callan.

—Con que, repito—continúa,—me alegro de que vayais pelechando. ¡Ojalá echeis coche! No os deseo otro mal: bien lo sabe Dios.

—Lo mismo digo de tí; dice Quico.

—Hasta la vista si Dios quiere, primos, y que no haya novedad.

—Estimando; responde Cipriana.

Auséntase Taravilla, y baja la escalera murmurando:

—Teneis que nacer de nuevo para pegársela á este cura. ¿De qué os ha servido tanto misterio?

———

CAPITULO XVI.

El traje de etiqueta del baron y la fotografía de la familia de Quico, son causa
de que brillen una vez mas los buenos sentimientos del primero y de
Amparo.

I.

Determinado habia el anciano Figueroa, accediendo á los
deseos de su esposa, hacer una espedicion al célebre monasterio de Monserrat, como el lector sabe, con el fin de dar gracias á Dios por el restablecimiento de su salud.

La venida de la primavera, época fijada al efecto, anunciá-
base ya; y así don Lorenzo, doña Cármen y Amparo, como el
baron de Solares, el marqués de la Cabeza y Marieta, se ocu-
paban en los preparativos del viaje que, hecha la visita á la
Montaña Santa, debia terminar en la córte.

Si el baron tuvo ó no que pelear para vencer la porfiada
resistencia de don Lorenzo á presentarse en Madrid, despues
de lo que sucedido le habia, dígalo quien lo sepa; al que esta

verdadera historia va escribiendo, únicamente le consta que al fin el viaje quedó acordado, y don Lorenzo tan ignorante como siempre de la oculta mano que las piezas del tablero movia.

Temiendo que al solo nombre de Bravo se cerrase á la banda, como suele decirse, el anciano Figueroa, y despues de repetidas consultas con doña Cármen, Amparo y el marqués, consideró prudente el baron seguir desempeñando el papel de novio, y dar largas á su boda con varios pretestos, hasta que restablecido Figueroa en el pleno goce de su buena fama y de su fortuna, se viera obligado á dar las gracias á Bravo, y con ellas la mano de su hija, que sobre todas las riquezas del orbe estimaba.

Mas no porque veamos hoy al baron tan alegre, tan activo y tan resuelto, se crea que abandona sin sentimiento la paz y las comodidades que en Buñol disfruta, pues, como él dice al marqués, *la música anda por dentro;* porque, además de estos bienes, y de las generales simpatías que sus bondades le han granjeado en la poblacion, donde reside hace muchos años, á la sombra de los árboles del cementerio descansan los restos de sus padres, cuyas sepulturas ha regado mil veces con tiernísimas lágrimas.

Pero se reclama su auxilio; se requiere el poderoso concurso de su abnegacion, para coronar la obra que su amistad y el amor de Bravo han comenzado, y él no necesita saber mas.

El baron cierra los ojos, y obedece.

II.

El campo de Buñol es siempre bello; pero en la primavera diríase que es un pedazo de Paraíso, segun salió de las manos del Eterno en los primeros dias de la creacion.

Aunque el frio del invierno casi nunca aprisiona allí las fuentes en sus cáuces con grillos de hielo; parece como que apaga su voz, disminuyendo la rapidez de su curso. Pero cuando el beso fecundó y tibio del sol de abril estremece amorosamente las entrañas de la madre tierra en aquel rincon del mundo, los gorjeos de innumerables pajarillos, el suspiro del céfiro entre los árboles, y el armonioso estruendo de trescientas fuentes y saltos de agua, saludan la nueva estacion, que viste de nueva luz tambien aquellos valles, aquellas sierras y aquellos montes, los cuales se dibujan con mas claros y mas limpios contornos detrás del velo diáfano del aire.

III.

El baron vacila algun tiempo entre dejar en la cómoda ó llevarse el frac, la corbata, el chaleco, el pantalon y los guantes consabidos.

Hombre consecuente con las personas y las cosas de quienes recibe pruebas de afecto ó buenos servicios, jamás ha tenido que acusarse de ingratitud y deslealtad.

Por otra parte, si el hábito constituye verdaderamente una segunda naturaleza, el hábito, dado el carácter de nuestro amigo Solares, debe echar en él mas profundas raices que en otros.

Para el hombre de sentimiento delicado, no hay objéto de su cariño, por indiferente que sea, en apariencia, que no ocupe siempre un lugar en su corazon. La pipa en que fuma, el perro fiel qué siempre le ha recibido brincando de alegría al entrar él en su casa, debian ser olvidados, por inservible aquella, y por anciano este: compre, sin embargo, una pipa nueva, regálenle el perro mas hermoso, y se verá que ni el tabaco le sabe tan bien en la primera, ni la hermosura del segundo puede suplir á la simpática decadencia del que durante largos años ha dormido á sus piés ó le ha esperado en el umbral doméstico.

Nuestro amigo Solares resuelve, por fin, destinar un huequecito del equipaje al frac y demás prendas.

IV.

Una lucha semejante reina en el corazon de Amparo. Desea partir, y siente dejar á Buñol. Lágrimas derramó al ausentarse de Baños, porque hasta los lugares que han sido testigos del infortunio de estas almas leales, las sujetan á ellos con el lazo de amorosos recuerdos; ¿cómo abandonar, sin un suspiro, sin un pensamiento melancólico, aquel en que se ha visto lucir el primer rayo de esperanza?

Asómase á la reja del jardin y esparce la vista por las flores y por los árboles, bajo cuya frondosa copa tantas veces se ha sentado á meditar; tiéndela despues hácia aquellos horizontes azules, tras de los cuales quizá se halle el término de su desgracia; y sin embargo, estas diferentes contemplaciones le producen igual melancolía.

Y así como una de las primeras diligencias del baron ha sido separar su antiguo traje de etiqueta, para llevarlo á la córte, así tambien lo primero que hace Amparo, es descolgar el marco en que están las fotografías de Cipriana, de Quico y de su ahijada Albaricoque, y meterlo en el *mundo* entre sus mejores galas.

V.

La que está hecha una víbora es Chima, Chima que, figurándose despues de lo ocurrido en casa de su tia doña Tula, entre Bravo y la marquesa de la Estrella, que las relaciones del baron y de Amparo no existian mas que en su imaginacion, ha trabajado en rehabilitar á la interesante madrileña, blanco de sus calumnias al principio. La envidiosa se va poniendo verde.

Doña Tula, dotada de mejor corazon que ella, observando con amargura su palidez creciente, aunque ignora la causa que la produce, le ha prometido llevarla á la córte, porque sus ambiciones giran hace tiempo en torno de una plaza de estanquera; cuya consecucion cree fácil y llana, á menos que le falte el apoyo de su amiga la marquesa de la Estrella, quien debió quedar prendada de la viuda de Curro, oyéndole hablar de *sudarés* y otras muchas amenidades.

VI.

Al romper el alba de un hermoso dia de abril, vénse tres tartanas á la puerta de la casita de don Lorenzo, delante de la cual, no obstante la hora, se ha agrupado medio Buñol.

Sabiendo por los mismos espedicionarios que la ausencia de Figueroa, de doña Cármen y de Amparo quizá será eterna, y muy larga la del baron, su sobrina y el marqués, hay, como es natural en semejantes casos, tiernas protestas de amistad, apretones de manos, lágrimas y abrazos; todos los viajeros son generalmente queridos, y demasiado grande el vacío que dejan en muchos corazones para que con facilidad pueda llenarse.

El tio Visentet, ensimismado, rascándose la cabeza con una mano, y metida la otra en el pecho, tan pronto avanza un paso para hablar al baron, como retrocede, bien porque no se atreva á dirigirle la palabra, bien porque no le parezca oportuna la ocasion; últimamente, no pudiendo ya dominarse, dice:

—Señor baron, aunque usía perdone: ¿me venderia don Lorenzo los cahices, dándole el dinero que le han costado? Porque, la verdad, no es por lo que valgan, ¡chufas! pero como están lindando con un huerto mio, ¡qué chufas! cada uno se entiende y baila sólo.

—¡A buena hora se acuerda usted de los cahices, tio Visentet!

—¿Los ha vendido ya?—pregunta el labrador, tragándose con los ojos al baron.—Lo sentiria de veras, ¡chufas! ¿A qué negarlo?

—No los ha vendido, ni los vende, al menos por ahora, tio Visentet; pero este momento no es el mas á propósito para hablar de tales asuntos.

La Capitana, estrujando materialmente las manos de Amparo con las suyas, esclama:

—¡Buen viaje, señorita! Allá nos veremos pronto, si Dios

quiere. La señora marquesa de la Estrella y yo somos amigas de lo mas *último* (íntimo querrá decir), y pienso hacer un viaje *en profeso* para hacerle presentes mis *respeztos*, juntamente con Chima. Nos aprecia mucho; y aunque la memoria del que pudre no se aparta de mí, puede que asistamos á alguna *sudaré* para que Chima se distraiga, y se le quite ese color verde, que parece una acelga la pobrecita.

—Padre cura—dice el baron, viéndolo abrazado á Figueroa, y oyendo sollozar á los dos,—basta, basta de pucheritos; no parece sino que nos vamos del mundo.

El alcalde y el médico tambien despiden afectuosamente á los viajeros.

Chima está en cama; el dolor de los celos devora á la infeliz criatura, á quien el travieso Tono mira con ojos compasivos, sin atreverse, como otras veces, á hacer la mamola, para que rabie.

CAPITULO XVII.

Salen de Buñol para Monserrat doña Cármen, Amparo, Marieta, don Lorenzo
el baron de Solares y el marqués de la Cabeza.

I.

A las cuatro de la tarde misma en que llegaron nuestros
viajeros á Valencia, salieron de esta ciudad para la de Barcelona en un vapor que á ella les condujo felizmente.

Habiendo descansado allí un dia, al siguiente durmieron
en Monistrol, á poca distancia de cuyo punto comienza la subida de la *Montaña Santa*, que así suelen llamar á la de Monserrat los habitantes del país.

Pocas veces faltan en Monistrol *ómnibus* y caballerías para
los romeros, que tanto de Cataluña, como de otras provincias
de la península y de fuera de ella, acuden á visitar el santuario.

A las ocho de la mañana salieron nuestros amigos en uno
de los mencionados carruajes.

La montaña ofrece desde aquel sitio y hora el aspecto de

un muro gigantesco, liso y casi vertical, recortado en sus líneas horizontales superiores por algunos picachos, medio envueltos en la bruma.

El sol naciente ilumina la falda del Monserrat, cuya superficie se asemeja entonces á una inmensa túnica de *moaré*, de pliegues suaves y graciosos, figurados por las vegetaciones salvajes de los bancos de piedra que van escalonándose hasta la cima.

A medida que se avanza, se modifican los colores del muro, determinándose y aislándose con mas pureza los perfiles y contornos de los diferentes grupos de rocas que lo forman.

El camino parece una culebra enorme, que sube desarrollando sus anillos en espirales prodigiosas, con abismos y profundos despeñaderos á derecha ó izquierda, en los que vegetan con pujante robustez infinidad de plantas aromáticas, como el tomillo, la mejorana, el romero y el espliego, revueltamente mezclados con la zarza y la hiedra que del pié á la copa visten el tronco del pino, de la encina, del enebro y del boj, el arbusto histórico y sagrado, por decirlo así, del cual, particularmente los devotos romeros catalanes de uno y otro sexo, nunca dejan de cortar alguna rama, para prenderla al pecho ó para adornar los sombreros.

Descúbrense desde el camino, en cualquiera dirección que gire la vista, horizontes sin límites, bellas lontananzas y espléndidos paisajes. Los varios accidentes del terreno, en su mayor parte escabroso, forman, digámoslo así, como las grandes ondulaciones de un océano de piedra, interrumpido á trechos por bosques dilatados y multitud de blancas aldeas, destacándose de su fondo como otras tantas isletas.

«Esta célebre y prodigiosa montaña—dice un autor, ha-
»blando de Monserrat,—separada de los demás montes cerca-
»nos, que pudieran casi competir con ella en elevacion, aun-
»que no con lo estraño y único de su admirable hechura, es
»de figura tan particular, que no se conoce otra semejante, y
»sólo se le parece en algo la estructura de las montañas de la
»isla de Nuestra Señora de Monserrat en las Antillas. Su
»gran mole está formada de rocas cónicas altísimas y escarpa-
»das, que cierran su circuito, dejando sólo algunas pequeñas
»entradas angostas y difíciles. A la mitad de su falda, y con
»esposicion al E., se asienta el famoso monasterio, donde se
»venera la imágen de la Vírgen, y en las puntas y picachos
»de las rocas se encuentran, separadas unas de otras, ermitas
»construidas, unas en las concavidades de las peñas, y otras
»en las mismas cimas, que servian de habitacion á algunos
»santos varones dados á la soledad y á la penitencia.»

.   .   .   .

«Las pirámides—continúa—que se elevan de su gran mole,
»se componen de piedras calizas, redondas, cenicientas, rojas,
»amarillas, pálidas y de color de carne, unidas y conglutina-
»das entre sí con un betun natural; y son de la misma cali-
»dad y especie que la brecha y almendrilla de Egipto ó de Le-
»vante. Toda la montaña tendrá unas ocho leguas de circun-
»ferencia. Por la parte que mira al camino real, parece un
»juego de bolos, porque los picos ó pirámides están separadas
»unas de otras, y alrededor tiene muchas colinas que la unen
»á los Pirineos.

.   .   .   .

.....«Al paso que se sube la montaña, se ve que las peñas

»son mas duras, y que no se descomponen tanto. Hállanse
»menos plantas, y al fin en la cima sólo hay peñas peladas y
»separadas como columnas, formando pirámides desde veinte
»hasta ciento cincuenta piés de altura.»

Admirable es, en efecto, el Monserrat en su conjunto;
pero donde mas caprichosa y singular se ostenta su formacion,
es desde el punto que ocupa el monasterio hasta la ermita de
San Gerónimo, que es la que domina toda la montaña, y á la
cual, si el lector se digna acompañarme, hemos de subir tambien nosotros, siguiendo los pasos de los viajeros que á tanto se
atrevan; porque has de saber, lector amable, que la subida á
San Gerónimo es cosa para pensada.

II.

A las dos horas y media, punto mas, punto menos, de salir
de Monistrol, llegaron aquellos á la esplanada en que se halla
el monasterio.

Despues de limpiarse el polvo y descansar un rato, entraron en la iglesia á saludar con una oracion á la santa patrona
del Principado, á la *Moreneta de Monserrat*, segun la feliz espresion del poeta Balaguer, que la ha dedicado hermosas poe-
sías, á aquella cuyo nombre invocan y cuyo favor imploran
los catalanes, así en sus alegrías como en sus aflicciones, y
en los momentos de peligro para la Patria. Por eso la llaman
tambien *Nuestra Señora de las Batallas;* por eso el soldado lleva su imágen en el escapulario que se ciñe al cuello; por eso
antiguamente, como en nuestros dias, muchas banderas y pendones, ya militares, ya de gremios, de cofradías y de socieda-

des corales, la ostentaban y la ostentan en su centro, y por la misma razon muchas madres llevan allí á bautizar sus hijas, y suben muchos novios á celebrar sus bodas, y muchos enfermos á pedirle salud y consuelos.

Hace pocos años se abrieron dos álbums en fólio, para que los viajeros que gustasen inscribiesen en ellos su nombre, y millares de firmas de españoles y estranjeros, de todas edades, sexos y condiciones aparecen ya al pié de algunos conceptos, mas ó menos sentidos.

El que esto escribe, no considerándose con fuerzas para mas, limitóse á poner su nombre y los cinco versos siguientes, cuando visitó la montaña:

Cantarte quise, mas ví
lo imposible de mi anhelo,
y el arpa á tus piés rompí;
que sólo cantarte á tí
pueden las arpas del cielo.

III.

Cumplido este religioso deber, mientras les arreglaban las habitaciones, que eran por cierto de las mas capaces, tratóse de almorzar, pues en Monistrol sólo habian tomado chocolate, y el baron no cesaba de repetir, con afligido acento, que *el alma se le iba.*

—¡Qué alma tan ligera de cascos tiene el baron! ¿No le parece á usted así, don Lorenzo? esclama el marqués, contestando á la última repeticion de la frase de su amigo.

—Sepa usted, señor marqués—dice Figueroa,—que el ejercicio me ha abierto á mí tambien el apetito.

—Y á mí; añade Amparo.

—Y á mí; repite Marieta.

—¿Usted qué opina?—pregunta el baron á doña Cármen, que á corta distancia se ocupa en abrir un saco de noche.—¿Almorzaría usted de buena gana?

—Tomaré una friolera.

—¡Qué derrota, amigo! ¡Qué tunda tan soberbia!—esclama el baron, frotándose de gusto las manos.—Tu estómago anda como tus ideas, un siglo atrasado; y punto redondo sobre esto, pues seria cruel convertir tu gastralgia crónica en objeto de burla, aunque, á decir verdad, la tal gastralgia es incomprensible para mí, que envidio la impunidad con que muchas veces has quebrantado la higiene.

—Cita una sola.

—El dia de la *paella*. Cazuela en que tú metias el cucharon, quedaba temblando; aquello era verlo y no verlo. El arroz y las perdices han subido de precio en Buñol desde tu estancia allí.

—¡Ah, eres tú de los que cuentan los garbanzos que uno come! ¡No lo sabia yo!

—¡Hola! al fin confiesas.

—Confieso que chupé dos alas de perdiz, una pata de conejo, y algún otro huesecillo insignificante... ¡Nada, entre dos platos!

—¿De cuándo acá las pechugas de hermosas aves y las buenas lonjas de jamon son patas y alas, señor marqués de la Cabeza?

—Precisamente desde que sus ojos de usted son de aumento, señor baron de Solares.

Difícil es averiguar quién de los dos joviales ancianos tiene razon.

Figueroa no quiere terciar; primero, porque á medida que han intimado las amistades entre los tres, ha ido perdiendo él la autoridad que antes ejercia en semejantes casos; y segundo, porque si sus nobles amigos están en sus glorias cuando disputan, á él le divierte el verlos enzarzados.

IV.

La fonda está un poco antes de la esplanada y no á muchos pasos de la iglesia.

Las señoras rompen la marcha y los tres ancianos las siguen, parándose de vez en cuando á contemplar la mole admirable de rocas peladas, que sirve como de dosel y defensa al monasterio. Esta mole es un arco de círculo, forma geométrica que el curioso que sube á la ermita de San Gerónimo, ve repetirse, con corta diferencia, en otros puntos mas altos del Monserrat.

El grupo del centro no es otra cosa, á los ojos del vulgo, que una gran masa de peñascos próximos á desplomarse, producido tal vez por el desprendimiento de pedazos de la montaña en una convulsion volcánica de sus nervíos de piedra. A los ojos del hombre que posee una imaginacion mas ó menos viva, mas ó menos poética, es un poema escultural, tallado en relieve por razas de gigantes. Habiendo manifestado yo á un amigo, en cuya compañía lo contemplé, que se me figuraba estar viendo uno de los triunfos de la Biblia ó de la antigua Roma que cualquiera puede haber admirado en los preciosos tapices que todaví. se conservan en muchos templos, museos y palacios, convino en esta semejanza que sin gran violencia habiamos encontrado uno y otro. En efecto, allí descubre la fantasía cabezas con luengas barbas, brazos que se levantan, ojos abiertos, párpados que pestañean, labios que hablan, torsos vivos, figuras enteras que andan, musculaturas ciclópeas, caballos que trotan, ruedas que crujen arrastrando la carroza que conduce al héroe, cuerpos desnudos, paños admirables; todo un pueblo, en fin, que corre, que grita, que se atropella, apiñándose en torno de aquella sublime apoteosis de la victoria. ¡Qué mágico poder el del sentimiento artístico! ¡Pero qué incomparable genio el de la naturaleza!

CAPITULO XVIII.

Un viejo tronco y dos pimpollos de la antigua nobleza.—Idealismo de la flamante literatura francesa.

I.

En el comedor de la fonda no hay mas que tres personas, que están en los postres cuando entran los viajeros:

1.ᵃ Una señora como de sesenta años, en cuya cabeza ya asoman multitud de plateados cabellos, gruesa, de ojos ador-milados, nariz puntiaguda, cuello corto y barba dividida en dos por un profundo pliegue carnoso. Si la apoplegía posee la facultad de elegir, pocas víctimas se encontrarán en situacion mas favorable para dejarla satisfecha:

2.ᵃ Una jóven, que apenas contará veinte años, de fisono-mía dulce y reposada como una belleza del Norte, pero de ojos vivarachos, traviesos y juguetones, como una francesa, y la-bios finos como dos pétalos de rosa, cuya sonrisa espresa, ya la vanidad, ya el desden que no se advierte en sus ojos:

Ernesto.

3.ª Un mancebo, colorado como un madroño, de viveza ratonil, muy presumido, muy afeitado, muy bien puesto, para estar de viaje, y con quevedos montados en la nariz, que parece el pico de un ave de rapiña.

Estos dos últimos personajes son hijos de la señora, la cual responde en el mundo al nombre de vizcondesa del Salto.

La jóven se llama Abelina; su hermano, Ernesto.

—¡Calla!...—dice este á Abelina, encarándose audazmente con el baron.—¿No es aquel caballero el baron de Solares?... ¡Oh ventura!... ¿Cómo usted por estos vericuetos, *mio carissimo?*

Levántase para tocar la mano del baron, saluda casi indiferentemente con la cabeza á los demás, y vuélve á ocupar su silla.

—¡Bien hallado, Ernesto! ¡Adios Abelina!—dice el baron, acercándose á la jóven y sentándose á su lado.—Supongo que esta señora es la mamá; añade, viendo á la vizcondesa, que acaba de cerrar los ojos y principia á dar cabezadas.

—Sí señor, *es la mejor de las madres;* responde Abelina, atareadísima en apartar con una mano la blonda y rizada cabellera, que le cubre parte de la frente.

En seguida el baron pronuncia los nombres de sus compañeros de viaje.

El ruido que estos hacen arrastrando las sillas, y el de los cubiertos y los platos que un mozo va poniendo en la mesa, despiertan en breve á la mamá de los jóvenes.

—Vizcondesa—dice el baron,—no he querido interrumpir el sueño delicioso en que se hallaba usted sumergida. El cansancio del camino quizá, alguna mala noche...

—Nada de eso, baron; yo soy capaz de dormir aunque sea sobre la punta de una lanza, y, generalmente, del lado que me acuesto, de aquel me levanto.

—Hay naturalezas privilegiadas—observa el marqués, sentado á tres pasos, con los demás viajeros.—¡Vea usted! á mí el vuelo de un mosquito es suficiente para tenerme en vela toda la noche.

Ernesto lleva sin cesar la mano á los quevedos, que se le tuercen ó se le bajan á menudo hácia la punta de la nariz, á consecuencia de la contínua movilidad de su cuerpo. Sus ojos se fijan tan descaradamente en Amparo, que esta se ve obligada á bajar los suyos.

—Chica—dice Marieta, al oido de Amparo,—¿conoces al fátuo aquel?

—No recuerdo haberlo visto jamás.

—¡Es un hecho!—repone al cabo de un minuto la vizcondesa, en un todo conforme con la observacion del marqués.—Hay naturalezas privilegiadas; y la mia lo es, no solo tratándose de dormir, sino tambien cuando tocan á velar.

Esto dicho, sus párpados vuelven á caer pesadamente, y un ronquido que sale de su boca formando variadísimas escalas cromáticas, corrobora la primera parte de su breve y ameno discurso.

Acompáñala su hijo, tarareando á media voz unas cuantas frases del *Rigoletto*.

Abelina, que se entretiene en trazar signos con un látigo de puño de oro, sobre el mantel, derriba una de las cópas de licor que le han servido, siendo lo mas sensible que el líquido baja rodando hasta el gaban del baron.

—¡Ay, cuánto lo siento! esclama la culpable, procurando afligirse.

—No es nada, Abelina—dice Solares, y saca un pañuelo para limpiarse lo mejor que puede.—Y á propósito, ¿cómo vamos de equitacion, madamita?

—¡*Passablement!*—responde la jóven.—El profesor asegura que adelanto; yo digo que no. Verdad es, que hasta ahora no llevo mas que tres años de picadero...

—No es mucho; hay quien necesita seis; observa con socarronería el marqués.

—Ya he paseado al trote largo una porcion de veces por la Fuente Castellana.

—¡Hola! ¡hola! ¡hola! solfea el baron, enarcando las cejas en señal de asombro.

—Pero yo aspiro al escape.

—¡Oh, sí! el escape es la suprema aspiracion de todo ginete; sin embargo, es preferible caminar con tiento, porque una caida...

—Seria una escena ridícula, además de una *decepcion*—interrumpe Abelina.—Yo conozco que la *alta escuela* requiere tiempo, y me resigno á esperar.

—Es lo mas prudente. ¿Y Ernesto? ¿ha abandonado su aficion á la tauromaquia?

—Ahora menos que nunca—responde el mancebo, cuyo aire de petulancia va en aumento.—Mucho se ha combatido esa noble diversion, mucho se habla de la decadencia del arte... ¡Ilusiones! La aficion crece contra viento y marea, y si la decadencia del arte existe, será transitoria; los esfuerzos de todos sus defensores, lo elevarán á su último apogeo. En la

corrida de *toretesc*que *tendrá lugar* muy pronto en una posesion del duque de...

La vizcondesa vuelve á abrir los ojos, y balbucea las palabras siguientes:

—¡Es un hecho, baron!... decíamos que... ¿qué íbamos diciendo, señores?

—Hablaba Ernesto—responde Solares, á quien la risa comienza á retozarle en el cuerpo—de lo mucho que progresa en
nuestro país el clásico arte de la tauromaquia.

—¡Innegable! Es un hecho. La niña—añade, mirando á
Abelina—se ocupa ahora en...

El sueño no deja á la mamá concluir la frase.

—Estoy *confeccionando* una moña, que será la *mas rica y
elegante de las moñas* que se hayan visto.

—Diga usted, baron—le murmura Ernesto al oido:—
¿quiénes son aquellas señoritas?

—La de los ojos negros es la señorita de Figueroa.

—¡Figueroa!... ¡Figueroa!...—esclama Ernesto, como haciendo memoria.—¿Y la otra?

—Mi sobrina.

Cáesele á Ernesto un libro que lleva en el bolsillo, y el baron le pregunta si es una novela. Ernesto le responde en inglés y en francés:

—*Yes*. Es decir, es un drama *sacado* de la *Dame aux Camelias*. ¡Cosa buena! ¡Trabajo superior!

—¡Cómo! ¿*La dama de las Camelias*? salta escandalizado el
marqués.

—Un drama precioso; yo lo he leido ya tres veces, y cada
vez lo encuentro mas *espiritual*, repone Abelina.

—El *libretto* de *La Traviata*—añade Ernesto,—ópera profundamente filosófica y social, también se ha sacado de la novela.

El baron y el marqués, apenas oyen desatino semejante, no pueden menos de mirarse y sonreirse de una manera casi imperceptible.

Ernesto lo nota y dice:

—Ustedes, amigos mios, como pertenecientes á otra época, se reirán cuanto gusten del rumbo que va tomando la literatura; pero yo debo *hacer constar* que no conozco época en que mayor tributo se haya rendido á la verdad. Aquello de los caldos y las píldoras... ¡Sí!... si mal no recuerdo, son caldos y píldoras lo que dan á la pobre Violeta; y aquello de levantarse ella de la cama, poco menos que en camisa (pues en camisa ya no seria decente) y ponerse unas babuchas, y, cuando va á morir, el hipo y las boqueadas que la acometen, mientras con las manos se pellizca la bata, ó bien parece que anda á caza de moscas... ¡No digan ustedes que todo aquello es falso é impropio, caramba! pues no hay mas que irse á un hospital y ver la agonía de un enfermo. ¿Puede pedirse mas? ¿Cabe sorprender mejor los secretos de la naturaleza?

—Sí señor—observa formalmente el baron, que antes ha hecho un guiño al marqués y quiere apurar la broma.—Sí señor, puede pedirse mas. En ese drama faltan, á mi entender, muchos *detalles*, como ahora se dice, que hubieran aumentado el interés de la obra, la cual, despues de las palabras de usted, no me atrevo ya á condenar en absoluto. Yo hubiera dado á la heroina pediluvios en la escena, le hubiera puesto sinapismos, le hubiera abierto fuentes en los brazos, que quizá la

habrian salvado... En fin, yo hubiera querido ver un poco
mas de humanidad en el autor.

—¡Ya!—interrumpe cándidamente Ernesto.—Pero no muriendo ella, adios los *efectos* que el autor y la actriz *arrancan*
del hipo, de las boqueadas, de la caza de moscas y demás recursos artísticos.

—Allí no sabemos—continúa el baron, pegando su boca
al oido de Ernesto—si, por ejemplo, le han aplicado enemas
(lavativas, por otro nombre), ni el efecto que han surtido;
por último—concluye en voz alta,—allí muere sin recibir los
auxilios espirituales, sin verse un mal monago, sin que las es-
topas de la Santa Estrema-Uncion...

—¡Hombre, esas cosas en el teatro!...—dice Ernesto, no
sin lamentar acaso la ignorancia del baron.—¡Esas cosas en el
teatro!...

—Pues, hijo, de esas cosas á las otras, no media el canto de
dos reales de plata.

—No lo veo yo así.

La vizcondesa se restrega los ojos y murmura, luchando
por despavilarse:

—Es un hecho; ni el canto de dos reales de plata.

—Además, aquella mujer... ¡qué Violeta de mis pecados!
esclama el baron.

—¿Cree usted que no hay mujeres así? Las hay á doce-
nas—dice Ernesto.—Y en cuanto á hombres corridos y cono-
cedores del mundo, ahí tiene usted á Bravo... ¿conoce usted á
Bravo? *Ese* podrá enterarle largamente de mas de cuatro his-
torias.

II.

Al oir el nombre de Bravo, don Lorenzo, doña Cármen y Amparo, que están un poco separados del otro grupo, se estremecen.

Marieta pregunta á su amiga, al tiempo de alargarle un vaso:

—¿No querias agua?... Toma.

Amparo bebe maquinalmente.

—Pero hablando de otra cosa—dice Solares, arrepentido de haber dado tan peligroso giro á la conversacion,—¿qué dejan ustedes de bueno por Madrid? ¿Qué pasa? ¿Qué se miente? ¡Cuenten ustedes, cuenten ustedes!

—No venimos de Madrid, responde Abelina.

—Madrid es un aburridero—añade su hermano.—Es un pueblo momia, que sigue siempre *in statu quo*. Venimos de París. Aquello ya es diferente. ¡Qué *bulevares*, amigo, qué *bulevares!*... ¡Qué *Chaussée d'Antin* aquella! ¡Qué *Bois de Boulogne!*

—Con todo, Madrid progresa; yo hace mucho que no voy por allá, pero oigo contar maravillas.

—Pues yo, francamente, si no fuese por el *Circo del Príncipe Alfonso* y el de *Price*, donde mato algunas horas cuando están abiertos, me moriria allí de *spleen*. En los circos, por fin, ya admirando las formas de las amazonas, ya la gallardía é inteligencia de los caballos, ó bien considerándolos como puntos de reunion de la sociedad elegante, menos mal.

—¿Por qué no se ocupa usted en cosas útiles, y desaparecerá ese fastidio, Ernesto?

—¿En qué he de ocuparme, en plantar viñas? ¿En el estudio? Cuando quiera uvas, ya me las presentarán en la mesa; y respecto del estudio, desde que leí un tratado de higiene en que se demuestran los males que suelen ser consecuencia de aplicarse á él, lo miro con respeto; no obstante, alguna vez paso la vista por obras de recreo é instructivas al mismo tiempo; testigo la *Dame aux Camelias*. Además, tengo cariño á mis ojos, y no es cosa de quemárselos uno en estudios que, despues de todo, no me son necesarios; yo no he de ser médico, abogado, sacerdote, ni comerciante.

—Discurre usted con seso.

III.

Concluido el almuerzo, levántanse todos.

Conforme bajan la escalera, dice el baron al oido del marqués:

—Hé ahí lo que se llama una educacion esmerada.

—La educacion del siglo; responde el marqués.

—Sin embargo, *ese* y *esa*—replica el baron, aludiendo á los dos hermanos—son de los tuyos.

—¿Cómo de los mios? Yo no puedo aprobar...

—Quise decir que son de los de la sangre azul; pertenecen á la aristocracia de pergaminos.

—*Eso* no pertenece á la aristocracia de pergaminos, ni á la especie humana; *eso* es un mono, un ente, un bicho ridículo. En la aristocracia de pergaminos hay gente muy digna, muy formal y muy ilustrada.

—¿Lo niego yo? A ella perteneces tú, y á ella pertenece

la madre de esa pareja, que, prescindiendo de lo que tiene de liron, es una señora respetabilísima. Pero si la aristocracia de pergaminos pretende ser algo en nuestros dias, preciso es que su juventud, que es su esperanza, vele mas por su porvenir y por sus intereses que hasta ahora, ya que sus padres, rendidos de cansancio, de pereza, ó de lo que fuere, cierran los ojos á la luz y duermen, como la buena de la señora que va delante de nosotros.

IV.

Solares anuncia á la vizcondesa y á su familia que él y algunos de sus compañeros de viaje han acordado ir á San Gerónimo, y los anima, como es natural, á tomar parte en la espedicion.

Aceptada la idea, vuelve el baron á decir al fondista que aumente la comida que ha de llevarse.

La vizcondesa, doña Cármen y don Lorenzo se quedarán en el monasterio; Amparo, Marieta, Abelina, el marqués, el baron y Ernesto, subirán á lo último de la montaña.

Como el viaje á pié pudiera hacerse demasiado penoso á los dos ancianos, ajustan dos borriquillos prácticos en el terreno, y dos guias, uno para que cuide de la merienda, otro para ir al lado del ginete, y conducir del ramal la cabalgadura.

Los guias son un viejo y un mozo; *noy* en catalan.

Colocada la jamuga sobre el espinazo de uno de los borricos, por si alguna señorita se cansa, y la merienda sobre el otro, que es el que debe sostener el cuerpo del baron ó del marqués, emprenden la caminata en medio del dia mas hermoso de abril.

Si al lector le pica la curiosidad de ver la montaña, véngase conmigo, que ni mas grata compañía ambiciono yo, ni él encontrará quien mas honrado vaya con la suya.

CAPÍTULO XIX.

—

La fantástica doña Melchora.—El marqués de la Cabeza se apea por las orejas de un asno, y lo que sigue, que no es lo menos curioso.—A Madrid me
vuelvo.

I.

Las tres jóvenes caminan delante.

Síguelas Ernesto, canturriando y haciendo gorgoritos y
floriture con el fervor del que se imagina un *virtuoso* consu-
mado, como él diria, ó poco menos que todo un artista, como
diria cualquiera.

La edad hubiera quitado al baron parte de su ligereza ju-
venil, á no conservársela el ejercicio de la caza á que en las
inmediaciones de Buñol se habia entregado con frecuencia;
así es, que al decirle el *noy* que avise cuando se canse de andar á pié, casi, casi se da por ofendido. Lejos de cansarse, de
tiempo en tiempo corta aquí una flor, allá una planta olorosa,
y echa sus carreritas para adelantarse y ofrecérselas á las
damas.

No sucede lo mismo con el marqués: antes de andar media legua, dase por vencido, y reclama la ayuda del mas fuerte de los dos cuadrúpedos, que al sentir encima de su espinazo la maciza humanidad de aquel, dista mucho de agradecerle la preferencia sobre su compañero; al cual le queda, entre otras, la preciosa ventaja de bajar de cuando en cuando la cabeza y refregarse el hocico en la verde yerba, que en seguida pace regaladamente, hasta que el viejo guia lo aguijonea pinchándole en las ancas con un palo puntiagudo, á cuyo estímulo se mueve mas que deprisa.

Mas no se crea que los espedicionarios piensan en llegar *de un tiron* á San Gerónimo: la montaña es demasiado escarpada para que lo intenten; senderos hay cuya estrechez apenas permite el paso de un hombre; riscos tan empinados y difíciles, que ponen á prueba los mas robustos pulmones; y bajadas tan pendientes, que bien puede decirse de aquel á quien se le vaya un pié, por ganar terreno: *no le arriendo la ganancia.*

Estos peligrosos accidentes hacen que los esploradores del Monserrat busquen á menudo la sombra de sus peñascos ó de sus vegetaciones salvages, para sentarse y tomar aliento; y así lo verifican tambien nuestros espedicionarios.

A pesar de ir el marqués de la Cabeza, caballero, como he dicho, en su pacífica y humilde cabalgadura, á cada paso pregunta cuándo se llega á San Gerónimo.

El *noy* conoce su impaciencia, y para entretenerla y engañarla, ya le ha respondido tres ó cuatro veces en catalan que *mitja-hora* (media hora), de cuyas dos palabras forma una el baron, y adulterándola para su intento, la convierte en un sér fantástico, á quien da el nombre de *Melchora*, en cuya busca supone que va el marqués.

Al descubrir el grupo de rocas, llamado *Pla de Santa Creu* (llano de la Santa Cruz) que ofrece notable semejanza con el que protege al santuario, esclama Ernesto, señalando particularmente algunas rocas piramidales:

—¡Magnífica requesonada!

—Y para que nada falte—observa el baron,—allí hay tambien unos cuantos pilones de azúcar. ¡Animo, Ernesto! ¿Se atreveria usted á hincarles el diente?

—En clase de requesones—replica Ernesto,—estoy por los dé Miraflores de la Sierra.

—¿Cuánto falta para llegar á San Gerónimo? pregunta afligido el marqués.

—¡*Mitja-hora*, señor, *mitja-hora!* repite inflexiblemente el *noy*.

—¡Válgate Dios, por doña Melchora!—esclama con sarcástica piedad el baron.—¡Qué ingrata!

II.

El heredero de la vizcondesa del Salto, no se duerme con la facilidad que su madre, y menos todavía teniendo cerca de sí muchachas tan bellas como Amparo.

Su hermana conoce el vivo interés que le inspira la hija de don Lorenzo, y sin duda es cómplice de estos amores incipientes, pues siempre que el terreno lo permite da el brazo á la sobrina del baron, para que aquellos hablen á sus anchas.

Ernesto interpreta la benévola resignacion con que Amparo le escucha, como una señal inequívoca de que hay en ella terribles disposiciones á corresponderle, y dice para sus adentros:

—¡Me la calzo!

Una vez se acerca Solares á Amparo, con el pretesto de darle una mata de romero, y la dice en voz baja:

—¡Si Bravo supiera el rival que se ha echado, no dormiria en un mes!

—¡Qué cruz, señor baron, qué cruz!—responde Amparo.—¡Por Dios, sírvame usted de Cirineo! ¡Haga usted por ponerse á mi lado!

—No puedo, hija mia; ese diantre de mico se las arregla de un modo, para que no le usurpen su sitio, que ó hay que cedérselo, ó esponerse á rodar por un derrumbadero. Ya hice la prueba al principio, y tuve que arrepentirme; sus piernas se enredaron en las mias. ¡Dios me perdone, si no creo que me echó á propósito una zancadilla!

III.

La dócil bestia que conduce al marqués no ha desmentido un momento siquiera su buena fama. La costumbre de andar por la montaña, le haria recorrerla tal vez hasta con los ojos cerrados. Su paso es seguro, firme, juicioso y mesurado, cual conviene á un asno de sus estimables prendas: diríase que posee la inteligencia de muchos varones graves de los que la montaña social escalan; pero como el trato engendra confianza, figúrase sin duda que las relaciones que la casualidad ha establecido entre su borrical individuo y el marqués, le auto-

rizan ya para ciertas libertades inocentes, segun su leal saber
y entender.

Así, pues, irguiendo un poco la cerviz, enderezando las
orejas, abriendo el ojo y enseñando los dientes como quien se
sonrie, emprende satisfecho, sin acordarse de que no es una
pluma lo que lleva encima, el trotecillo mas alegre y mas
airoso del mundo.

El viejo guia se ha quedado un poco atrás, para atarse
bien las cintas de las alpargatas, y no advierte la novedad.

Agárrase con una mano el marqués á la crin del asno, y
con la otra tira del ramal, para sujetarlo y traerlo á la razon;
pero el borriquillo sigue trotando gallardamente, bufa de contento, rebuzna, cocea, hasta que, en fin, para espresar la satisfaccion que á tales estremos lo conduce, ó quizá por coger
con los dientes el pasto primaveral con que lo convida la lin-
de del sendero, dobla las piernas, haciendo que el atribulado
marqués se apee por las orejas.

—¡Noy! ¡Noy, ó diablo! ¿dónde estás? ¿qué haces? grita
desesperadamente.

A sus voces acuden todos los espedicionarios, y ayudan al
buen señor á levantarse.

La caida no tiene, por fortuna, otra consecuencia que un
poco de susto. El baron, para tranquilizar á su amigo, que ya
ha preguntado cuánto hay de allí á San Gerónimo, recibiendo
la respuesta de siempre, esto es, *mitja-hora*, esclama:

—¡Juicio! ¡juicio, marqués! No hagamos calaveradas; ya
verás á doña Melchora; calma tu impaciencia y deja de hosti-
gar al animalito, que no por mucho madrugar amanece mas
temprano.

—¿Quiéres dejarme en paz con tu doña Melchora? prorumpe, amoscado de veras, el marqués, volviendo á montar.

Desde el punto de la caida, se distingue uno de los grupos de rocas mas notables del Monserrat.

La forma de estas es bastante cilíndrica.

—¡Qué buenos salchichones, y no de Vich! esclama Ernesto, que por lo visto es no menos aficionado á la caza de analogías por el estilo, que á la de muchachas bonitas.

—¿Cómo se llama aquel sitio? pregunta el baron al *noy*, refiriéndose al grupo indicado.

—Se llama el *Pas de Trenque barrals;* responde el jóven guia.

—Para el diablo que te entienda; salta Ernesto.

El baron, como valenciano, traduce fácilmente la respuesta del *noy:*

—El *Pas de Trenque barrals*, significa *Paso de rompe cubos.*

—¡Nombre agradable!

IV.

Cuanto mas se internan los viajeros en el corazon de la montaña, cuanto mas se acercan á la cima, tanto mas agreste y pintoresco es el paisaje.

¡Qué augusta magnificencia! ¡Qué silencio tan imponente el de aquellas eternas soledades! En lo alto sólo se distinguen gigantescas moles, peladas pirámides destacándose del fondo azul de los cielos, como otras tantas columnas que sostienen su bóveda infinita: en los flancos y en el centro profundo de las vertientes, desgarrados por el fuego, por las lluvias y por el huracan de las tempestades, brotan las mil producciones de Monserrat, los lirios, las violetas, las margaritas y otras muchas de su valiente Flora, ó el vigoroso follaje de espesas enramadas que cubren el surco del rayo y las grietas producidas por los movimientos galvánicos que lo han estremecido durante los siglos que lleva de existencia. Las raices de los arbustos, buscando aire de que alimentarse, horadan las peñas como pudieran horadarlas acerados barrenos, abrazándose y enroscándose luego á su áspera superficie como pardas y amarillas culebras: rara vez se escucha allí el gorjeo de los pájaros que encantan los valles y los bosques de la llanura; mas frecuentemente interrumpe el silencio el grito del *áliga* (águila) y de otras aves de rapiña, cerniéndose en las serenas regiones de la atmósfera.

V.

—Allí tienen *vostés* (ustedes)—dice el noy—el *caball Bernat (el caballo de Bernardo)*; y señala con la mano un elevadísimo (1) dentellon cilíndrico, á la derecha del camino, y separado de este por hondos precipicios.

Páranse un instante los viajeros, y por mas que miran, no descubren la razon de semejante nombre.

—¿Por qué llaman *Caball Bernat*—pregunta el baron—al peñasco aquel?

—Señor, no lo sé.

(1) Dice un escritor, que tiene 550 piés de altura: grande es, en efecto; pero esta cifra me parece algo exagerada. (N. del A.)

—Pero ofrecerá alguna particularidad, sin duda, cuando nos lo has hecho notar.

—Dicen que arrojándose de cabeza desde allí una mujer, se vuelve hombre.

—¡Qué diablura!—esclama Ernesto; y añade, volviéndose á las tres jóvenes:—¿Hay entre ustedes alguna desesperada y reñida con su sexo? Pues á la prueba; la ocasion la pintan calva.

—En efecto, apenas hay mujer—observa el marqués— que no se lamente de haber nacido tal.

El baron, que ha oido poco antes á Ernesto quejarse en voz baja á Amparo, con algun fin oculto, de que no tiene partido con el bello sexo, aunque en su interior se jacte de lo contrario, esclama:

—Dime, *noy:* ¿y el hombre que se arroja, se vuelve mujer? porque yo sé de alguno que no vacilaria en hacerlo. ¡Animo, Ernesto! ¿Qué le puede suceder? ¿Una leve contusion? ¿Una rozadura insignificante?

El *noy* desentraña la filosofía epigramática de la conseja, diciendo ingénuamente que como no habia de volver á verse al que se arrojara del *Caballo de Bernardo,* mal podria tampoco desmentir nadie la trasformacion de sexo que en tal acto se efectúa.

VI.

A eso de las tres llegan los espedicionarios á lo que fué ermita de San Gerónimo, y es hoy un cobertizo de troncos y ramas de encina y otros árboles, bajo el cual descansan los viajeros; encontrando en él, para apagar la sed, agua fresca, azucarillos, vino del país y limonadas gaseosas; con mas, una especie de galletas, igualmente del país, donde se conocen con el estraño nombre de *borregos*, que así corresponde á su figura, como corresponde la de la roca anteriormente citada, al de *Caballo de Bernardo*.

Una mujer servicial y complaciente, dueña de esta especie de cantina, es el único sér humano que habita, con unas cuantas aves domésticas, aquel sitio, cuya altura sobre el nivel del mar es (segun el geómetra y arquitecto don Francisco Renard, que midió la montaña en 1.° de julio de 1789) de 663 exápedas ó toesas, que hacen 1,326 varas castellanas, ó 3,978 piés.

—Respira, marqués,—dice el baron á su amigo.—Ya has encontrado, gracias á Dios, á tu suspirada Melchora. Ya verás cómo te obsequia. Ahora sí que podremos esclamar con el poeta:

Doncellas cuidaban de él,
princesas de su rocino.

VII.

La provision que una de las caballerías lleva es abundante; pero habiendo trascurrido pocas horas desde el almuerzo, apenas la tocan los viajeros. Con todo, para que la hospitalidad de la pobre ermitaña obtenga la debida recompensa, destapan una docena de gaseosas, y endulzan el agua con esponjados.

Fáltales aún subir á la *miranda* (mirador), distante unas veinte ó treinta pasos de San Gerónimo, la cual consiste en una esplanada, en la que diez hombres no caben muy holgadamente, y á cuya subida debe renunciar el que no tenga la cabeza segura.

La mayor parte de los viajeros suele quedarse á la mitad de este corto trecho, desde cuyo sitio se ve á la izquierda el grupo, en mi concepto, mas singular y admirable de la Montaña santa.

Compónenlo una porcion de altas rocas piramidales, formando un círculo casi completo; en el centro no hay mas que una, y aunque todas ellas parecen figuras humanas envueltas en grandes mantos cenicientos ó blanquizcos, la de en medio es la que realiza mas exactamente la ilusion.

En la parte superior de esta figura, la roca se estrecha, y una línea oscura horizontal separa dicho punto, que puede llamarse el cuello, del resto del tronco, al que sirve de coronacion una cabeza de coloso, pues tal nombre merece el remate esférico de esta escultura natural. En la region frontal de dicha cabeza hay como dos manchas negras, en una misma línea, y el volúmen apoplético de sus carrillos, recuerda aquellas fisonomías robustas, coloradas y florecientes que, entre otras ascéticas, tanto abundaban en la vida y en la sociedad monásticas.

Bañado por los trémulos resplandores de la luna, el grupo de que se trata debe asemejarse á un concilio de fantasmas, y turbar de miedo al que lo contemple.

Gritando en este punto del sendero de la miranda, el eco repite la voz cuatro ó seis veces en el lado opuesto, pero lo repite despues de un segundo de silencio, y por tan estraña y tan pavorosa manera, que el sonido parece no venir de este mundo.

Si se deja caer una piedra desde el borde de la pequeña esplanada que hay al pié de la miranda, se oye durante cuatro ó cinco minutos el estrépito horrible que produce aquel cuerpo en su derrumbamiento por abismos que no se ven, y cuyo fondo se ignora.

VIII.

Todos nuestros viajeros suben á la miranda, y todos enmudecen de asombro ante el sublime espectáculo que á sus ojos se presenta.

Sólo Ernesto grita:

—¡Mano á los sombreros!

El cefirillo de lo interior de la montaña es en este punto casi un huracan. En efecto, aquí no hay muros contra los cuales pueda estrellarse el viento, ni peñascos, ni breñas, á cuya sombra guarecerse; aquí no hay mas que arriba cielo, y abajo, á una profundidad vertiginosa, la curva inmensurable de un horizonte que despierta en el espíritu la idea mas viva de lo infinito.

Los límites visibles de este horizonte son las islas Baleares, el Mediterráneo, los Pirineos, los montes de Aragon y de Valencia, que esconden sus frentes en la bruma, confundiéndose, á veces, con ella; toda la *Corona*, en fin, que paseó sus rojas barras, la Cruz de San Jorge y la imágen de Santa Eulalia, pintadas ó bordadas en sus banderas y pendones, por Italia y por Oriente, al belicoso grito de los almogavares, en tiempo de los Alfonsos, Pedros y Jaimes, de los Roger de Flor y de Entenza, de los Requesens, Vilamarí, y otros grandes caudillos de mar y tierra.

El sol, lámpara digna de tan suntuoso teatro, inunda con raudales de luz, la innumerable série de sus bellísimos paisajes; y el rumor de los valles, de las altas cordilleras, de los bosques y de los rios, llega aquí, en los dias serenos, como el eco de esa música sin sonidos que el espíritu despierto oye á veces cuando los sentidos duermen.

Poco le falta al marqués para arrodillarse, lleno de religioso entusiasmo.

Ernesto, pensando en la conquista de Amparo, impelido quizá por su atolondramiento, ó por mera curiosidad, avanza un paso hácia el abismo, y levanta una pierna: Abelina, que lo ve, lo agarra por el gaban; gritan Marieta y Amparo; asústanse el baron, el marqués, el viejo guia y el *noy*, y entre el susto de estos, los gritos de aquellas y la confusion de *todos*, únicamente Ernesto sonrie, y sólo él permanece sereno y tranquilo.

—Señores—dice,—¿qué sucede? Aprendo gimnasia, y queria ver si guardaba bien el equilibrio, sin marearme. El profesor me tiene encargado que nada de miedo, y yo procuro complacerlo. Estoy por repetir la funcion.

—¿Y si se hubiera usted mareado? pregunta Marieta.

—Entonces... entonces hubiera caido, y en la caida me hubiera vuelto mujer, ventaja que no ofrece, segun el *noy*, el famoso *Caballo de Bernardo*, que sólo reserva este obsequio para las señoras mujeres, trasformándolas en hombres.

—Eso—observa el baron—en el caso de que no le sucediera á usted lo que á aquel á quien cierto andaluz le dió una bofetada tan... andaluza, que lo envió nada menos que á la luna; de modo que cuando el infeliz volvió á la tierra, como naturalmente tuvo que gastar mucho tiempo en su descenso, ya estaba apolillado.

IX.

En la bajada al santuario no ocurre novedad alguna á los viajeros. Durante la espedicion, la vizcondesa del Salto, para quien, por lo visto, nunca *tocan á velar*, ha pagado su tributo al sueño, quedándose mil veces con la palabra en la boca; y aunque entre *dormida* y *dormida* no hayan desplegado los labios don Lorenzo y doña Cármen, cada vez que ha despertado, ha dicho maquinalmente, en virtud de su inveterada costumbre:

—¡Es un hecho!

Queriendo, sin duda, persuadir á aquellos, de que no ha perdido ni una jota de la supuesta conversacion.

Preguntándoles los viajeros qué tal lo han pasado, responde Figueroa que como unos príncipes, merced á la amable compañía y discretísimas ocurrencias de la señora vizcondesa, de lo cual todos se felicitan cordialmente.

X.

Por la noche acuden á la *Salve*, costeada por don Lorenzo, así como la solemne Misa del dia siguiente.

Imposible es describir el efecto maravilloso que esta *Salve* produce bajo la elevada cúpula del templo. La noche, la soledad, las luces, las grandes sombras que proyectan las estátuas, las columnas y los altares; la voz del órgano, derramándose como una cascada armoniosa por el recinto sagrado, á la cual se une el inocente coro de los veinte niños de la *escolania*, ó pajes de la Vírgen, que cantan como ángeles, á los piés de su señora, cuyos labios negros parece que se entreabren é iluminan por la sonrisa celeste que ha visto en ellos la fé piadosa de diez siglos; todo esto es mas para sentido, que para esplicado.

Y si esto sucede en una noche serena, apacible y silenciosa, ¿qué impresion no causará la *Salve*, cuando el vendabal hace temblar la iglesia, cuando el relámpago enciende repentinamente sus sombras con cárdenos resplandores, cuando la electricidad sacude sus cimientos eternos, y los torrentes se desplóman, y el trueno, y la lluvia, y las rocas desgajadas, y los míl aullidos de la montaña, resuenan en la tempestad? ¡Qué de lágrimas no bañan entonces los piés de la Reina de los cielos! ¡Qué de súplicas, qué de plegarias no suben de los corazones á su escelso trono!

XI.

No quieren nuestros viajeros despedirse del Monserrat, sin ver la perspectiva que se presenta desde el *Balcon de los Monjes*, así llamado porque en la baranda que lo forma se elevan á trechos algunas estátuas vestidas con sus toscos hábitos monásticos, de granito. *Torres y masías*, bosques y jardines, valles verdes, viñedos, olivares, y un sin fin de caminos y senderos, asemejándose á las mallas sutiles y casi imperceptibles de una red, siembran toda la estension que la vista abarca. El *Tibi—dabo*, San Lorenzo, el Monseny y los Pirineos se destacan apenas entre innumerables colinas marcadas por pequeñas elevaciones del terreno; una ancha línea como de niebla señala desde allí el Mediterráneo; y. el Llobregat, de márgenes floridas y aguas bermejas, asoma y se esconde alternativamente como una culebra mónstruo, que se arrastra entre verdura, siguiendo las mil sinuosidades del terreno escabroso que riega y fertiliza.

El Llobregat recuerda á los viajeros que no han encontrado agua en los sitios de la Montaña Santa por ellos recorridos; pero el que visita las célebres cuevas de Collbató, esploradas en 1852 por don Víctor Balaguer y otros amigos, y en las cuales hacia siglos que nadie habia penetrado, la *Gruta de la Esperanza*, el *Camarin*, el *Tocador de las Silfides*, el *Mansueto*, el *Pozo del Diablo*, la *Galería de San Bartolomé*, el *Claustro de los Monjes*, la *Gruta de las estalactitas*, la *Boca del Infierno*, las *Grutas del Elefante*, de los *Fantasmas*, de los *Murciélagos* y de la *Dama Blanca* y el *Salon del ábside gótico*, llenos de arcos, bóvedas y columnas de cristal que al reflejo de las antorchas y de las luces de Bengala realizan los prodigios de los cuentos orientales y las visiones del Tártaro, con sus negros lagos dormidos y sus tinieblas, por entre las cuales vagan con formas indecisas los horribles abórtos de la pesadilla; el que estos lugares sombríos visita, quizás encuentre esplicada la falta de fuentes y de manantiales del Monserrat, en la formacion de todas aquellas mágicas estalactitas que la filtracion contínua y eterna de las aguas que el mismo recoge ha ido verificando en sus entrañas, constituyendo uno de los prodigios naturales mas dignos de admiracion.

XII.

Así cumplió su piadoso voto la familia de Figueroa.

Como la de la vizcondesa del Salto no tuviese ya tampoco nada que hacer allí, acordóse continuar todos juntos el camino hasta la corte, recibiéndolos, despues de comer, uno de los *ómnibus* que en la esplanada habia.

XIII.

A las dos de la tarde bajaban los espedicionarios por la carretera de Monserrat, llegando á cosa de las cuatro á la estacion de Monistrol, para esperar en ella el tren de Barcelona á Madrid. Al dia siguiente, á eso de las diez de la noche, el baron de Solares hospedaba en una hermosa casa de su propiedad, sita en la calle de Hortaleza, á nuestros amigos don Lorenzo, doña Cármen, y Amparo.

La vizcondesa del Salto estuvo muy despavilada en las tres primeras horas del viaje, y aun hubiera llegado así á la córte á no molestarla el polvo, que le hizo, segun ella, cerrar los ojos durante casi todo el tiempo, así como atribuyó las cabezadas al áspero movimiento del tren y al mal estado de la via, cosa que los demás (escepto sus hijos), acaso por ser mas insensibles que la buena de la señora, no advirtieron.

Abelina y Ernesto formaron coro á su mamá, lamentándose del atraso de España.

Por último, el marqués de la Cabeza, que se bajó en una estacion para *estirarse las cuerdas*, vióse obligado á pasar allí

la noche; el infeliz, ó no oyó el silbato que anunciaba la partida, ó su pesada mole no le permitió acudir á tiempo. ¿Echaria
de menos los venturosos dias en que la galera tardaba quince
en llegar de Barcelona á Madrid? No se sabe; pero consta que
el baron le dió mate sobre esto, en las primeras palabras que de
sus labios salieron, al recibirlo en sus brazos.

plancha, y con un pañuelo de algodon oscuro, con flores amarillas y encarnadas, atado por bajo de la barba, en forma de capucha?

Una sola reflexion interrumpe breves instantes su entusiasmo: ¿está decente que ella vaya así á casa del báron de Solares? ¿Este caballero, á quien Cipriana apenas ha tratado, no se resentirá de que penetren en su casa tres humildes criaturas en traje tan de confianza?

Cipriana disculpa, empero, su desaliño, pensando en ver á hurtadillas y hablar á solas á sus amos, y dejando para otra ocasion el atavío en regla de su persona. Si descuida hoy su esmero esterior, en cambio lleva el corazon vestido de rigorosa gala.

Cipriana, Albaricoque y Mala-Sombra salen, pues, de su casa, despues de encargar la primera á la inteligente Amelia que no deje de echar de tiempo en tiempo un vistazo á la cocina, de espumar la olla, añadir agua y arrimar un carbon, con todo lo demás que considere conveniente, para que la carne cueza y los garbanzos no salgan duros como balas.

II.

Antes de desembocar en la Plazuela del Progreso, hace alto Cipriana, y se queda pensativa.

—¡Siga la procesion!—dice Quico.—¿A qué viene el pararse? ¿Se nos ha olvidado algo?

—Volvamos á casa, Quico—responde Cipriana;—lo he pensado bien, y no nos conviene presentarnos de ésta conformidad.

—Ya me lo tenia yo calado; sino que tú sueles hacer lo que el otro: *antes mártir que confesor*. Esta es la del cangrejo; pero, en fin, mas vale tarde que nunca; ¡andandito!

—¡Qué quieres! ¡hoy tengo el *pésquis* á las once!

—¡Pues sí que el mio, no digo nada!

Vuelven piés atrás, y con la precipitacion que se deja entender, se desnudan y se visten de piés á cabeza. Hay que convenir en que el volúmen del miriñaque de Cipriana es verdaderamente escandaloso.

—Chica—esclama Quico,—te pareces á nuestra señora del pompillo, que, segun cuentan, se rompió el manto haciendo cucharitas y molinillos.

—¡No que no!—observa Cipriana.—¡Nos quemaremos las manos con la plancha, para salir escurridas á manera de *bacalados!*

La niña va toda de blanco; gorro blanco, cuello blanco, y vestido blanco: su cara, morena como un tito, parece una mancha de tinta que cae sobre un papel.

La distraccion que la alegría le causa, hace que Cipriana codee y atropelle á todos los que transitan por las mismas aceras que ella.

Subiendo por la calle de Relatores, quita la derecha á dos mujeres que hácia la Plazuela del Progreso bajan.

La mas terne se vuelve á su compañera, y le dice:

—¡Pepa! ¡arrecula pa atrás que pasa la Verónica! ¡El demonio de doña Pánfila! ¿si pensará que nos asusta con tanta fanfarria? ¡No se lo presume poco la fea esa!

A Quico le dan impulsos de contestarle cuatro frescas; pero la mujer se planta, y esclama:

—Míreme usté bien, que yo soy. ¡Si se habrán creido que la calle es suya! ¿La ha arrendao usté?

—¡Mas vale callar! dice Quico.

—¡Sí, mas vale!

—Si usté se piensa que todos *semos* unos, se equivoca muy mucho.

—¡Abur, señor don Simon!—replica la mujer.—¡Cuídese usté mucho, no se *costipe!*

III.

Debo decir, para atenuar la usurpacion de la derecha, que la reclamante lleva un enorme lio de ropa en la cabeza, y que los bandos municipales prohiben transitar por las aceras con bultos que embaracen el paso.

De la calle de Relatores al punto de la de Hortaleza donde vive la familia de Figueroa, hay gran distancia; pero la familia viajera la atraviesa como una exhalacion.

Ni en la portería, ni en la entrada del cuarto, encuentran dificultades Quico y Cipriana; sin duda Amparo ha prevenido á los criados y demás dependientes del baron, que no les pongan obstáculo alguno.

Al anuncio de la visita, salen al momento don Lorenzo, doña Cármen y su hija.

¿Qué pintor puede trasladar al lienzo con sus verdaderos colores estas escenas íntimas? ¿Qué poeta sabe cantarlas? Y sin embargo, el arte es grande, es casi divino, porque si bien no posee la plenitud de la facultad creadora, lleva en su mano la misteriosa lámpara en que Dios ha puesto un rayo de su espí-

ritu para que el genio penetre hasta donde no le es dado á ningun otro mortal en los abismos profundos de la existencia humana.

—¡Amos mios de mi alma!—grita Cipriana, al abrazar á
los ancianos.—¡Señorita de mi corazon! repite, colgada del cuello de Amparo.

—Albaricoque—esclama Quico,—ahí tienes á tu madrina;
vamos á ver si sabemos echarle un beso.

La niña hace con los dedos lo que se le manda.

Amparo la toma en sus brazos, y despues de mil caricias,
la sienta sobre sus rodillas.

—¿Por qué Quico ha llamado *Albaricoque* á mi ahijada?
pregunta.

—¡Ha visto usté qué nombrajo mas feo!

—La llamo así—dice Quico,—porque con esas pecas y esa
cara tan redondita, parece un albaricoque de Toledo. ¿No es
cierto?

Los ancianos se sonrien bondadosamente.

Levántase Cipriana, mira á todos lados, y convencida de
que nadie los observa, se acerca á don Lorenzo y á doña Cármen, y les dice:

—Quiero pedir á ustedes un favor.

—¡Habla! responden á una voz los ancianos.

—Pero es un favor muy grande; añade Cipriana.

—Esplícate, mujer, esplícate; repite don Lorenzo.

—El caso es... que no me atrevo.

—¡Qué pesada estás, Cipriana! observa Amparo.

—Pues bien—salta con resolucion Cipriana;—que me per-
mitan mis amos llamarte de tú, cuando no haya gente, como

en otros tiempos. Cuando te llamo de tú, me parece que te quiero mas.

La salida de Cipriana, demuestra la ingenuidad de su alma y el amor que profesa á sus amos.

—Permitido—responde Amparo,—y sin condiciones.

—No hagan ustés caso de las *embajáas* de esta. Es muy atrevida—observa Quico;—á ella lo mismo se le da patas arriba que patas abajo.

—¿Y qué tal os va ahora? le pregunta don Lorenzo.

—Así, medianejamente, señor.

—¿Qué es de vuestra vida?

—Yo reparto *La Nueva Era*.

—¡Poco es!

—Y gracias, señor: hemos pasado nuestros trabajillos; pero con la peseta que me deja el reparto del periódico, con otra que esta gana asistiendo en algunas casas cuando se ofrece, y con el cuarto *gratis*...

—Has de saber, Amparo—interrumpe Cipriana,—que tenemos un cuarto segundo muy bonito en la calle de Lavapiés. ¡Ojala hubiera sido así el que teníamos cuando pasásteis para Buñol!

—¿Quién paga el cuarto?

—Un señorito que se llama Garciestéban.

—Se me figura que ese nombre no me es desconocido; observa don Lorenzo, como recordando.

Amparo se pone colorada, y doña Cármen la mira.

—Nosotros—prosigue Cipriana,—hemos conocido al señorito Garciestéban por medio del señorito Bravo, un caballero muy guapo y generoso, que antes habia proporcionado á Quico una portería. ¡Diferencia va de la gazapera de la calle de la Comadre, donde vivíamos cuando él fué á vernos, y el cuarto en que vivimos ahora!

—¿Has dicho Bravo? pregunta don Lorenzo, visiblemente inmutado.

—Sí señor—responde Quico;—usté debe conocerlo tambien, porque él conoce á la señorita Amparo. ¡Digo si la conoce! En *cuantis* atisbó su retrato, dijo: «Está clavada.»

—Y no se acaba aquí la historia—añade Cipriana;—los caballeros que nos socorren mantienen, además, á una pobre señora viuda, jóven, madre de dos criaturas, que habrá sido un pino de oro, pues ahora está estropeadilla.

—¿Conservais el retrato de la señorita Amparo? pregunta don Lorenzo.

Un momento de silencio sigue á la inesperada pregunta del anciano Figueroa.

Doña Cármen, Amparo, Quico y Cipriana bajan la vista, como reos delante del juez que los interroga.

—¿Conservais el retrato de la señorita Amparo? repite don Lorenzo, que observa el aspecto singular de todos los que lo escuchan.

—No señor; responde Cipriana.

—¿A quién se lo habeis dado?

—Al señorito Bravo.

—¿Así estimais los recuerdos de la señorita?

—Él manifestó deseos de comprar un retrato—dice Quico,—y nos preguntó que dónde se vendian, á lo cual le respondí yo que no los habia en Madrid; y aunque él se quedó triste, metí la fotografía entre las hojas de un libro, con ánímo de no entregársela, ni por todo el oro del mundo; y si no digo la verdad, que Dios me castigue.

—Es el evangelio; observa Cipriana.

—¿Por qué se la entregásteis, pues?

—En agradecimiento de lo que luego nos propuso, que fué lo del cuarto *gratis;* ¡y como ya llovia sobre mojado! Mas no se figure usté que le dimos la fotografía de buenas á primeras, sino que le *dejemos* salir, y despues de consultarlo entré nosotros dos, echó este á correr, que por poco no baja rodando la escalera, para... en fin...

—¿Hemos hecho mal, señor?

Don Lorenzo no contesta.

—¡Bien me lo daba á mí el corazon!—dice Quico.—Hoy mismo le pido la fotografía, y mañana, si Dios quiere, desocupamos el cuarto.

—No harás tal; repone don Lorenzo.

—¡Es que yo no tengo que mirar la cara á nadie mas que á ustés, y como estoy viendo que no se aprueban nuestros procederes!...

—¿Tú que sabes?

—¡*Mas* que fuéramos ciegos!

—¡Ea, Quico! no demos escándalo.

—¡Dice bien el amo!—prorumpe Cipriana;—lo pasado, pasado, y cuenta con otra.

IV.

Amparo se lleva á la niña, para darle un dulce, y refiere al baron lo ocurrido.

—Papá—concluye—debe estar pasando las penas del purgatorio; lo menos presumirá que todo es un complot fraguado para engañarlo.

—Nada temas—repone el baron,—ya se le amansará, y aun si he de ser franco, digo que me alegro de que la casualidad me proporcione motivo para acusarle el resto. Yo habia pensado dilatarlo algun tiempo mas; pero lo principal, que era arrancarlo de Buñol, ya está hecho. Así que parta esa familia, déjanos solos á tu papá y á mí, que yo me las arreglaré como Dios me dé á entender.

V.

En efecto; no bien Cipriana y Quico se despiden, el baron anima á su amigo don Lorenzo, para dar un paseo por el Buen Retiro.

Figueroa se resiste un poco; pero el baron le dice que él no quiere apolillarse, que el médico de Buñol le ha recomendado mucho el ejercicio al aire libre, y que aborrece la vida sedentaria.

—Iremos en coche—añade,—nos apearemos á la entrada del Retiro, y si te cansas, nos sentamos á la sombra de los árboles, ó apoyándonos en la balaustrada del estanque, echamos migas de pan á los peces y á los patos, que no dejarán de agradecérnoslo.

—¿Viene el marqués?

—No; el cansancio de la noche que pasó en vela en la estacion donde se quedó, no le sale del cuerpo en una semana. Además, observo en tu rostro señales así como de pesar y de

amargura, y es preciso no dejarse dominar por la hipocondría.
Convengo en que Madrid haya podido abrir nuevamente las
heridas, mal cicatrizadas, de tu corazon, porque hay recuerdos
que matan; pero esas heridas se cicatrizarán del todo, Dios
mediante, y Madrid te brindará los goces y la paz que sensibles contratiempos te robaron. El marqués dice que soy *su
salsa*, porque mi jovialidad lo entretiene; pues bien, mi ambicion presente consiste en lograr la dicha de que tú desarru-
gues el ceño, y me dirijas, con motivo fundado, la misma
cariñosa frase. ¿Lo harás así?

—Procuraré hacerlo; pero si tú supieras...

—Nada quiero saber; dejémonos de lástimas.

—Soy muy desgraciado; mucho mas desgraciado de ló
que te figuras.

—Aunque no tanto como yo.

—¡Tú!

—Yo, Lorenzo.

—Lo ignoraba.

—Vamos al Retiro, y lo sabrás.

—Ahora sí que no resisto; vamos, pues.

VI.

Obtenida la palabra de su amigo Figueroa, bástale al baron un momento para concluir en su mente el plan de la breve, pero interesante campaña que ha concebido.

Es mas que probable, es casi seguro, que las revelaciones
que piensa hacer á don Lorenzo, causen á éste profundo disgusto é irriten su cólera; para calmar uno y otra se lo lleva

Amparo.

al Retiro, pues por fuerza ha de reprimirse mas donde pudieran verlo y oirle, que en su casa.

—Convendria—añade—que nos acompañase la niña, ó por mejor decir, es necesario que nos acompañe.

—¿Mi hija?

—Tu hija.

—¿Qué falta hace allí Amparo? pregunta don Lorenzo, con acento receloso.

—Quiero hablarte hoy mismo de nuestra boda, y no estará demás su presencia.

—¿Y á eso vamos al Retiro?

—A eso.

—No te comprendó.

—Para el caso, y por de pronto, basta que me comprenda yo.

—Hágase tu voluntad.

Don Lorenzo dice á su hija que se disponga para salir con él y con su amigo.

VII.

Mientras Amparo se pone un sencillo traje de entretiempo, un criado sale á buscar la carretela que le encarga el baron.

Figueroa no despega sus labios; la desgracia lo ha vuelto suspicaz, desconfiado; y como teme, sin saber por qué, las revelaciones de su amigo, procura ir dilatándolas todo lo posible.

Media hora despues, se para la carretela delante de la casa del baron.

Suben nuestros amigos y Amparo á ella, y el baron dice al cochero:

—¡Al Retiro!

Luego que llegan, apéanse delante de la verja que hay en la calle de Alcalá, y entran en el paseo.

CAPITULO XXI.

En el Buen Retiro.

I.

No he visto cielo mas diáfano, mas azul, ni mas alegre que el cielo de Madrid. La elevada situacion topográfica de este pueblo, unida á la proximidad del nevado Guadarrama y otros montes, cuyos vientos son, digámoslo así, abanicos de inconmensurable fuerza que en todo tiempo lo ventilan y sanean, favorece singularmente las buenas condiciones naturales de su clima y de su atmósfera. Y en el dia se comprenden mejor que antes las ventajas de su topografía, atendiendo al rápido y creciente desarrollo de la poblacion; sin ellas, Madrid seria un cementerio; pero como, á pesar de ellas, va faltando aire respirable al escesivo número de habitantes que contiene en su estrecho recinto, y en sus mezquinas ó insalubres moradas-hormigueros, ha resuelto no asfixiarse, y se espereza y

estiende sus miembros, ya monstruosos, por Chamberí, Recoletos, Montaña del Príncipe Pio, etc., etc., que son, hasta que
el ensanche se complete, como los radios de una enorme rueda, cuyo eje se ha considerado, bien ó mal, hasta ahora la
puerta del Sol.

El cielo, no obstante, conserva su pureza y su hermosura,
que, esceptuando en el de Italia, en contados cielos tienen rivales.

Si el clima es un poco vario, esta variedad da, en cambio,
mayor realce á los encantos del cielo.

En un mismo dia y en breve espacio de tiempo, en una
hora, en minutos quizás, vereis muchas veces unos horizontes negros, tempestuosos, amenazadores, invadidos por ejércitos de apiñadas nubes, mas negras, mas tempestuosas, mas
amenazadoras, en cuyo seno serpentea el relámpago y ruje el
trueno: sopla una ráfaga de viento, y todo este aparato se
desbarata en un abrir y cerrar de ojos; Iris levanta su arco
de triunfo, donde el espectro solar refleja sus siete colores, y
el ruiseñor gorjea, sacudiendo las gotas con que la lluvia ha
salpicado sus alas.

II.

La mañana de que voy hablando, es una mañana de los últimos dias de abril: el cielo está... como él solo; el aire es tibio;
los prados y bosquécillos del Buen Retiro verdean; las flores
del almendro han caido, pero las lilas embalsaman el aire; el
sol, aunque tibio, hace hervir la resina aromática de los pinos,
y las acacias agitan sus penachos, que pronto se cuajarán de

flores, como si cayera sobre ellos una lluvia de mariposas blancas ó una gran nevada.

A la hora y época del año en que nuestros amigos llegan al Retiro, es raro encontrar gente en él; pero no puede negarse que, por esta misma circunstancia, es un punto magnífico para citas.

Habiéndose internado un poco don Lorenzo, Amparo y el baron en una de las calles mas anchas de la derecha, conforme se camina hácia el estanque, y cuyos árboles altísimos y frondosos juntan sus copas, formando una bóveda de verdura, donde se quiebran los rayos del sol, detiénese el anciano Figueroa, y dice al baron:

—Puedes hablar cuando gustes.

El baron continúa lentamente su camino, síguenle sus dos interlocutores, y despues de meditar un momento mas la manera de dar principio á sus confidencias, esclama:

—Lorenzo: mucho he corrido por el mundo, y mucho he visto durante mi juventud y mi edad adulta; pero te juro por la santa memoria de mis padres, que nunca he encontrado un hombre de bien mas á carta cabal que tú. ¡No, no abras los labios para venirme con humildades y con modestias! No las admito. Que no soy adulador, ni zalamero, harto lo sabes, puesto que debes conocerme á fondo; así, pues, te prohibo que me interrumpas, y prosigo. Decia que eres el hombre mas de bien que he encontrado en el mundo; pero tú, como yo, y como todos, por virtuoso que seas, no creo presumas de serlo tanto que no tengas algun defecto.

—Y aun algunos.

—Corriente. Ahora bien, usando de la franqueza que me es

propia, voy á decirte cuál es tu defecto. Tu defecto es la terquedad, una terquedad inconcebible, una terquedad que sólo puede compararse á las otras prendas estimables que te adornan. Eres el hombre mas de bien, lo repito; pero eres el hombre testarudo por escelencia.

—Yo creia que la firmeza y la constancia eran dos grandes condiciones de carácter.

—La firmeza y la constancia en las cosas razonables y justas, sí; la firmeza y la constancia en el error ó en las preocupaciones, no.

—Pero, en resumidas cuentas, ¿á qué viene semejante exordio? ¿He cometido, por ventura, alguna sinrazon, alguna injusticia? Dilo, pues; habla, que si así fuere, estoy pronto á repararlas.

—Ten paciencia, que todo se andará, si Dios quiere. Hay ciertas ideas que una vez penetrando en tu espíritu, no se apoderan de él parcialmente, sino que invaden todas sus facultades: invaden la voluntad, invaden la conciencia, invaden el juicio, invaden la reflexion; y en estos casos, ves el sol, y niegas la luz; andas, y niegas el movimiento; respiras, y niegas la vida; sientes los latidos del corazon, y diríase que tu pecho está vacío, puesto que niegas el amor, ó mienten las apariencias.

—Confieso, amigo, que para mí es un oscuro problema lo que estás diciendo, y no veo la relacion que pueda existir entre ello y tu enlace con mi hija.

—¡Aunque lo maten no deja de interrumpirme! Ve recogiendo los datos que yo te suministre, que la resolucion del problema ya vendrá. Recordarás, amigo Lorenzo, que hallándote enfermo de peligro, me llamaste un dia á la cabecera de tu cama, para pedirme que si tenias la desgracia de fallecer, no abandonase á tu familia; yo te lo prometí solemnemente, y no sólo te lo prometí, sino que para que recibieses el consuelo mas grande que en tan angustioso trance pudieras desear, entré despues, llevando de la mano á tu hija, con el objeto de que tu bendicion consagrase en aquella hora suprema la union eterna de nuestros corazones y de nuestras voluntades. Recordarás tambien que la idea sola de que Amparo cediese entonces mas á un sentimiento de gratitud hácia mí, ó de temor á la situacion en que su pobre madre iba á quedar si tu morias, que al propio y espontáneo impulso de su albedrío, te dió una energía y una fuerza que no sospechábamos en tí, para protestar contra todo sacrificio, contra toda violencia por parte de Amparo. Diga Amparo aquí, á la luz del dia, ante el sol de Dios que nos alumbra, si una sola palabra, si una sola súplica mia influyeron en su determinacion de aceptarme por esposo, despues de bien pesadas y meditadas las razones que habia para decidirse en favor de este medio, el mas decoroso, de cumplir tu última voluntad.

—Ni una sola palabra, ni una sola súplica influyeron en mi determinacion—esclama Amparo.—Tu amigo—continúa, dirigiéndose á don Lorenzo—se condujo con una abnegacion de que pocos hombres son capaces. No era tu hija quien se sacrificaba, era él, papá, él, cuya bondad le sugirió el pensamiento de llevar ante el mundo un nombre que lo autorizase para dispensarme á mí el cariño y la proteccion del padre que iba á perder, sin que el mundo tuviese derecho para murmurar de nosotros.

Don Lorenzo estrecha tiernamente la mano de su amigo, á quien admira cada vez mas.

Amparo se enjuga una lágrima, y añade:

—Despues de Dios, mamá y tú sois las personas que mas he amado, y por quienes daria hasta la última gota de mi sangre. ¿Con qué delicadeza, con qué generosidad no se habrá conducido tu amigo para haberse hecho digno del respeto y del amor con que os miro á vosotros?

—Pero siempre resulta—observa Figueroa, con aire pensativo—que alguno es el sacrificado; siempre resulta que alguno es el...

—Siempre resulta—interrumpe el baron, remedando el tonillo de su amigo,—siempre resulta que... ¡Mira, mira, Lorenzo, véte al diablo con tus cavilaciones y tus escrúpulos de monja! ¿Si querrás ganarme á delicado?

—Si me hubieses hablado con esta franqueza cuando entraste con Amparo en mi alcoba...

—¿Qué hubieras hecho, infeliz?

—¿Qué?

—Sí, ¿qué?

—No hubiera consentido en semejante enlace; pero ya he dado mi palabra, y no tiene remedio.

—¡Vaya si lo tiene!

—¿Cómo?

—¿Cómo? Relevándote yo de tu juramento. ¡Ya ves si es sencillo el remedio!

—¡Pero hombre!

—No hay mas hombre que lo que oyes.

—¡Baron!

—¡Nada, nada! Cada uno en su casa, y Dios en la de todos.

Amparo aplaude en su interior la astucia con que el baron conduce á su padre al terreno que desea.

—Es decir—esclama Figueroa, profundamente sorprendido,—que entre tantas virtudes como reconocemos en tí, entre tanta generosidad como te debemos, no tienes la de perdonar á tu amigo debilidades propias de su carácter ó tal vez de sus años! Bien está—añade, tendiendo su trémula mano á la jóven,—vámonos, hija mia; sígueme, Amparo; el baron se arrepiente del bien que nos ha hecho; el baron busca pretestos para abandonarte; el baron tendrá derecho para echarnos en cara su hospitalidad, como si uno tuviese la culpa de lo que sucede; el baron...

El baron se cruza de brazos y escucha con calma las interminables suposiciones que la escesiva susceptibilidad de su amigo fabrica en su mente. Pero se van acercando al estanque, primera estacion del paseo proyectado, y desea terminar de una vez el asunto que tanto agita y preocupa al anciano Figueroa.

—Lorenzo—le interrumpe,—estás lo mas desatinado que he visto; soy yo el herido y tú te pones la venda; si esto es justo, venga Dios y véalo. Tú te fraguas allá en tu imaginacion unos séres mas fantásticos que reales: para que un hombre te agradase á tí completamente, seria preciso pintarlo á tu gusto; pues hijo, pésete ó no te pese, ó huye del trato de las gentes y escóndete en los bosques, ó tu mal no será otro que aceptarnos con todos nuestros defectos é imperfecciones. Yo tengo muchos, infinitos; pero el que ponga en duda una de mis pocas virtudes, si alguna poseo, mi lealtad con los amigos, me hace la ofensa mas grave que puede hacerme. Conozco el orígen de tu desconfianza y de tu susceptibilidad presentes, pues en otros tiempos no eras así; el orígen es la desgracia terrible con que la suerte, cruel en demasía contigo, te aflige; lo has perdido todo, fortuna, opinion, alegría, y te encuentras en los últimos años de tu vida, sin otro consuelo, ni otra esperanza que tu hija; y como tu hija es... casi tu Dios, hasta del aire que respira sospechas, hasta la sombra de su cuerpo te inspira temores.

—Así es; pero de tí no dudo, no: tú eres mas que un hermano, eres un verdadero amigo, eres otro yo.

—¿De veras, Lorenzo? Piénsalo maduramente antes de repetírmelo, porque yo, á quien has contaminado con tus desconfianzas, creo que me voy haciendo tambien desconfiadillo. ¿De veras me tienes por un verdadero amigo?

—De veras.

—Pues á la prueba me remito; te cojo la palabra. Amparo... tú testigo.

—Habla, pues.

—Como soy tu hermano, tu verdadero amigo, en fin, otro tú, no debo engañarte, no debo desear lo que no te convenga, sino todo lo contrario. En esta inteligencia y con esta persuasion, seguro además de que ni tú, ni Amparo, podeis querer para mí lo que yo no quiero para vosotros, y de que tu hija no ha de enfadarse conmigo, me creo en el deber de renunciar á su mano.

—¡Baron!

—¿Otra vez principiamos á baronear, Lorenzo? Déjame

que acabe. Iba diciendo que me creo en el deber de renunciar
á la mano de tu hija, ya que no median las razones que el dia
en que te la pedí; pero á lo que no renuncio, usando del derecho
que á su mano tengo, es á proponer en mi lugar, una persona
digna de Amparo, de tí y de mí; un jóven que vale infinitamente mas que yo, puesto que hace tiempo está dando pruebas inequívocas de ello, aunque sin tu conocimiento, y hasta
hace poco sin conocimiento de Amparo, á quien yo se lo he
dicho.

—¿Cómo se llama ese jóven? ¿Lo conozco? .

—Lo conoces mal; y hé aquí que estamos á punto de re-
solver el problema de que antes hablábamos.

—¿Cómo se llama? repite Figueroa, parándose de repente,
y mirando de hito en hito, ya al baron, ya á su hija.

—Bravo; responde el baron, sin vacilar.

—¡Nunca! ¡nunca! ¡nunca!—dice Figueroa, resueltamente.—¿Para eso me llamaste á Buñol? ¿Para eso me has traido
á Madrid? Mañana me vuelvo á Baños; si mi hija ha resuelto
acabar conmigo á disgustos, quédese en buen hora y haga su
santísima voluntad, que yo no he de impedírselo; pero la hará
sin mi consentimiento: la ley protege los caprichos de la juventud y la lleva coronada de flores á los altares, mientras que á
los pobres ancianos, al arrancarnos de los brazos á nuestros hijos, nos arranca los consuelos de nuestra vejez, la corona de
nuestras esperanzas.

—La ley no protege caprichos, ni locuras; lo que hace la
ley es poner coto á la tiranía de ciertos padres que, por serlo,
se creen con derecho á disponer de sus hijos como si fuesen
máquinas ó rebaños de carneros.

—Esas ideas son disolventes, y me estraña mucho verte convertido en defensor de ellas.

—¡Disolventes! ¿Pues acaso todos los autores de esa ley eran célibes? ¿No habia entre ellos padres de familia, hombres de todas opiniones, que amaban tanto á sus hijos como tú á tu hija? La autoridad paterna, como todas las demás autoridades, tiene sus límites, porque si no los tuviera, dejaria de ser escudo y amparo de la familia, para convertirse en dogal y en cuchilla. Yo no aplaudo, yo condeno altamente la desobediencia y la rebelion de los hijos, contra los que les han dado el sér, el nombre, el alimento, la educacion, y lo que es mas, el amor, bajo cuyo dulce influjo se desarrollan y florecen aquellos como los verdes renuevos de los árboles ancianos al suave calor de la primavera; pero tampoco aplaudo, tambien condeno, y aun con mayor energía, el abuso despótico de los padres que, desoyendo la voz de la naturaleza, ó guiados tal vez por intereses y ambiciones despreciables, no dudan sacrificar á ellos el bien de sus hijos. ¿Tan sordo eres que no has oido hablar de matrimonios de *conveniencia*, de casamientos por *razon de Estado?* ¿Qué amor, qué caridad es la de esos padres que comercian con sus hijas (y perdóname la manera de espresarme), entregándolas á cambio de un pergamino roido de ratones, ó lo que acaso es todavía peor, á cambio de algunas talegas de metálico ó de algunos sacos de mercancías? No temas que Amparo reclame jamás el auxilio de la ley para que la arranque de tus brazos y la deposite en una casa estraña: Amparo te obedecerá y te amará como hasta aquí; pero no olvides que este amor y esta obediencia filiales, han hecho muchas víctimas cuando la autoridad paterna, siempre respetable y augusta, se ha declarado sin razon abiertamente en pugna contra la autoridad, augusta y respetable tambien, de la naturaleza.

—¿Tú sabes quién es Bravo?

—¿No he de saberlo?

—¿Conoces toda su historia?

—Mejor que la tuya.

—Y conociéndola, ¿tienes valor para apadrinar su enlace con mi hija?

—Y tanto, que valiéndome de una palabra que acabas de pronunciar, seré el padrino de Amparo cuando se casen, porque se casarán. ¡Oh! no lo dudes, Lorenzo; se casarán, y tres mas, con tu beneplácito y el de doña Cármen.

—Difícil me parece que Cármen...

—¡Te parece difícil! ¿Y qué te parecerá, si te digo que tu esposa conspira tambien contra tí?

III.

Nuestros amigos dan vista al hermoso paseo que hay delante del estanque.

Don Lorenzo no responde á la pregunta del baron.

Encamínase silenciosamente al estanque, y se sienta en el largo banco de piedra, del cual arranca la barandilla de hierro que lo ciñe en toda su estension.

Un vientecillo fresco riza suavemente la serena superficie del agua, donde los árboles que se destacan del fondo azul del cielo por la parte reservada del Buen Retiro que da al embarcadero, se copian como en un espejo, formando la combinacion de la luz, las ondulaciones casi imperceptibles del agua, y el movimiento de la verde sombra de las acacias, delicados visos y graciosos pliegues.

Los patos y los cisnes cruzan esta especie de lago, como lindas naves aladas, sin descomponer la serenidad, la gallardía y la gentileza de su cuerpo. Unicamente cuando se les arroja comida, ó cuando perciben algun insecto medio ahogado é inofensivo, corren, y vuelan, y se alborotan, y graznan, dirigiéndose al punto donde está la presa, que suele ser disputada por ellos con no poco ardor y pertinacia.

En ocasiones sucede que, cuando los patos y los cisnes llegan, infinidad de peces de colores, mas astutos, mas ligeros ó mas próximos á la presa que ellos, ya la han cogido y devorado, zambullendo otra vez en el agua sus cuerpos dorados, que brillan al sol como flechas metálicas.

Amparo y el baron se sientan al lado de Figueroa, hablándose en voz baja, mientras este se entrega á sus meditaciones.

CAPITULO XXII.

La marquesa de la Estrella desnuda su alma, la cual no es mas hermosa que su cuerpo.—Aparicion oportuna de Ernesto y Abelina en el Buen Retiro.

I.

A lo último del paseo del estanque, cerca de la noria y de la fuente que hay á la izquierda, y de espaldas á nuestros amigos, un caballero y una señora disputan acaloradamente.

Si Amparo no ha podido, á pesar de su buena vista, distinguir con claridad y certeza quién es el caballero que acompaña á la señora, yo, que poseo todos los secretos de esta historia, no hallo inconveniente en decir al lector, contando con su discrecion, que el caballero es Bravo, y la señora, la marquesa de la Estrella.

La marquesa, materialmente *frita*, segun ella decia, por el bueno de Enriquez para apresurar la boda (sobre todo, desde que publicó el *suelto La Nueva Era*), ha citado á Bravo con el fin de que le esplique las enigmáticas palabras que le dirigió eń casa de doña Tula, viuda del sargento Capitan, la noche antes de partir ella de Buñol.

Si la esplicacion es satisfactoria, la marquesa despedirá definitivamente á Enriquez; si, por el contrario, Bravo continúa envolviéndose en misterios, ya nada le quedará que esperar de él, en cuyo caso, muy probable, para no perderlo todo, y enviar noramala la viudez que la aflige, entregará su mano al antiguo tenedor de libros de la casa Figueroa.

Hasta su mismo hermano, el respetable y virtuoso jurisconsulto (acosado á su vez por Piedad, y por las estrañas reticencias del señor Leoncio, que, pareciendo apoyarlo y defenderlo contra la ex-cómica, lo asesina cada vez que abre la boca), hasta don Amadeo, digo, que nunca ha querido intervenir oficiosamente en los asuntos de la marquesa, pondérales ahora las ventajas de su enlace con Enriquez, soltando de tiempo en tiempo, así como al descuido, tristes y nada verídicas lamentaciones sobre el estado de su fortuna y el mezquino fruto del bufete, cosas todas que le obligarán á cercenar ciertas partidas en el presupuesto de gastos de la casa. Estiéndese tambien algunas veces en profundas consideraciones sobre los deberes del hombre para con el prójimo, y sobre el amor fraternal, especialmente, deduciendo siempre la consecuencia de que la caridad bien entendida debe empezar por uno mismo.

Estos discursos no agradan mucho á la marquesa, mas no por culpa de su hermano, quien los salpimenta y adorna con innumerables citas de su inolvidable Bartolo, y otros autores predilectos.

II.

En el momento de llegar don Lorenzo, el baron y Amparo al estanque, dice la marquesa á Bravo:

—No, no puedo olvidar lo que pasó aquella noche. He sufrido, he esperado en vano de entonces acá, sin atreverme á ser exigente, confiada en que tu delicadeza me evitaria el rubor de pedirte esplicaciones claras y precisas acerca de ciertas frases que reanimaron mi espíritu y me devolvieron la tranquilidad. Tus palabras se grabaron en mi memoria con caractéres indelebles; voy á repetírtelas una á una, por si no las recuerdas. Tratábase de mi regreso á la corte; tú, al parecer, querias venir y que me quedase yo en Buñol, para darme una prueba de que nada te interesaba en aquel pueblo, á lo cual respondí que partiria yo.—«Enhorabuena, dijiste, no in-»sisto. Me figuro lo doloroso de esa determinacion, por mas »natural y espontánea que parezca; pero ya que has dado el »primer paso en tan buen camino, te ruego que sigas en él, »segura de que al fin verás recompensada tu abnegacion. Un »dia llegará (te lo anuncio con placer) en que bendigas al »hombre que te ha hecho derramar lágrimas esta noche, co-»mo él bendice el momento que le ha permitido leer con mas »claridad que nunca en el fondo de tu alma. En el mundo, »todo hombre, por despreciable y por pequeño que sea, tiene »su historia; nosotros tenemos la nuestra, y si hay en ella »sombras que la oscurecen, consiste en que nos hemos dirigi-»do hácia las tinieblas, por falta de una mano que nos diri-»giese hácia la luz. Nuestras pasiones son como ciertos rios,

»que arrastran estérilmente entre peñascos y arenales el cau-
»dal de sus aguas, pero que, bien encauzados, fertilizan con su
»riego las comarcas que atraviesan, coronándolas de frutos y
»flores. No puedo, ni debo esplicar hoy el sentido que mis pa-
»labras encierran; los hechos, si no me equivoco, lo irán es-
»plicando, á menos que mi celosa amiga no renuncie á su
»antiguo empeño de martirizarme.»

La marquesa repite, en efecto, con fidelidad casi todas
las palabras de Bravo en la situacion á que se refieren: para
que las recuerdes tú sin faltar ni una (si por acaso fueses tan
flaco de memoria como el que. esta historia va narrando) he
intercalado, amigo lector, las pocas que la viuda se ha dejado
en el tintero, sin mas que retroceder unos cuantos capítulos y
trasladarlas al presente. Hay memorias que asombran: la de
las mujeres enamoradas, particularmente si son viejas, y la de
los novios jóvenes y gallardos, rayan en prodigio; pero al fin y
al postre, estos hechos son escepcionales, y en su consecuencia
deben consignarse con las salvedades correspondientes, para
que no se motejen de exagerados. La verdad descarnada y seca destruye el encanto de toda obra literaria; pero cuando la
imaginacion deja arrastrar su carroza fantástica por esos dos
potros desbocados que se llaman hipérbole y mentira, el lector
abandona la region de la vida y entra en la region de los sueños, y si abre bien los ojos, no ve hombres, no ve mujeres, no
ve el espectáculo interesante de las pasiones humanas, sino
fantasmas sin contornos, ó cuyos contornos se confunden con
la niebla que los rodea.

Convengamos, pues, en que aun olvidando ciertas palabras, la memoria de la viuda es asombrosa.

III.

—Amiga mia—dice Bravo, decidido tambien á terminar cuanto antes su entrevista,—respóndeme con la mano puesta sobre el corazon, antes de que yo me esplique con la sinceridad que cumple á un caballero: ¿es cierto que me amas?

—Una mujer que no ama, no hace lo que he hecho yo por amor tuyo.

—Lo creo.

—Exígeme sacrificios... exígeme imposibles... y los haré.

—Uno solo.

—¿Cuál?

—Que renuncies á mi mano.

La marquesa queda aterrada al oir la proposicion de Bravo. Verdaderamente le pide un imposible.

—¿Qué has dicho, Bravo? ¿Si habré entendido mal? ¿Si estaré soñando?

—He dicho—repite este—que renuncies á mi mano; sólo así creeré que me amas.

La viuda quiere hablar, y las palabras se le quedan yertas en los labios.

—En la noche de Buñol, que me has recordado poco ha—continúa Bravo, imperturbablemente,—creí comprender que tu amor no era falso, que nunca habias amado hasta entonces, y dije para mí: «si ella me ama, no querrá hacerme in-»feliz para toda mi vida;» y lo seria de cierto, lo seria casándome contigo.

—Entonces, ¿por qué me engañabas? ¿Por qué no me abandonaste á mi dolor?

—Porque aquella pasion noble que me pareció descubrir en el fondo de tu alma, era acreedora al respeto y á las simpatías de otra alma igualmente noble, y la mia lo es. «Si en »nuestra historia — te dije — hay sombras que la oscurecen, »consiste en que nos hemos dirigido hácia las tinieblas, por »falta de una mano que nos dirigiese hácia la luz.» Yo habia encontrado esa mano para mí, y me decidí á tenderte la mia, con el propósito de salvarte. Para que me comprendas bien, principiaré por confesar el fin que me propuse en mis relaciones contigo.

—No te canses: lo adivino, lo he adivinado hace mucho tiempo; esclama con amargura la marquesa.

—Sospechando instintivamente que en tus relaciones con Enriquez mediaba otro interés que el del amor, juré averiguarlo, y ya sabes que no me fué muy difícil. A esto se limitaban entonces mis deseos. ¿Procedia mal? No trataré de disculparme: tu conquista era mi última calaverada; yo queria dirigirme á la luz, y esto favorecia mi propósito. No puedo ser mas franco. Yo habia pensado en abandonarte despues completamente, porque no te amaba; pero la compasion que en mí escitaron tus lágrimas, tus ruegos y tu dolor, me hizo desistir de semejante idea. Entonces, lo repito, me decidí á salvarte.

—¡Estraña manera, por cierto!

—Te pido mi felicidad; si me la niegas, no me amas, es mentira.

—¿Y la mia?

—La tuya, si lo meditas un poco, la encontrarás en el testimonio y en la tranquilidad de tu conciencia.

—Mi conciencia está muy tranquila.

—No puede estarlo, mientras sobre ella pese el secreto de un delito. Yo denunciaré á Enriquez, y te libraré de ese peso. Tu hermano don Amadeo nos ayudará, y conjurareis la tempestad que os amaga.

—Pero, dime, Bravo—esclama de repente la marquesa:—¿en qué consiste tu felicidad, si puede saberse? ¿Amas á la hija de Figueroa? ¿Es Amparo la oveja que tratas de sacrificar á esa felicidad, tan costosa por lo visto? ¿Ha conmovido su miseria tu corazon sensible y generoso? ¿Es la mano de esa niña candorosa y desinteresada (como que dicen que aspira á casarse con el baron de Solares, que puede ser su abuelo) la que ha de sacarte de las tinieblas y dirigirte á la luz? ¡Seria gracioso ver á las palomas enseñar á los gavilanes el camino que les conviene para no caer en los precipicios! ¿La amas, Bravo? responde. ¿La amas? repite la marquesa, abriendo convulsivamente los ojos, iluminados por un relámpago de demencia.

—Sí—responde Bravo;—la amo, la amo, sobre todo lo de este mundo.

—¡Ah!... grita la marquesa, oprimiéndose el pecho con las manos, y cayendo desplomada en tierra.

IV.

Este grito, resonando fuertemente, llega donde están don Lorenzo, el baron y Amparo.

El baron es el primero que se levanta.

—¿Habeis oido? dice.

—Sí; responden Figueroa y su hija.

—Alguna desgracia acaba de suceder allí; esclama el baron, señalando el sitio donde la marquesa ha caido.

—Me parece—observa don Lorenzo—que hay un bulto como de mujer, en el suelo.

—Justamente—añade el baron, que para cerciorarse mejor se ha puesto los anteojos.—Además, hay un caballero que nos hace señas, sin duda para que vayamos. Lorenzo, se reclama nuestro auxilio, y no podemos negarlo. Están sólos; por aquí no se ve alma viviente mas que nosotros. ¡Corramos, Lorenzo, corramos!

Amparo, sin perder tiempo, se adelanta á los ancianos, que la siguen á corta distancia.

Bravo, de rodillas, observa con inquietud á la marquesa, y vuelve á menudo la cabeza á todos lados para ver si acude gente.

En uno de estos momentos se conocen los dos jóvenes.

—¡Amparo mia!

—¡Bravo!

Esclaman á un tiempo.

—¿Cuándo has llegado á Madrid? pregunta este, bajando la voz.

—Anteayer.

—¿Quién viene contigo?

—El baron y mi papá, que todo lo sabe ya. Pero dime, ¿esta señora...

—Es la marquesa viuda de la Estrella. Acabo de desahuciarla, diciéndola que te amo, y se ha desmayado. Ciertamente la compadezco; pero entre su dolor y el dolor, la ruina y la deshonra de tu familia, la eleccion no podia ser dudosa para mí. Le he ofrecido cargar yo con toda la responsabilidad de la denuncia de Enriquez, para que se tranquilice su conciencia y la de su hermano don Amadeo, y me ha respondido que su conciencia está muy tranquila. Yo creí que hallaria en su amor la abnegacion suficiente para regenerar su alma; pero acabo de recibir un desengaño: en esta mujer desgraciada no hay mas que instintos egoistas y groseros. ¡Quiere perderse, y se perderá!

Amparo se baja, separa cariñosamente los rizos que cubren el rostro de la marquesa, la cual no da señales de volver en sí, y agita el aire con el abanico para reanimarla.

—Esta señora—esclama, con un acento que revela su piadosa inquietud—no puede permanecer así. Es preciso ir corriendo á buscar un médico. Si no ha venido ella en carruaje, en la puerta hemos dejado nosotros una carretela.

La marquesa, naturalmente pálida, ahora lo está con palidez cadavérica.

Una leve convulsion estremece sus labios; las manos las tiene frias como hielo.

—En tanto—añade Amparo, acabando de espresar su pensamiento,—seria bueno rociarle un poco la cara con agua de aquella fuente.

V.

En esto llegan don Lorenzo y el baron.

Bravo tiende una mano al primero, que esta vez le da la suya, tal vez mas por cortesía que de buena voluntad.

El baron abraza estrechamente al jóven.

Al saber Figueroa que la desmayada es la marquesa viuda de la Estrella, su manía contra el amante de su hija y toda la historia de su desgracia, le atormentan de nuevo tenazmente.

Por fortuna, la marquesa vuelve en sí, antes de recurrir á ninguno de los medios que Amparo indica.

Bravo quiere ayudarla á levantarse, y ella lo rechaza; el baron y Amparo, á quien le ha caido el velo azul del sombrero sobre la cara, impidiendo de esta suerte que su rival la conozca de pronto, ofrecen sus brazos á la marquesa, que apoyada en ellos, se sienta en el banco del estanque.

Pero luego que Amparo se echa atrás el velo, y que la marquesa fija los ojos en las personas que la rodean, esclama con irónico y reconcentrado despecho:

—¡Oh! ¡ya voy comprendiendo!... ¡Tantos contra una débil mujer!... Es una hazaña muy digna de ustedes, señores! Ese... ese... miserable—continúa, mirando á Bravo—ha querido darles el espectáculo de mi dolor, y ustedes, que sin duda lo ansiaban, acuden gozosos á presenciarlo. ¿Está usted ya satisfecha, señorita? ¿Por qué no se alboroza el señor don Lorenzo? ¿No le parece esta venganza inícua, recompensa bastante á las consideraciones con que mi hermano, compadecido de él, lo trató en la defensa que de Enriquez hizo, para que el tribunal aminorase el castigo que de otra suerte le hubiera impuesto? ¿Qué haría un juez, si se hubiera presentado de repente en este sitio y me hubiera visto desmayada, y al volver yo del desmayo hubiese pronunciado mi boca los nombres de todos ustedes, los nombres de todas las personas que mas me aborrecen, reunidas aquí, á una hora en que nadie viene al Retiro? ¡Qué cobardía!... ¡Qué miseria!

—Señora—dice Solares, con mal reprimido enojo,—si el sexo, los años y la situacion actual de usted, no le diesen, principalmente con respecto á nosotros, los hombres que aquí estamos, el privilegio de la impunidad para ser desatenta, y algo mas, crea usted que al menos yo, por mí parte, de ninguna manera le hubiese permitido pronunciar las palabras que con demasiada ligereza ha pronunciado.

—No es usted—repone la marquesa,—ni ninguno de los presentes, quien ha de darme á mí lecciones de urbanidad; y si, como afirma, he faltado á ella, es porque me he creido dispensada de tenerla con quien no la merece.

—Amparo—dice Figueroa,—abandonemos este sitio: tú no debes oir el lenguaje de esa mujer desgraciada, que, segun se ve, ha perdido el sentimiento de la propia dignidad, y el derecho á toda clase de consideraciones.

—¡Llévesela usted!...—replica la marquesa.—¡Hará bien! Verdaderamente, ¿qué falta hacen aquí, despues de dar el golpe que proyectaban? Cuando el asesino ha clavado su puñal en el corazon de la víctima, huye para que no lo vean y se apoderen de él.

—Marquesa—esclama Bravo,—la reunion de estas dignísimas personas aquí, ha sido casual; cuando usted cayó desmayada no habia nadie en este sitio; yo necesitaba auxilio inmediatamente, y les hice señas con la mano para que viniesen, porque se hallaban al otro estremo del estanque. Es sensible, despues de lo ocurrido, que en lugar de agradecerles la actividad con que acudieron y los cuidados que prodigó á usted la señorita de Figueroa, sólo escuchen de su boca espresiones injustas y ofensivas, de las cuales, en una situacion de espíritu mas serena, mas tranquila, usted, seguramente, ha de arrepentirse.

—De eso á llamarme loca, ó yo no entiendo el castellano, ó no hay mas que un paso—dice la marquesa; y añade:—si yo fuese hipócrita, agradeceria el esmero de esa señorita en servirme y cuidarme, segun usted dice; pero como no lo soy, y como tengo muy presente lo que ha pasado de algun tiempo á esta parte, lejos de agradecerlo, adivino la satisfaccion con que no sólo ella, sino el señor de Figueroa, habrán visto mi...

Amparo detiene á su padre, que inmutado y ciego de cólera, da un paso hácia la marquesa, á quien aquella interrumpe diciendo:

—Papá, esa mujer desvaría, no le hagas caso: yo le perdono sus palabras, perdónala tú tambien; y ya que ni la prudencia, ni las reflexiones, ni la generosidad nuestra pueden conseguir volverla á la razon, compadezcamos su suerte, y dejemos que Dios le inspire mejores sentimientos acerca de nosotros. Ni á ella, ni á su hermano, ni á Enriquez les basta haberte perdido y deshonrado; se proponen, segun parece, acabar contigo, acabar con tu familia, y aun si les fuera posible, profanarian el sepulcro para arrancarle nuestras cenizas y arrojarlas al viento. No llores, papá: reserva el llanto para las dulces espansiones de afectos que sólo comprenden y sienten las almas nobles; todas las injusticias, todos los rencores, todas las iniquidades de los malvados no valen lo que una lágrima de un alma de temple superior.

—Así es—añade el baron.—El hombre de bien desafia todas las iniquidades, todos los rencores y todas las injusticias,

con frente serena y ojos enjutos, porque sabe que no es á él á
quien han de herir, sino á sus enemigos; son flechas que se
vuelven contra los mismos que las arrojan.

VI.

Ernesto y Abelina asoman, de una manera que puede decirse providencial, entre las enramadas vecinas al paseo del estanque; el primero, tirando furiosos envites con el estoque del
baston á los troncos inocentes de cuantos árboles encuentra al
paso; la segunda, jugando con su inseparable fustin, y lucien-
do una airosa chaquetilla de terciopelo con aldetas de postillon,
adornada de canutillo, abalorio y pasamanería de seda en los
hombros, en la espalda y en los bordes.

Así que conocen á nuestros amigos, vuelan á ellos, alegres
como dos criaturas bienaventuradas.

Saludan á todos, y observando Ernesto la seriedad de Amparo, cuya simpática belleza posee la virtud de cautivarlo y
de hacerlo desbarrar, esclama:

—¿Qué es eso, Amparito? *Haga usted oir* el *timbre argen-
tino* de su voz, *per pieta*, ó creeré que los aires de Madrid no la
prueban tanto como los del Monserrat. Y á propósito: si el funesto don de su sexo le pesa, no se ocupe usted en maldecirlo,
como hacen otras; el *Caballo de Bernardo* espera ginetes; vamos allá, que tampoco yo encuentro motivos para felicitarme
de ser hombre, y echémonos de cabeza los dos, para ver si *tiene lugar* la asombrosa trasformacion de que nos hablaba el *noy.*
Marquesa—añade, dirigiéndose á la hermana de don Amadeo,—hay en la montaña de Monserrat una roca llamada *Ca-*

ballo de Bernardo; refiere la tradicion que arrojándose una
mujer desde ella, se vuelve hombre, y como noto que la fisonomía de usted revela pocas satisfacciones, no vacilo en invi-
tarla á hacer la prueba del salto.

—¿Y la mamá?—pregunta don Lorenzo á Abelina, con el
fin de dar otro giro á la conversacion, para que los dos hermanos se fijen menos en el aspecto general de los presentes.—
¿Cómo sigue la señora vizcondesa?

—Tan ágil y tan dispuesta como siempre.

—¿Le pasó la fluxion de la vista? esclama Solares, con cierto
dejo un si es no es irónico.

—Algo le queda, *carissimo;* yo la aconsejo que se ponga
unos anteojos verdes, que es el color que menos ofende, por
ser el mas generalmente esparcido en la naturaleza y al que
mas habituados estamos; pero ella prefiere tener cerrados los
ojos, y hay que dejar con sus manías y preocupaciones á la
pobre señora. Dice tambien, y no le falta razon, que los anteojos son para la calle, y como ella sale rara vez, con evitar la
entrada de la luz en casa y entornar los párpados, se consi-
guen idénticos resultados.

La volubilidad de Ernesto no tiene cura. Despues de dirigirse á cada uno de los circunstantes, la emprende con Bravo,
que es el único que falta.

—Señores—dice,—no hay que fiarse del amigo. ¡Miren
ustedes que es muy largo, que se pierde de vista! Si alguna
vez pensara yo formalmente en arrojarme del *Caballo de Ber-*
nardo, quizá, quizá me detuviera, sólo por no esponerme, va-
riando de sexo, á las seducciones, deslealtades y engaños de
tan terrible galan.

—Le daria de cachetes por necio; murmura Bravo al oido del baron.

—Pero señores—continúa el hermano de Abelina,—¿qué ocurre? Esto tiene mas trazas de duelo que de otra cosa. ¡Qué caras!... ¡Qué silencio!... ¡Qué inmovilidad!... ¡Ea, penas á un lado! Propongo una espedicion á la *Fuente de la Salud*, que cura todas las enfermedades físicas y morales. Yo me bebo ocho vasos de su agua todas las mañanas, para lo cual madrugo como ustedes ven.

—¿Ha mirado usted bien el relój, Ernesto? le pregunta el baron.

—Sí señor; es la una.

—¿Y llama usted á eso madrugar?

—Todo es relativo; anoche me fuí al *Casino*, y hoy salí de él al rayar el alba, con que...

—Es claro.

—Vamos, Ernesto—interrumpe su hermana;—mamá querrá almorzar, para echarse un rato, y no es justo que espere.

—¡*Andiamo!* responde Ernesto.

—¿Sigue pasando malas noches mi señora la vizcondesa? pregunta el baron.

—*Yes* (sí); no puede pegar los ojos.

Abelina da un beso á Amparo y otro á la marquesa. En seguida se levanta un poco la falda del vestido y desaparece de aquel sitio, acompañándola Ernesto, que saca del bolsillo un librejo en 16.°, y la encanta con la tercera lectura de la *Dame aux Camelias*.

VII.

La situacion de los demás personajes de nuestra historia que se hallan en el Buen Retiro, es demasiado embarazosa para que pueda durar mucho.

Levántase, pues, la marquesa, é inclinando casi imperceptiblemente la cabeza, como despidiéndose, deja solos á Amparo, Figueroa, el baron y Bravo.

Debe advertirse que el último ha ofrecido su brazo á la viuda, y que ella lo ha rechazado con severo desden.

—¡Su alma y su palma!—dice Bravo, encogiéndose de hombros.—Se han guardado con ella todos los miramientos que entre personas bien educadas y decentes se acostumbran, y ha correspondido con la insolencia de un sér perverso é incorregible. Como el cinismo no tiene sexo, de hoy mas me consideraré dispensado de toda contemplacion delicada con ella. La marquesa ha arrojado un guante á nuestros piés; yo lo recojo, y lucharé con ella, con su hermano, con Enriquez, y con cuantos miserables acudan en su defensa.

Hablando de la hermana de don Amadeo y de su estraña conducta, concebible sólo en un demente, llegan á la puerta del Retiro, en donde Bravo se despide de los dos ancianos y de Amparo, que suben á la carretela y se vuelven á casa por el paseo de Recoletos.

CAPITULO XXIII.

Llueven gracias sobre don Amadeo.—Bravo, Garciestéban, Somoza, don Lorenzo, doña Cármen, Amparo, el baron de Solares, el marqués de la Cabeza y Marieta, aplauden el casamiento de Enriquez con la marquesa de la Estrella; Quico Perales sigue creyendo que el mundo está al revés.—Don Amadeo no quiere ser menos que su hermana, y se despide del celibato.

I.

La candidatura de nuestro respetable y virtuoso jurisconsulto para Ministro de Gracia y Justicia habia fracasado, mas no así su crédito é influencia con los cortesanos y palaciegos, algunos de los cuales habian recurrido y recurrian á sus habilidades y misteriosos elementos de triunfo en negocios que otros abogados consideraban de moralidad y de justicia mas que turbias.

Para consolar á don Amadeo, era preciso darle siquiera una dedada de miel; logróse, pues, que se le eligiese diputado á Córtes por un distrito vacante, á consecuencia de la renuncia del que lo representaba: unido esto al título de conde de

Buena-Ley, que uno de los Ministros logró alcanzarle, con anterioridad á la diputacion, no debia ser nuestro letrado de los que mas derecho tuvieran á quejarse de la falta de recompensas al mérito y á la virtud que en nuestro país se observa, por desgracia.

La patria, pues, se encontró con un padre mas, como llovido, que ni á pedir de boca; lástima que los hijos de la pobre Clotilde no pudieran decir otro tanto; pero la moralidad privada es muy diferente de la moralidad pública, y, además, como la nacion se compone de muchos ciudadanos, de muchas familias, de muchos pueblos y de muchas provincias, no porque un ciudadano ó una familia sufran y desaparezcan, ha de sufrir y menos desaparecer la nacion; doctrina que el lector debe suponer muy conforme con las ideas de nuestro respetable y virtuoso jurisconsulto.

El lector, sin embargo, se negará á dar la enhorabuena al país; yo desde luego le doy el pésame, y si no me pongo una gasa negra en el sombrero, es porque si nos acostumbráramos á llevar luto por este y otros casos sensibles de la misma índole, andaria uno siempre hecho una tumba.

La doctrina de don Amadeo, es una doctrina triste, absurda, funesta, maldita.

Cuando una familia sufre injustamente, sufre en ella la sociedad; cuando una familia desaparece, se arranca una piedra al edificio que nuestros abuelos y nuestros padres levantáron, en una larga série de siglos, amasándolo con sus lágrimas, con el sudor de su frente y con su sangre, para que las generaciones futuras viviesen bajo su sombra y al calor de su hogar sagrado, del hogar de la patria.

II.

Grande fué la sorpresa que don Amadeo recibió, cuando su hermana, al dia siguiente de lo que se ha referido en el capítulo anterior, pero ocultándoselo, le dijo que despues de bien pensado, estaba dispuesta á casarse con Enriquez, sin mas tardanza.

El flamante conde de Buena-Ley se vió perplejo entre alegrarse ó entristecerse; razones tenia lo mismo para lo uno que para lo otro.

Por una parte, las contínuas amenazas de Enriquez de descubrir secretos que darian al traste con su reputacion y con su fortuna, juntamente con los desembolsos para la manutencion y demás gastos que le ocasionaba su hermana, motivos poderosos eran para que anhelase la realizacion de esta boda: por otra, las exigencias de Piedad, que pretendia casarse con él á la luz del dia, y un vago recelo de que Clotilde lo afrentase tambien y reclamara el reconocimiento de Amelia y de Arturo, aguaban un poco las satisfacciones de tan cabal personaje.

La marquesa le pintó con los colores que la convenian su viaje á Buñol, viniéndole á decir en sustancia que lo habia emprendido con el sólo objeto de observar y averiguar qué clase de relaciones mediaban entre Bravo y la familia de Figueroa, y si estas relaciones podrian perjudicar á ellos; afirmando, en conclusion, que nada debian temer, reduciéndose dichas relaciones á una de tantas empresas amorosas de aquel jóven libertino, quien sin duda trataba de envolver en sus redes á la hija de don Lorenzo.

No menos satisfactoria fué la esplicacion que hizo de la visita á Bravo, que tanto habia estrañado Enriquez. Este, cuando á su vez la oyó, no pudo menos de aplaudir el interés sumo de su futura por la seguridad así de don Amadeo, como de él mismo.

Lo importante para la viuda, era apresurar su enlace con el antiguo dependiente de Figueroa; una vez realizado, sus revelaciones serian esplícitas, en caso de necesidad, y se discurririan medios seguros de alejar la tormenta.

¿Cómo probaria Bravo—pensaba la marquesa—el delito de Enriquez y la complicidad de don Amadeo? Si ella, enamorada de aquel, le confió secretos importantísimos que á nadie hubiera confiado, lo hizo á solas; y Bravo seria irremisiblemente condenado por calumniador, si, por su mal, llegara á intentar una denuncia.

III.

La boda llevóse á efecto: los periódicos hablaron largamente de los regalos de Enriquez, de las nobles prendas de los novios, de la escogida concurrencia que brilló en los salones de don Amadeo, de la salida de los recien casados para Aranjuez, donde pasarian la luna de miel, y hasta de la respetable cantidad de dos mil reales nada menos, entregada por los esposos al cura de la parroquia, para los pobres mas necesitados de la misma.

La aprobacion fué general.

Bravo, Somoza y Garciestéban celebraron la boda en casa de Lhardy, conviniendo los tres, con la opinion pública, en que la marquesa era digna de Enriquez, y Enriquez digno de la marquesa.

¿Qué mas? El anciano Figueroa y doña Cármen, débiles criaturas á quienes todo atemorizaba, animados por las seguridades que les dió el baron de que los proyectos que lo habian conducido á Madrid caminaban viento en popa, no quisieron desafinar con lamentaciones importunas esta gran sinfonía de plácemes y de esperanzas.

Sólo á una persona le era imposible ocultar el disgusto con que tan fausto suceso acibaraba su dicha presente.

Esta persona era Quico Perales.

Asi que supo la noticia, corrió á ver á Bravo; Bravo, que no la ignoraba, la recibió de boca de Mala-Sombra con rostro agradable, y aun añadió que se alegraba en el alma de saberlo; cosa que llenó de sorpresa y de dolor al marido de Cipriana.

Fué á casa de don Lorenzo, y lo halló conforme y risueño como nunca, observando igual aspecto y conformidad en doña Cármen, Amparo, Marieta, el baron de Solares y el marqués de la Cabeza.

Así se preguntaba interiormente:

—¿Es un sueño lo que me pasa? ¿Estaré loco yo, ó lo estarán ellos? Pues señor—concluia siempre, despues de mil diversas cavilaciones,—digan lo que quieran, yo repito y *sustengo* que el mundo está al revés, y que esto tiene que dar un barquinazo el dia menos pensado.

—¿Tú qué sabes?—le respondia Cipriana, cuyo corazon era un tesoro de fé inagotable.—¿No te quejabas de lo mismo en la gazapera de la calle de la Comadre, el dia que fué á vernos el señor de Bravo, y no *estante* ahora te pavoneas como un caballero en estas habitaciones?

—Mira no nos pase lo que á la lechera, Cipriana, que se le cayó el cántaro, y *adios pollos, lechon, vaca y ternera.*

—Esas son filosofías de libros.

—Desengáñate, Cipriana; yo no las tengo todas conmigo, por aquello de que el que nace para ochavo, nunca llega á cuarto.

IV.

Otro acontecimiento, mas inesperado aún, ocupó no mucho despues algun espacio en la gacetilla y en las revistas semanales de la prensa; la boda del respetable y virtuoso jurisconsulto con Piedad.

Nadie sabia, esceptuando Clotilde, el señor Leoncio y la viejecilla que pasaba por madre de la ex-cómica, las relaciones de don Amadeo con esta; nadie pareció tampoco estrañarlas, antes las encontraron muy naturales, luego que fueron conocidas; y aun conviene añadir, que así *La Fama* como otros diarios políticos, se hicieron lenguas de la amabilidad, de la hermosura, de la elegancia, de las virtudes y de los talentos de la desposada.

Don Amadeo proporcionó á *La Fama* apuntes biográficos de Piedad, *confeccionados* por él, segun los cuales, esta pertenecia á una familia noble, habiéndose dedicado al teatro por amor á la gloria, y no por necesidad, y rindiendo así tributo á las ideas del siglo, que considera la aristocracia del talento tan legítima ó mas que la de la cuna. Aunque la prensa en general hizo justicia—añadió *La Fama*—á las eminentes dotes de Piedad, cuando esta pisaba la escena á que tantos genios esclarecidos dieron lustre, ahora, acalladas las ruines pasiones que entonces guiaron á ciertos críticos, y viendo la decadencia del arte, se comprenderia mas claramente el mérito incomparable de la condesa de Buena-Ley. Terminaba el periódico rogándola que en el próximo invierno diese algunas representaciones dramáticas en su casa, organizando al efecto una *troupe* de gente *comm'il faut*, que de seguro daria quince y falta á todos los actores habidos y por haber, bajo su direccion inteligente y amable.

El mismo periódico insertó en la seccion de *fondo* un *suelto*, anunciando la probabilidad de ser nombrada la esposa de don Amadeo, dama de la Orden de María Luisa.

CAPITULO XXIV.

La Musa de don Amadeo inspira á este tiernos idilios.

I.

Una mañana, hallándose aún nuestro respetable y virtuoso jurisconsulto en la luna dulce del matrimonio, recibió una
carta concebida en estos términos:

«Se suplica al señor conde de Buena-Ley que tenga la bon-
»dad de pasarse por el cuarto cuyas señas van al pié de estos
»renglones; en la inteligencia de que si así no lo hace, la per-
»sona que los suscribe con la inicial de su nombre se verá en
»el sensible caso de acudir á los tribunales, en demanda de
»cierta deuda de honor que el señor conde parece que olvida ó
»se niega á pagar. Se le concede un plazo improrogable de
»veinticuatro horas.

C.»

Don Amadeo recuerda instantáneamente la conferencia que

EL MUNDO AL REVES.

Bravo tuvo con él cuando la última crisis ministerial, y sus labios murmuran el nombre de Clotilde.

El contenido, de la carta, la inicial que lo termina, las señas de quien la escribe, y en fin, la relacion que el lenguaraz Taravilla le ha hecho de las prosperidades y misterios de sus primos y de las importantes confidencias de Arturo, por el módico precio de dos cuartos para castañas, todo coincide para hacerle creer que la Clotilde de Lavapiés, es la Clotilde misma de la carta.

El compromiso es tan grave, que los ojillos de don Amadeo, chispeantes de alegría antes de abrir la carta, se apagan de repente y recobran su habitual color de ceniza yerta.

¿Cómo eludirlo?

Siéntase en su butaca, y pide consejos á la caja del rapé, dándole varios golpecitos cariñosos con las yemas de los dedos, los cuales en esta ocasion se resisten á obedecer con la agilidad de costumbre á la voluntad que los mueve.

Si no acude á la cita, se espone á una demanda cierta; si acude, sabe Dios las exigencias que este acto de sumision y debilidad, á su entender, traerá en pos de sí.

Sorbe un polvo de padre maestro, sorbe dos, sorbe tres, y el polvo no le produce otra cosa que cosquillas en la nariz, estornudos que se atropellan, y un lagrimeo acre que le escalda y enciende los párpados... ¡pero ni una idea, ni un paliativo, ni una picardigüela que lo salve del conflicto!

Cada poeta tiene su musa, á quien pide inspiraciones para cantar; la musa de don Amadeo es el rapé, de cuya caja, como de la de Pandora, no suelen salir mas que males; pero ahora no sale nada, ¡absolutamente nada! Sólo así se esplica el desden con que la arroja sobre el bufete, donde tantas y tantas veces la habia colocado con gran miramiento y parsimonia, y sin escándalo.

Decídele, no obstante, pasados cinco minutos, á ir á la cita, una consideracion de gran peso para él, una consideracion que le hace temblar.

Esta consideracion es el carácter de su mujer; carácter tan pendenciero, tan agresivo, tan contrario al dulce, al apacible, al angélico nombre de Piedad, que, personificándolos, cualquiera hubiese visto en ellos dos enemigos abofeteándose eternamente.

Es preciso á todo trance que Piedad ignore la existencia de Clotilde y de sus hijos, la historia de su deshonra y abandono, el amago de la demanda.

Es preciso, discurre don Amadeo, evitar que Clotilde escriba otra carta, y sobre todo, que esta carta, si llega á escribirla, caiga en manos de su mujer.

Bravo le ha referido la miseria, los dolores y la soledad de aquella desventurada jóven.

Alejándola de Madrid y haciendo el sacrificio de algunos maravedises, piensa el virtuoso y respetable jurisconsulto, Clotilde callará como una muerta, y se consolará de la pérdida de su seductor, con cualquier desesperado mancebo que, casándose con ella, podrá abrir una tiendecita de comestibles, por ejemplo, pasándolo todos como unos príncipes.

¡Qué cuadro tan risueño y tan patriarcal! ¡Qué idilio!...

Verdaderamente, el señor conde de Buena-Ley haria prodigios, dedicándose á la poesía bucólica.

Ya se acabaron los apuros; frótase don Amadeo una mano

con otra, perdona generosamente á la caja del rapé, dale un tiento, y poniéndose el sombrero, sale de su casa presuroso, y entra en un coche de alquiler, para que lo lleve á la de Clotilde.

Pocos minutos despues llega á ella.

CAPÍTULO XXV.

———

Clotilde se deja besar por un atrevido caballero, que escala sus balcones á la mitad del dia.—Una oveja convertida en leona.—Bravo convencido... al parecer.—Don Amadeo canta su idilio, y besa con la nariz á su Musa, encerrada en la caja consabida.—Clotilde y Bravo convienen en que don Amadeo canta mal.

I.

Bravo, presentado por Garciestéban á Clotilde, que deseaba conocer y dar las gracias al que mas debia de sus tres bondadosos protectores, se halla en el cuarto segundo de la casa de Lavapiés, que aquella habita, en el momento mismo de parar un carruaje á la puerta.

—¿Ha oido usted, Clotilde? Ya lo tenemos aquí; él es sin duda. ¡Animo, Clotilde! esclama.

Quico se presenta corriendo, y dice:

—¿Han oido ustés? Dios me tenga de su mano, porque sino, soy muy abonado para cogerle por los cabezones, y tirarlo por el balcon.

—Lo que ha de hacer usted, Quico—repone Bravo,—es no comprometernos con alguna imprudencia. Váyase usted á su habitacion, y diga á Cipriana que cuando llame don Amadeo le abra.

—¡En canal, debia abrirlo!

Por fin, obedece Quico, aunque gruñendo, y su mujer conduce al respetable y virtuoso jurisconsulto á la sala, que es donde están Bravo, Clotilde, Arturo, Amelia, y aun Turco, el cual constituye parte de la familia.

II.

Clotilde, con su vestido negro, que hace resaltar la blancura marmórea y la interesante melancolía de su rostro, ocupa el sofá.

Amelia, con una ligera faldita azul celeste de merino, y su rubia melena que le cae sobre el pecho en sueltos bucles, apoya una de sus sienes en el hombro izquierdo de su madre; parece un ángel reclinado sobre un sepulcro.

Arturo tambien luce un traje nuevo de paño color de perla, y peina al perrillo con un escarpidor, arrancándole de vez en cuando agudos quejidos, á pesar del esmero y consideracion con que hoy lo tratan sus manos infantiles.

Como el dia está delicioso, han dejado abierto el balcon, de manera que al entrar en la sala se percibe el olor agradable de las rosas, del almoradux, de la reseda y de los alhelíes de los tiestos.

El sol, amigo cariñoso y de confianza, toma posesion de la sala, sin etiqueta, sin pedir permiso á nadie; y como galante

caballero que es, aunque un poco audaz, besa la frente de Clotilde y las mejillas de Amelia, retirándose luego á un lado para
que no se le diga que abusa.

La sala, en fin, encanta por su limpieza, por su arreglo,
por su luz, y por su perfumado ambiente.

III.

Don Amadeo esperimenta una sensacion estraña, indefini-
ble, al mirar tan sencillo recinto.

Acaba de salir de su casa, llena de habitaciones esplén-
didamente alhajadas, porque á Piedad le gustan el lujo, la
molicie y el sibaritismo de las sultanas; y, sin embargo, respira mejor, se halla mas en su centro, en medio del órden, de
la paz y de la belleza de este humilde albergue.

No aborrece él las maravillas y refinamientos de las artes
y de la industria; pero el carácter de su mujer lo oprime, lo
esclaviza, lo ahoga, turba la alegría de todos sus momentos,
le envenena el aire y le amarga el pan de cada dia: el martirio de don Amadeo ha comenzado; su situacion es idéntica á
la del pájaro á quien se encierra en una jaula de oro, cuyas
barras le impiden moverse con libertad y tender el vuelo por
los campos.

Tales son sus primeras impresiones; pero nuestro conde de
Buena-Ley tiene pocos adarmes de poeta en su alma, es hombre calculador, práctico, positivista, y no puede tardar en po-
sesionarse nuevamente de él la fria razon, madrastra sin entrañas, verdugo del entusiasmo y de la poesía.

IV.

El perro, escurriéndose entre las manos de Arturo, gruñe sordamente, y en seguida ladra al recien venido.

Diríase que olfatea y conoce en él á un enemigo.

¡Se halla tan poco habituado á ver gente de fuera! ¡Ha vivido tanto tiempo lejos de toda sociedad, de toda comunicacion!

Tampoco Arturo le pone muy buen gesto. Verdad es, que la fisonomía del letrado no es nada hermosa; pero la de Cipriana se halla en caso idéntico, y no por ello dejó de ser simpática al niño desde el momento en que la vió la vez primera.

Así es que, mirándolo fijamente, con un dedo metido en la boca, refúgiase contra la falda del vestido de su madre, y esclama:

—No es el papá, ¿verdad, mamita? Papá debe ser mas guapo; ese me da miedo.

—Eso no se dice, Arturo—responde Amelia,—porque es pecado.

Clotilde manda salir á los niños. Deseaba que los viese don Amadeo, los ha visto ya, y no es conveniente que ahora permanezcan en la sala.

V.

—Supongo, señora—dice el letrado,—que la carta que he recibido esta mañana, hablándome de no sé qué deuda de honor, es de usted.

—Ha supuesto muy bien—responde Clotilde;—y en cuanto á la deuda, no me sorprende que la desconozca, quien nunca ha conocido lo que es honor.

—Señora, no descendamos al terreno de las recriminacio-
nes; modérese usted, ó de lo contrario, por mas que haya de
violentarme, diré cosas que no es á mí á quien han de ruborizar.

—¿Qué podrá decir usted, mas que lo que dijo á este caballero cuando fué á reclamarle un nombre y un pedazo de pan
para esos niños que acaban de salir de aquí?

Don Amadeo creia encontrar en la Clotilde de hoy, la Clotilde tímida, humilde y cándidamente infantil de otros tiempos; pero al ver turbarse la serenidad de su frente de estátua,
con una arruga amenazadora; al ver encenderse de improviso
la marmórea y diáfana blancura de su cútis, como si detrás
de él ardiera una lámpara; al ver dilatarse ó inflamarse sus
pupilas negras, profundas, focos ardientes que recogen y reflejan todo el dolor, toda la amargura, toda la cólera y la desesperacion toda de un alma impíamente destrozada, el impasible letrado no puede menos de bajar los ojos.

—¿Qué podrá añadir—continúa Clotilde—el que se atrevió á infamar la memoria de mi madre, que murió de pena,
viéndome abandonada y perdida para siempre? ¿Qué podrá
añadir el que se ha negado á reparar su crímen, bajo el pretesto de que el mundo iba á escandalizarse viéndolo hacer lo
único bueno tal vez que hubiera hecho en su vida; el que, entre tanto, no se ruborizaba de sus vergonzosas relaciones con
una mujer abyecta, cuyos desprecios, cuyos caprichos, cuyos
ultrajes y cuya soberbia ha comprado á fuerza de oro, de

humillaciones, de paciencia, y de sufrimiento? ¿Qué podrá añadir el que despues de pintarme como una mala mujer, dice á este caballero que soy una fiera, una madre desnaturalizada, porque me es imposible separarme de los hijos de mis entrañas, porque no los llevo á la Beneficencia, porque quiero dormirlos sobre mi regazo, darles el calor de mi pecho, y educarlos yo misma, y trabajar para ganarles el sustento, y vivir y morir por ellos y para ellos? Estos son mis grandes crímenes, señor de Bravo. ¡Oh don Amadeo! La cruz que llevo es muy pesada; pero Diós, que cuenta mis lágrimas y sabe lo que sufro, sin duda me perdona, puesto que me da fuerzas bastantes para llevarla, y esperanzas para llegar al fin de mi camino.

—Mil gracias, señor de Bravo; esclama con ironía el respetable y virtuoso jurisconsulto, á quien sorprende que aquel haya dado á Clotilde cuenta puntual y exacta del resultado de su comision.

—No hay de que darlas, señor conde de Buena-Ley; responde Bravo, con la mas esquisita urbanidad.

—El que quiera honra que la gane; repone sentenciosamente don Amadeo.

—Estamos conformes—replica Bravo;—el que quiéra honra que la gane. Nada mas justo.

—¡A pocos amigos como usted, á Dios la mia!

—¿Pues hice yo otra cosa que referir fielmente á Clotilde las palabras que le oí á usted mismo? ¿Cree usted que fuí á su casa, únicamente para disfrutar un rato de su conversacion, por entretenida é instructiva que sea, y eso que para mí lo es mucho?

—¡Como usted salió de mi casa, convencido, al parecer, de las observaciones que tuve el gusto de esponerle, yo estaba en la persuasion de que...

—No lo niego; salí convencido... al parecer. ¡Si hubiera usted visto mis labios manchados con la sangre que hicieron mis dientes, clavándose de rabia en ellos, al contemplar la sangre fria con que usted se ensañaba en las víctimas inmoladas á su ferocidad de tigre! ¡Si los hubiera usted visto, señor don Amadeo!

—¡Mi ferocidad de tigre! ¡Tigre un hombre, que ha consagrado su vida entera á la defensa de los inocentes y de los desvalidos!

—Por ejemplo—añade Bravo,—á la defensa de Enriquez, del marido de mi señora la marquesa de la Estrella, de su hermano político de usted.

—Si la rectitud de los magistrados, si las sentencias de los tribunales, si la santidad de la cosa juzgada, nada significan á los ojos de usted, á mis ojos significan mucho: los tribunales absolvieron á Enriquez.

—Los tribunales no siempre son infalibles, señor conde de Buena-Ley; su infalibilidad absoluta es una ficcion necesaria, porque de otra suerte, perdida la confianza en ellos y el respeto que inspiran, todas las cuestiones se resolverian por la violencia; el débil seria siempre víctima del fuerte, y la sociedad un perpétuo campo de batalla. Los tribunales, aun los mas incorruptibles y austeros, se equivocan muchas veces por falta de datos que los ilustren. Pero dejemos esto á un lado, y vamos á lo que interesa. Hable usted, Clotilde.

—Sí, sí, hable usted—repite don Amadeo;—sepamos al

fin á qué conducen estos insultos y estas amenazas. ¿Qué pide usted?

—El reconocimiento de Amelia y de Arturo.

—Cada vez me admiro mas—dice don Amadeo—de las pretensiones de usted.

—Pues son bien naturales y bien parcas.

—¿Qué falta les hace mi nombre, si mi nombre es un padron de infamia y una vergüenza, segun el juicio que ustedes han formado de mí? Mas vale que ignoren eternamente quién es su padre, y así no tendrán el dolor de maldecirlo. De unas criaturas amamantadas y educadas en el odio contra el autor de sus dias, no deben esperarse mas que frutos de odio.

—Su nombre de usted, señor conde de Buena-Ley—dice Bravo, marcando siempre sarcásticamente el título de don Amadeo,—es un nombre estimado en sociedad.

—¡Hola! ¿Esas tenemos?—esclama don Amadeo, regocijándose.—¿Con que al fin confesamos que no es tan fiero el leon como ustedes lo pintan? ¡Acabáramos! Mas vale tarde que nunca.

—Pero ese nombre—continúa el jóven, sin hacer caso de las palabras de su interlocutor—es para nosotros una máscara que usted lleva en el carnaval del mundo.

—¡Ah!

—Y mientras esa máscara no caiga, que puede caer, ó mientras no se la arranquen á usted, lo cual es muy posible, mas posible de lo que á usted se le figura; si se empeña en ello, esos dos niños podrán llevar hasta con orgullo el nombre de su padre.

—De manera que si los reconozco, ustedes se constituyen

voluntariamente en encubridores de los crímenes horrendos á que hace poco aludian. ¡Estraña moralidad! Por otra parte, yo estoy casado, puedo tener sucesión, y reconociendo á esos niños, privaré á mis legítimos herederos de lo que les corresponda.

—Ese acto—señor conde de Buena-Ley,—usted sabe mejor que yo que sólo le obliga al pago de alimentos.

—¡Ya! ¿Y si muero sin sucesion?

—Claro está; entonces Amelia y Arturo le heredan.

—¿Y mi hermana, que es una bendita? ¿Y mi esposa, que es un ángel? ¿Y sus dos hijos, que son dos perlas? ¿Los abandonaria á su suerte?

—¡Pues ya se ve que sí!

—¡Yo, que tanto los amo!

Quédase don Amadeo pensativo algunos minutos, pasados los cuales, dice de repente:

—Una transaccion me ocurre.

—Sepamos.

—Yo entrego diez mil realitos á esta señora: esta señora se casa; con la cantidad que digo, se establece, y si su marido es hombre económico y laborioso, verá usted qué grandemente lo pasan. Diez mil reales en estos tiempos, bien manejados, son una fortuna, que muchos quisieran para sí. Pero le aconsejo que se establezca en una provincia, porque este Madrid se va poniendo cada vez mas caro; ha de llegar dia en que solamente los ricos puedan vivir en él. Creo que mi proposicion merece no echarse en saco roto. El sacrificio que me impongo por complacer á ustedes, y para que se convenzan del error en que están respecto de mis sentimientos, es mas costoso de lo que parece: ustedes me suponen rico, y, francamente, no es oro todo lo que reluce; sino que la posicion de uno le obliga á aparentar lo que no tiene, sopena de anularse y esconderse en un rincon. ¡Ea! ¿Se acepta mi pensamiento?

VI.

Concluido este discurso, don Amadeo, grandemente esperanzado, echa mano á la caja, y despues de ofrecérsela á Bravo, sorbe un polvo.

Bravo duda si contestar á su interlocutor, ó cogerlo por los cabezones—como decia Quico—y ponerlo de patitas en la calle. Pero quiere ver hasta dónde llega la hediondez de su alma podrida.

—El sacrificio que el señor conde de Buena-Ley—dice—se impone con magnanimidad inusitada, es, en efecto, tan costoso, que bien merece ser agradecido; y yo creo interpretar fielmente la opinion de esta señora, manifestando, en su nombre, que lo agradece en el alma.

Don Amadeo golpea con los dedos nuevamente la caja, y toma otro polvo, diciendo:

—¿Ven ustedes como todo tiene remedio? Si Clotilde no se hubiera ofuscado al principio; si hubiese dado oido á la razon, y no á la voz de las pasiones, desde luego hubiéramos venido á un arreglo amistoso y pacífico. Ahora añadiré, que si se porta cual corresponde, no le faltará de cuando en cuando algun regalillo por año nuevo, el dia de su santo... en fin, me reservo entrar en pormenores de lo que pienso, porque le guardo sorpresas que han de agradarla sobremanera.

—Iba yo diciendo—esclama Bravo, cuya fria impasibilidad penetra como una hoja de acero en el alma de su interlocutor—que esta señora agradece el sacrificio que usted se impone; pero no lo acepta.

—¡Cómo!

—Como usted lo oye.

—¿No acepta usted, Clotilde?

Clotilde se cubre el rostro con un pañuelo, y comienza á sollozar.

—¡Esto es bueno! ¡Se da por ofendida! Pues, hija, si le ofenden á usted mis palabras, culpe de ellas al señor de Bravo, que me pintó la miseria de usted con tan vivos colores, que, en verdad, me dió mal rato. ¡A no ser que desde entonces hayan variado las circunstancias! Sí, esto debe de ser; porque el cuartito este es muy decente, los niños no están desnudos, como se me habia dicho... hay cierto desahogo... cierto bienestar... ¡Cuánto lo celebro, Clotilde! concluye don Amadeo, frotándose las manos con fruicion horrible.

—Señor conde de Buena-Ley—dice gravemente Bravo,—usted está dejado de la mano de Dios; ya no necesito ver mas que lo que he visto. El Carnaval ha concluido para usted; yo le arrancaré la máscara, y le señalaré la frente con el hierro de la infamia.

—Esas amenazas no hacen mella en mí.

—Es que tras del amago vendrá el golpe.

—Venga, pues; y le advierto para lo sucesivo, que así como soy un cordero cuando se trata de llevar las cosas por la buena, toda la fuerza del ejército no es capaz de obligarme á cometer una debilidad ó una injusticia.

—Señor conde de Buena-Ley, conozco á su señora de usted; he andado tiempos atrás entre bastidores, y tengo la seguridad de que si me acerco á saludarla en la calle, ó en paseo, no rehusará su palabra á uno de sus antiguos admiradores. ¿Dará usted lugar á que me acerque á ella y le refiera la historia del santo varon que tiene por esposo? ¿Dará usted lugar á que le diga que se ha casado con un hombre que le oculta la existencia de dos hijos, y que, dada la edad de usted, estos hijos serán los herederos de los bienes y de las riquezas que usted posee, y por las cuales ha vendido ella su juventud y su independencia?

VII.

El pensamiento de que llegue á noticia de Piedad lo que hasta ahora ha sido un secreto para todo el mundo, aterra á don Amadeo. ¿Qué hacer? ¿Qué inventar para detener el golpe? La noticia ha de saberla al fin Piedad, bien por Bravo, bien por los tribunales.

El astuto letrado está cogido, como una zorra, en la trampa que un cazador, mas astuto que él, le ha preparado; se halla materialmente entre la espada y la pared.

Su cerebro es, durante algunos minutos, una especie de encerado, en el que el espíritu, aguzándose como nunca, traza una larga série de operaciones aritméticas, para calcular las ventajas ó inconvenientes de adoptar esta ó la otra determinacion. Suma, resta, multiplica, divide enteros y quebrados, estrae raices cuadradas, elévalas hasta la quinta potencia, y el problema permanece oscuro y amenazador.

Piedad, sañuda, colérica, inexorable, vengará en él á la pobre Clotilde: el verdugo va á convertirse en víctima.

Si Quico Perales pudiera leer ahora en el alma de don Amadeo, á quien todo en la sociedad sonríe, no diria que el *mundo está al revés.*

VIII.

—A usted—observa por fin don Amadeo, tímidamente, como quien no confia en la seguridad de lo que dice—le será imposible demostrar que esos hijos me pertenecen.

Bravo se queda pensativo un momento. La observacion del jurisconsulto, que, con sus ojillos medio apagados, examina tenazmente hasta sus menores gestos, no deja de hacerle alguna fuerza.

Ocúrrele amenazarlo con la denuncia de Enriquez, denuncia que ha de envolver á don Amadeo en la ruina del antiguo dependiente de Figueroa. Pero desea que los hijos de Clotilde lleven un nombre, desea que se les reconozcan los derechos á heredar al jurisconsulto en el caso de que muera sin sucesion; y estas consideraciones le obligan á callarse, al menos hasta consultar el asunto con Clotilde.

Don Amadeo conoce que su observacion es mas importante de lo que pensaba, y en su afan de celebrarlo, da otro envite á la caja de rapé, ofreciéndola con aire risueño á su interlocutor, para no faltar á la máxima aquella de que nada quita lo cortés á lo valiente.

—Señor de Bravo—continúa,—no nos cansemos; acepten ustedes la transaccion honrosa y prudente que les ofrezco, y

lo pasado, pasado. No sirve decir: «Fulano es un pícaro; Zuta-
»no es un bribon; Mengano es esto, lo otro, ó lo de mas allá.»
En los tribunáles no hacen fé las palabras huecas; todo lo que
no sea presentar pruebas, datos, documentos irrefragables,
tangibles, positivos, es gastar la pólvora en salvas. Porque,
como dice muy bien el insigne Bartolo en sus preciosas consideraciones sobre...

—Usted, señor conde de Buena-Ley—interrumpe Bra-
vo,—es quien ha de reflexionar á espacio sobre lo que aquí hemos hablado esta mañana, porque le anuncio que el escándalo
se dará pronto.

—¡Un escándalo!

—Sí señor, un escándalo.

—¿Acaso ha parecido á ustedes mezquina la cantidad de
diez mil reales? ¿Se proponen arruinarme? ¡Enhorabuena!
Clotilde, fije usted misma la suma que necesite para esta-
blecerse con un hombre trabajador y pundonoroso. ¿Bastan
catorce, diez y seis mil reales? pregunta don Amadeo, suspirando.

IX.

A Clotilde se le clavan en el corazon, como espadas, los
rasgos de la bondad característica de don Amadeo.

Cuanto mas caritativo, cuanto mas accesible quiere presentarse el jurisconsulto, tanto mas odioso, tanto mas repugnante le parece á la pobre abandonada.

Se apela al honor, se interroga á la conciencia del jurisconsulto, y el jurisconsulto echa mano al bolsillo, como si en

el bolsillo tuviese depositados estos dos inestimables tesoros
del hombre.

La infeliz abandonada, siente desgarrársele de dolor el
pecho.

Así que oye pronunciar á don Amadeo las últimas palabras, deja la sala, sin dignarse mirarlo.

CAPITULO XXVI.

Un padre pintado por el amor.—El jurisconsulto y sus hijos.—Don Amadeo
ha muerto: ¡viva don Amadeo!

I.

Al entrar Clotilde en la habitacion donde están Amelia y
Arturo, corre á ellos y los abraza, y los besa con el arrebato de
la locura, derramando copiosas lágrimas sobre sus cabezas an-
gelicales.

—¡Hijos mios! ¡Pobres huérfanos! son las únicas palabras
que acierta á pronunciar.

Amelia esclama, enjugándole las lágrimas con un pañuelo:

—Mamá, no llores; antes de venir ese hombre estabas contenta, y ahora... ¿Por qué ahora no estás contenta? ¿Quién es
ese hombre? Yo le mandaré que no vuelva á poner aquí los
piés; y si no quiere irse, le diré al señor Francisco, ó á la
señora Cipriana, que lo echen.

—¡Ese hombre—dice Clotilde, por primera vez, — ese hombre es tu padre, Amelia!

La niña abre desmesuradamente los ojos, oyendo esta revelacion inesperada.

El asombro la enmudece.

¿Con que aquel desconocido que ha hecho llorar á su mamá, aquel hombre de fisonomía tan antipática, aquel viejo tan frio y nada cariñoso, es el padre por quien ella y Arturo han estado suspirando toda su vida?

Amelia no se atreve, no puede, no quiere creer que don Amadeo sea su padre; porque si lo fuera, ya su corazon se lo habria dicho á voces, y sus brazos se hubieran tendido involuntariamente hácia él, y su boca lo hubiera bendecido y besado mil y mil veces.

Su padre es la dulce ó inmaculada figura que ha visto dia y noche, dormida y despierta, destacarse en el horizonte sereno de su pensamiento virginal; es el luminoso y bello fantasma, sin forma terrena, que ha murmurado á su espíritu, durante años y años, palabras que resbalaban por él como una música de los cielos.

¡Qué desencanto! ¡Qué dolor para la pobre niña!

—Mamá—esclama Amelia, con inspirado acento, — ¿me permites entrar en la sala? Un ratito nada mas; yo le diré que nos quieres mucho, que eres buena, que eres una santa; y cuando él lo sepa, nos amará tambien. Llevaré á Arturo, con tal que prometa ser juicioso, para que ese caballero no se enfade. ¡Arturo! ¡Arturo!... añade, llamando desde la puerta á su hermano.

El travieso Arturo se presenta lleno de polvo. El respeto

que se merece el trajecito de paño color de perla, no ha podido quitarle la mala costumbre de andar á gatas por el suelo.

Cepíllalo Amelia, de arriba abajo, pásale un peine por la cabeza, y sin esperar permiso de su mamá, se lo lleva á la sala, medio á remolque.

II.

Clotilde pega el oido al tabique, para no perder palabra de lo que pueda hablarse en la habitacion inmediata.

—Nosotros—dice Amelia á don Amadeo, tímidamente, bajando la vista y tirando por Arturo que pugna por escaparse—no sabíamos que fuese usted nuestro.... Yo... —continúa la niña, interrumpiéndose á cada paso,—yo soy Amelia, y este... Arturo, que venimos á besarle á usted la mano. ¿Por qué ha hecho usted llorar á mamá?

—Yo no le he hecho llorar; responde don Amadeo, abandonando la mano á la niña, que cae de rodillas y se la cubre de besos.

Arturo se escapa.

—¡Arturo! ¡Qué niño! ¡No podemos hacer vida de él! esclama Amelia.

Vuelve á coger á su hermano, y le dice:

—¡A ver, señorito, como besa usted la mano á papá!

—Ese no es el papá.

—¿Verdad que sí?—pregunta Amelia á don Amadeo.— Dígale usted que sí, verá usted qué pronto obedece.

Al observar el silencio de don Amadeo, esclama Amelia:

—¿Tampoco nos quiere usted á nosotros? Bien decia yo:

del caballero que ha venido no es el papá;» porque si fuera usted el papá, ya nos hubiera besado, como hacen otros con sus niños. Y aunque usted no sea mi papá, ¿por qué no nos besa? El señor de Bravo, tampoco lo es, y nos besa. ¿Quiere usted verlo?

Amelia presenta una mejilla á los labios de su amigo, que no la desairan.

—Vamos, señor don Amadeo, sea usted complaciente; dice Bravo.

Don Amadeo permanece impasible.

Amelia se sienta en un rincon, y principia á llorar con amargura.

—¡Oh! ¡no puedo mas!—esclama don Amadeo, levantándose, para estrechar á la niña contra su pecho.—¡No puedo mas! ¡Qué hermosa es! añade, extasiándose en su contemplacion.

En seguida besa tambien á Arturo, que le pide cuartos para juguetes.

Don Amadeo le da una onza.

Arturo corre á enseñársela á su mamá.

—¿No tienes tú muñecas? pregunta el letrado á su hija, cogiéndola en sus brazos y sentándola sobre una de sus rodillas, sin hartarse de mirarla.

—Yo apenas he jugado á las muñecas: mamá ha sido pobre, y no podia comprármelas; y luego, como hace tanto que está mala, yo he tenido que hacer de enfermera, de cocinera, de lavandera, y de todo. ¡Antes vivíamos en una buhardilla tan fria, tan sucia, tan estrecha!... ¡Si usted nos hubiera visto! ¡Andábamos desnudos y descalzos, y la mamá tiritaba...

tiritaba! Ahora ya es otra cosa; este cuarto es muy lindo y muy abrigado... ¿Le gusta á usted mi traje? ¿Verdad que es de gusto? ¿Me sienta bien este color? Pero diga usted, ¿vendrá usted á vernos? Venga usted, sí; venga usted todos los dias. Saldremos á los balcones, y en cuanto lo veamos á usted, bajaremos á esperarlo á la puerta de casa. ¿Vendrá usted?

Amelia es capaz de seguir hablando hasta el dia del Juicio; pero la interrumpe Bravo, diciendo:

—Señor don Amadeo, venga usted aunque sea de oculto, acostúmbrese á verlos, y no dudo de que al fin el amor de padre le enseñará lo que debe hacer, sin necesidad de consejos, ni de estímulos estraños.

Arturo vuelve á la sala, y se sienta sobre la rodilla libre de su padre, pasándole entrambas manos por la cara, con una zalamería inusitada en él.

Tambien Turco ha invadido la habitacion, y brinca delante de los niños, como si su instinto le mandase tomar parte en el general contento.

—Todavía no me has dicho si vendrás—insiste Amelia, tuteando por primera vez á don Amadeo.—Y necesito saberlo, porque quiero que almuerces un dia con nosotros, y que pruebes un plato de dulce que me ha enseñado á hacer la señora Cipriana.

La precoz inteligencia de la niña, halla poderosos recursos para estrechar el sitio que ha puesto al corazon de don Amadeo, con el fin de obligarlo á rendirse á discrecion. En la guerra de los sentimientos íntimos, no son los niños los combatientes menos temibles. Sus lágrimas, sus sonrisas, su inocencia, sus medias palabras, sus ademanes, sus gracias, son armas irresistibles: si las piedras pudiesen dar alguna vez muestras de sensibilidad, las darian al encanto prodigioso de una de esas criaturas, cuya fuerza titánica consiste, precisamente, y esto, es lo que asombra, en la negacion de toda fuerza real.

—Hoy no me es posible darte palabra, Amelia; responde don Amadeo, levantándose.

—¿Por qué no? ¿Quién lo impide?

—Mis asuntos; tengo que ir á la Audiencia, al Congreso, á...

—¿Y por qué no vienes á vivir con nosotros? ¿Te vas ya? Avisaré á mamá.

—No, no la avises.

—¿No quieres verla?

—Otro dia la veré.

—Señor don Amadeo—responde Bravo, á la inclinacion de cabeza con que su interlócutor se despide,—recuerde usted la impaciencia con que esta desgraciada familia espera la resolucion definitiva de usted en el asunto del reconocimiento.

—Lo meditaré, señor de Bravo, dice don Amadeo, y abandona la sala, despues de besar otra vez á los niños.

III.

Difícil seria pintar la situacion del espíritu de don Amadeo, al salir de la casa de Clotilde.

Su contacto frecuente con criminales de todo género, las cábalas indignas y medios reprobados á que durante su larga práctica en el foro ha recurrido tantas veces, sin el menor escrúpulo, para sacar á salvo intereses bastardos é injusticias notorias, lo han endurecido en la maldad á tal punto, que ya la ejecuta casi maquinalmente, y aun pudiera afirmarse que, en mas de una ocasion, la ejecuta con el convencimiento de que procede con rectitud.

¿Qué crímen no encuentra disculpa en la conciencia de los malvados?

Para galvanizar estos cadáveres morales, para resucitar estas almas amortajadas en el sudario de sus vicios, para hacer que en estos corazones de piedra se oiga una palpitacion, reserva el amor sus grandes milagros; porque el amor es el oxígeno del alma, así como el oxígeno es el elemento vital del aire atmosférico. El alma que no gira dentro de la atmósfera del amor, es un alma enfermiza, un alma que vegeta miserablemente, que se asfixia, que se ahoga como una planta que dobla su tallo, sin haber dado una flor; en una palabra, es un alma que no vive, ó lo que es mil y mil veces peor, que vive muriendo.

Don Amadeo ha respirado unos instantes dentro de esa atmósfera de vida, ha visto rasgarse el negro horizonte que limitaba la esfera estrechísima de su existencia, y se han presentado á sus ojos, humedecidos por una lágrima, cielos azules y horizontes infinitos.

A la palabra de una niña, al beso regenerador de unos labios inocentes, ha desaparecido el caos de un alma; el amor ha dicho, como Dios en el momento de la creacion: *Fiat lux;* y la luz se ha hecho: el amor ha mandado á Lázaro que ande, y el cadáver se levanta de su tumba.

Y el amor á que obedece don Amadeo, es el amor de padre, es decir, el amor de los amores, amor grande, inmenso, divino; amor que sólo tiene de humano el estar encerrado en un vaso de tierra quebradizo.

El antiguo don Amadeo ha muerto: ¡viva el nuevo don Amadeo!... Pero ¡ay! ¡cuán poco vivirá!

¿Por qué la imágen fascinadora de Piedad, ha de atraer todavía á las sombras de la muerte, el alma de esta criatura perdida que acaba de ver la luz en la última jornada de su existencia?

CAPITULO XXVII.

De lo que sucedió á don Amadeo con sus hijos, en la calle de la Montera.

I.

Por la calle de la Montera abajo caminaban Amelia y Arturo, seguidos de Cipriana Santos, cuando el niño divisó en la acera de enfrente al respetable y virtuoso jurisconsulto, que con su esposa habia salido á hacer visitas.

Arturo y Amelia volvian á su casa de la de Amparo, á quien la mujer de Quico se presentaba á menudo con su interesante Albaricoque y con los hijos de Clotilde, que iban tomando cada vez mas cariño á su cuidadosa niñera, pues por tal tenian á Cipriana.

Recordaba Arturo con singular complacencia al *señor de la onza*, y en la semana trascurrida desde los sucesos de que se ha hablado en el capítulo anterior, apenas pasó dia sin preguntar muchas veces por él á su mamá. Pero el señor de la onza era, por lo visto, un ingrato, cuando tan mal pagaba sus afectuosos recuerdos.

A don Amadeo y á Piedad precedian Augusto y Julio, con riquísimos trajes escoceses.

—¡Amelia!... ¡mira!... esclamó Arturo, apuntando con un dedo á la acera de enfrente, y saliéndose de la que él seguia.

—¡Niño! ¡Arturo, qué te va á coger un coche! No seas malo; gritó Amelia.

—¡Yo *quero* ir, yo *quero* ir! repitió Arturo pataleteando.

—¿Pero á qué quieres ir?

—A ver al señor de la onza.

Dirigió Amelia la vista hácia el punto indicado por Arturo, y en efecto, distinguió á don Amadeo.

Entonces, asiendo de una mano á Arturo, echó á correr, diciendo á Cipriana que los siguiese.

Llegaron los niños á la otra acera, junto al sitio donde se abre el Pasaje de Murga, y los dos se abalanzaron como exhalaciones al respetable y virtuoso jurisconsulto, gritando á una voz alegremente:

—¡Papá! ¡papá!

Estas dos palabras, pronunciadas de improviso, resonaron en el cerebro del letrado con una vibracion semejante á la de la campana que toca por un reo en capilla.

Los ojos del verdugo, esto es, los ojos de Piedad, asaltada por uno de esos presentimientos que pocas veces engañan á las mujeres, centellearon como brasas.

—¿Qué dicen esos chicos? preguntó á su marido, cuya frente se bañó de sudor frio.

—Lo ignoro; sin duda se han equivocado.

—No, no nos equivocamos, papá. Yo soy Amelia, este es
Arturo, el que no queria besarte; somos los hijos de doña Clotilde, la de Lavapiés.

—Don Amadeo quiso andar, pero le fué imposible, porque
Arturo y Amelia le agarraron por la levita, como dos corche-
tes, abrazáronse á sus piernas como dos enredaderas, y *piaron*
tiernamente su nombre como dos pajarillos el nombre de la
madre, cuando la ven tornar al nido con el grano que ha de
sustentarlos.

—Estamos impidiendo el paso—esclamó Piedad,— y esta
escena es altamente ridícula.

—Dejadme, niños—dijo don Amadeo, mas muerto que vivo;—dejadme en paz, yo no os conozco, os habeis equivocado,
yo no sé quiénes sois.

—¿Pues no te he dicho—respondió la niña, en cuyo rostro
se pintaba el mayor desconsuelo,—no te he dicho que yo soy
Amelia y este es Arturo?———

—Bien; ¡pero si yo no os conozco!

Cipriana, que dudaba si tomar parte en la escena, decidióse por la afirmativa al ver que Augusto y Julio amenaza-
ban á los hijos de Clotilde.

—¡Cuidadito—esclamó—con tocar al pelo de la ropa á estos niños, porque, aunque me vean ustés así, cada uno es
cada uno!

Y despues de dirigir una mirada con todo el enojo de que
fué capaz, á don Amadeo, á su mujer y á sus hijos, echó por
la calle abajo, no poco satisfecha de haber dejado, á su juicio,
bien puesto el pabellon.

El señor de la onza perdió algo del buen concepto en que

Arturo lo tenia poco antes, y Amelia se devanaba los sesos por descubrir el misterio de lo que acababa de pasar.

—¡Que no nos conoce! ¡que no sabe quiénes somos!—iba pensando por el camino la niña.—¿Quién será aquella señora?... ¡Nos echaba unos ojos!...

———————

CAPITULO XXVIII.

La ex-cómica amenaza á su marido con el divorcio, y el tartamudo le ayuda en tan piadosa tarea.

I.

Profundamente disgustada quedó Piedad á consecuencia de lo ocurrido en la calle de la Montera; pero como en sociedad era mejor cómica que en las tablas, supo refrenar sus pasiones tan bien, que nadie hubiera sospechado la lucha que en su interior trababan unas con otras. Además, como iba tan risueña, tan elegante y tan seductora, ciertamente hubiera sentido que un arrebato de cólera le descompusiese un rizo, que una lágrima de despecho le humedeciese el lazo de seda que debajo de la barba le sujetaba la capota; ó bien que resbalando por su mejilla, iluminada y satinada con suaves cosméticos de la perfumería de Frera, dejara en pos de sí huellas de su caida, sobre el cútis.

Nada de esto impidió, sin embargo, que los minutos le pareciesen años, y las horas siglos, hasta que, hechas las visitas, volvieron á casa, en donde la esplosion de sus iras fué mas terrible que nunca.

Don Amadeo sufrió encogido, anonadado como un tímido cordero, ó mejor dicho, como un imbécil, los denuestos y los insultos que á su mujer le xplugo prodigarle. Esperar defensa ni consuelo de las demás personas de la familia en su triste situacion, hubiera sido escusado.

Allí todos eran enemigos suyos; Piedad, la viejecilla, y aun Augusto y Julio que se burlaban de él, ya enseñándole la lengua, ya lanzándole apodos y pullas insolentes, sin respeto á su representacion en la familia, ni á sus canas.

Alguna vez durante la comida, que para él fué veneno, dirigió sus ojos suplicantes al eterno comensal de su mujer, al señor Leoncio, cuyas sentencias, aunque enigmáticas, tenian siempre el carácter de inapelables é infalibles.

El señor Leoncio, aficionado á los vegetales, sin perjuicio de sus simpatías por el reino animal, dedicó gran parte del tiempo á saborear en silencio la escarola, que, segun recordarán mis lectores, formaba sus delicias principales.

Despues de los postres, fué cuando brillaron sus estrañas simpatías por el respetable y virtuoso jurisconsulto.

Piedad habia desmentido como nunca su dulce nombre; lo cual pareció no sentar muy bien al señor Leoncio, puesto que sus primeras palabras fueron, mas que observaciones imparciales, apasionadas censuras del ensañamiento de Piedad con el jurisconsulto. Este se creyó salvado; pero así que la lengua del señor Leoncio comenzó á tartamudear, principiaron los sudores, las fatigas y las confusiones de don Amadeo.

II.

—Yo no creo—dijo el señor Leoncio,—que aquel ni...
ni... niño y aquella niña sean hijos del señor con... con...
conde de Buena-Ley, porque una persona de sus... de sus...
vamos, de sus... no es posible que... Pero suponiendo que lo
fuesen, ¡cla... cla... claro es que!... El señor con... conde ama
á usted, Piedad, a... ma... ma... ama á Julio, y consiguiente-
mente á su hermani... to... to... Augusto; y siendo aquella ni...
ni... niña y aquel niño hijos suyos, pudieran per... perjú...
perjudicar á usted y quedarse Ju... Ju... Julio y Augusto in
al... in al... bisbis... in albis; pues cla... cla... claro es que...
Pero la rectitud del señor con... conde y su misma honra no
le permitirán recó... co... co... reconocer á los... Ahora, convengo en que me... me... merece indulgencia, y en qué
Pi... Pié... Piedad ha sido sevé... sevé... severa; esto es mas
cla... cla... claro que...

—Señor Leoncio—interrumpió Piedad,—hágame usted el
obsequio de no sacar la cara por este mal caballero; ya va de
muchas; es un libertino incorregible. ¿Quién pensara que á
su edad?... ¡Vamos! ¡A la vejez viruelas!

—No nie... go... go... yo—observó el señor Leoncio—
que en su edad ya debia... pues cla... cla... claro es que...

—Yo vivo mártir, yo no he debido casarme con un hombre que tan mal comprende las obligaciones á que le sujeta
su nuevo estado; con un hipócrita que me oculta los desórdenes de su vida pasada, para engañarme despues y esponerme
á la crítica del mundo. ¡Doña Clotilde!... ¡La de Lavapiés!...

¿Y quién es esa doña Clotilde, señor conde?... ¿Se ha vuelto usted mudo? Supongo que habrá usted hecho ya testamento á favor de aquel niño y de aquella niña; que me dejará usted á mí y á mis hijos á pedir limosna; que doña Clotilde y usted se reirán de la simple que ha creido en la buena fé de.... ¡Hable usted, hable usted, señor conde, ó doy un escándalo que suene!

Don Amadeo, fuerte con los débiles, y débil con los fuertes, respondió con la mayor mansedumbre:

—Yo no he hecho testamento ninguno, ni he reconocido á nadie, Piedad; pero te pido por Dios que no me martirices, que no abuses del amor que te profeso, y que tan desgraciado me hace.

—Si tan desgraciado eres, ¿por qué no intentas el divorcio? Inténtalo, que, á fé de Piedad, no he de tirarte yo por el faldon de la levita para detenerte; y aun si supiera que presumes que voy á rebajarme hasta ese estremo, yo misma pediria inmediatamente nuestra separacion.

—No lo aprú... aprú... apruebo; no lo aprú... apruebo— observó el señor Leoncio;—usted, como digna espó... popó... esposa, se resignará, y se... ¡vamos! se... Lo que es en el particular defiendo á ca... ca... á capa y espada al señor con... con... conde de Bué... de Buena...

—¡Gracias, señor Leoncio, gracias!—interrumpió don Amadeo.—¿Lo ves, Piedad? Todos me dan la razon.

—¡Todos! ¿Es todos el señor Leoncio? ¡Como si no supiera yo que le has alcanzado un destino! Al señor Leoncio le hace hablar el agradecimiento.

—Me hace hablar la ra... la ra... razon, Pi... Pié... Piedad. ¿Cuánto va á que si le pi... pipí... pide usted que asegure la fortú... tu... tuna de Augusto y de Julio, dedicando par... par... parte de sus bienes á formarles una... una... ¿como se lla... ma... mamá eso que ha... hacen en *La Tu...* *Tuté...* *Tutelar?*

—¿Una renta? ¿Un capital? preguntó sencillamente Piedad.

—¡Pues! Esas co... cocó... cosas se arreglan cuando hay vo... vovó... voluntad y buena fé en me... me... menos que se persigna un cu... cucú... cura loco. Y existiendo buena fé y vo... vovó... voluntad en el señór con... con... conde, cla... cla... claro es que... Se figura un do... cu... cucú... cu... documento, un... ¿co... cocó... cómo se llama?... por ejem... jem... por ejemplo... una es... cri... crierí... tura, escritura de... ¡Vamos... de...

—Me propone usted una falsificacion, un crímen, señor Leoncio.

—Yo no sé. ¡Co... cocó... como no entiendo del... cla... cla... claro es que...

—Para este hombre—esclamó Piedad, exaltándose,—todos son crímenes, menos el hacer su gusto y el faltar á sus principales deberes; para este hombre es crímen el porvenir de su mujer; es crímen la lealtad que le ha jurado; es crímen el acariciar á mis hijos, y mirar por su suerte; pero no es crímen proteger á mujeres sospechosas; no es crímen quitar á mis hijos el pan de la boca para regalárselo á los hijos de doña Clotilde; no es crímen... ¿A qué cansarnos?... El olmo nunca dará peras: pués bien, yo pediré el divorcio, y te abandonaré, y te despreciaré, y te olvidaré como mereces.

III.

—¡Anda, malo y remalo!—gritó de repente Julio, encarándose con don Amadeo.—Yo no te quiero, porque haces ra-
biar á mamá.

Durante esta conversacion, Augusto se entretuvo en dis-
parar bolitas de miga de pan contra el infeliz viejo, que no
tuvo valor para reprenderlo, ni para enfadarse, temiendo la
cólera de su mujer.

Comparaba mentalmente el respeto, la ternura y el cándido alborozo que Amelia y Arturo manifestaron en su presencia, con los instintos aviesos y los crueles hábitos de Augusto y de Julio, y sentia caer en su corazon una lágrima de
inesplicable amargura.

¿Qué haria para sacudir el yugo que lo esclavizaba? ¿Cómo
libertarse de la mirada y de la voluntad de su mujer que lo
fascinaba y avasallaba? ¿Cómo renunciar á su propia pasion,
que lo cegaba y lo reducia á la triste condicion de un idiota,
de un paria, en medio de su familia?

Poco debia suponer un crímen mas ó menos á los ojos de
quien siempre habia desoido la voz de la conciencia; y si á
costa de él hubiera podido conquistar don Amadeo la paz que
anhelaba, no hubiera vacilado en cometerlo.

Pero ¿hubieran cesado por esto las exigencias de su mujer?
Y aun siendo así, ¿no le hubiera atormentado el remordimiento de haber abandonado á la sencilla y crédula jóven por él
deshonrada, y á los niños que durante años enteros habian estado clamando por conocerlo?

IV.

—Piedad—esclamó don Amadeo,—no pidas el divorcio; yo meditaré, yo pensaré...

—¿Volvemos á las meditaciones y á los pensamientos, como antes de casarnos? ¡Tanto meditar! ¡Tanto pensar! ¿Y para qué?... ¡Ah! ya; para darme este pago. No, señor conde, no se moleste usted en cavilar, que las cavilaciones le pueden poner calvo.

—En efecto—observó el señor Leoncio,—el estu... tutú... el estudio y las ca... caví... cavila... cavilaciones, suelen... Yo conservo el pe... lólo... el pelo porque como no abú... bubú... abuso del estudio ni de... cla... cla... claro es que... Hay cosas, señor conde, que deben decidirse así... de gol... golgól... golpe, y... Pues habiendo vo... vovó... *voluntariedad*, cla... cla... cla... claro es que... pero yo suplico á Pi... Piedad que sea mas be... bebé... benígna... menos vi... viva de ge...

La palabra genio quedósele medio atragantada al señor Leoncio, por haberle ocurrido repentinamente una idea cuya importancia eclipsó la de lo que estaba diciendo.

Levantóse, y cogiendo por una mano á Piedad, la condujo hasta el sitio que ocupaba el respetable y virtuoso jurisconsulto; hizo que este alargase su derecha, y poniendo en íntimo contacto á entrambas, dijo con acento solemne:

—¡Ea! pe... pepé... pelillos á la... Pie... Piedad no pide ya el divorcio, ni el se... se... señor conde reco... cocó... reconoce á los hijos de do... doña... la de La... Lavapiés. Lo de hacer tes... testa... testamento á favor de Pie... Piedad y de sus ni... nini... niños, vendrá lue... gogó... de por sí, porque las pri... pri... pri... prisas en estos asuntos, cla... cla... claro es que no... Pero dentro de tres ó cua... cuatro dias, con cal... calma y con...

La hermana de don Amadeo atravesó la habitacion contigua al comedor, al pronunciar el señor Leoncio sus frases conciliadoras, las cuales le sorprendieron altamente, porque ignoraba lo que ellas habian espresado con una claridad que no admitia dudas.

CAPITULO XXIX.

Enriquez suministra pan á los presos, y asunto para que *La Nueva Era* le zurre la badana.—Piedad y su cuñada imitan á las rabaneras.—El señor Leoncio calma la tempestad, trasformándose en arco-iris.

I.

La marquesa llega de la calle. Una semana despues de su boda, dejó la casa de don Amadeo por otra, que es la que actualmente ocupa con su digno esposo el aprovechado jóven Enriquez.

El matrimonio ninguna alteracion notable ha producido en su aspecto general.

Tan rígida, tan avellanada y tan tiesa la vemos ahora como antes. En los primeros dias de sus relaciones con Piedad, cuyo carácter ignoraba, quiso darse tono con ella, aturdirla con la finura de sus *maneras*, y abrumarla bajo el peso de una superioridad en el conocimiento de los usos y costumbres del gran mundo, que su cuñada no pareció muy dispuesta á reconocer.

La esposa de don Amadeo es mejor cómica, segun he dicho ya, en sociedad que en el teatro; y si en el teatro hizo muchas veces marquesas y duquesas deplorables, actualmente honra el título de Castilla de su marido, que no es título de teatro, sino real y efectivo, con su indisputable talento y naturalidad para llevarlo.

Nadie diria sino que ha nacido condesa.

Así, pues, la mujer de Enriquez ha renunciado á sus pretensiones dominantes, y aun á pesar de su genio acre y altivo, vése en alguna ocasion én la necesidad de cederle humildemente la palma, conociendo lo que á sus intereses conviene no indisponerse con ella.

—Buenas noches, Piedad; dice al entrar, besando con mil estremos de cariño á su cuñada, sin olvidarse de dar la mano al señor Leoncio, cuya *posicion* y funciones en la casa de su hermano aún no ha podido esplicarse de una manera satisfactoria.

—A tiempo llegas todavía—responde Piedad.—¿Quieres que te ponga un poco de flan?

—Gracias, hija; acabo de comer en este momento.

—¿Una pin... pint... pintita de Jerez se... se... cocó? le pregunta el señor Leoncio, presentándole una copa.

—Lo agradezco en el alma! no és desaire, señor Leoncio; mis nérvios se hallan hoy tan alborotados, que parece que me están bailando.

—Si es así, cla... cla... claro es que...

—¿Y Enriquez? pregunta Piedad.

—Tan atareado como siempre; lo del suministro del pan para algunos establecimientos penales, apenas le deja minuto libre. Es una esclavitud. Yo le aconsejo que lo abandone; pero él se empeña en seguir, porque (y en esto conozco que no vá mal) dice que es cuestion de honra. Le muerde la calumnia, y es preciso confundirla, anonadarla.

—Pues, ¿qué hay? esclama Piedad.

—¿No te ha dicho nada ese? responde la marquesa, aludiendo á su hermano.

—Este—replica Piedad—no se digna enterarme de lo que ocurre en el mundo.

—Un periodicucho, llamado *La Nueva Era*—continúa la hermana de don Amadeo,—ha tenido la audacia de anunciar, con grande aparato de alharacas y aspavientos, que uno de sus redactores ha examinado el pan del suministro, y lo ha visto mohoso, y tan húmedo, que si se le esprime, da mas zumo que un limon.

—¡Qué atró... atro... cidad! prorumpe el señor Leoncio.

—Despues de estampar esa mentira—prosigue la marquesa,—llama la atencion del gobierno para que, sujetando al exámen de peritos facultativos la muestra que existe en la mencionada redaccion, si el delito se prueba, se forme causa á los contratistas, á quienes califica poco menos que de envenenadores.

—¡Qué atró... tró... atró... atrocidad! repite el señor Leoncio, envolviendo al respetable y virtuoso jurisconsulto en las densas bocanadas de humo de cigarro, que, á modo de chimenea, despide su boca.

—En ese periódico escribe un tal Garciestéban, íntimo amigo de un tal Bravo, que tiene particular ojeriza contra nosotros, sin saber por qué; esclama la marquesa.

—Los conozco... de oidas—observa Piedad;—pero quien los conocerá sin duda mas á fondo es mi marido, tu hermano el señor conde de Buena-Ley. Apostaria á que esos caballeros frecuentan la casa de una doña Clotilde, vecina de la calle de Lavapiés, á quien el señor don Amadeo quizá mantenga, si no mienten mis sospechas. Debe ser mujer de historia doña Clotilde.

—Al menos—dice la marquesa—lo que oí, sin querer, al señor Leoncio cuando entré en el comedor, así lo demuestra claramente.

—¡Pues qué! ¿Oiste algo de particular? pregunta don Amadeo, sobresaltándose.

—Oí que Piedad no pide el divorcio... prueba de que habia tratado de pedirlo; oí que tú no reconoces ya á los hijos de doña Clotilde, la de Lavapies... prueba de que habias pensado reconocerlos; oí no sé qué de testamento en favor de Piedad y de sus niños, que podrá estenderse dentro de tres ó cuatro dias... Lo que no oí—añade resentida la mujer de Enriquez— es que te hayas acordado de tu hermana, de esta hermana que ha sufrido tus rarezas y tus impertinencias durante una porcion de años; lo que no oí...

—¡Ya! pero mis derechos... mis derechos...—interrumpe con aspereza Piedad.

—¿Los niego yo?...—dice la marquesa.—Pero, ¿y los mios, y los mios?

—Yo soy su esposa; observa Piedad.

—Y yo su hermana; replica la marquesa.

—Se... sesé... señoras—esclama el señor Leoncio,—aun no asá... asá... asamos y ya empringamos, co... cocó... como dice el... el... ref... el ref Aun no ha muerto el señor con... concén... conde de Bué...de Buena... y... Esperen ustedes á que... que., ¡pues!... y entonces cla... cla... claro es que...

II.

El infeliz don Amadeo escucha en vida los sufragios que dedicarán en muerte á su alma las personas que mas lo estiman, y seguramente no le hacen mucha gracia.

Si cuando se halla bueno y sano se disputan ya con ardor la presa de la herencia, ¿qué no harán cuando le llegue la última hora? Capaces serán de tirarse de las greñas como arpías.

Tambien la observacion prudente del señor Leoncio, que los aconseja que esperen, le hiela hasta la médula de los huesos.

—No—esclama Piedad,—no seré yo la tonta que espere á que mi marido fallezca, para saber hasta dónde llega su amor á mí y á mis niños. Yo á nada te obligo, Amadeo: dueño eres de tus bienes, que no codicio; pero una cosa es mi desinterés y abnegacion, y otra tu deber. Si la conciencia nada te dicta en favor de tu esposa y de sus hijos, con tu pan te lo comas, ni una queja saldrá de mis labios; si por el contrario, en tu disposicion testamentaria nos consagras un recuerdo, entonces, y sólo entonces creeré que no te casaste conmigo para tener una especie de ama de gobierno, que te sufriese y cuidase.

—Tampoco soy yo tan egoista—dice la marquesa,—que me oponga á los justos deseos que acaba de manifestar esta; y si antes me exalté al oirla, cúlpese á mi estado nervioso que me los hizo comprender mal, pero nunca á envidias ruines que no caben en mi corazon generoso. Así, pues, soy de parecer que se acepte la idea feliz del señor Leoncio, esto es, que Amadeo haga testamento, para que en su última hora no lo sorprendan personas estrañas á la familia.

El señor Leoncio parece que se ha propuesto marear al jurisconsulto, segun la frecuencia y el entusiasmo con qué le dispara bocanadas de humo.

—Aceptá... tatá... aceptado mi pen... penpén... mi pénsa... pensamiento—esclama,—yo mismo bus... cáca... buscaré el escribano y los...

—Aun cuando no fuese mas—observa la mujer de Enriquez—que como un medio de probar si el cariño de esa doña Clotilde es verdadero...

—Cla... cla... claro es—repone el señor Leoncio,—aunque no fuese mas que... que... ¿A que no suspira por el señor co... co... condé de Bué... de Buena... luego que se convenza de que no hay en el testa... testamento ni una cláu... cláu... cláusula á su favor?

—¡Madrid está plagado de aventureras! dice sentenciosamente Piedad.

—¡Ya lo creo! responde la marquesa, sin poder quitar al acento con que lo dice, cierto retintin que choca á su cuñada.

Todos han hablado, todos han emitido su parecer, y todos han dispuesto á su arbitrio de la fortuna del respetable y virtuoso jurisconsulto, sin contar con la huéspeda; es decir, sin contar con él.

Don Amadeo intenta dar largas al asunto, ir aplazando

un día y otro la resolucion, con la esperanza de que el tiempo ó las circunstancias le inspirarán un medio de complacer á todos; suponiendo que se determine á hacer testamento, pues no ve que haya gran necesidad de hacerlo.

El señor Leoncio se encarga de quitarle toda esperanza de aplazamiento.

—¿Qué di... didí... dificultad hay—esclama,—ya que ustedes se hallan de acú... cucú... de acuerdo para la... es decir, para el... en reunirse ma... mamá... mañana á la noche aquí, y fi... fifi... finiquitarse el?... ¡Sí! ¡sí! es lo mas acertado y lo mas... Se... señó... señora marquesa, ma... mañá... mañana á las o... chócho aquí con su se... señor espó... popó... esposo... Digo, creo que el se... señor co... cóco... conde de Bué... de Buena... Conozco su asentimiento en la... lalá... la atencion con que...

—¡Si estaré yo malo sin saberlo!—dice para sí don Amadeo; añadiendo en alta voz:—pero, ¿á qué atropellarse? ¿á qué precipitar las cosas? ¡Si yo no he pensado en testar, ni Cristo que lo fundó! ¡Si yo, á Dios gracias, me siento perfectísimamente bien! ¡Si...

—¿Qué es atró... pepé... atropellar?—interrumpe el señor Leoncio.—Quédese e... e... sosó de atró... pepé... atropellarse para personas en... co... cocó... encogidas, que se ahogan en po... popó... poca agua; pero con mi actividad y mi... cla... cla... claro es que...

—Sí, sí—dice la marquesa;—mañana vendremos á las ocho Enriquez y yo, y todo se arreglará á pedir de boca.

Para evitar que su hermano don Amadeo ponga objeciones, se levanta, y dice á su cuñada:

—Piedad, échate un velo y acompáñame á la calle de Espoz y Mina; quiero ver unos géneros de *alta novedad* que llegaron hace cuatro dias, antes de que se acaben, porque segun he oido, es cosa de arrebatárselos la gente. Abajo tengo la berlina.

Así diciendo, dejan solos las dos cuñadas á don Amadeo y al señor Leoncio, y á poco se oye rodar el carruaje, que las conduce á la calle de Espoz y Mina.

CAPÍTULO XXX

Un cónclave, y no de cardenales, acuerda lo que verá el lector.

I.

Celebróse, en casa del respetable y virtuoso jurisconsulto, el cónclave indicado en el capítulo antecedente, al cual, además de aquél y de su esposa, concurrieron Enriquez, la marquesa y el señor Leoncio.

En esta reunion desbaratáronse todos en protestas de amor, respeto, amistad y desinterés recíprocos, en términos de que quien no los conociese hubiera jurado que habian vuelto los hombres y los tiempos bíblicos. Don Amadeo era el patriarca.

El lector, que los conoce, ya habrá dicho para sus adentros que á tal patriarca, tal familia, y á tal familia tal patriarca, y si le diesen á escoger, se quedaria sin ninguno.

Notábase, sin embargo, á simple vista, el profundo abatimiento del conde de Buena-Ley, que desde su enlace con Piedad habia ido desmejorándose de dia en dia, á fuerza de disgustos y cavilaciones.

Sus ojillos, escondidos bajo las pobladas cejas, rara vez brillaban ya, como antes, á manera de chispas de fragua; movíanse perezosa y lentamente aun en los momentos de exaltacion, despidiendo la débil claridad que dos gusanos de luz en noche de luna: una claridad pálida, yerta, la claridad que puede esperarse de un alma sin virtud; una claridad que ni alumbra, ni calienta; una claridad que parece aumentar las tinieblas.

II.

Apresurémonos á consignar los acuerdos que se tomaron, y que mas relacion tienen con nuestra historia:

1.° Testar don Amadeo, á favor de su mujer y de su hermana, distribuyendo entre ellas, por partes iguales, la gran masa del capital, que ascenderia á tres millones de reales, en fincas y numerario, como recompensa de sus desvelos y servicios y de lo mucho que lo habian amado:

2.° Retirar de la espresada suma diez mil duros para los hijos de Piedad, de quienes se hicieron elógios á porfía, citándolos como modelos de buena educacion, de obediencia, docilidad y respeto, sobre todo con el otorgante:

3.° Dejar una manda de cuatro mil duros al señor Leoncio, cuyos sanos consejos y ameno trato habian vertido en el corazon de don Amadeo indecibles consuelos:

4.° Los gastos de funerales, misas, limosnas, aniversarios y demás, se abandonaban á juicio de los herederos, á quienes no se queria ofender imponiéndoles límites, por temor de que pareciesen mezquinos á su conocida religiosidad y al afecto que profesaban al testador.

Acordaron, asimismo, verbalmente, que don Amadeo prometeria á Clotilde reconocer sus hijos, siempre que ella diese palabra prévia de salir de la córte, estableciéndose en el punto de provincia que eligiera. Todo con el santo fin de que no se alterase la paz de la familia del letrado, á consecuencia de pretensiones que ya serian improcedentes ó injustas, y con los fines que mas adelante se espresarán.

Por último, habiéndose convenido, despues de citados innumerables hechos hostiles á los concurrentes, en que Bravo era el principal promovedor y causante de ellos, y en que trabajaba en union con la familia de Figueroa para perder á Enriquez el probo, á su estimable esposa y al inofensivo y escelente don Amadeo, era preciso de todo punto desbaratar sus planes ó *inutilizarlo* para lo sucesivo, sin lo cual peligraba la seguridad y la honra del cónclave, á cuyo efecto se nombró una comision, formada de Enriquez, don Amadeo y el señor Leoncio, que se encargaria de llevar á cabo tan saludable medida.

CAPITULO XXXI

Proposicion de don Amadeo á Clotilde.—Conveniencias que no se llaman salvajes, porque se llaman sociales.—Los miembros del cónclave rivalizan
en bondad.

I.

Don Amadeo obedece como una máquina movida por un
resorte.

Su mujer le ha hecho por fin decidirse, no perdonando,
para conseguirlo, caricias ni amenazas.

Diríase que ha dado al pobre jurisconsulto un filtro que le
adormece las tres potencias del alma, su memoria, su entendimiento y su voluntad, y las demás que no se mencionan en
el catecismo.

Este hombre, consagrado al bien, con la perseverancia, con
la fé y con la habilidad que empleó largo tiempo en el mal,
hubiera sido un sér estraordinario; consagrado al mal y careciendo ya de los bríos de la juventud, es juguete miserable

de los que lo rodean y víctima de su propia conciencia, cuyos gritos no le dejan momento de paz.

El reo que camina al cadalso no vacila, ni tiembla lo que este hombre, caminando á casa de Clotilde.

Los amigos que lo encuentran en la calle, le preguntan si está enfermo; los que oyen sus palabras inconexas, las atribuyen, haciéndole mucho favor, á distracciones.

Al entrar en la sala de Clotilde, siente una especie de vértigo que le obliga á detenerse, apoyándose en el bastón.

Arturo, Amelia y Turco lo rodean y asaltan alborozados, como el sitiador que conquista, por fin, una plaza que se ha resistido tenaz y valerosamente.

La alegría de los dos niños y del diminuto faldero, refresca su corazon, devorado por honda amargura, al mismo tiempo que, en virtud de un fenómeno difícil de esplicar, le produce el efecto contrario.

To lo se halla en igual estado que la mañana en que visitó por primera vez á esta desventurada familia.

Los mismos tiestos, cuyas p'antas doblan suavemente sus tallos bajo el peso de las flores; el mismo mueblaje de la habitacion, aseado, limpio, modesto; el mismo sol, cuyos rayos purísimos, tocando la bruñida superficie de las sillas, de los sencillos cuadros y del espejo, parece que los hace sonreir; el mismo ambiente, perfumado con el olor de las rosas, de los claveles, del almoradux y de la reseda.

Y sobre todo esto, las mismas demostraciones de júbilo y de amor, que en la mañana cuyo recuerdo se apodera vivamente de su espíritu.

Amelia y Arturo salen, á una seña de su madre.

III.

—Buenos dias, Clotilde—esclama el letrado, sin atreverse á mirar á su víctima;—siento no haber podido venir antes, como pensaba; mas no por esto habia olvidado mi promesa. ¿Me perdonará usted?

El acento de sinceridad con que don Amadeo pronuncia estas palabras, desarma á Clotilde, que iba á pedirle cuenta de su conducta con Amelia y Arturo en la calle de la Montera.

—Está usted perdonado; responde con dulzura.

—Gracias, Clotilde; gracias mil veces; no esperaba tanta generosidad despues de lo ocurrido el otro dia con los niños, y de lo cual supongo á usted enterada. Precisamente con el fin de evitar disgustos de esta clase, tan sensibles para mí como para usted, vengo á proponer un medio que, en mi concepto, concilia bien las pretensiones de usted con mis deseos.

—Antes de pasar adelante, quiero pedir á usted un sólo favor.

—¿Y es?

—Que se abstenga de ofrecerme intereses, en cambio de la renuncia de los derechos de mis hijos.

—Nada tema usted; creo que nos entenderemos.

—En ese caso, ya escucho.

—Estoy dispuesto á reconocer libre y espontáneamente á nuestros hijos; y á pasarles los alimentos que creamos razonables, sin perjuicio de sufragar ó abonar otros gastos que se originen, á consecuencia de la sola condicion que voy á poner.

—Sepamos qué condicion es esa.

—Que se establezca usted con los niños en el punto de España que guste, esceptuando Madrid. Usted posee penetracion suficiente para comprender los motivos en que se funda mi condicion. Ocurrencias como la del otro dia, pueden ocasionar desazones domésticas á cada paso, que, por el bien de usted y de los niños y aun por el de mi familia, debemos ambos evitar.

Clotilde reflexiona sobre la inesperada proposicion de don Amadéo.

La esperanza reanima y colora instantáneamente la dulce y bella fisonomía de la pobre madre.

A pesar de los desengaños que ha sufrido, no se atreverá á poner en duda la veracidad de su interlocutor.

Adolece del noble defecto de los buenos: la confianza.

—Necesito meditar y consultar la proposicion de usted, esclama, trascurrido un instante.

—Si usted la acepta, dispone desde luego el viaje, y antes de dos meses, paso yo al punto en que resida, para formalizar y legalizar el convenio. Tal es mi condicion única.

—¿Y por qué no formalizarlo y legalizarlo desde luego? pregunta sencillamente Clotilde.

—Porque, prescindiendo de otras consideraciones, lo primero que yo necesito, segun he indicado, es evitar disgustos domésticos. Mi esposa se afectó el otro dia de una manera, que me temí un conflicto. Lo que aquí pasó lo ignoro; pero me figuro cuál seria ella.

—Amelia llegó llorando, y me dijo cosas que me partieron el corazon.

—Lo creo, Clotilde, lo creo; crea usted también que las palabras que dirigí á los niños no las pronunció mi alma, las pronunció mi boca. Pero era preciso evitar escándalos; el sitio era demasiado público, y nos observaban ya muchos curiosos, que se detuvieron al oir las palabras y al ver el llanto de los dos hermanitos.

—Ciertamente—observa Clotilde, con amarga y triste ironía,—es un escándalo digno de reprobacion en nuestra sociedad, el que dos niños inocentes corran desalados á besar en público á un padre que poco antes los ha tenido sobre sus rodillas.

—¿Qué quiere usted, Clotilde? Las conveniencias, las formas...

—¡Formas abominables! ¡Conveniencias malditas, que sofocan la voz de la naturaleza y sancionan las mayores iniquidades!

—Considere usted que estoy casado.

—Con una aventurera.

—¡Clotilde!

—Y sin embargo, esas decantadas conveniencias no se opusiéron á que usted se casase con ella. Su nombre de usted y el respeto que lo rodea, han franqueado á su mujer puertas que sólo debian franquearse á personas dignas, y cuando entra en los salones del gran mundo, todas las cabezas se inclinan para saludarla, y todos los labios se abren para sonreirle. Las conveniencias se oponen á que un hombre repare faltas que han sumergido en la ignominia, en el dolor y en la miséria á familias honradas, y autorizan y acogen con aplauso la presencia de mujeres, cuyo cinismo obtiene adoraciones más sinetras que la virtud, mujeres coronadas de tinieblas, y que vistas por falsos cristales, aparecen coronadas de estrellas.

—El despecho no es buen juez, Clotilde.—

—¿Yo despecho? ¿De qué? Ya he dicho á usted que nada quiero para mí; y aun debo añadir, que si usted me hubiese ofrecido su mano, despues de tantos años de abandono, la hubiera rechazado. Hubiéramos sido infelices los dos. ¡Harto caras he pagado mis vanidades y mi ignorancia de jóven!

Clotilde hace una breve pausa para tomar aliento, y en seguida esclama:

—Vuelva usted dentro de tres dias, y le diré si acepto el reconocimiento de mis hijos, con la condicion que ha indicado. Espero que este paso no será un ardid para alejarme de aquí y abandonar á mis niños. Piense usted, si lo fuese, en la enormidad del crímen que va á cometer; piénselo usted, no por mí, que he renunciado ya á toda felicidad en la tierra, sino por esas dos inocentes criaturas, que ninguna culpa tienen de nuestras faltas, y que si ahora se presentan á usted como dos remordimientos, mañana, si los acoge la piedad de usted, apa recerán á sus ojos como dos ángeles de redencion. Nunca los amo yo mas, que cuando mas acusaciones me dirijo, y cuando desespero de salvarme. ¿Sabe usted por qué? Por que no he olvidado, en medio de mis tribulaciones, los consejos que aprendí de mis padres. Yo sé que el amor redime, yo sé que el llanto y el dolor del arrepentimiento consuelan, y algo me consuelo amando á mis hijos, y llorando y sufriendo por amor suyo. A usted acaso le parezca incomprensible lo que digo; si es así, yo le pregunto, y espero que me responda con la mano puesta sobre el corazon: ¿es usted mas feliz que yo, porque no llora, ni

sufre, ni nada?... Su silencio me demuestra elocuentemente lo
contrario.

—¡Que no lloro!... ¡que no sufro!... ¡Usted qué sabe, Clotilde?

—Pero sus lágrimas y su dolor de usted, no son las lágrimas y el dolor del arrepentimiento. Usted llora y usted sufre,
si no me equivoco, porque se ve contrariado, oprimido, y sin
fuerzas para luchar con los elementos que le combaten; sus lágrimas y su dolor son las lágrimas y el dolor de la desesperacion y de la impotencia. Quisiera usted quebrantar las cadenas que lo agobian, y no puede; quisiera romper el círculo de
hierro que lo esclaviza, y este círculo se estrecha hasta el punto de ahogarle. ¡Hay Providencia, no lo dude usted; hay Providencia!...

Don Amadeo parte, siu ver á sus hijos; teme que una palabra, una lágrima, una caricia suya acabe haga vacilar en su
resolucion.

Además, el carácter despótico é inflexible de Piedad le
asusta.

Muchas veces se ha preguntado don Amadeo á sí propio,
en particular despues de la boda, si el sentimiento que lo arrastra hácia Piedad será un sentimiento de amor, ó uno de esos
impulsos irresistibles con que el pajarillo amedrentado se dirige hácia la serpiente, atraído por la fascinacion magnética de
sus ojos inmóviles, y nunca ha logrado ver desvanecidas sus
dudas

IV.

La verdad es que el jurisconsulto está vendido en cuerpo y alma al diablo.

La promesa del reconocimiento, es, segun ha presentido el corazon maternal de Clotilde, un ardid infame, un pretesto para alejar á esta de la córte, con el fin de privarla de toda proteccion y auxílio oportunos y eficaces.

El plan es arrancar para siempre de sus brazos á Amelia y Arturo, y llevarlos al estranjero, en donde, á propuesta de Piedad, serán mantenidos y educados.

El cónclave habia oido y aprobado la noche anterior la propuesta, admirando el sutil ingenio de la mujer del jurisconsulto, al mismo tiempo que su bondad incomparable.

—De esta suerte—habia dicho Piedad, en apoyo de su proposicion,—se matan dos pájaros de un tiro. En primer lugar, se asegura el porvenir de esos niños desgraciados; y en segundo, se les evita el peligro del mal ejemplo; pues una mujer que, como Clotilde, vive con cierto boato, sin tener de donde le venga, y siempre brazo sobre brazo, debe suponerse, sin agraviarla, que no es un modelo de virtud.

La mujer de Enriquez, enterada de ciertos pormenores relativos á Clotilde, que la convencieron de que esta era la enferma de la buhardilla de la calle del Leon, á quien habia visitado en invierno con la *señora buena*, recordó tambien muy oportunamente el opíparo almuerzo con que Amelia y Arturo se estaban regalando á la sazon, y la presencia de un jóven elegante y bien parecido.

Este hecho escandalizó á todos, como habia escandalizado, segun la marquesa, á la noble anciana que, á pesar de sus años, habia acudido presurosa á la buhardilla, con ánimo de demostrar á los moradores de ella su caridad inagotable.

V.

Don Amadeo parte, como he dicho, de casa de Clotilde; añadiendo ahora que si revela su fisonomía la mayor amargura, y su paso es aún mas lento que antes de la visita, es porque le pesa la conciencia, como si llevase mil arrobas de plomo sobre su alma.

CAPÍTULO XXXII.

Garciestéban no está, por títeres en el santuario de las leyes.—Por qué renuncia Somoza á sus distritos electorales.—¿Qué pesa mas, una palanca de hierro ó una pluma?—Teoría y práctica de la caridad.—Cuatro personajes de nuestra historia y un perro, salen para Buñol.

I.

—Estamos á tus órdenes, Cantárida—dice Somoza, acudiendo una mañana con Garciestéban al despacho de Bravo,—habla pronto lo que tengas que hablar, pues me llaman á otra parte negocios serios y urgentes, y no puedo perder minuto.

—Pues mira, querido, que esperen esos negocios, y si no, que se vayan á paseo.

—Necesito recoger cincuenta y seis cartas que me han prometido para otros tantos electores, los cuales sin duda alguna desean votarme, aunque no tienen el honor de conocerme; sólo que son un tanto perezosos, y hay que espolearlos para que troten siquiera. Han quedado ocho distritos para segundas elecciones: yo desearia presentarme candidato en todos ellos; pero como habria de salir elegido por los ocho, y mi opcion por uno pudiera disgustar á los restantes, el deber me aconseja evitar contiendas: así, pues, habré de limitarme á ser votado por el de mas importancia política.

—Me figuro que tendrás que renunciar generosamente á la mano de doña Leonor... porque no te quiere.

—Si salieras diputado, lo cual es muy probable—dice Garciestéban,—nunca te consideraria yo como padre de la patria. Los títeres me gustan mas en el Circo del Príncipe Alfonso, ó en el de Price, que en el santuario de las leyes. Por mas prosopopeya que emplees en tus ademanes, por mas que ahueques la voz y acompases tus movimientos, nunca veré en tí otra cosa que una especie de polichinela, un payaso.

—¡Ah! ¿estás por las canas y las pelucas? Me alegro de saberlo.

—Estoy por lo decente y por lo formal, aun cuando no haya entrado en la segunda denticion. Las canas y las pelucas me inspiran tanto desprecio como las cabezas pobladas de pelo negro ó rubio, cuando careciendo de todas las condiciones para la alta magistratura de la representacion nacional, son elevadas á ella por el favoritismo, la ilegalidad y la intriga. Fija tus ideas, Somoza, piensa en el bien de la patria, abandona tus veleidades mujeriles, refrena tus ambiciones impacientes, abraza una bandera, lucha por su triunfo hasta donde tus fuerzas alcáncen; en una palabra, ten la virtud de los hombres de porvenir legítimo y glorioso, ten fé, ten perseverancia, y entonces yo mismo te pondré sobre un pedestal para que todo el mundo te vea. He dicho.

Bravo.

—Mi señora doña Lucrecia, la voz de la patria es una voz muy atendible, sin duda, y yo no me he puesto aún algodones en los oidos para hacerme sordo á ella; pero la voz del estómago es todavía mas imperiosa, y mal se puede trabajar por la primera, cuando el segundo está vacío. Dice el refran que tripas llevan piernas; y la verdad, yo siento muy flojas y muy débiles mis dos estremidades inferiores, para dedicarme con la fé y la perseverancia que indicas á los trabajos patrióticos. Dame una buena posicion, y desde ella haré prodigios. Estoy harto de ser cero á la izquierda, y he de revolver el mundo para...

—¿Cuánto tiempo hace que concluiste la carrera? pregunta Bravo á Somoza, cerrando una carta.

—Año y medio.

—Y ya te cansas de esperar!

—Sí, señor Cantárida, me canso; otros esperan menos; individuo hay que principia su lactancia chupando el seno de la madre patria, yo voy á entrar en la edad adulta, y aún no me han dado siquiera un biberon miserable. ¡Y sin embargo, asegura mi señora doña Lucrecia, que soy la personificacion mas completa del escepticismo y del materialismo de la época! ¡Yo! ¡Un hombre que se mantiene hasta la presente sólo de ilusiones!

—Ea!—dice Bravo:—he despachado el correo; hablemos ahora de lo que importa.

—Sí, sí—responde Somoza,—hablemos ahora de todo y de mucho mas, lo mio no importa maldita de Dios la cosa; pero á bien que siempre ha sido lo mismo.

Un instante de silencio sigue á estas palabras.

—Somoza—esclama luego Bravo,—puedes ir haciendo tu maleta.

—¡Otra te pego!

—Tienes que acompañar á una señora.

—¿Adónde?

—A Buñol.

—¿Qué señora es esa?

—Clotilde.

—No se hable mas: iré con ella hasta el cabo del mundo. Me habia propuesto no moverme de aquí, por nada ni por nadie; pero no hay regla sin escepcion: mi escepcion es esa infeliz. Renuncio á mis distritos.

—Nuestro respetable y virtuoso jurisconsulto le ha prometido reconocer á sus hijos, con tal que ella se vaya á vivir lejos de la córte, dejando á su libre eleccion el punto de residencia.

—¿Y Clotilde?

—Yo la he aconsejado que acepte.

—Lo mas prudente seria que el conde de Buena-Ley conociese á sus hijos, antes de que se ausentasen de Madrid. ¿Por qué no lo hace?

—Dice que los reconocerá dentro de un mes.

—A su tia, que le dé para libros. ¡Dios quiera que no haya gato encerrado!

—Esos precisamente son mis temores; y como yo necesito

aquí, porque el desenlace del drama se acerca, confío á tu celo la seguridad de esa desgraciada. ¡Someza, mucho ojo! Si nuestro respetable y virtuoso jurisconsulto obra de buena fé, no nos será difícil lograr, con el tiempo, que Clotilde viva donde quiera. Si procede con segunda, y la especie de ostracismo á que se condena á Clotilde es efecto de un plan diabólico, pronto lo hemos de ver. ¿Podrá tu primo hospedarla en su casa?

—Mi primo hará lo que se le manda.

—Me parece que allí estará perfectamente.

—Yo me acogeré al pabellon de doña Tula, la Capitana, y sus brillantes *sudares* compensarán con usura el fastidio que, de otro modo, me acometeria. Ignoro si en algun tiempo logrará subir adonde sus cantinerescas ambiciones la impulsen; pero suba ó baje, lo que no admite duda es qué, como cocinera y ama de huéspedes, su fama es universal en Bañol. Consolémonos, pues, á mal dar, con los placeres gastronómicos que doña Tula me prepara.

—Su sobrina Chima tambien amenizará tus soledades con su apetitosa compaña. No te quejes. Doña Tula dice que es una alhaja.

—¿Sí? Pues se la regalo, que la empapele.

—Me alegro de verte en tan buen camino.

—¿Por qué lo dices, Cantárida?

—Porque tu desden respecto de la seductora Chima prueba que, al menos en amores, eres constante. Marieta debe estarte agradecida.

—Te juro que no hay nada entre Marieta y yo.

—¡No lo jures!

—La tarde que pasé con ella en Bañol le hice repetidas protestas de un amor incomparable, inconmensurable é impermeable; y ella rie que te rie, como si el asunto fuera de broma. Y eso que me dí toda la importancia que el caso requeria, para interesarla en mi favor: le dije que estaba espuesto á ser una gran cosa, el dia ménos pensado, ministro, embajador y aun creo que patriarca de las Indias, que los destinos principales se me venian á las manos, rodando como pelotas; que la Corona me consultaba en todas las crísis políticas, las cuales, siendo tantas, no me daban tiempo de vagar... ¿Sé yo lo que le dije? Pero la chica, rie que te rie.

—Y con razon; ¿á quién diablos se le ocurre hablar de esas cosas, á una jóven de diez y siete años, y aldeana por más señas?

—Hombre, yó creia que mareándola, segun os habia prometido, á fuerza de pintarle grandezas nunca vistas, ni soñadas por ella, la cazaria como á un jilguero. Las palomas de las ciudades no acuden á otro reclamo. Preséntate con un memorial de lástimas á una de esas muchachas, curtidas en semejante materia, cuya hermosura y elegancia admiramos en el Real, en Price, en el Prado, en el Retiro y en la Fuente Castellana, y te enviarán mucho con Dios, aunque lleves en tu pecho amor para proveer á toda la nueva generacion presente. Tú eres maestro, Cantárida; casi has formado escuela, y no debias estrañar mi táctica.

—¿Y no has repetido aquí el ataque? Sé franco.

—No lo he repetido; te diré la razon. Yo me hallo por ahora perfectamente con mi doncellez; no pienso en casarme, y no pensando en casarme, tampoco quiero contraer compromisos formales, y menos con una muchacha buena y sencilla (que no me disgusta), para engañarla y entretener el tiempo. Cantárida, el ejemplo de tu apostasía nos ha contaminado, nos ha perdido. Te has retirado del bullicio del mundo, y quieres que te sigamos á la Tebaida, para hacer vida de anacoretas. ¡En el siglo diez y nueve!...

—Te equivocas: yo no pienso en retirarme del mundo; de lo que trato, y bien lo sabes, es de emplear el tesoro de mi juventud y de mi vida mas noblemente que hasta ahora. Nunca he sido tan feliz, nunca he estado tan satisfecho de mí mismo, como desde que trabajo en la viña del Señor, según sueles tú decirme sarcásticamente.

—¡Vaya un trabajo! ¡Correr de acá para allá, de Madrid á Baños, de Baños á Buñol, de Buñol vuelta á Madrid, á la husma de una muchacha, bailando seguidillas, siendo el terror de un padre y de una madre, engatusando matronas venerables, como la marquesa de la Estrella, arrojando la manzana de la discordia en medio de familias virtuosas, como la de don Amadeo y la de su hermana!... Maneja un arado, coge un escoplo, empuña una piqueta, y cuando te vea yo ocupado en estas útiles faenas de sol á sol, entónces diré que trabajas; lo demás, es conversacion.

—No tengo necesidad de ocuparme en esas faenas. Mi fortuna me permite usar del tiempo como se me antoje; y si uso bien de él y de ella, no seré menos útil que el labrador, el artesano y el jornalero en sus respectivos oficios.

—Así es la verdad, añade Garciestéban.

—¡Otro que tal!—esclama Somoza.—Usted no es voto, mi señora doña Lucrecia, y todas tus predicaciones para probarme que tu pluma pesa tanto como un azadon, una sierra ó una palanca, serán palabras al aire.

—Yo responderé por Garbiestéban—replica Bravo,—ahora que no soy parte interesada, si bien conozco un poco la materia, pues como sabeis, tiempos atrás me dediqué al estudio de las ciencias y de la literatura, renunciando, por último, á su cultivo; despues de emborronar resmas y resmas de papel, y despues de vigilias sin cuento y de muchos dolores de cabeza, convencido de que para ser algo en cualquiera de esos ramos, se necesitaba, ademas de un entendimiento superior, un caudal de paciencia, de fé, de abnegacion y de perseverancia, que yo no poseia. Oye, pues, mi respuesta.

III.

Y Bravo hizo aquí una elocuente apología de los intereses intelectuales y morales, cuya importancia desconocen ó niegan ciertos apóstoles casi esclusivos del trabajo mecánico y los adoradores del becerro de oro.

IV.

El autor de este libro, si en su mano estuviera, sembraria de flores el desierto que atraviesa el pueblo industrial y agrícola, como el pueblo de Israel, en busca de la tierra de promision; haria en favor suyo el milagro de los panes y los peces, y aplacaria su sed con el maná de los cielos; porque ese pueblo es el pueblo que siembra los campos, y cuida de los ganados que nos sustentan; es el pueblo que abre canales, que perfora montañas, que construye la choza del pastor y el palacio del monarca, el templo del arte y el templo de Dios; es el pueblo que riega con sudor la heredad del rico, y con sangre la heredad de todos, el suelo de la patria; es el pueblo que da de cada tres hijos uno para las campañas de la paz, que son las campañas del trabajo, dos para la guarda y defensa de nuestro territorio, y los tres para guerras como la de la Independencia; es el pueblo que duerme sobre piedras ó sobre un monton de paja húmeda y podrida, y fabrica la cama suntuosa en que se acuesta el magnate; es el pueblo que pasea su majestad irrisoria delante de un siglo que lo llama rey, prendido al hombro un manto de harapos y con una corona de dolor clavada en las sienes; es el pueblo que vemos en la profunda lobreguez é insalubridad de los talleres y de las fábricas, tiznado por el carbon de las calderas, manchado por el aceite de las máquinas, eternamente atronada la cabeza por el resoplido de tubos enormes, por el resuello titánico de mil monstruosas gargantas de hierro, por el rechinamiento de la rueda que gira, por el martilleo del batan que cae, y por el gemido del agua que hierve; el pueblo mismo, todo tiznado, roto y desharapado, de cuyas manos salen las telas diáfanas, los vaporosos encajes, que cubren á manera de nubes las delicadas formas de las bellezas de nuestros salones, para que su semejanza con los ángeles sea mas perfecta; y los trajes soberbios que ostentan los ricos y los grandes, para que nos parezcan menos pobres y menos pequeños.

Pues bien: si ese pueblo, que es el brazo que materializa las concepciones del genio, merece nuestras simpatías y nuestras alabanzas, ¿cómo no las mereceria la cabeza creadora

de tantas maravillas en el órden físico y en el órden moral?
El que afirma que el arado, el escoplo y la palanca pesan
mas que la pluma, ¿ha calculado el peso de la idea que ha de
ser trazada por la pluma sobre el papel, y que está abrumando
dias y noches el espíritu y el cuerpo del noble sér que la con-
cibió? Pues esa pluma, es decir, esa idea tan leve, tan impal-
pable, que carece de todas las propiedades de la materia, puede encerrar, en lo íntimo de su esencia, el peso de un mundo, si se llama Colon aquel en cuyo cerebro ha nacido; ó la
ley de la gravitacion universal, de la armonía de las esferas,
si el autor es Newton; ó el gigantesco poema del *Quijote*, ó el
teatro monumental de Calderon, de Shakespeare, y de Schiller,
ó la grandeza y hermosura de los cielos reflejados en las obras
de Santa Teresa y de Fray Luis de Leon. De la mente y de
la pluma de los pensadores, brotaron, como la luz brota del
sol, todas las grandes ideas, todos los grandes inventos que
han renovado la faz del globo y que impulsan la humanidad
á sus destinos providenciales; la brújula, estrella que guia al
marino en las soledades inmensas del Océano; la pólvora, que
quita á la guerra el carácter de ferocidad antigua, acabando
con la lucha del hombre cuerpo á cuerpo y brazo á brazo; el
microscopio, que descubre las palpitaciones de la vida hasta en
los séres mas pequeños de la creacion. Wat y Fulton aplican
el vapor al movimiento de los buques, pájaros de los mares,
proveyéndolos, digámoslo así, de alas y de vísceras pulmonales
con sus hirvientes calderas; Franklin, al contrario, desarma la
tempestad, arrebatándole el fuego, y rindiéndolo por trofeo, al
pié del para-rayos, de un débil alambre. La ciencia, es decir,
la pluma, antes de trazar en el plano la red de ferro-carriles

que se van estendiendo por la superficie de la tierra, y en el aire la via que ha de seguir la palabra humana en alas de la electricidad, los ha trazado en el pensamiento del sabio.

No son menores las maravillas de la idea y del sentimiento en el mundo del arte y de la poesía. El arte y la poesía, son, en el órden moral, lo que la brújula, la pólvora, el microscopio, el vapor, el para-rayos, los ferro-carriles y el telégrafo, en el órden físico. Como la brújula, nos guian por el océano de la vida al puerto que está mas allá del sepulcro; como la pólvora, despojan á nuestras pasiones, dulcificándolas y ennobleciéndolas, de su carácter áspero y cruel; como el microscopio, nos descubren y cantan la bondad y el poder de Dios, en cuanto existe, desde el grano de arena hasta el astro, desde el infusorio hasta el elefante, desde el musgo hasta el cedro; y aun ven mas que el microscopio, porque ven con los ojos de la fé, y la fé es adivina, es profeta. Si el vapor impele al buque, si el ferro-carril aumenta la rapidez de la locomocion, si la palabra vuela por el aire con la velocidad del relámpago, y unos y otros van estrechando con vínculos fraternales las relaciones de pueblo á pueblo, de nacion á nacion, la poesía y el arte nos ponen en comunicacion íntima, directa y permanente con Dios, elevando el alma por caminos que ellos solos conocen, y en los cuales nos han precedido esos genios sublimes cuyos nombres se registran en el libro, y en el lienzo, y en el mármol de los Museos. ¿Quién puede calcular el peso de las vigilias, de las persecuciones, de la miseria, de la ingratitud, de la indiferencia, del olvido, de la envidia y del desprecio que muchas veces son la recompensa de los trabajos del pensamiento? ¿Quién no ha oido hablar de Galileo, de Colon, de Cervantes, de Camoens?

¿Quién, que tenga ojos, no ve jóvenes encorvados en la flor de
su edad, porque el peso de esas ideas y de esos dolores anticipa.
en ellos la senectud? ¡Y aún en medio de esta ruina del cuerpo,
dichosos los que llegan al término de sus dias, sin haber dobla-
do el alma á los pérfidos halagos que tantas veces han rendido
caractéres varoniles y austeros! El grano de trigo echado en el
surco, produce la espiga, y de la espiga sale el pan. ¡Bendito
sea el labrador, y bendito su trabajo! Pero bendita la idea y el
sentimiento sembrados en el espíritu y en el corazon de nuestros semejantes, por la ciencia y por la poesía, porque de ellos.
sale la hostia que alimenta á la mas noble parte del hombre.

V.

Somoza responde á su amigo, luego que cesa de hablar:

—¡Pero como tú ahorcaste los libros, estimable Cantárida!
¡Como tú has colgado la lira, no puedes participar de los trabajos intelectuales, ni, por consiguiente, de las bendiciones
que merecen, segun afirmas! Tu fortuna te permite holgaza-
near, y...

—¿Quién te ha dicho que el que socorre una necesidad,
tenga menos títulos á ser bendecido que el que señala el remedio?—interrumpe Bravo.—¿Dónde leiste que el que canta
la caridad, sea mejor que el que la practica? Pero si yo hago
el bien, es por la satisfaccion íntima que en ello recibo, no
para que me lo agradezcan; el que exige gratitud de un beneficio, es un miserable tan pequeño como el avaro mas ruin:
en los dominios de la caridad no ha llegado aún á mi noticia
que se cobre el tanto por ciento.

—Con todo se especula hoy, amigo Cantárida. La aritmética es ya casi una religion.

—El que especula con la caridad será un malvado; y si en
España hay quien la considere como objeto de lucro, bien
puede asegurarse que será una escepcion, que en nada alterará ese cristiano sentimiento infiltrado en la sangre generosa
de nuestra raza, sin distincion de clases. Baja á la oscura y
desabrigada mansion del pobre, y no te faltarán ejemplos que
seguir; sube á los palacios, y se ensanchará tu pecho, porque
así en estos como en aquella, tiene asiento de preferencia tan
noble huéspeda. Si Quico Perales, en dias no muy dichosos
para él, mandó, segun me ha referido confidencialmente el
baron de Solares, una pequeña suma á la hija de don Lorenzo
Figueroa, residiendo este en Baños, la vizcondesa del Salto,
por ejemplo, hace grandes limosnas, mas grandes por el secreto con que las hace, secreto que alguno de sus admiradores no
ha temido violar para que otros la admiren.

—Parece imposible.

—No veo yo semejante imposibilidad.

—Lo decia porque la vizcondesa del Salto es una marmo-
ta; siempre está durmiendo.

—Pero de una manera muy particular.

—¿Cómo?

—Con los ojos cerrados y el corazon abierto.

—Mejor para los naturalistas.

—¿Qué tienen que ver los naturalistas con ella?

—¡Ahí es un grano de anís! Como es un fenómeno rarísi-
mo, alterará alguna cosa las clasificaciones conocidas. En fin,
su caridad me reconcilia con su modorra.

—¡Lástima de chico!—esclama Garciestéban.—En esa cabeza no hay lastre.

—Hoy me tiras á degüello—observa Somoza;—pero no me sacarás de mis casillas. ¿Me quieres mas humilde todavía y: mas sensato, mi querida doña Lucrecia?

—A tí te hace falta siquiera medio año de hospital ó de hambre, para que no te burles de cosas dignas de respeto.

—Yo no me burlo, mi señora doña Lucrecia; y si usted no ha oido mis palabras, las repetiré para que juzgue de mí con conocimiento de causa: he dicho que la caridad de la vizcondesa del Salto me reconcilia formalmente con su modorra; y á otro punto.

VI.

Somoza salió, dos dias despues de esta conversacion, para Valencia, en el mismo tren que Clotilde, Amelia y Arturo con su inseparable Turco, metido, para burlar la vigilancia de los dependientes de la empresa, en una sombrerera, de cuyo encierro lo sacó el niño luego que el tren se puso en movimiento.

Por si habia en la estacion central de Madrid personas espiando á nuestros viajeros, Somoza entró en distinto coche que Clotilde; reuniéndose á ella así que hubieron andado algunos kilómetros.

El baron de Solares y el marqués de la Cabeza, de acuerdo con Bravo, escribieron á sus respectivos administradores, recomendando, bajo secreto, á la pobre abandonada y á los dos niños, y previniéndoles que si en algun caso imprevisto necesitaba recursos aquella, se los facilitasen al momento, sin esperar á nueva órden y sin mas formalidades.

Aunque asaltado de temores y de presentimientos vagos, el maternal corazon de Clotilde abríase tambien á la esperanza; la suerte de sus hijos ocupaba todo su pensamiento; y como no podia concebir que aceptada la proposicion de don Amadeo, este pensase en nuevas maldades, pronto la confianza sustituyó á la duda, y el viaje se le hizo cómodo y breve.

El lindo cuarto de la calle de Lavapiés quedó silencioso y triste como una tumba; pues si bien es cierto que Albaricoque seguia encantando con sus gracias y monadas infantiles á Cipriana y á Quico Perales, al fin faltaban allí dos niños, y ya se sabe lo que los niños alegran una casa.

A mayor abundamiento, la intimidad del trato con Clotilde, las desgracias de esta y su angelical dulzura, habian despertado tan tiernas simpatías en sus sencillos y leales compañeros de albergue, que en el momento de la despedida, mas hablaron las lágrimas que las lenguas, y se dijeron tantas y tantas cosas las lágrimas, que todas las palabras hubieran parecido débiles y supérfluas, comparadas con aquella elocuente espansion del sentimiento.

CAPITULO XXXIII.

Delicadezas de Quico, y precocidad de Albaricoque.

I.

A la pena de la separacion y ausencia de Clotilde y de sus hijos, debia unirse pronto, en el asendereado Quico Perales, la de tener que abandonar la bonita jaula de oro (epíteto que daba al cuarto de la calle de Lavapiés), en la cual habia cantado que se las pelaba, si no como un ruiseñor, como otra ave de menos pretensiones musicales.

Porque es de advertir que en las gazaperas anteriormente habitadas por él, sea que su fortuna contraria no fuese motivo muy propio de regocijo, sea que el aspecto ruinoso de las paredes y de los techos, la luz enfermiza, la estrechez del recinto y la compaña de ciertos animalillos domésticos (que temia royesen las tiernísimas orejas de Albaricoque, durante el sueño de la noche), no le inspirasen deseos de echar la voz al aire, es lo cierto que nunca estuvo, ni con cien leguas, tan filarmónicamente desbaratado como en el suntuoso palacio que en la actualidad alberga su importante persona.

El lector, que conoce y sin duda estima en lo que se merecen los delicados instintos de Quico Perales, no estrañará la grave resolucion que medita, paseando alicaido, con los brazos atrás, y la vista en el suelo.

El cuarto que ocupa se alquiló principalmente para Clotilde y su familia. ¿Debe seguir él ocupándolo con la suya, ó no? Hé aquí la terrible disyuntiva en que lo ha colocado aquel suceso.

El cuarto gana ocho reales. ¿Quién es él para ocasionar el desembolso de esta suma, que considera como fabulosa, á unos señores que tan desinteresadamente se han conducido con todos?

Al amigo y al caballo, no hay que cansallo, dice el refran; y Quico, despues de maduras reflexiones, al refran se atiene, y venga lo que Dios quiera, que es lo que siempre ha de venir, quiéralo ó no lo quiera el hombre ó el diablo.

II.

De repente se para.

—Cipriana—pregunta á su mujer:—¿sabes lo que digo?

—Dilo, y sabrélo, que no soy adivina.

—Pues digo que nos parecemos á los caracoles, en que siempre andamos con la casa acuestas.

—¿A qué santo nos vienes con esa pata de gallo?

—A san abuso.

—¿A san abuso?

—No caviles, Cipriana; es un nombre que no está en el *almenaque*.

—¡Ahora caigo menos!

—Hoy tienes las entendederas á componer. Dicen que el mucho pan tupe los sentidos, y nosotros lo hemos comido á hornadas desde que vivimos aquí; pero ya los aguzaremos con los ayunos que nos esperan. Cipriana, desde la ausencia de doña Clotilde estamos aquí demás. A mí nada me han dicho los señores; pero me lo digo yo, y basta y sobra.

—Hombre, en lo mismo estaba yo pensando; me lo has quitado de la boca.

—Estos altos y bajos de la suerte, me dan á mí que pensar. Parece que estamos jugando al volante; ni el alma de Garibay que se compare con nosotros. ¡Cómo ha de ser! Lo siento.

—No lo sientas demasiado, Quico, porque sino tendrás dos males, el sentirlo y el no poderlo remediar.

—Hablas mejor que un libro, Cipriana; pero una cosa es una cosa, y otra es otra.

—Marido, si no te esplicas mas claro, me quedo á buenas noches.

—Pues, mujer, enciende un candil, que yo no soy jabon para aclarar lo oscuro.

III.

Esta salida de tono, revela el último grado del mal humor de Quico.

Albaricoque avanza hasta él, apoyándose en las paredes, que, á duras penas, evitan su falta de equilibrio.

Sus piernas, delgadas como palillos, forman una base poco sólida para sostener el peso del cuerpo, y especialmente el de la cabeza, la cual, como de niño, guarda una desproporcion enorme con las demás partes.

Con todo, el peligro de una caida no alarma á Quico, y la prueba es que continúa impasible y taciturno lo mismo que antes, siendo su hija lo único que pudiera distraerle en esta crítica situacion.

¿Se ha vuelto insensible Quico? No por cierto: es que confia en la eficacia salvadora de la abultada chichonera con que, para tales casos, ha adornado la gentil cabeza de su querida Albaricoque.

Pero si no teme las resultas de una caida, tampoco puede evitar, viendo á Rosario, que le contriste el espectáculo de ciertos castillos, que se desploman á toda prisa, y que él habia fabricado en el aire.

Encerrábanse en estos castillos muchas de las ilusiones que la mejora de situacion levantó en la fantasía del cariñoso padre.

Exhalando, pues, un suspiro de lo íntimo de su pecho, esclama, con los ojos vueltos á la niña:

—¡Si no fuera por *eso!*

—¿Qué sucederia? pregunta Cipriana, cada vez mas confusa con los misterios de su marido.

—Que ya podria hundirse el mundo. Con los ahorros que yo pensaba hacer, la hubiese mandado á un colegio, y hubieran visto los nacidos si la *estilla* de esta madera era basta ó fina. Ya que yo soy un *inorante*, tengo de procurar que no lo sea mi hija.

—No me opongo; pero...

—Tú siempre andas con peros; hemos de llamarte doña Cipriana la perulera.

—Digo que de aquí hasta que la niña pueda ir al colegio, no comas, y verás.

—Es que *eso*, ahí donde lo ves, tiene mucho que entender. Hay criaturas de criaturas; y lo que es la nuestra, no se mama el dedo; sabe mas que Merlin. Y si no, repara en su modo de mirar.

—¡*Alusiones!* Rosarito es *hoy en dia* un gorgojo, y por mucho que nos ciegue el amor de padres... Y dime, Quico—pregunta de repente Cipriana, interrumpiéndose:—¿cuándo verás á nuestros *bieneshechores?*

—Antes hoy que mañana. ¡Si encontráramos un cuartito de á dos reales ó dos y medio! ¡Y qué valiente cuarto que seria! ¿Verdad, Cipriana?

—Preguntaremos; el que tiene lengua, á Roma va. ¿Qué piensas decir á los señoritos?

—Todavía no lo he pensado; hay que estudiar la manera de entrarles, no sea que se piquen si sospechan nuestro *aquel*, y nos digan que vanidad y pobreza todo en una pieza. Lo pensaré por el camino.

—A ver si te cortas, y te pones colorado, y la echamos á perder; que tú delante de personas de pró, te pareces á don Tembleque.

—Con que... ¿apruebas mi *ditámen?*

—Aprobado.

—Que vean que no nos hacemos los tontos.

—Sí, sí, corre allá.

—¡No, que no!

Quico se encasqueta el hongo, coge su elegante junco tres reales, y se dirige á casa de Bravo.

———————

CAPITULO XXXIV.

—

Descubre Quico un pozo de ciencia, y echa en él su cubo para sacar lo que le conviene.—El doctor Taravilla esplica parte de una leccion de clínica médica, al aire libre.—Aunque asegura Quico que sabe la doctrina cristiana, siempre se le olvida en casa de Bravo el octavo mandamiento de la Ley de Dios.

I.

Discurriendo va Quico Perales por el camino *la manera de entrar* á Bravo, sobre la decision de abandonar el cuarto de la calle de Lavapiés, cuando de manos á boca tropieza con su primo Taravilla, tan rizado, ensortijado, enrelojado y lleno de suficiencia, como en la última entrevista que tuvieron en casa de Quico, en la cual entrambos se dieron aires de superioridad respectiva.

El encuentro de Taravilla le sugiere instantáneamente una idea salvadora.

—¡Dichosos los ojos que te ven! esclama.

—Dígotelo porque no me lo digas; responde el *artista en cabellos*, sacando, segun costumbre, el relój.

—¿Ya metes mano al caldero?—pregunta Quico.—Siempre andas hecho un corre-vé-y dile; te pareces al procurador de *El Duende*. ¡Qué modo de insultar á los pobres!

—Vamos, no hay que hacérsenos los chiquitos—observa el barbero, rascándose la mano derecha para lucir la sortija.—Un caballero que vive en cuarto de ocho reales, no debe hablar de pobrezas.

Quico se quita el hongo, y despues de un par de rascones buenos de cabeza, se lo vuelve á poner, y dice:

—Hombre, quisiera consultarte una cosa que pertenece á la facultad.

—¿A qué facultad?

—A la que estudias.

—¡Si yo soy un trompo, y un tíquis-míquis y un farolon, como dice el intruso! Mira no te recete una barbaridad, y te envie al otro barrio.

La ironía con que pronuncia estas palabras el barbero, demuestra el convencimiento en que se halla de su mucha ciencia.

Quico, para mas obligarlo á que conteste, observa:

—El intruso es un ente sin *pésquis*.

—¿Tú qué sabes, si no lo conoces?

—Lo conozco de oidas; y ¡cuando el rio suena!... Pero vamos al cuento. Yo ando malucho hace unos dias, de dolores *románticos* en la tabla del pecho, y salva la parte; añade tentándose las paletillas.

—De dolores... cómo? pregunta Taravilla.

—Románticos.

—Reumáticos, querrás decir.

—¡Pues!

—¿Toses?

—No.

—¿Escupes sangre?

—Menos.

—¿Has tenido fiebre?

—Fie... qué?

—Fiebre.

—¿Qué es fiebre?

—Calentura.

—¡Ah! tampoco.

—¿Ese dolor es fijo, ó corre de acá pallá?

—Algunas veces cambia de sitio; pero donde mas dura, es donde te he dicho.

Taravilla se frota nuevamente una mano con otra, para que se le vea bien la sortija, y esclama con doctoral prosopopeya:

—Tú padeces un reumatismo ambulante.

—¿Y eso es bueno ó malo?

—¡Qué pregunta mas inocente! Todas las enfermedades son malas; no creas que porque tengas un reumatismo ambulante, tienes una renta.

—¿Y qué remedio me das?

—Fricciones con bálsamo tranquilo, ungüento de ranas, mucha cama, humedecerse bien por dentro con gordolobo, pediluvios, sudar á chorro, caldos de pollo, si hay inapetencia ó mal sabor de boca; cocimientos de leños...

—Mira, primo—interrumpe Quico,—mas vale que me lo pongas todo en un papel, para que no se me olvide. Eso del pollo y de la ternera no me hace mucha gracia, porque los tales pajaritos andan por las nubes, de caros: el lobo gordo, veremos si lo hay en el mercado: ahora, en cuanto á los leños, ya es otra cosa; compraré media arroba de leña de encina, digo, si te parece bien, y me pondré de ella este cuerpo como botijo de la Alcarria.

—Yo me refiero á los leños de la Farmacopea Española.

—No tengo el honor de conocer á esa señora.

—Convendrá tambien que te demos algun julepe!...

—Desde luego te digo que no me conviene. ¿Soy yo potro, ó lana de colchon, para que me vareen?

—Tu *grasa* ignorancia te hace desatinar lastimosamente. El julepe que yo te receto, es una medicina contraestimulante de un tal Laennec.

—Tampoco le conozco; será el marido de doña Farmacopea.

—Acertaste; responde el barbero, compadeciendo otra vez la *grasa* ignorancia de su primo.

II.

El maestro de Taravilla se encuentra postrado en cama, con un ataque de reuma, enfermedad que suele molestarlo á menudo; y á esta, para nuestro buen Perez, feliz coincidencia, debe su memoria la adquisicion de las voces técnicas que acaba de pronunciar.

Para contestar con lucidez al facultativo cuando le preguntase por el paciente, habia consultado, sobre aquella enfermedad y la gota, unas *Lecciones clínicas* que el propio maestro guardaba en un estante.

Su deseo de sobrepujar en saber al intruso, hacíale asentarse la cabeza de lectura y mas lectura; y como lo verificaba sin método, sin reflexion y sin guia, era natural que confundiese las especies, dando señaladas muestras, no de saber, sino de pedantismo. No consiste en otra cosa la ciencia de muchos salomones que andan por esas calles de Dios y por esas academias.

¿Era posible, sabido esto, que el barbero se resignara á soltar al primo, sin recitarle de carretilla un par de párrafos, cuando menos, de las *Lecciones*, que lo dejasen turulato de admiracion y tamañito como un guisante?

III.

Agárralo por la solapa de la chaqueta, mas como quien se dispone á reñir, que como quien discurre y habla pacíficamente, y esclama:

—¿Estás seguro, Quico, de que los síntomas de tu enfermedad son los que me has dicho?

—¡Y tanto como lo estoy!

—Es que no vayamos á errarla. Porque (y aquí encaja los párrafos, á manera de cuña que entra apretada), «á nuestro »modo de ver los reumatismos constituyen una clase natural »de enfermedades, que se pueden distinguir suficientemente »de los otros grupos nosológicos por los tres caractéres siguien- »tes: 1.º *Asiento en los órganos fibrosos*, tales como músculos, »tendones, aponeurosis, ligamentos, etc. 2.º *Movilidad*, estre- »ma facilidad en variar de lugar, en trasladarse de un punto »de la economía á otro. 3.º *Intermitencia*, es decir alternativas

»mas ó menos frecuentes y repentinas de desaparicion y re-
»aparicion.»

Taravilla hace una pausa, y pregunta al primo, que le
oye con la boca abierta:

—¿Qué te parece, Quico?

Quico le responde:

—Me parece bien; quedo enterado.

Taravilla continúa sin soltar su presa:

—«A esta definicion general, se puede añadir un cuarto
»carácter, á saber: *la diversidad de las formas*. En efecto, si
»en muchas ocasiones el reumatismo se presenta bajo una for-
»ma francamente inflamatoria; si en las articulaciones, por
»ejemplo, se manifiesta las mas veces por el aparato completo
»de síntomas de las flegmasías, dolor, calor, rubicundez, tu-
»mefaccion, y aun alteracion de la secrecion sinovial, otras
»muchas, por el contrario, la parte afecta no ofrece ni aumen-
»to de volúmen, ni esceso de calor, ni otra cosa mas que un
»dolor que se exaspera generalmente por la presion.»

—¡Qué demonches de palabras! dice Quico.

—¿Estás conforme—pregunta el barbero á su primo—con
esta doctrina?

—Hombre—responde Quico,—si he de ser franco, te diré
que entiendo mejor la doctrina cristiana; pero por mí, no tengo inconveniente en conformarme: segun mis cortos alcances,
creo que llevas razon en lo que dices.

—Me alegro; con eso cuando te pregunten los de Baños,
podrás manifestarles si tu primo adelanta ó se pasa el tiempo
cascando ciruélas. ¡No sé lo que daria porque me oyese el *de
allá!*

—Yo iré por la peluquería—dice Quico—á recoger la receta. Y adios, que se hace tarde.

—Anda con Dios, Quico; memorias á Cipriana.

—Las estimará mucho.

—Oye, Quico—esclama Taravilla, retrocediendo:—¿vivís todavía en la calle de Lavapiés?

—Sí, pero nos mudarémos pronto, porque la persona que nos ayudaba á pagar el cuarto, se ha ido de Madrid, y para nosotros es caro.

Con la misma facilidad que Taravilla había sospechado de la conducta de su primo cuando lo visitó últimamente, figurándosele que andaba en malos pasos, desecha ahora tan ruines ideas, y hace propósito, tan firme como lo son todos los suyos, de no condenar á nadie sin pruebas, con una sola escepcion que ya habrán adivinado mis lectores: el intruso.

V.

Bravo acaba de vestirse para salir á la calle, en el momento de presentarse Quico en su gabinete.

Como el portero y el criado de Bravo lo conocen ya de otras veces, no le han puesto obstáculo ninguno á su entrada en la casa y en el cuarto.

Esta amabilidad y consideracion con su persona, borran por completo en su mente el desagradable recuerdo de la recepción que le habian hecho en las primeras visitas al principal de sus tres bieneshechores.

—¡Hola, Quico!—dice Bravo.—¿Qué hay? ¿Cómo va ese valor?

—¡Así, así, señorito!

—¿Y Cipriana? ¿Y Albaricoque?

—Tan guapos, señorito.

Bravo se sonríe.

—¿Con que tú nada mas que así, así?

—Eso venia á decirle á usté.

—¿Necesitas algo? Habla con franqueza, hombre; no tengas cortedad.

—Por la presente, nada necesito; sino que he pensado en mudarme de cuarto.

—¿No te gusta el que ocupas?

—Sí, señorito; pero no me prueba. ¡Como es casa de esquina, y lo baten los vientos por el frente y los costados, y yo he dado en padecer de dolores *románticos!...*

—¡Calla!—esclama Bravo, conteniendo la risa.—¿Tambien hay dolores románticos? Yo creia que teníamos bastante con los clásicos, es decir, con los dolores conocidos desde que el mundo es mundo.

—No sé qué responder á usté.

—Pues hombre, el cuartito parece que es sano, ventilado, capaz...

—Seguramente.

—¿Te ha visto algun médico?

—Sí señor.

—¿Y qué te ha aconsejado?

—Que me mude, *atras* de otra porcion de cosas, como añade, contando por los dedos—lobos gordos, piés de lubios, ungüento de ranas, leños cocidos, y que me peguen un julepe.

—¡Ja! ¡ja! ¡ja! prorumpe Bravo, soltando una carcajada, sin poder ya reprimirse.

La candorosa ignorancia de su interlocutor haria reirse á una piedra.

Bravo conoce que Quico altera, trabuca y destroza las palabras del facultativo.

—Piénsalo bien, Quico—observa su protector;—á mí no me eres gravoso, siguiendo con tu familia en el cuarto de la calle de Lavapiés.

—Dios se lo pague á usted, señorito; pero ahora tenemos un pasar decente. Si se ofreciera, volveríamos á incomodar. Pobres hay de sobra, y puede usté socorrerlos con lo que nos pasa á nosotros. Yo no soy como aquel que dice: ama á Dios como á tí mismo, y al prójimo contra una esquina.

—No puedo menos de aplaudir tu modo de pensar, que es muy propio de un hombre de buen corazon. ¿Qué haces ahora?

Esta sencilla pregunta corta por un momento á Quico. La mentira del reumatismo pesa ya demasiado sobre su conciencia, y para no ser descubierto, necesita añadir otra.

Todas sus ocupaciones se reducen á repartir La Nueva Era; sin embargo, pasándose la mano por la cara, responde con bastante serenidad:

—Por la mañana reparto La Nueva Era, por la noche La Esperanza, y en el cuerpo del dia, entregas de obras. Cipriana asiste donde la llaman, y tambien hace su agostillo.

—En fin, tú dispondrás lo que gustes.

—¿Y qué hacemos de los muebles, señorito?

—Quédate con ellos; te los regalo.

—Eso sí que no; ¿dónde los pongo yo?

—¿Tan reducido es el cuarto que piensas alquilar?

—¡Ya ve usté, para dos personas y media, como quien dice! porque Rosarito no ocupa lugar; y luego, que yo no me hallo bien en un cuarto grande.

—En ese caso, vende los que te sobren.

—Vaya, pues porque no lo achaque usté á desprecio, me conformo; y repitiendo las gracias.

—No dejes de decirme las señas de tu nuevo domicilio, así que te instales en él.

—Pierda usté cuidado, señorito.

—Porque es fácil que necesite de tí.

Quico vuelve á su casa, y dice á su mujer:

—Ea, Cipriana, ya podemos ir arreglando los trebejos, para irnos con la música á otra parte.

CAPITULO XXXV.

La verbena de San Juan en Madrid.

I.

Hay críticos que detestan al autor de *Mazzepa*, de *Don Juan*, y de *Childe-Harold*, porque en algunas de sus obras usaba frecuentemente digresiones y paréntesis, que ellos consideran como redundancias, como superfluidades poco menos que monstruosas; pretendiendo con esto reducir á fórmulas precisas, matemáticas, rígidas, la poesía, que por su índole es diametralmente opuesta á las ciencias exactas.

Yo confieso que en este punto soy pecador incorregible. Precisamente uno de los principales títulos de Byron á la inmortalidad es, á mi entender, el defecto que aquellos le echan en cara; y por mas que amontonen citas, notas y comentarios, no probarán que el eminente poeta inglés merece, en vez de la aureola de gloria que lo circunda, la corona de espinas ó de puerros que mas de cuatro dómines quisieran regalarle.

Tales ó parecidas reflexiones iba yo haciendo la noche en que pasó lo que voy á referir, al recorrer el Prado, magnífico paréntesis, delicioso oasis para el que acaba de atravesar el intrincado laberinto de calles, plazas y tortuosas callejuelas de Madrid, no amenizadas, en general, por otra vegetacion que los raquíticos tiestos conservados á fuerza de precauciones en el ángulo de un balcon, en el antepecho de una ventana de sotabanco, ó en los cuatro piés de techo asfaltado que vemos en tal cual casa, y que los propietarios bautizan con el calumnioso nombre de azoteas.

Digo que la noche á que aludo, iba yo pensando en los admirables paréntesis de Byron. ¿Sabes por qué, lector discreto? Porque la noche aquella era víspera de San Juan Bautista; y dicho se está, que era un alegre paréntesis en la dolorosa vida del pueblo. Quitadle al pueblo las verbenas y demás diversiones análogas, y podeis cantarle un *Requiem æternam*.

¡Benditas sean las verbenas!

Estas nocturnas romerías las consideran varios historiadores, como de orígen pagano; otros aseguran que no se conocieron hasta los primeros siglos de nuestra Era; pero lo indudable es que son restos de costumbres antiquísimas que no ha podido borrar completamente la mano del tiempo, y que conservan, con algunas modificaciones de forma, su carácter primitivo. Por lo demás, con la palabra *verbena* se distingue una planta comun, á que en otra época se atribuian propiedades maravillosas para la curacion de muchas dolencias.

La verbena de San Juan, es la verbena principal, la verbena madre, la verbena soberana. Si á poco de escurecer se advierte algun movimiento en las estremidades, en el cuerpo, y en la cabeza de la que fué metrópoli de dos mundos, después de las doce, cuando principia el claro repiqueteo de la castañuela, el grave punteado de la vihuela de cuerdas metálicas, el agudo de la bandurria, que tanto tiene de alegre como de melancólico, la pandereta llena de cascabeles y sonajas, el triángulo y la baqueta de acero, y la murga con pretensiones de orquesta formal, entonces el pueblo, como un cadáver instantáneamente galvanizado, se levanta y corre á la fiesta, sin acordarse de la negra historia de sus días.

Trasládate mentalmente, lector amigo, á la noche de que se trata, y sigámoslo para ver si damos con algunos de los personajes de esta verídica historia, que, segun sospechas, deben andar mezclados con él. Confundámonos con las oleadas de gente que por la Carrera de San Gerónimo y calles de Alcalá y del Prado (principales avenidas), desembocan en el magnífico salon de este último nombre, teatro espacioso donde ha de celebrarse la velada que voy describiendo; pues lo único que puede sucedernos, á mal dar, si es que no nos sucede otra cosa peor, es cansarnos un poco, y sudar un mucho.

II.

Desde el *Campo de la Lealtad*, en que yacen las cenizas de las víctimas del *Dos de Mayo*, hasta el *Botánico*, se estienden colocados simétricamente á orillas de una calle de árboles, no de las mas anchas, las mesas y puestos de los vendedores, que mediante una contribucion, no siempre módica, han conseguido un par de varas de terreno, para despachar ó no despachar sus mercancías; pues á varios pudiera aplicárseles, aunque con diferente motivo, el epigrama dirigido por don Leandro Moratin á un escritor, cuyo libro nadie queria comprar:

> En un cartelon leí,
> que tu obrilla baladí
> la vende Navamorcuende...
> no ha de decir que la vende,
> sino que la tiene allí.

En honor de la verdad, son pocos los vendedores de verbena que se hallan en este caso, porque en noches semejantes, se gasta y se consume lo que no es decible.

Este punto del Prado es el centro magno de reunion de los romeros de todas clases, edades y condiciónes, que apenas pueden andar, pero que se entretienen contemplando la infinidad de mesas de pino y de nogal, en que se ostentan los tradicionales botellines de rosa, noyó y anisete, los enormes frascos de aguardiente, y los platos y canastillos con *velados* para endulzar el agua fresca, recien traida de la fuente del Berro y compañeras de fama. En otras, despiertan el apetito de los golosos el áspero confite, el merengue de figura oval, la yema esférica, y cien diversos dulces, en cuya fabricacion se han apurado todas las formas geométricas. Entre ellos descuella altivo el cucurucho de color, como los torreones de la Edad Media descollaban sobre la mísera poblacion que vejetaba á sus piés. Hay tambien mesas y mostradores de laton y de zinc, en los cuales se colocan los buñuelos acabados de sacar de hirvientes calderas.

Y toda esta escena, todo este espectáculo semidiabólico, semifantástico, que recuerda las fraguas de Vulcano, lo iluminan los faroles de gas del paseo, los de aceite de la verbena, y los rojos penachos de fuego chispeante que coronan los tubos de los hornos, envueltos en borbotones de humo.

Vense igualmente, depositadas en hondas cestas, las indispensables rosquillas de Fuenlabrada, de fecha inmemorial muchas de ellas, por mas que el prudente curioso quiera hacer su orígen contemporáneo de la romería de San Isidro.

Allá en segundo término, ó lo que es lo mismo, á espaldas de los vendedores, se mecen y giran columpios y caballos de madera, al descompasado y alarmante son de una dulzaina y de un tamboril que padecen catarro crónico, exacerbado á consecuencia de las últimas vicisitudes atmosféricas.

Apenas se halla de nueve á doce de la noche, mas que un pequeño aumento de vida y algazara sobre el ordinario en toda la estension del Prado. Para ver este aumento en mayores proporciones, hay que volver pasos atrás, y dirigirse á la Plaza Mayor, que desde la tarde se ha convertido en abigarrado bazar de santitos, muñecos, trompetas, tambores, silbatos, albahaca, yerba-luisa, rosas, alhelíes, geranios, claveles, azucenas y otras flores; ramos de grosellas, canastas de albaricoques, gloria y orgullo de la vieja ciudad de los Concilios, y naranjas de Valencia, Murcia y Andalucía, sin que falten buenas provisiones de rosquillas, torrados, cacahuets y pasas.

El devoto, de seguro se acercará á cualquiera de los puestos de santos, y por poco dinero, puede llevarse á casa toda la córte celestial. Sentirá sin duda ver al Bautista metamorfoseado en mosquetero, gracias al sombrerito con plumas de barro, se supone, con que le han cubierto la cabeza; doleráse probablemente, observando que por túnica de pieles le han pegado con cola al cuerpo un copo de algodon en rama; y tal vez despierta en su espíritu una memoria triste la bandera roja de papel que empuña con la diestra mano... ¡Bandera de guerra! ¿Quién no se asusta al contemplar á un santo, por mas que sea de yeso, en actitud tan belicosa?

Basta lo dicho para comprender que la Plaza Mayor es una Babel, un valle de Josafat.

El delicado de cabeza, no vaya, porque ganará una jaqueca, tras de perder el pañuelo ó el bolsillo; el que tenga callos, huya cien leguas de allí, porque se espone á que un descendiente de Pelayo se los incruste hasta en los mismos huesos, prensándolos con un zapato que bien pesará seis libras: si los callos los tiene en la conciencia, ya es distinto; en este caso, podrá pasearse por allí impunemente.

Muchas nodrizas del valle de Pas, pecho enorme y fecundo que ha amamantado á la mitad de la nobleza española y á otra mitad del Madrid *burocrático* y *financiero*, se pavonean majestuosamente llevando en brazos su propia cria, la cria que presentan, como el comerciante un retazo de percal para muestra, cuando algun estraño quiere alquilar la sustancia de su cuerpo.

Asistentes de militares, fosforeros, artesanos, municipales, pueblo de todos los barrios, casas y cuevas de la córte, desocupados que nunca faltan, *tomadores del dos* que siempre sobran, mozas desperdigadas y mozas de *bracilete* con otras ú otros, é infinidad de familias de la clase media, vienen ó van, andan ó se estacionan, hablan ó rien, lloran ó chillan en aquel ancho recinto, que en la verbena del Bautista casi no puede contener la estraordinaria concurrencia que en él se amontona.

III.

Pero salgamos de la Plaza, horno en que se respiran millares de alientos, en que el aire mezclado con la arena que todavía conserva el calor del dia, penetra en nuestros pulmones, y tornemos al Prado, eslabonándonos á la gran cadena humana que une á la Plaza con aquel soberbio paseo, uno de los mejores de Europa.

Atravesemos la Puerta del Sol, adonde afluyen innumerables turbas, algunas de las cuales se desparraman luego en distintas direcciones, mientras la mayor parte continúa su peregrinacion, llenando el viento de cantares. Lavapiés, Maravillas, el Rastro, los mas opuestos barrios de la coronada villa, corren como rios á pagar su tributo al grande océano, que es el salon del Prado.

El estranjero que viese por primera vez este animadísimo espectáculo, quizá preguntase:—«¿Qué ocurre en este pueblo? ¿Va á recibir, como el antiguo pueblo romano, al vencedor del enemigo de la patria, para conducirlo en triunfo al Capitolio? ¿Será que otro Pedro el Ermitaño acabe de predicar una cruzada religiosa, y se trate del esterminio de nuevos infieles? ¿O tal vez (si en su asombro confundiese los violines, las guitarras, las panderetas y las murgas con las músicas marciales) huyen despavoridos los habitantes de Madrid, la villa libre, porque Atila llama á sus puertas y le trae las cadenas de la esclavitud?»

Nada de eso: trátase pura y simplemente de una verbena; redúcese la empresa, en sustancia, á conquistar unos cuantos frasquetes de licor, unos cuantos buñuelos y unas cuantas horas de regocijo. El pueblo arroja la copa de la amargura, y empina la del aguardiente y el marrasquino.

IV.

Allí, en medio del salon, se improvisan jotas, fandangos, seguidillas, polkas y habaneras, en las que reina la desordenada fraternidad mas envidiable; allí, al aire libre, se entonan coplas de todos colores, desde el rojo hasta el verde-pimiento; y de todos sabores, desde la que raya en insípida, hasta la que amarga por su mucha sal; allí se escucha desde la voz espiritada de la tiple de los bailes de candil, hasta el gruñido cavernoso del bebedor inespugnable, sin que por esto falten cantadoras y cantadores de gracia infinita; ó bien estallan coros de voces roncas y no articuladas, mezclados con interjecciones nunca oídas en atolladeros y barrancos á mayoral ni carretero alguno.

Tropiézase á veces con una caravana que descansa en el oasis cenando en corro, y se ve pasar de mano en mano la bota amiga, llena del tinto de á diez y seis cuartos, mientras las bocas desgarran soberbios trozos de jamon ó de cordero.

Los galanteos, las declaraciones, las escenas de celos no escasean, como que constituyen en nuestros dias lo mas esencial, lo mismo que en los tiempos de Felipe IV, quando las damas tapadas y los galanes, las dueñas y los escuderos suministraban abundante inspiracion al ingenio de nuestros antiguos poetas dramáticos.

Si alguien cree que á las altas horas de la noche no se encuentran en el Prado miriñaques, levitaos y chaqués, velos y levitas, padece una lamentable equivocacion. En esta romería, ni mas ni menos que en las de San Isidro y San Antonio de Pádua, que la han precedido, y que en las de San Pedro, Nuestra Señora del Cármen y el apóstol Santiago, patron de España, que la siguen, muchos individuos de la clase media toman parte, en union y compaña de los de chaqueta, faja y calañés, mientras lo que aquí llamamos aristocracia acaso se aburre en su reducido y ceremonioso círculo.

En esta, como en otras reuniones populares, hay parejas amigas de oir y presenciar el tumulto á respetable distancia, que quieren disfrutar de la comun alegría, y que ya que no han podido llevar el Prado á su casa, van de su casa al Prado. ¿Quién no percibe entre las sombrías calles de árboles inmediatas al Botánico, al Tívoli, á la platería de Màrtinez, y sobre todo, alrededor del monumento de los mártires de la Independencia, ciertos bultos sentados en bancos de piedra, ó bien moviéndose lentamente, mientras en el salon se celebra la velada? Pues son parejas solitarias, á quienes no tanto incomoda el bullicio como la luz; murciélagos enamorados, que prefieren á los lugares de la vida los sitios en que imperan el silencio y la oscuridad.

¡Cuánto secreto no revelarían aquellas verdes acacias, aquellos frondosos álamos, aquellos fúnebres cipreses, si tuvieran el don de la palabra!

Pero ya el sol se espereza, y levantándose de su lecho de sombras, derrama sus resplandores sobre el teatro de la verbena, abandonado de los concurrentes, en cuyos rostros se ven impresos los estragos de la borrascosa velada. En el Prado apenas se hallan señales de tanto bullicio, de tanta agitacion, de locura tanta. El poeta meláncólico que cruce casualmente por aquellos sitios, desiertos ya y mudos, á las seis de la mañana, no podrá menos de esclamar con acento dolorido: «*Hic Troja fuit;* aquí se celebró la verbena de San Juan Bautista.»

CAPITULO XXXVI.

Quico Perales aprieta los lazos que le unen con un tal Pespuntes, mozo aprovechado en el manejo de la *aguja*, aunque no es sastre.—Pespuntes se interesa en la suerte de Quico, y le proporciona trabajo, persuadiéndole de lo
conveniente que es la ocupacion; con varios discursos tan discretos como
agradables.

I.

Aunque tú y yo, lector condescendiente, no hemos tenido
la fortuna de encontrar en la verbena á ninguno de nuestros
personajes, sé de buena tinta que Quico Perales concurrió al
Prado, que dió principio y fin á una libra de buñuelos, ro-
ciándolos, para que atravesasen fácilmente el estrecho de su
garganta, con limon helado, colmadas copas de marrasquino y
perfecto amor; y que, para coronar la fiesta, entró, de regreso,
en una casa de vacas, en donde un par de vasos de leche tem-
plaron los ardores que en el estómago sentia.

No te apresures, sin embargo, á llamarlo gloton y derro-
chador, pues has de saber que ni él se comió sólo todos los bu-

Ruelos, ni tuvo que sacar un cuarto de su bolsillo: ayudóle á lo primero un su amigo, llamado Pespuntes; y con respecto á lo segundo, el propio Pespuntes satisfizo de su particular peculio los gastos hechos en la velada por entrámbos.

Difícilmente se hallaria amigo mas amable y rumboso.

Ahora, si ha picado tu curiosidad su nombre, y te figuras que por la concomitancia de este nombre con el de cierta clase de cosido, el que lo lleva es sastre, debo decirte que el compañero de Quico no se halla matriculado en semejante oficio, y que ni por este concepto, ni por otro alguno, paga un maravedí de subsidio industrial; si bien para ganarse la vida se ocupa en ejercicios industriosos, que en los libros de la policía deben hallarse registrados.

Veintiseis años tiene ahora; pero ya desde tierna edad dió muestras inequívocas de lo que habia de ser con el tiempo, en la esgrima de la navaja y en el escamoteo, acudiendo con notable puntualidad á las lecciones teóricas y prácticas que, como es sabido, se reciben, ya en academias particulares, ya al aire libre en la Ronda de la puerta de Toledo, en la del Portillo de Valencia, Pradera del Canal y otros puntos que los aficionados conocen.

II.

Pocos productos industriales habrán merecido tantos nombres como la navaja: si hubieran de citarse todos los que se oyen á los que la usan como instrumento de peligrosas hazañas, seria cuento de nunca acabar; pero ¿quién no ha oido alguna vez llamarla el chisme, la aguja, el alfiler, la pluma, el punzon, la tea, la barbera, la tiñosa, la lengua de vaca, la lesna, la suave, el pincho, el espolin, ó el cortaplumas?

No menos abundante es el vocabulario respecto de la herida hecha por ella: el jabeque, la firma, el rasguño, el boquete, la puerta, la ventana, el chirlo, el timbre, la memoria, el siete, la letra O, los labios, la pata de gallo, la montera, la cruz, el buzon para el otro mundo.

Al acto de herir lo llaman dar un beso, abrir ojales, saludar, santiguar, cruzar de comendador, endiñar, pintar, escribir, la esplicacion, las buenas noches, poner la ceniza, firmar un recibo, dar pasaporte.

Las dimensiones y la figura del arma y de la herida, sirven generalmente de guia para la aplicacion de tan variados nombres.

III.

El del compañero de Mala-Sombra, se debe á su limpieza y finura en el manejo de la *aguja*, las cuales recuerdan las que exige uno de los cosidos mas delicados.

No hay en el aspecto de Pespuntes (que entre paréntesis, está un si es no es chispo) nada que revele al criminal de oficio: no puede decirse que tiene barba de maton, porque es lampiño; y el pintor que buscase en su cara la cicatriz, la arruga honda, el entrecejo ceñudo, el color cetrino, la mirada recelosa, ó algun otro rasgo de los que suelen reflejar, ó de los que la rutina ha convenido en que reflejan un alma depravada, se llevaria chasco; porque el rostro de Pespuntes es candoroso como el de una niña de quince años, contribuyendo también á aumentar su carácter afeminado, su voz atiplada, lo rubio del pelo, lo azul de los ojos y la trasparencia del cútis.

Lo que únicamente se nota en él, á simple vista, es ese aire ó sello especial de la relajacion de costumbres: sonrisa triste, color marchito, sien algo hundida, ojeras cárdenas y labios pálidos; todas las señales, en fin, de la precocidad, de la vejez prematura, de la tísis del alma.

Lleva gorra de visera, dorman oscuro de paño fino, guarnecido de cordon, con flores de lo mismo en la espalda y presillas en la vuelta de la solapa, y faja negra que le cubre la mitad del tercio inferior de un chaléco de seda azul. El pantalón es de lana perla.

Todo el traje, en fin, de un artesano decente.

IV.

La amistad de nuestros dos personajes se esplica en pocas palabras.

Pespuntes es uno de los compañeros á quienes Quico Perales ayudó en sus fullerías en el juego, cuando le dió por ser hombre malo.

De entonces acá se han visto pocas veces; pero la mudanza de domicilio, condujo á Quico al que á la sazon ocupa el insigne Pespuntes, en la modesta calle del Tribulete.

Una escalera, situada en el fondo del patio, conduce al piso principal, abriéndose todas las puertas de los cuartos que lo componen al angosto corredor con balaustrada de madera que al patio da vuelta, y en el cual ponen á secar los inquilinos la ropa blanca, y cuelga un cazador las perdices, las calandrias y los conejos que trae de sus escursiones por los pueblos inmediatos á Madrid.

Ni á Quico ni á su mujer podia convenirles amistad semejante; pero el lector comprenderá lo difícil que era vivir tan próximos, sin renovar, y aun sin estrechar, sus antiguas relaciones.

Enterado Pespuntes de la apurada situacion de su vecino, y creyéndola favorable á sus intentos, decidióse á proponerle un medio que, segun su leal saber y entender, contribuiria á mejorarla pronto.

Al efecto, le invitó á la verbena, donde podrian conversar lejos de los curiosos de la casa, y particularmente del cazador, que lo miraba con malos ojos.

Escusóse Quico; pero tanto le ponderó Pespuntes la importancia del negocio y de la recompensa, que por fin cedió, aunque mas á la curiosidad que á motivos interesados, pues se hallaba resuelto á no hacer nuevamente la vida del hombre malo, tan desagradable é infructuosa para él.

V.

Despues de apurar Quico dos vasos de leche con dos ensaimadas, y de resistirse á los ruegos de Pespuntes, que no se cansa de obsequiarlo, dice este á media voz:

—Ya *pues* haber visto, amigo Mala-Sombra, que no me *falta* un duro *pa* gastarlo en *arveyanas* cuando *yegan* las ocasiones; pero no se cogen truchas á bragas enjutas, ni se da la fruta sino se *cautiva* el huerto: si buenos duros tengo yo, buen trabajo me cuestan. ¿Tú *quies* trabajar?

—Segun y cómo. Hay trabajos de trabajos, Pespuntes. Si es para jugar, no cuentes conmigo.

—No se trata de eso.

—El gato escaldado, del agua fria huye.

—Da poco trigo el juego.

—Vamos—dice para sí Quico,—este individuo ha sentado la cabeza.

—El negocio que ahora traigo entre manos es mas seguro, y promete en grande.

—¿Qué negocio es?

—¿Juras guardar el secreto?... Porque si no—añade Pespuntes, con una dulzura y una sencillez que estremecen á su interlocutor,—de verdad que me incomodaré.

Quico no habia sabido, hasta poco antes de renunciar á la vida del hombre malo, que Pespuntes era asesino.

Su condescendencia en acompañarlo á la verbena le pone ahora en el compromiso de oirlo, y aun darle seguridades respecto de su discrecion.

—Lo juro—responde;—ya estás hablando.

—Tú tienes mucha de la *carpanta* (hambre): eres pobre, Mala-Sombra—continúa Pespuntes, tranquila y sosegadamente;—y erés pobre, como muchos que conozco, porque te da la gana, porque tiras por la carretera en vez de echar por el atajo. ¡Si lo sabré yo, que he sido cocinero antes que fraile! Tú dirás:—«¡*Miste* qué noticia! ¿Y á qué vienen tantas andróminas y *cercunloquios?*»—Y yo respondo: «*Pacencia*, que con *pacencia* se gana el cielo.» Hay cuestiones y cuestiones, y unas tienen mas busílis que otras. Figúrate que viene uno y te dice:—«Mala-Sombra, ¿te atreves á *espavilar* á este ó al otro sugeto, pongo por caso?»—Y dices tú:—«¿Y á mí qué, si ese sugeto no me ha hecho mal de ojo, ni Cristo que lo fundó?» Y como no hay *condumio* (dinero) *pa ser perseve-lante* (para acceder), guardas tu persona, y dices:—«Que otro *desueye* el rabo.»—Pues ahora vuelve la calceta al revés: figúrate que se *aprosima* á tí un amigo, y dice:—«Hombre, que por acá, que por allá, que aches, que erres, que patatin, que patatan, que mañana, que hoy, que si por mil reales mas, que si por mil reales menos;» hasta que se cierra el ajuste y se moja con una copa. Cuando se trata de hombre á hombre con legalidad, y anda listo el *conquibus*, la gente trabaja gustosa y ligera, y no chista. ¿Entiendes, Mala-Sombra?

—Sí; responde Quico, palideciendo.

—Hay un mozo soberbio, que se las presume de *echao pa lante* (de valiente), y que se come á los niños crudos, segun cuentan; un tal señor de Bravo, que tiene una cicatriz sobre la parte... dice Pespuntes, tocándose una sien.

VI.

El primer impulso de Quico, al oir el nombre y la seña especial de su protector, es negarse rotundamente á toda especie de complicidad en el crímen que se proyecta, y correr á denunciarlo; pero un instante de reflexion, basta á convencerlo de lo útil que puede ser para salvarlo el conocimiento de los demás pormenores.

Disimula, pues, y aun fingiendo interesarse en el complot y entrar en él de buena voluntad, esclama:

—Sí, será alguno de esos *fariseos* (farsantes querrá decir) que se le sientan á uno en el estómago, por sus humos y farolerías, y que, si á verse va, no tienen cara para un mal soplamocos.

—¡Cabales! responde Pespuntes.

—¿Tú lo conoces?

—Lo he visto salir de su casa cuatro veces, y no se me despinta. Calle del Caballero de Gracia, casa nueva, frente á...

—¿Y quién paga?

Pespuntes mira al techo, como recordando.

Su estado de semi-embriaguez nubla un poco la claridad de su memoria.

—Paga—responde, por último,—un don Madeo, ó Tadeo, ó Teveo... conde de no sé cuántos. ¡Buena persona! Muy legal, y capaz de hacer un favor á *cualisquiera*. A mí, á Orejas y á Letanías nos sacó una vez de la *trena*, y nos puso al sol; y como yo soy *correspondiente* (agradecido), y amigo de mis amigos, ahora que me *nesecita*, quiero portarme con él como hombre *honrao:* amor con amor se paga.

—¿Has contado con Orejas?

—No: Orejas tiene que hacer en Buñol, y no *pué* ser repicar y andar en la procesion. Ya te acordarás de él. Era el que *nus* guiñaba en el juego.

—¡Pues no!

—Es muchacho fino: con su *levosa* (levita), su *chistera* (sombrero de copa), y su baston, se la pegaria á su padre; tiene aire de marqués, y como ha *llevao visita pa* una tal doña *Crotilde*, ninguno mas *cortao pa* el caso. Le acompaña Letanías, que con su cara de oveja arrepentida, es muy *abonao* para un lance.

El pobre Quico suda como un pollo, no sabe si de espanto ó de gusto, pues las revelaciones de su interlocutor interrumpen á cada momento el órden de sus ideas.

—¿Qué van á hacer de doña Clotilde?—pregunta, temblando de piés á cabeza.—¿La *espavilarán* tambien?

—¿*Pa* eso habian de ir dos mocetones?... ¡Vaya un triunfo! Han *io* por un chavalillo y una chavalilla, *pa* llevárselos á un colegio de París, donde *quié* educarlos á su costa don Madeo: dice que son sobrinos suyos, sin padre ni madre, ¡y como es tan compasivo!...

—¡Pues ya se ve que sí!

—Pero yo *nesecito* ayudante, *pa* que esté al tanto de los del tricornio y no nos *sósprendan*.

—Apuradamente yo oigo crecer la yerba, y tengo olfato de perro perdiguero.

—Verás cómo despacho en un decir ¡*Jesús!* Ahora que hay falta de agua, le abro una fuente en la calle de la Gorguera (la garganta) con el barreno (la navaja), ¡y á cobrar, Pespuntes!

—¿Cuánto vas ganando?

—Seis mil reales del pico, ni un ochavo menos; porque aquí se trabaja de lo fino.

—¿Y yo?

—Dos mil: ¿estás contento?

—Sí; con una condicion.

—Váciate.

—Que si te pregunta don Madeo ó *cualisquiera* otra persoma por mí, no descubras mi nombre, no sea que se arrepientan y quedemos en las astas del toro.

—¡Escrupulíhimis de monjíminis, Mala-Sombríminis. Don Madeíminis es un sugetíhimis muy formalíminis.

—¿Qué demonio de *gringo* es ese?

—Quiero decir que don Madeo es un sugeto muy formal; pero descuida. Yo no lo veré ya hasta que todo esté en punto de *caraimbelo*; ademhás, él tampoco se confia así... de *bóbilis* bóbilis, al primero que llega; y por lo tanto, no *nesecita* saber quién anda en el ajo, y tu nombre le importará lo mismo que el del Preste Juan. La *responsalidá* es del cura que te está hablando.

—Es que luego, el pobre es el que paga.

—Don Madeo es *letrao*, y sacará en un caso la cara por nosotros. ¡Si le hubieras visto cuando lo de Orejas y lo mio! Entre la gente que asistió á la defensa, hubo hombre que lloró á moco tendido viéndolo defender nuestra *inociencia*. Amen de esto, es *diputao*... y no digo mas.

—¿Sobre cuándo se dará el golpe?

—¡Qué priesa tienes, Mala-Sombra! ¡*Paece* que nos gusta la breva! ¿eh? ¡Calma, pichon, que poco á poco hilaba la vieja el copo!

—Es que, de veras, no tengo trigo; y como no tengo trigo, no anda el molino.

—Déjate que yo me entere de ciertas cosas, y hablaremos. He apostado un granujilla cerca de su casa, *pa* que *oserve* y *avrigue* cuándo sale y cuándo entra, si por la noche vuelve solo ó *acompañao*, si lleva *rewólver* y gasta baston ó no, si á la hora que se retira hay en la calle del Caballero de Gracia fuelles (soplones) y ganchos (agentes de policía) ó lechuzos (serenos). El granuja es *sútil* como para él, y no se dormirá en las pajas: el dia en que se *desamine* de maestro y trabaje por cuenta propia, se verá si miento en lo que digo. ¡Con que sonsoniche, y *alón mosiú!*

—Sí, esta es la del humo; vamos, que mi mujer estará con cuidado.

Paga Pespuntes el gasto hecho, que hubiera querido pagar Quico, para no tener nada que deberle, y salen de la lechería como dos buenos amigos.

CAPITULO XXXVII.

Un cazador que huye de cierta clase de pájaros.

I.

Al entrar Quico y Pespuntes en su madriguera de la calle del Tribulete, el cazador fumaba, apoyado de frente al patio, en la barandilla del piso principal.

Habia estado tambien un rato en la verbena, y habia visto á Pespuntes y á Quico un sólo instante, porque despues se perdieron entre la confusion.

Separábale un secreto instinto, ó quizá la certeza de la clase de persona que era Pespuntes, de toda comunicacion y trato con él; así como un irresistible y simpático impulso le acercaba á Quico y á Cipriana, que, en su concepto, eran unos infelices.

Con tales antecedentes, concíbese muy bien la impresion desagradable que le causaria el ver llegar juntos á sus dos ve-

cinos, en jovial y amistosa plática; tanto mas, cuanto que ha—
llándose él fuera de Madrid, y habiendo su mujer dado á luz un
niño, Cipriana fué la primera vecina que ofreció sus servicios,
y la única que, juntamente con el comadron, asistió al alum-
bramiento, proporcionando á la parida algunas fajas y pañales
que aún conservaba de cuando nació Albaricoque, y sintiendo
que estos no fuesen de esquisita holanda. De holanda debieron,
sin embargo, parecer á la parida al preguntarle aquella pobre
mujer, toda corazon, si le hacian al caso, á juzgar por la espresion de gratitud pintada en su semblante.

¿Cómo recibia el cazador á Quico, en su humilde, pero honrado hogar, con lo que acababa de ver?

III

Llegados al corredor Pespuntes y Quico, el primero abre
su cuarto y entra, sin saludar al cazador; este hace una seña
al segundo, y le dice con misterio:

—¡Palabra, vecino! Sígame usté á mi cuarto, si gusta, en
él está la señá Cipriana con la niña.

Quico sigue al cazador.

Cipriana saluda á su marido con las siguientes palabras:

—¡Buenas horas de venir son éstas! ¡Espera que te espera
toda la santa noche, y el caballero tomando el fresco en el
Prado!

—¡No que no, á lo príncipe!

—No le regañe usté, señá Cipriana—observa la mujer del
cazador;—una vez al año no hace daño, como dijo el otro.

—Calle usté, señá Márgara—responde Cipriana;—calle

usté, por Dios, que estoy pasando las penas del purgatorio;
porque sabiendo él que no me gusta que salga con... en fin,
tente lengua.

—¡Si yo pudiera hablar!...—dice Quico, interrumpiéndose
al punto, por no cometer una indiscrecion.—Señor Luis—continúa,—¿qué tenia usté que mandarme?

—¿Conoce usté—le pregunta el cazador—al sugeto de al
lado?

—Sí señor.

—¿Y sabe usté qué vida es la suya?

—¡Tanto como eso!... ¡Como á mí no me gusta meterme
en la renta del escusado, ni averiguar vidas ajenas!

—Pues, acá para los dos, vecino, le digo á usté que no le
conviene semejante compañía.

—¿Lo ves? ¿lo ves, terco y reterco? esclama Cipriana.

—Lo veo, lo veo; le responde Quico, remedando burlesca-
mente su tonillo.

—La situacion de mi mujer—continúa el señor Luis—
me ha impedido mudarme de aquí; pero en cuanto salga á
misa, nos buscaremos otro nido, nada mas que *por mor* de
ese pájaro. ¡Si lo encontrara mas arriba del tercer molino,
creo que no se me iba sin una buena perdigonada! Los hombres honrados deben *desapararse* de los perdidos.

—¿Qué respondes al vecino?—dice Cipriana, al compañero
de Pespuntes.—A tí te digo, argumentos; que todo te vuelves
argumentos, cuando habla tu mujer.

—Respondo... respondo...—balbucea Quico—que no puedo responder.

—Seña Márgara—dice Cipriana, al oido de su vecina,—

oblíguelo usté, déle usté otra arremetida, que él es obediente y se vendrá á la razon.

—Vecino—prorumpe la señá Márgara,—oiga usté á las personas que lo estiman, y no vuelva á dar la palabra al sugeto ese: la fruta podrida pierde á la sana; y aunque usté sea mas bueno que el pan bendito, acompáñate con los malos y serás uno de ellos.

—Yo no tengo motivos, ni queja contra el vecino de al lado; tampoco lo busco, pero si él me busca á mí, no he de darle con la puerta en los dientes; observa Quico, procurando recibir á pié firme los ataques de su mujer, del cazador y de la señá Márgara.

—Pues amigo—esclama el señor Luis,—sentiré verme obligado á no tratarme con usté, hasta que deje sus amista-des con tal sujeto.

—No diga usté semejantes cosas, ni en chanza; observa Cipriana, con aire afligido.

—Señá Cipriana—repone el cazador,—lo digo formalmen-te. Yo soy muy leal y muy llano, y no sé ocultar mi sentir. La compañía de ese vecino es peligrosa, y yo no quiero com-prometerme.

—¡Me quitará la vida! ¡me quitará la vida!—repite Cipriana, á punto de llorar.—Es un cabezota, que por su *aquel* ha de verse perdido. Quico, sigue los consejos del señor Luis y de la señá Márgara: ya que no lo hagas por tu mujer, haz-lo por tu hija.

Y así diciendo, estrecha contra su seno á su querida Albaricoque, estasiada á la sazon en contemplar los jilgueros que en una gran jaula de mimbre tiene el cazador.

Quico permanece insensible como un mármol: pero tanto le suplica Cipriana que abandone la amistad de Pespuntes, que se ve obligado á esclamar:

—No sucumbo, Cipriana; te fatigas en vano.

—¿Es decir, que nos desprecias á todos?

—Eso es hablar de la mar. Yo á nadie desprecio; y si el señor Luis y la señá Márgara quieren mi camisa y mi sangre, dispongan de ellas.

—Eso es aparte—dice el cazador,—aunque no nos tratemos en mucho tiempo, si me necesitan ustés para algo, aquí estoy para servirlos; que no soy yo de los que olvidan mañana los beneficios que reciben hoy.

—Pues yo cogeré mi niña—dice Cipriana, levantándose mas enojada que nunca,—y me iré á contar á mis amos a por *a* y *b* por *b* lo que pasa.

—Tú te librarás mucho de hacerlo; replica Quico, átravesándose en medio de la puerta, para impedir el paso á su mujer.

—Eso tunante—esclama esta,—por fuerza me lo ha dado alguna bebida mala, pues yo jamás de los jamases lo he visto así.

—Los polvos de la madre Celestina, me habrá dado—observa irónicamente Quico;—calla, tonta, y retonta: Vecino— añade, marcando mucho sus palabras,—no juzgue usté mal de mí, no haga la locura de mudarse; que aunque hoy me callo, dia llegará en que hable; y si ahora están verdes, con el tiempo maduran las uvas; y si no, vivir para ver; deje usté que venga el otoño, y allá para la vendimia hablaremos, si no hablamos antes.

—Señor Francisco—repone el cazador, en el mismo tono que Quico,—muy largo me lo fia usté, y á mí ciertas cosas me gustan á paso de carga. ¿No aprueba mis consejos? Pues, amigo mio, su alma y su palma; usté en su casa, yo en la mia, y Dios en la de todos. Algun dia le pesará de no haberme oido.

III.

El cazador se pone á remendar unas redes, cantando en voz baja, con acompañamiento de piadas y gorjeos de las diferentes avecillas que forman su pajarera.

Cipriana llora.

Albaricoque brinca de pié sobre el regazo de su madre, y tiende con infantil algazara las manecitas hácia sus cautivos compañeros.

En cuanto á Quico, permanece en su actitud de esfinge, y guarda el secreto que la motiva, en el mas escondido rincon de su pecho; pero el dolor de Cipriana le hace pasar la pena negra, y está en el caso de no prolongarlo. Así, pues, dice por via de despedida al señor Luis:

—Vecino, que se le quite á usté de la cabeza eso de que cortemos nuestras amistades, por mucho, ni por poco tiempo, y hasta luego.

—¡Vaya usté enhorabuena, vaya usté enhorabuena! repite el cazador, saludándolo con un gesto de tristeza.

IV.

Cinco minutos despues, esplicaba Quico Perales á su mujer el motivo de su conducta; y antes de echarse á dormir, puso en conocimiento de Bravo lo ocurrido. Mientras tanto, asomábase Cipriana á la puerta del honrado matrimonio vecino, para disculpar á su marido, aunque en términos vagos.

Pero el cazador repetia siempre sus consejos.

El señor Luis cumplió en breve su anuncio, mudándose á otra calle, participándoselo á Quico y á Cipriana; los cuales deploraron en lo íntimo de su alma, así la idea errónea que de ellos tenia formada, como los gastos de traslacion hechos en su consecuencia.

CAPITULO XXXVIII.

El autor ofrece un brazo al lector, para dar una vuelta por la Fuente Castellana.—Bravo enza, y no de caballero, á Enriquez, en recompensa de los
méritos de antemano contraidos por este.

I.

Dejemos descansar á Quico de su mala noche, que harto lo
necesita, y pidamos á Dios que no se le indigeste la mesco-
lanza de buñuelos, limon helado, agua fria, marrasquino y leche de vacas, obsequio de su amigo Pespuntes, que, aunque
hecho sin ánimo de causarle siniestro alguno en la salud, que
tanto importaba á este mantener en toda su integridad, pudiera muy bien dar orígen á un cólico fulminante ó cosa por
el estilo.

La tarde está deliciosa. ¿Quieres que demos una vuelta,
lector mio? Pues ahí tienes mi brazo, cógete de él, y en
marcha.

El movimiento de gente y de carruajes que se observa en

la calle de Alcalá una hora antes del crepúsculo, indica que así el Prado como Recoletos y la Fuente Castellana, van á verse concurridísimos.

El sol dora con sus últimos rayos las agujas góticas de la iglesia de San Gerónimo, las capas de los árboles que sombrean el Botánico y el Tívoli, y la punta de la pirámide que corona el monumento del Dos de Mayo.

Las torres, los palacios, las casas y los árboles se destacan por la parte del Prado, del Buen Retiro y de la Castellana, del fondo azul de un cielo arrebolado á trechos, ya por nubecillas blancas y cenicientas, ya por otras cuyo color las asemeja á sueltos girones de un incendio.

Porque el cielo de Madrid es tambien, en las puestas de sol, altamente poético; es, digámoslo así, un lienzo donde la naturaleza, artista sublime, pinta en las tardes serenas los mas hermosos poemas de luz que pueden imaginarse.

La Fuente Castellana presenta un golpe de vista encantador.

Infinidad de carruajes dan vueltas por el centro, mientras la gente de á pié, no en gran número, pasea por las frondosas calles de acacias que á los lados la adornan.

La mayor parte de estos últimos no pasan de Recoletos; ya porque la distancia á la poblacion desde la Fuente de la Estrella es considerable, ya porque en la sociedad, como en el infierno del Dante, hay diversos círculos, y su círculo en el punto de Madrid de que voy hablando, no se estiende mas allá del Circo del Príncipe Alfonso.

Pero sucede que cómo la marea del lujo va creciendo, creciendo, creciendo, y apenas hay ya hijo ninguno de madre que no aspire á la posesion de un *tres por ciento* siquiera, por mas que la aristocracia y la banca procuren huir de la clase media y del pueblo y formar rancho aparte, el pueblo y la clase media romperán, en carruaje, por supuesto, su círculo, el cual ya no es de hierro como en otras épocas.

Años atrás, la vanidad partió el Prado en dos mitades; paseábase en una, la mas estrecha y mas incómoda, el mundo elegante, que la bautizó con el nombre de *París*, como hubiera bautizado, gustosamente sin duda, á nuestra pobre tierra de garbanzos con el de Francia: la otra, estó es, la mas espaciosa, fué desde entonces considerada, poco menos, que como una especie de antesala de la gente de medio pelo.

Pero sucedió tambien que, andando el tiempo, la estrechez de París no pudo ya resistir la marea esterior; todos los dias penetraba alguna ola impelida por el viento de la fortuna, del orgullo, ó de la ambicion, y al fin hubo que retirar las sillas de París, que formaban la línea divisoria de estas dos mitades, hácia la mas desahogada y capaz.

¿A dónde irá la vanidad, cuando la marea invada las arboledas de Recoletos y el centro de la Fuente Castellana?

II.

Son de ver los variados y pintorescos carruajes que por la última circulan.

Estos, parecen góndolas, meciéndose suavemente sobre un lago tranquilo; aquellos, saliéndose de las filas, son exhalaciones que atraviesan con la velocidad del relámpago el espacio que média entre las dos; ese coche, lleno de niños, diríase que es un nido de golondrinas; una leona, de alma de fuego, se recuesta con provocativa molicie en el blando asiento de aquella *victoria*.

Carretelas que conducen bellísimos grupos, envueltos en nubes de seda y de gasas azules, blancas y de color de rosa, nos presentan realizados los sueños de hadas; otras, metamorfoseadas por la fantasía, sin grande esfuerzo, en conchas marinas, recuerdan al observador las risueñas creaciones de la mitología griega, que así como pobló los aires y los bosques de divinidades y genios tutelares, quiso tambien que Vénus saliera del seno del mar, y que habitasen el fondo de las aguas, en grutas y palacios de cristal, de perlas y piedras preciosas, las nereidas, las ninfas y las náyades.

III.

La vizcondesa del Salto, con sus dos hijos Ernesto y Abelina, cierra los ojos en su coche, como es de suponer; aunque si alguien se atreviera á decirle que duerme, ó bien lo negaria ella, ó bien atribuiria el sueño al suave movimiento de las ruedas sobre la menuda grava del paseo.

No alteremos su pacífica siesta, y dirijamos nuestra vista hácia los personajes que mas interesan á nuestra historia.

IV.

Amparo, acompañada de Bravo y el baron de Solares, monta una gallarda yegua torda.

Lleva traje negro, su color favorito, desde la ruina de su

padre, y el color de que la melancolía viste su corazon, tan combatido por encontrados afectos.

La belleza de su rostro, y la natural elegancia y distinción de su porte, atraen las miradas de sus antiguos adoradores de otro tiempo, y de los que, conociéndola sólo de vista, habian echado de menos su presencia en los parajes que frecuenta el buen tono.

Ve amigas y amigos que, cuando la bancarrota de su padre, huyeron de la desolada familia, como se huye de la peste, y que ahora comentan su reaparicion en el mundo, esplicándola cada cual con arreglo á su capricho: si alguno se atreve á saludarla, Amparo, que no conoce el rencor, y cuya nobleza de alma se complace en perdonar, responde con una sonrisa afable, que es para ella un triunfo, y un remordimiento para el que la recibe.

V.

Don Lorenzo y doña Cármen salen rara vez de casa, y cuando lo verifican es en carruaje cerrado; el primero insiste en su retiro, hasta ver consumada su rehabilitacion, por medios que su amigo Solares se reserva, y en los que desde la partida de Buñol, tiene, sin embargo, mas confianza que antes, aunque sin esplicarse el motivo.

Su opinion respecto de Bravo no ha variado, y aun pudiera decirse que es mas contraria que nunca, por su manera falsa de interpretar hasta los hechos mas hidalgos del amante de su hija.

El encuentro de Bravo con la marquesa junto al estanque

del Buen Retiro, la escena de que en aquella mañana fué testigo, ¿qué mas? su generosa conducta con Clotilde, le inspiran
pensamientos ofensivos para el que es objeto de sus antiguas
sospechas y causa de su inquietud.

El baron, conociendo lo arraigadas que están en su amigo
estas disposiciones hostiles, ha tomado el partido de callar, sin
que deje por ello de hacer lo que se le antoja y considera conveniente.

La complicidad de doña Cármen, del marqués de la Cabeza y de Marieta, favorece tambien sus planes; así es que mientras don Lorenzo los hostiga para que aconsejen á Amparo que
olvide á Bravo, y ellos se lo prometen, Bravo acompaña á su
hija y al baron, por la Fuente Castellana, á sabiendas del
traidor consejo.

VI.

Entre los carruajes que pausadamente y en correcta formacion siguen una de las dos filas que cierran el paseo, caminan los que conducen á Enriquez y su esposa, la señora marquesa de la Estrella, y al respetable y virtuoso jurisconsulto,
conde de Buena-Ley, con su consorte Piedad y sus dos tiernos
hijos.

La ex-cómica, sometida en el hogar doméstico á la influencia misteriosa del señor Leoncio, como la fiera se somete á la
del domador, se presenta sin él en público, no por ningun
escrúpulo moral, sino por esa especie de virtud bastarda que
inspira la ambicion satisfecha á los advenedizos de la fortuna,
y á la que yo no vacilaria en dar el nombre de *pudor de la
vanidad*.

En efecto, si la mujer de don Amadeo puede dispensar particularmente al señor Leoncio (en gracia de la estimacion estraña que le profesa) cierta *ordinariez*, así en el aire de su persona, como en su lenguaje y en su trato, la sociedad no tiene la manga tan ancha, es mas exigente, y es seguro que no le perdonaria con la misma facilidad aquel defecto.

VII.

—¿Los has visto? pregunta la marquesa á su marido, mordiéndose los labios, á poco de pasar Amparo, Bravo y el baron de Solares.

—Sí; responde Enriquez.

Igual pregunta dirige, poco mas ó menos, don Amadeo á Piedad, y obtiene análoga respuesta.

Enriquez, no solamente los ha visto, sino que ha lanzado á la feliz pareja una mirada, en la que fermenta todo el veneno de su alma; los celos atizan en la vieja dama el encono que la devora.

—¿Quieres que salgamos de la fila y pasemos al centro? esclama Enriquez, deseando que sus enemigos lo contemplen en la cumbre de la dicha y de la opulencia.

—Sí, demos una vuelta por medio; dice la marquesa.

Abandonan, pues, la fila, y su ligero *char-á-bancs* ostenta en el centro de la Castellana, la esbeltez y gallardía de su figura, volando mas que corriendo, en dirección contraria á nuestros amigos.

Diríase que lleva alas en vez de ruedas.

De este modo llegan hasta el fin del paseo por la parte de

.....y ciego de cólera, cruza de un latigazo la cara de Enriquez.

Recoletos; pero no conviniéndoles correr tanto, porque así es difícil lucirse, Enriquez recoge las riendas, lo suficiente para que el caballo tome un trote corto.

El caballo que arrastra el carruaje del digno matrimonio, y que es un hermoso animal de raza inglesa, ricamente enjaezado, braçea y piafa con gracia suma, sin perder el compas, como si lo hubiesen adiestrado, al son de la música, en alguno de los circos inmediatos.

De vez en cuando, un bufido, un estremecimiento nervioso de todo su cuerpo, indica, no obstante, que conserva memoria de su vida salvaje en la dehesa nativa; pero Enriquez no teme estos resabios, pues, sopena de ser injustos, hay que concederle grande habilidad para dirigir un carruaje: su actitud serena, reposada y firme, demuestra que va tan seguro en el char-á-bancs como si estuviese en una muelle butaca ó en un trono.

Mas hé aquí que á cosa de la mitad del paseo, y en el instante mismo de venir en sentido opuesto la hija de Figueroa y el baron de Solares, le da la gana al caballo de hacer una corveta: entonces, Enriquez enarbola la fusta para sacudirle; pero con tan poco tino, que se le enreda en el sombrero de Amparo, y al tirar por ella, se lo derriba.

Bravo, que á la sazon viene casualmente dos pasos detrás de Amparo y de Solares, y observa lo ocurrido, tiende con la rapidez del rayo el cuerpo sobre su cabalgadura, y ciego de cólera, cruza de un latigazo la cara de Enriquez. En seguida se apea, recóge el sombrero, se lo da cortesmente á Amparo, y volviendo á montar, continúa su camino con la mayor impavidez del mundo.

Todo esto pasa en poco mas tiempo que el que se necesita para contarlo.

—¡Miserable! es la primera palabra que el dolor arranca á Enriquez.

—¡Esposo! ¡esposo mio! repite la marquesa.

—¡Que lo detengan!... ¡Que lo prendan! grita Enriquez, todo aturdido y de pié en el carruaje, que se queda como clavado en el sitio de la catástrofe.

VIII.

Amparo, el baron y Bravo desaparecen por la Ronda de Santa Bárbara.

Algunos caballeros bajan de sus coches, y de varios puntos del paseo acuden á los gritos multitud de curiosos.

La marquesa, que mide instantáneamente la profundidad de la sima en que puede precipitar así á ella como á su marido y aun á la familia de su hermano (el respetable y virtuoso jurisconsulto) la revelacion del nombre del agresor, murmura al oido de Enriquez:

—No digas quién ha sido; en casa hablaremos.

Enriquez obedece, y, en efecto, él y su mujer atribuyen á equivocacion de una persona desconocida el percance de que se lamentan, pues segun afirman, ni han dado motivo á nadie para tal agresion, ni tienen enemigos.

Don Amadeo y Piedad están hechos un mar de confusiones; saben ya la fechoría de Bravo, y no comprenden la prudencia de los ofendidos.

—¡Lástima de proceso! dice, tal vez, para sus adentros, el letrado.

—¡Qué grosería! esclaman algunos curiosos.

—¡Buen cobarde será él! responden otros.

Sin embargo, poco despues, el nombre del agresor vuela de boca en boca, y mas tarde, en los cafés y en otros puntos de reunion no era ya un misterio para nadie.

CAPITULO XXXIX.

La marquesa de la Estrella convertida en hermana de la Caridad.—Cuidados no agradecidos.—Triunfo del árnica, y consuelos del señor Leoncio.

I.

Don Amadeo está convidado á comer fuera de su casa, y el señor Leoncio se pone de un humor de los diablos cuando, ya por negocios urgentes del jurisconsulto, ya por otro motivo cualquiera, se retrasa la hora de saborear su plato favorito, la consabida escarola.

Estas dos razones poderosas esplican por qué las familias del conde de Buena-Ley y su hermana la marquesa no se reunen inmediatamente, para tratar de lo que por tantos títulos ocupa su atencion; pero se dan cita para mas tarde, y cada familia se va por su lado.

Así que Enriquez y la marquesa llegan á su domicilio, saca la segunda de su botiquin un frasco de árnica, echa doce gotas en una jícara, y empapando en ella un retacito de lienzo, acude solícita y presurosa á estenderlo sobre la contusion soberana ó cardenal, que coge desde la frente á la punta de la barba de su amado consorte.

—Mira, mira—dice Enriquez á su mujer,—déjate de paños mojados, y hablemos de lo que acaba de sucederme.

Y al pronunciar estas palabras, rechaza á la marquesa, estendiendo un brazo, para que no se acerque á él.

No por esto cede la compasiva dama, cuyo corazon arde en deseos de calmar el dolor de su marido; vuelve, pues, á su filantrópica tarea, y materialmente lo embiste dos ó tres veces con el trapo, sumergido en el agua medicinal.

—¿Quieres dejarme en paz con tu árnica? esclama con grande enojo el ingrato paciente.

—Hombre, permíteme que te dé una pasadita siquiera, para que se te quite esa señal: ¿cómo vas á salir con ella mañana? Será una afrenta.

—¡Mejor! ¡Así me lleven cien legiones de demonios! responde Enriquez, mesándose los cabellos.

—¡Ave María purísima!

—Dejémonos de gazmoñerías: habla, habla pronto; no me desesperes, ó soy capaz de pegarme un tiro.

II.

Siéntase la marquesa á su lado, y le dice con sin igual ternura:

—Que llamen á un médico, si te parece; sí, que lo llamen, no sea que el disgusto y la... Tocaré el timbre para que el la-

cayo... ¡Sosiégate, hijo mio!... ¡Jesus, qué rato me estás
dando!

Lo que mas daño hace á Enriquez en este momento, son las
caricias y la afabilidad de su mujer.

Un enlace en el que ninguna parte han tenido el amor, el
deber, la gratitud, ni, en fin, ninguno de los sentimiéntos
dulces ó respetables que aproximan las almas, uniéndolas con
lazos de flores, no podia dar otros resultados que los que ya
principian á tocar Enriquez y la marquesa, y eso que apenas
han salido de la luna de miel: el hastío primero, y despues el
odio.

Recuerda Enriquez ciertos hechos, no muy satisfactoriamente (ahora lo conoce) esplicados por la marquesa, y con facilidad creidos por él, antes de su boda, y, sin saber por qué,
le estremece de piés á cabeza aquello mismo que todavía no
ha oido.

—Te prohibo que toques el timbre—responde Enriquez,—
y prohibo que entre aquí nadie hasta que te espliques. ¿Por
qué no quisiste que revelara el nombre de Bravo en la Fuente Castellana?

La marquesa baja la vista, y balbucea con voz casi imperceptible.

—Porque... podríamos comprometernos.

—¿Y por qué podríamos comprometernos?—pregunta con
impaciencia creciente el marido.—¡Si será necesario sacarte
las palabras con ganchos!

—Podríamos comprometernos... porque... porque ese hombre lo sabe todo.

—¡Ah! ¡Ese hombre lo sabe todo!... ¡Me lo sospechaba!

—dice Enriquez, dirigiendo á su mujer una mirada aterradora.—¿Con que lo sabe todo?

—Todo.

—¿Y por quién?

—Por... mí.

—¡Luego vuestras relaciones fueron verdad!

—Sí.

—¡Luego me has estado engañando como á un niño!

La marquesa cae de rodillas, arrastrando sus galas á los piés de su marido, sin contestar palabra.

—¡Oh! lo que yo debia hacer ahora—dice este—era aplastarte como á una víbora, ahogarte con mis propias manos.

—Puedes hacerlo; pero mi muerte no te salvaria, Enriquez.

—¡Tienes razon, tienes razon!

—Serénate, y hablemos en paz como dos buenos esposos, que recíprocamente desean su dicha.

—Está bien; levántate del suelo.

III.

La vieja dama obedece, y arreglándose un poco los postizos de la cabeza, que se le han descompuesto, y que con su acostumbrada habilidad habia rizado el insigne Taravilla, comienza de este modo su relato, en el cual observará el lector ciertas inexactitudes, de que ha menester la marquesa para disculpar sus infidelidades.

—Tiempo antes de la soirée que dió Amadeo, y en que me significaste tu amor, si es que me amabas, existian relaciones

entre Bravo y yo, y aun en aquel instante no las habíamos
roto de una manera definitiva. El amor no tiene secretos, y el
mio no los tuvo para ese hombre. Crédula, confiada, sencilla,
débil, indiscreta, aturdida, criminal si se quiere, con la misma
sinceridad que le entregaba mi corazon, le habia ido entregando hasta mis pensamientos mas recónditos, como despues lo he verificado contigo: yo no sé amar de otra suerte;
porque, ó el amor es la fusion de dos almas en una y la fé ciega en el objeto amado, ó es una mentira, una...

—¡Bien, bien, al grano!—interrumpe Enriquez, pateando
de impaciencia.—No estoy ahora de humor para oir discursos
novelescos.

La marquesa continúa:

—Nosotros nos confiábamos entonces, como he dicho, todas nuestras ideas; hablábamos de nuestras aspiraciones y de
nuestras esperanzas, de nuestro presente y de nuestro porvenir, descendiendo á veces hasta los triviales pormenores de la
vida ordinaria, de nuestras amistades, de nuestros parientes
y de nuestras fortunas respectivas. Entonces... ¡perdóname,
Enriquez mio, perdóname!... entonces le confié el secreto de la
ruina de don Lorenzo Figueroa.

IV.

Enriquez se cubre el rostro con las manos, y su pecho lanza
una especie de gemido tan ronco y prolongado, como el rugir
de un tigre que tiene hambre.

—¡Que tú lo amabas! dice sarcásticamente, pasados algunos segundos.

—Sí.

—¿Qué sabes tú lo que es amor, miserable? ¡Amor tú! ¡Amor tú! ¡Já, já, já! ¡Amor las hienas! ¡Es gracioso!

—¿Y por qué no, Enriquez? ¿No amabas tú á la hija de Figueroa? Y sin embargo, yo no diré que eres una hiena, por mas que tampoco te crea una paloma. Examina tu conciencia, apela á tus recuerdos, no olvides tu historia, compárala con la mia... ¡Sí, yo te desafío á que la compares y veas quién de nosotros dos puede llevar mas alta la frente! Yo no he hecho mas que revelar un delito, tú lo has cometido; y ya que tan aficionado te muestras á las liquidaciones, pudieras hacer la liquidacion de nuestra vida, y sabríamos en qué conciencia resulta mayor déficit: si en la tuya, ó en la mia. Supongo que entenderás mejor este lenguaje comercial que los discursos novelescos.

La marquesa, de reo, va convirtiéndose en juez.

Su ironía es tan cruel, hay en sus palabras tal fondo de verdad, que le es imposible á Enriquez dar una respuesta victoriosa.

—He preferido—continúa la marquesa, dulcificando el acento—sufrir yo sola, vivir en eterna zozobra, rodeada de temores, de amarguras, de agonías y de remordimientos, á turbar tu tranquila ignorancia de los hechos que acabo de revelar. Pero las cosas han llegado ya á un punto, en el que seria peligroso el silencio, y en el que es preciso trabajar sin tregua para la conservacion de nuestra seguridad y de nuestros intereses: es preciso que los dos hombres que han ido á Buñol despachen pronto, y que el otro active aquí la comision que Amadeo le ha dado para que se entienda con el sugeto de la calle del Caballero de Gracia. No se comprenden semejantes dilaciones en asuntos tan fáciles.

—¡Y para esto he vendido mi alma á Satanás!—esclama Enriquez, con profundo desaliento.—¡Quién me volveria la paz de otros tiempos! ¡No, mil veces no!—repite, levantándose y recorriendo la habitacion como un loco.—Yo no permitiré que á esa desventurada madre se la separe de sus hijos; yo me opondré con todas mis fuerzas á que se les eduque en el odio y en el desprecio de la que los ha llevado en sus entrañas, y evitaré este crímen horrendo, y además de horrendo, inútil para nosotros, puesto que se comete sólo para que Piedad y sus hijos hereden á tu hermano, á quien aborrecen y asesinan moralmente.

—Tú olvidas que en el testamento de mi hermano se dispone la distribucion de la herencia por iguales partes entre Piedad y yo.

—Lo tengo bien presente.

—Pues entonces...

—¿Me respondes tú de que Amadeo no anule ese testamento, por medio de otro? ¿Crees que Piedad no lo habrá obligado á que la nombre heredera única? La codicia de esa mujer es insaciable; tiene rostro de serafin, y corazon de pantera. Desde que tu hermano pertenece á esa familia, vive en perpétuo martirio. Piedad, y sus hijos, y el señor Leoncio, se enroscan á su vida como cuatro serpientes, para ir ahogándolo poco á poco. Y aun suponiendo que se te igualase á tu cuñada en el reparto de los bienes, siempre el atentado contra Clotilde me repugnaria, porque además de ser desgraciada, es una criatura débil é inofensiva.

—No tan débil, no tan inofensiva—observa friamente la marquesa.—Por lo visto, el percance de la Castellana te ofusca la memoria, y es preciso refrescártela. La tal Clotilde tiene defensores, y defensores decididos á todo, segun lo que mi hermano observó y oyó en las dos entrevistas que tuvo con ella en su casa. Uno, el principal de los paladines de la tal Clotilde, es el mismo que te ha cruzado la cara con su látigo. La generosidad y la compasion son dos cosas poco escelentes, cuando la persona á quien hacemos la limosna de ellas tiende una mano para recibirla, mientras que con la otra, no sé si débil é inofensivamente ó á traicion, nos clava un puñal en la espalda. ¿Quién nos asegura que la tal Clotilde no sea un instrumento de Bravo, para hacer públicos devaneos de mi hermano que, en la *posicion* que hoy ocupa, y en la respetabilidad que ha sabido conquistarse, le perjudicarian grandemente en la opinion del mundo? Porque *la tal Clotilde*—continúa la marquesa, que se complace en repetir su despreciativo estribillo,—parece que se hallaba con ánimos de llevar el asunto á los tribunales, y hasta de echarse á los piés de la reina y acudir á las Córtes en queja del que llama su seductor. ¿Lo haria? ¡Qué sé yo! Tal vez no. Pero aunque todas sus amenazas se limitasen á acudir á los tribunales, al fin el escándalo se daba.

V.

Durante estas palabras, Enriquez se ha sentado y vuelto á levantarse tres ó cuatro veces, hasta que, por último, ocupando de nuevo su butaca, deja caer como antes la cabeza sobre las manos, en ademan doloroso y pensativo.

Terrible es el desórden de sus ideas; busca una solucion, un remedio pronto al conflicto que lo espanta, y no puede fijarse en ninguno.

Su cerebro es un caos, en el cual fermentan desencadenadamente las tempestades de su espíritu; un caos tenébroso, lúgubre, poblado de sombras informes, donde no brilla ni un átomo de luz que lo guie, donde no ve una mano siquiera á que asirse.

Cuando por casualidad tiene un momento lúcido, sus ojos se encuentran con la figura rígida, severa, diabólica de su mujer, espectro de sonrisa glacial con quien el crímen lo condena á vivir abrazado.

La marquesa, Enriquez, don Amadeo, todas estas almas deformes y muertas, parece que se galvanizan alguna vez, como si las tocase una chispa eléctrica; pero en seguida, tornan á caer en su inmovilidad cadavérica.

Un noble arranque de compasion hácia Clotilde babia galvanizado á Enriquez; pero las observaciones de su mujer, apagan el santo fuego que dió calor un instante á su alma yerta.

No duda la marquesa de haber triunfado de su marido. Con todo, le conviene asegurarse, le urge vengarse de Bravo, y al intento se propone atizar la indignacion de aquel, recordándole diestramente lo ocurrido en la Castellana.

VI.

—Aunque vuelvas á reñirme—le dice, con acento cariñoso,—no he de dejarte en paz.

Y dando un paso hácia la consola, sobre cuyo jaspe había dejado el árnica, toma la jícara y el lienzo, y se acerca á Enriquez.

—La señal del látigo—continúa—se ha puesto amoratada, casi negra, como si te hubiesen aplicado un hierro candente al rostro; y ¡quién sabe si se te formará una llaga! Sé dócil, hijo mio, permíteme que te la cure, y despues ahógame si quieres; aplástame, segun antes dijiste, como á una víbora, como á una sabandija inmunda, que yo lo llevaré con paciencia. ¿Puedo hacer mas?

Sométese, por fin, Enriquez á los deseos de su tierna consorte; y esta le aplica el lienzo á la parte lisiada, sujetándolo con dos vueltas de vendaje que le ata despues sobre la coronilla.

Terminada la operacion, se coloca á su lado cariñosamente, y le pregunta:

—¿Te sientes mejor, hijo mio? El árnica es un cúralo-todo; y aunque no abrigo el temor de que dejen de verse pronto sus efectos, si hubiéramos recurrido á ella en caliente, ya apenas se notaria la huella del látigo.

—¡Vuelta al látigo!—esclama Enriquez, fijando sus ojos iracundos en la marquesa.—¿Te has propuesto condenarme?

—¿Yo, hijo mio? ¿Estás en tí? Nombro el látigo, porque no encuentro otra palabra para designar el instrumento de la cólera de Bravo. ¡El látigo!... ¡la fusta! Yo siempre lo he oido llamar así.

—No siento yo tanto el dolor del golpe, ni aun el escándalo de la Castellana, como lo que se dirá de mí, si no lavo con sangre el ultraje. Mañana sabrá todo Madrid la ocurrencia, y dentro de poco la sabrá toda España. Esto de ninguna manera debe quedar así.

—¡Pues ya se ve que no!

—Lo desafiaré.

—¡Un duelo!

—Sí, un duelo.

—¡Y así arriesgas la vida neciamente, cuando hay una persona que nos vengará á toda satisfaccion!

—Esa venganza es demasiado lenta.

—Precisamente para apresurarla decia yo antes que...

—¡Nada!... ¡nada! interrumpe Enriquez.

—¡Válgame Dios! ¡Y si tuvieras la desgracia de... ¡No quiero pensarlo, no quiero pensarlo!

—Es preciso portarse uno como caballero.

—¡Como caballero con un!...

—Estoy resuelto.

—¿Pero tú sabes quién es ese hombre? ¿No has oido contar que es un espadachin, que donde pone el ojo, pone la bala?

—Mejor; de esa manera concluirá pronto esta vida que detesto.

—¿Y yo, Enriquez? ¿Y yo? ¿Qué va á ser de mí, abandonada á la saña de nuestros enemigos? ¿No tienes paciencia para esperar unos dias? El hombre que ha comprado Amadeo sabe perfectamente su obligacion, y nos sacará pronto de inquietudes. Amadeo lo libró en cierta ocasion de ir á presidio por toda su vida, á consecuencia de no sé qué hechos graves; y aunque el tribunal rebajó la pena, merced á los pasos que dió mi hermano, el delincuente se hallaria cumpliendo su condena, á no haber logrado Amadeo, al cabo de algunos meses de reclusion, que se le comprendiese en los beneficios del indulto que por entonces se publicó. La gratitud de ese hombre á mi hermano es sin límites; y como además se le retribuye ahora su trabajo hasta con esplendidez, no dudes que se esmerará en servirnos á satisfaccion.

—Lo desafiaré; vuelve á repetir Enriquez.

—Hágase tu gusto; responde la marquesa.

—¿Con qué cara me presentaria yo en la calle, si devorara en silencio mi afrenta? Escribiré á dos amigos para que se avisten con él, y se pongan de acuerdo acerca de las condiciones del duelo.

—En fin, si ese paso ha de servir para tranquilizarte y calmar tu susceptibilidad honrosa, no porfiaré en contrario.

—No, no porfies, porque será en balde.

VII.

Luego que la marquesa hubo devuelto la calma á su marido, comieron con mucha tranquilidad y buen apetito, confiados sin duda en que *el hombre*, esto es, Pespuntes, que, segun aquella, sabia perfectamente su obligacion, se esmeraria en servirlos á gusto, rematando *al sugeto* de la calle del Caballero de Gracia, si es que Enriquez no tenia la suerte de rematarlo en el duelo.

A las once pasó don Amadeo, con Piedad y el adjunto señor Leoncio, á verlos; hablaron largamente; convinieron en que la situacion era grave, y *nemine discrepante* se votó un mensaje á Pespuntes, para que activara sus trabajos preparatorios, con el fin de terminarlos á la mayor brevedad posible.

La prudencia de Enriquez, y de su mujer, en la Castellana, respecto de la declaracion del nombre de Braxo, fué esplicada satisfactoriamente por la marquesa, que la atribuyó á varios motivos, mas ó menos plausibles, pero cuidando siempre de omitir el verdadero.

Por último, Enriquez, de buena ó de mala gana, nombró sus padrinos.

Estos padrinos fueron dos personas respetables y de suposicion.

El autor no cree necesario estenderse en esplicaciones acerca de la respetabilidad de las mismas; pero debe decir que figuraban mucho en Madrid, y que eran dignas de su ahijado, con lo cual queda hecha su apología, y la verdad histórica en su punto.

El interés de las cosas que se trataron, no impidió que la marquesa renovara tres ó cuatro veces el lienzo empapado en árnica.

Examinada por todos, antes de disolverse el cónclave, la señal del látigo, convinieron en que habia disminuido considerablemente, y en que la marquesa era acreedora á un voto de gracias.

—Ya lo oyes—esclamó la vieja dama,—ya lo oyes, Enriquez; merced á mis cuidados, la cosa no pasará adelante. ¡Ríñeme ahora, ingrato!

—¡No faltaba mas! dijo Piedad.

—¡E... e... soso... va bien, señor de Enriquez!—repuso el señor Leoncio, queriendo darle un consuelo antes de partir;—pe... pe... pero si no hubiera sido por el ár... árni... ca... ca... cla... cla... claro es que... Yo estoy en que habrá se... señal

para un ra... ra... rato, porque su estension, y su co... co..
lor, y su... su... pero á lo menos se salvará ese o... jo... jo
pues cla... cla... claro es que á no ser por el ár... árni... ca..
ca... hubiera sido fácil que... ¡Vaya, descan... can... can..
sar, y hasta ma... mañá... mañana!

———————

CAPITULO XL.

Se pela la pava.—Preparativos de caza.

I.

A la misma hora, que era la de las doce, de separarse el respetable y virtuoso jurisconsulto, Piedad y el señor Leoncio, de la marquesa y su consorte, recogíanse las familias hospedadas por el baron de Solares en su casa.

Amparo y Marieta, como mas mozas que los restantes moradores de ella, y dueñas absolutas de un gabinete con dos alcobas, sitas en la zona perteneciente á don Lorenzo y á doña Cármen, aunque separadas por un tabique, de la habitacion que el anciano matrimonio ocupaba, quedábanse todas las noches tomando un rato el fresco al balcon; y ciertamente la de San Juan Bautista, no merecia, por el claro resplandor de la luna, por la serenidad del firmamento, por el silencio de la poblacion, ni, en fin, por el vientecillo agradable que del Prado y del Buen Retiro venia, no merecia, digo, la noche aquella sufrir un desaire de nuestras dos amigas.

Aparte de esto, lo ocurrido en la Castellana, de que ningun conocimiento tenia Marieta, como tampoco Figueroa, doña Cármen y el marqués de la Cabeza, asunto era tambien digno de ser referido y, comentado con todos sus puntos y comas.

Y como no hay inconveniente en que el lector sepa el principal, tal vez el único motivo de que las dos jóvenes se quedaran desde principios del verano al sereno, como lindas jardineras llenas de flores, añadiré, que sin perjuicio del apacible encanto y hermosura del cielo, hácia el cual las dos hermosas doncellas elevaban sus ojos, no dejaria de tener el suyo la tierra cuando, con no menos placer, los bajaban á ella; distrayéndoles quizá de sus altas contemplaciones, los pasos de algun transeunte esperado, y amigo, como Amparo y Marieta, de recogerse tarde.

II.

—¡Ese sí que se llama querer, y no el de Somoza!—esclamó Marieta, al terminar su narracion la hija de don Lorenzo.—Diga lo que quiera tu papá, es imposible que Bravo te engañe; aun cuando no tuvieses otras pruebas de su cariño, lo que ha hecho en la Castellana sobraria para demostrártelo.

—Sin embargo, estoy con cuidado por él; tarda mas que otras noches en pasar, y como nuestros enemigos, que son los suyos, no tienen pensamiento ni obra buena...

—¡Cómo se quedaria la marquesa, chica!

—¡Figúrate!

—Pero le estuvo bien merecido á Enriquez; es un insolente del peor género.

—Con todo, yo creo que el hecho fué casual.

—No, Amparo. ¿Fué tambien casual el salirse de la fila, así que llegásteis vosotros? Además, el jóven noble y valiente que arriesga su vida por vuestra honra y por vuestros intereses, y que conoce la perversidad de los que os han perdido, ¿podia sufrir tranquilamente que la fusta de Enriquez azotase tu rostro en un paraje público? No exijamos imposibles á los hombres. Harto ha hecho Bravo, para ver si por medios pacíficos y aun con amenazas conseguia recuperar la fortuna y el buen nombre de tu papá. El lance del Retiro, sus entrevistas con don Amadeo en casa de la pobre doña Clotilde, y tal vez circunstancias que nosotras ignoremos, deben haberlo convencido ya de la inutilidad de sus esfuerzos. Hay séres incorregibles, en quienes se estrellará siempre todo propósito honrado y generoso. Cuando en un enemigo se descubren cualidades que disculpan hasta cierto punto sus malas acciones, el perdon es una obra meritoria; pero cuando esto no sucede, es casi un crímen, es lo mismo que poner en sus manos un arma para que destruya á sus víctimas.

—¡Quiera Dios que papá lo ignore! No hay quien pueda convencerlo de que Bravo no es lo que era.

—Ciertamente el buen señor vive atormentado con esa idea, y si el lance llega á su noticia, va á tener un disgusto. La causa de su manía, pues ya no merece otro nombre su prevencion contra Bravo, no puede ser mas disculpable: él ha visto desaparecer casi al mismo tiempo su salud, su fortuna y su estimacion en la sociedad; no le queda otro consuelo que tú; te ama con delirio, con idolatría, y sospecha hasta de su sombra, temiendo que el único bien que posee le sea arrebatado por un hombre que no te haga feliz.

III.

Aquí llegaban de su conversacion Amparo y Marieta, cuando vieron aproximarse lentamente dos bultos hácia la casa del baron.

Era la una menos cuarto.

La calle estaba solitaria: únicamente á gran distancia se veia brillar en la sombra el farol de un sereno.

A pocos pasos de la casa del baron, uno de los bultos, separándose del otro, avanzó hasta el arroyo, y en voz baja saludó á las dos jóvenes.

En este momento, cayó á sus piés una fresca rosa de Alejandría.

Recogióla él, y la llevó con apasionada ternura á sus labios.

Un papel iba sujeto con una cinta de seda al tallo de la rosa.

Como á la sazon nadie pasaba, desató la cinta, desdobló el papel, y á la claridad de la luna leyó lo siguiente:

«Si por bien no consigues nada, renuncia á tus planes, y »sea lo que Dios quiera. Aprecio mas tu vida y tu seguridad »que todos los intereses del mundo, y la mayor prueba de que »me amas, será obedecerme en esto; mira que no te lo ruega, »sino que te lo manda

AMPARO.»

IV.

Acercóse Bravo (pues ya comprenderá el lector que no era otro el caballero favorecido) hasta colocarse casi debajo del balcon de su amada, y esta le preguntó, sonriéndose:

—¿Se ha enterado usted de lo que dice el papel?

—Sí señora.

—¿Y qué responde usted?

—Que no se obedece.

—Hace usted bien; observó Marieta.

—Mire usted, Bravo, que voy á enfadarme formalmente, repuso Amparo.

—Lo deseo.

—¿Has visto qué descaro, Marieta?—dijo Amparo á su amiga;—y en seguida continuó:—¿Y para qué desea usted que me enfade?

—Para que sepa que no hay nada, ni su enojo mismo, que me haga desistir de mi empresa.

—¡Garciestéban! esclamó Amparo, esforzando un poco la voz.

Adelantóse Garciestéban para decir á Amparo:

—Mande usted.

—Aconseje á su amigo que sea mas galante con las damas; que le cuente lo que le exijo, y usted sentenciará como persona imparcial.

—Así lo haré; pero soy muy interesado, y si no cobro anticipadamente mis derechos de juez, no respondo de mi actividad. Ya lo sabe usted de otras noches.

—¡Ah! se me habia olvidado; tiene usted razon, dijo Amparo.

Y bajándose un poco, arrancó una rosa de uno de los tiestos que habia en los ángulos del balcon, y se la echó á Garciestéban, diciendo:

—¡Ahí va!

—Sentenciaré; respondió Garciestéban, recogiéndola.

En seguida, Amparo y Marieta saludaron con la mano á nuestros amigos, y cerraron el balcon.

Durante este breve diálogo habia pasado cerca de los dos amigos un muchachuelo subio, andrajoso, en mangas de camisa, la cabeza al aire y descalzo de pié y pierna, mirando alternativamente al balcon y á los rondadores, y arrastrándose á menudo por el suelo á manera de sabandija y como quien busca algo que se le ha perdido.

A cierta distancia de este punto de la calle, volvió por el mismo camino, repitiendo iguales operaciones.

Distraido Bravo con su amorosa plática, no habia reparado en este personaje, ni en la especie de curiosidad que en sus ademanes todos se echaba de ver.

Tampoco Garciestéban dió importancia á semejante aparicion, nada singular, por cierto, en verano y en medio de la via pública; y no se la dió, porque al revelarle Bravo el complot de Pespuntes, nada le habia dicho del espionaje de su persona confiado á un granuja.

Pero este, acaso no satisfecho de sus observaciones, quiso ver de cerca si el rostro de Bravo tenia, en efecto, la cicatriz que Pespuntes le habia sindicado entre las señas particulares del *sugeto.*

Llegóse, pues, á Bravo, y clavando en él una mirada escudriñadora, le dijo con acento lloroso y suplicante, para enternecerlo:

—Caballero, ¿me hace usté el favor de un misto, y usté perdone?

La voz del muchacho sacó de sus distracciones al enamorado rondador, recordándole el punto lo que se tramaba contra su vida.

—¿Para qué quieres el misto, buena alhaja? le preguntó Bravo.

—*Pa* buscar dos *riales* de plata que se me han caido, caballero.

—¿Qué haces á estas horas en la calle?

El chico siguió sollozando.

—¿Oyes lo que te pregunto?

—Sí señor.

—¿Por qué no respondes?

—Tengo enfermo á mi padre; he salido á comprarle en la botica un *ingüento*, y si no se lo llevo pronto, es *capás* de matarme.

Bravo, para no despertar en el granuja sospechas y temores de ser descubierto, cesó en su interrogatorio, y dándole una peseta, le dijo:

—Toma, y á ver si la empleamos bien.

—Dios se lo pague á usté, señorito,—respondió el muchacho.

Despues se retiró, murmurando entre dientes:

—Este es el sugeto, y esa la casa de la sugeta que camela.

—¿Sabes—preguntó Bravo á Garciestéban, retirándose de allí—quién es ese pillete?

—No.

—Es un sabueso que anda rastreando los sitios que frecuenta la caza, cuya batida anhelan Enriquez y comparsa. ¡No se duermen, los tunantes!

—

CAPITULO XLI

Mientras la vizcondesa del Salto duerme, despierta don Lorenzo, que dormia
con los ojos abiertos.—Una palabra sobre equitacion.

I.

Los periódicos del dia veinticinco dieron cuenta del hecho
ocurrido en la Fuente Castellana, de un modo tan contradic-
torio, que hubiera sido imposible saber qué version era la
exacta.

Quién dijo que una señora habia abofeteado á un caballero; quién que el lance pasó entre dos individuos del sexo
masculino; no faltando quien asegurase que dos hermosas damas de la nobleza eran las heroinas del lance.

La *Nueva Era largó* un *suelto* concebido en estos términos:

«El estranjero que hubiese presenciado el escandaloso hecho que, con vergüenza y dolor de nuestro corazon, presenciamos ayer tarde en la Fuente Castellana, podria arrojarnos

al rostro, con algun motivo, el célebre dicho de que: *El Africa empieza en los Pirineos*. Efectivamente, el hecho á que nos referimos, es mas propio de salvajes, que de un pueblo civilizado.

»Hélo aquí:

»Una señorita, de lo mas distinguido de la córte, paseaba á caballo por el centro de la Castellana, acompañada de dos caballeros, á quienes tambien honra con su aprecio la buena sociedad madrileña; cuando al pasar junto á un *char-à-bancs*, sintió en su cara el golpe de la fusta del que regia el carruaje, y cuyo nombre nos reservamos por hoy, sin perjuicio de revelarlo al público en uno de nuestros próximos números. Afortunadamente, uno de los caballeros que iban con la bella jóven, castigó la alevosía, sin ejemplo en esta nacion hidalga, cruzando el rostro del agresor con su látigo. La sorpresa, el asombro y la indignacion que el atentado produjo en los concurrentes, son difíciles de espresar. Por nuestra parte, protestamos una y mil veces contra él; y aunque no faltará acaso quien pretenda atribuirlo á la casualidad, nosotros nos hallamos dispuestos á probar en cualquier terreno á que se nos llame, que ha sido villana y cobardemente premeditado. Caiga el desprecio público sobre quien así ultraja, sin duda porque no los comprende, los fueros del sexo, de la belleza y de la virtud, y huya de un país que, por corrompido que esté, conserva en su mente los recuerdos de la caballerosidad y galantería de nuestros mayores, y en su corazon los instintos del bien.»

La Fama, periódico de la tarde, y órgano de don Amadeo, no se atrevió á decir, esta boca es mia; tragó la píldora, sin duda por aquello de que peor es meneallo. La *prudencia* pro-

verbial del respetable y virtuoso jurisconsulto, conde de Buena Ley, contuvo los fieros ímpetus de sus redactores, que se
prestaban á ir uno á uno, ó en comandita, á comerse vivos á
sus colegas. Decididamente, don Amadeo era un santo.

II.

¡Qué lejos estaban don Lorenzo y doña Cármen de pensar
en lo que á la sazon era asunto de las hablillas de la córte, al
recibir en su casa á la *vigilante* vizcondesa del Salto y sus hijos Abelina y Ernesto!

Amparo, Marieta, el baron de Solares y el marqués de la
Cabeza, habian salido á ver algunas de las curiosidades de Madrid, que no conocia la segunda, siendo esta la vez primera
que respiraba el aire de la villa del oso y del madroño.

Los dos hermanos proyectaban ya una escursion veraniega á su inolvidable París, y no habiendo visitado aún á los forasteros, querian, antes de partir, ofrecerles *su inutilidad*, segun tuvieron la modestia de calificar la importancia que, por
sus prendas, su *posicion* y su fortuna, ellos mismos se habrian
generosamente adjudicado.

El ornato de la sala no pareció á Ernesto y Abelina una
maravilla, ni mucho menos. Doce sillas y dos sillones de tapicería de seda, una estera de paja, una Concepcion encima del
sofá, dos consolas, sosteniendo varias chucherías y cuatro candeleros de plata, dos espejos, y sobre cada uno de ellos un cuadro de flores de cera, obra de Marieta, y cortinaje de blanca
muselina estampada, no eran cosa para admirar á quienes to

dos los años empleaban grandes sumas en el mueblaje y adorno de casa.

El sencillo baron de Solares habia puesto en las nubes las
habilidades de Marieta, delante de los dos hermanos, subiendo al mirador de San Gerónimo, en Monserrat; y presumiendo
que los cuadros de cera que tenian presentes serian los citados
por aquél, dirigiérónse Ernesto y Abelina una mirada de inteligencia é hicieron un mohin que, si no desden, indicaba
compasion.

Reservando para despues el exámen detenido y minucioso
de estos cuadros, sentáronse, como la urbanidad exigia, con-
duciendo de la mano Figueroa á la vizcondesa hasta el sofá,
en uno de cuyos ángulos puso un mullido almohadon de damasco verde, con grandes borlas, con el objeto de que se recli-
nara en él la escelente señora si por casualidad le acometia el
sueño de que tan falta solia hallarse.

III.

—¿Con que no hay novedad, señor don Lorenzo? pregunta Ernesto.

—No señor.

—¡Vaya! me alegro mucho, mucho.

—Sí, tódos nos alegramos infinito, ¡porque nos temíamos...
observa Abelina.

La vizcondesa principia á restregarse los párpados, y añade trabajosamente:

—Es un hecho... nos temíamos...

—Agradecemos el interés que ustedes manifiestan por

nuestra salud; dice doña Cármen, á quien estraña el gesto de
los nuevos interlocutores, al espresar lo que antecede.

—Yo estaba hablando con uno de los artistas del Real que
mas se *han hecho aplaudir* últimamente de los *dilettanti*, por
sus *spianatos* y admirable manera de *frasear*, cuando sucedió
la... *en fin*, dice Ernesto, sorbiendo nasalmente, mas que pro-
nunciando, las dos palabras francesas que terminan el período
final de su castizo discurso.

A don Lorenzo, español chapado á la antigua, le arranca
una sonrisa la gerigonza del mozalvete.

Pero lo que principalmente le ha chocado siempre de todo
lo que ha oido á Ernesto desde que lo trata, es lo de *hacerse
aplaudir* un artista. Figúrasele ver salir á este á la escena, ar-
mado de trabuco naranjero, para descerrajarlo sobre el auditorio en el caso de que no bata las manos en loor suyo, gritán-
dole:—«ó aplaudes, ó te mato,»—como grita el salteador de
caminos al viajero:—«ó la bolsa, ó la vida.»—Porque eso de
hacerse aplaudir, mas indica violencia por parte del que lo so-
licita, sobre el público, que voluntad por parte de este para
concederlo.

—¡Qué susto se llevaria Amparo! dice Abelina.

—¡Pero no sacudió Bravo mal zurriagazo al otro! añade
Ernesto.

La insistencia de los dos hermanos en ocuparse de un suceso que ignoran don Lorenzo y doña Cármen, obliga á estos
á preguntar á una voz:

—Pues ¿qué hay?

—¿Qué ha sucedido?

—¡Toma! ¡toma!—esclama Ernesto.—¿Así estamos?

—Acabe usted; le ruega don Lorenzo.

—¡Pues si no corre otra cosa por Madrid!—repone Abelina.—¿No lo han visto ustedes en los periódicos?

—Pero ¿el qué?...

—Dicen que todos lo traen ya.

La vizcondesa lucha por vencer uno de los muchos bostezos que acostumbran á preceder, como batidores, á su crónico sueño; pero dice con notable prontitud y claridad:

—¡Es un hecho!

—Un tal Enriquez—continúa Ernesto,—derribó con su fusta el sombrero de Amparito; y como Bravo tiene tan malas pulgas, respondió á semejante insolencia descargando su latiguillo sobre la cara del otro.

—Pero ¿dónde? ¿cuándo? pregunta don Lorenzo, todo confuso y aturdido.

—En la Fuente Castellana, ayer tarde, cuando mas concurrencia habia; responde Abelina.

Don Lorenzo no sabe qué hacer para disimular la terrible situacion de su espíritu.

Su esposa acude en su auxilio, esclamando:

—¡Ah! ¡sí! ¡hiques de ellos, sin duda; digo, de Enriquez y de Bravo. Nosotros nos habiamos figurado, al oir á ustedes, que habria ocurrido algun suceso desagradable entre esas dos personas, despues de lo de la Castellana.

—Allá veremos,—responde Ernesto;—el lance es posible que tenga cola.

—¿Quién duda que la tendré? observa Abelina.

—¡Es un hecho! murmura la vizcondesa.

IV.

Como los dos hermanos son tan frívolos y tan volubles, pasan de una conversacion á otra, con la facilidad que una mariposa de flor en flor.

—Diga usted, Cármen—esclama, irrespetuosamente, Ernesto,—¿aquellos cuadros de cera, són obra de Amparito ó de Marieta?

—De Marieta; dice la anciana.

—Vamos á curioseárselo á ustedes todo, con su permiso; observa Abelina.

Y dejando su sillon, se aproxima con Ernesto á una de las dos consolas.

Mírase, de paso, al espejo, la bulliciosa jóven; y no bien alza los ojos al cuadro de cera, prorumpe en frases y demostraciones de exagerada admiracion.

—Repara, Ernesto: ¡qué tulipanes tan propios!

—¡Me *piace* la *fattura*! ¡*C'est une chose magnifique*! chapurrea el mancebo, en italiano y en francés.

—Pues ¿y los claveles? ¿No percibes su aroma?

—¡Eso se llama tener manos! ¡Oh! bien decia en Monserrat el baron de Solares: Marieta es una alhaja, escondida en una aldea.

A don Lorenzo y á doña Cármen va pareciendo impertinente el tonillo de los dos jóvenes; y para darles una prueba de que estiman en lo que valen sus exageraciones, así que Ernesto y Abelina vuelven á ocupar sus asientos, esclama el anciano:

—Y no dice nada de mas el baron; su sobrina es una alhaja, aunque de aldea: para presentarse en los salones sólo se necesita residir algun tiempo en la córte, frecuentarlos, y tener un poco de sentido comun; y como Marieta lo tiene sobrado, de seguro brillaria como la primera. Lo que no se aprende ni se adquiere en ellos es el gobierno de una casa, la tranquilidad de la medianía, la modestia de las ambiciones, la sencillez en el trato, el respeto á la honra ajena, el cuidado de la propia; ni en fin, ninguna de esas virtudes domésticas y sociales que, no por oscuras, valen menos que las que llamo yo de relumbron.

—Justo—repone Ernesto, sin acobardarse;—una cosa por el estilo sucede en la *Dame aux Camelias;* cuando Margarita Gautier se refugia en la soledad del campo, despues de una vida turbulenta, para pasar en él sus dias ocupada en los quehaceres domésticos y en el... ¿Ha leido usted la *Dame aux Camelias,* don Lorenzo? se interrumpe el jóven.

—No señor.

—Pues si la hubiese usted leido, le asombraria la exactitud de mi cita.

—¿Decíais que... pregunta la vizcondesa á sus hijos, apuntando con un dedo á los cuadros de cera.

—Que son preciosos, mamá—responde Abelina;—¿quieres verlos?

—Con mucho gusto.

En efecto, la vizcondesa se pone los *quevedos* y contempla con atencion los cuadros.

—Doña Cármen, ¿quién los ha hecho?

—Marieta.

—Felicítela usted de mi parte—dice con la mayor sinceridad la vizcondesa.—Hé ahí una de las cosas en que quisiera yo que se ocupase mi Abelina, en vez de hacer moñas para los toros. Lo que es por ésto, francamente, no entro yo gustosa. Tampoco apruebo su aficion loca á montar á caballo; quédese eso para jóvenes de genio reposado y tímido; pero mi Abelina es viva como una centella y arrojada como una amazona; así es que siempre estoy con el alma en un hilo, temiéndome que el mejor dia me la lleven del paseo ó del picadero á casa, con la cabeza rota y el cuerpo magullado. ¿Creen ustedes que se contenta con dar una vueltecita por la Castellana, por el Prado ó por Atocha? Su mayor placer consiste en tender el caballo á galope, tomar parte en cacerías peligrosas, meterse por barrancos y despeñaderos, vadear rios... en fin, parece que tiene el enemigo en el cuerpo. Si esto le sirviera de algo, ¡anda con Dios! Siendo hombre, podria, por ejemplo, ingresar en la caballería del ejército... entrar en una *troupe* (como ella dice) de saltimbanquis, pues semejantes ejercicios son mas própios del sexo fuerte que del sexo débil; pero...

Hasta aquí alcanzaron, á duras penas, los alientos de la juiciosa anciana.

Don Lorenzo habia previsto lo que debia suceder, al colocar junto á la vizcondesa el mullido almohadon en uno de los ángulos del sofá.

Ernesto y Abelina, criaturas inofensivas y aun buenas, pero frívolas é insustanciales, hicieron mil ofrecimientos de corazon á Figueroa y á doña Cármen, y aprovechando uno de los pocos instantes en que su mamá abria los ojos, despidiéronse afectuosamente de sus compañeros de viaje.

Ernesto recorrió con los ojos la sala, antes de atravesar la puerta, y, como estaba locamente *entraviatado*, salió cantando *pianissimo* aquellos versos de la *Traviata*, que dicen:

> Prendi quest' é l'imagine
> de miei passati giorni.

CAPITULO XLII.

—

I.

No es mucho mas amigo de la equitacion don Lorenzo que la vizcondesa del Salto: ni sus penas, ni su edad, ni sus achaques, en fin, aunque lo fuese, le permitirian cabalgar con aquel desembarazo, firmeza, soltura, garbo y maestría que, principalmente en Madrid, para lucirse en un paseo público, se requieren.

Y sin embargo, hace mucho tiempo que es ginete, sin saberlo, y que monta, no un corcel esbelto, gallardo, vivo, fogoso, inteligente, en una palabra, de inmejorable seso y estampa, sino un asno de oido tardo, torpe de remos, turbio de ojos, y nada claro de *entendimiento*.

Por esta razon, no deja de ser estraño á primera vista, que á pesar de los sustos, de los tropiezos de todo género y de los peligros á que con gran frecuencia se espone el bueno de Figueroa, no haya caido aún de su asno.

Pero si bien se examina este fenómeno, que parece inesplicable, se verá que todo él consiste en que el asno que monta nuestro amigo, no pertenece á los *mamíferos, paquidermos, solípedos*, del género caballo, que diria un naturalista, sino que es un asno *moral*.

Don Lorenzo Figueroa va, pues, caballero sobre un asno moral, cabalga sobre el error, sobre el engaño; y aunque el engaño y el error tropiezan á cada paso, tardan mas de lo que es menester en dar en tierra con el ginete.

Considerado así el asunto, ¿quién será el dichoso mortal que no haya cabalgado una, y dos, y cien veces en el curso de su vida? ¿Quién podria arrojar la primera piedra?

Este raro privilegio está únicamente reservado á la Divinidad.

En vano se esfuerzan el bárón de Solares, doña Cármen y el marqués de la Cabeza en desvanecer la triste idea que de Bravo tiene; en vano le asegura el primero que Bravo trabaja incansablemente, heróicamente, para restituirlo á su envidiable estado de otros dias, ocultándole, empero, los hechos que pudiera citar, pues aun así es seguro que se espondria á un desaire.

— Empéñase don Lorenzo en que Amparo no será feliz con Bravo; y aun refiere la historia que hubo circunstancias en que dijo:

—De él, *ni la Uncion*.

Cosa que escandalizó no poco al marqués de la Cabeza, oyéndola en boca de tan cristiano caballero.

II.

—¿Qué dices ahora, Cármen? Vamos; ¿qué dices ahora? ¿Estás muda?—pregunta don Lorenzo, con aire de triunfo y acento sarcástico, así que salen de su casa la vizcondesa del Salto y sus dos hijos.—¿Lo defenderás todavía?—continúa.— Ese hombre es una piedra de escándalo; jamás se nos habla de él, que no sea para referirnos nuevas hazañas suyas. Es preciso que esto acabe, y acabará. Déjenme concluir en paz mis dias, donde nadie se acuerde mas de mí; despues que yo fallezca, libres sois para volver á este infierno, ó para vivir retiradas. No quiero ya oir hablar de intereses, de honra, ni de nada; Dios ha dispuesto que yo sea desgraciado, y lo seré eternamente.

—Dios no aprueba que la criatura deje de poner los medios lícitos para conseguir la felicidad que apetece. ¡Pobre del que pierde la esperanza! ¡Pobre del que se abandona al desaliento! Un huracan puede en un instante destruir la torre mas firme; pero un instante no basta para construirla de nuevo.

—¿Tú sabías lo que han contado los que acaban de salir de aquí?

—No.

—¿Y sabiéndolo ahora, sigues tan serena, tan imperturbable, como si fuera la cosa mas natural del mundo!

—Porque tengo confianza en el baron, y en ese mismo hombre tan antipático para tí; porque sé que, acompañándola ellos, nuestra hija va tan guardada como si la acompañásemos nosotros.

III.

Amparo, el baron, su sobrina y el marqués llegan de fuera en este momento.

Marieta y Amparo se dirigen á su habitacion á quitarse los velos.

—¡Hum! ¡qué gesto!—esclama el baron, mirando á don Lorenzo.—¿Estamos de hocico, eh? ¿Qué te pasa, hombre, qué te pasa?

—Quiere dejar á Madrid; responde doña Cármen.

—¿Te fatiga el calor? ¿Te atormentan los cínifes, Lorenzo? ¡Dejar á Madrid, como quien dice, el paraíso veraniego de España! ¿Y adónde irás con tus huesos? ¿Dónde has de estar que mas valgas?

El marqués se enjuga con un pañuelo el sudor que baña su rostro, y lanza frecuentes resoplidos.

Doña Cármen le entrega un abanico.

—¿Saben ustedes—dice esta—quién ha venido á visitarnos? La vizcondesa del Salto, con Abelina y Ernesto.

— ¡Angela María!—esclama el baron, que al momento sospecha la causa del mal humor de su amigo.—¡Acabáramos!

—Con toda formalidad te exijo—dice don Lorenzo al baron—que no des paso alguno en favor mio; agradezco en el alma tus buenas intenciones; agradezco los sacrificios que haces por nosotros; agradezco...

—Mira, mira, Lorenzo: el favor que yo quiero agradecerte á tí, es que no te metas donde no te llaman, y que dejes rodar la bola. En mi casa nadie manda mas que yo; aquí soy señor de horca y cuchillo, con permiso del marqués de la Cabeza, y mi autoridad es absoluta. ¡Viva el despotismo! ¿No aplaudes tú?—añade mirando al marqués.—Ya ves que defiendo tus ideas. ¡Cuándo te verás en otra!

—Lo que ayer sucedió—continúa el anciano Figueroa—ya traspasa los límites de lo estraordinario.

—Es un error; lo que ayer sucedió es tortas y pan pintado, para lo que ha de suceder, si Dios no lo remedia. Estamos en el principio del fin del drama. Como tú ignoras los antecedentes, encuentras maravilloso lo mas natural del mundo. Te has cerrado á la banda en este asunto, y sufres el castigo que mereces.

—¿De manera que aquí yo no soy nadie?

—Eres menos; eres, valiéndome de una locucion de Quico Perales, la tercera persona de nadie. Y á propósito de Quico Perales, por hoy no digo mas, sino que él sólo vale medio Madrid, y aún me quedo corto. Si yo fuera rey, lo nombraria príncipe de la Lealtad; no hay perro de Terranova que en esto le ponga el pié delante, salva la opinion de Cipriana, que no hace mucho lo creia un bribon de siete suelas.

El baron sabe por Bravo los proyectos de Pespuntes.

—Yo preferiria volverme á Buñol; dice don Lorenzo.

—¿A qué? ¿A plantar coles?

—A descansar lo que me resta de vida.

—¡Puedes suspirar por Buñol! Mas pasamos nosotros que tú con tu dichosa caida. ¡Cómo que todavía me duele á mí tu pierna!

—¿Qué opina usted de la situacion á que me ha reducido este?—pregunta don Lorenzo al marqués, aludiendo al baron.—¿No es criminal y hasta ridículo que un padre abdique así toda autoridad sobre su hija?

—Si he de ser franco, señor don Lorenzo, creo que este—dice el marqués, mirando al baron—abusa un poco de la amistad. Yo opino que sin el consentimiento de usted no debia dar ciertos pasos, por mas que lo abone su recta intencion, y por mas que todo lo que haga redunde, como redundará indudablemente, en honra y provecho de usted y de su estimable familia; porque un padre...

—No admito la hipótesis—interrumpe con prontitud el baron;—Lorenzo no tiene ya, segun se lo he demostrado mil veces, derecho ninguno sobre Amparo; los renunció á favor mio en Buñol, y yo los traspasaré libremente á quien me acomode.

—Habla en serio, baron—dice el anciano Figueroa;—me parece que el asunto no es para tratado en broma. Despues de lo que he visto y oido en el poco tiempo de nuestra estancia en Madrid, debo manifestarte que estoy resuelto á guiarme sólo por lo que me dicte mi conciencia en todo lo que á mi hija se refiera. Por consideracion á tu amistad he sido, no sólo dócil, sino débil; hoy, sin hacerme culpable ante Dios y ante los hombres, no puedo ya consentir, y ciertamente no lo consentiré, que Amparo, privada de la tutela paternal, sea objeto de murmuracion y de escándalo. No tengo mas que añadir sobre el particular.

Levántase don Lorenzo, verdaderamente disgustado, así que pronuncia las últimas frases, y abandona la sala.

El baron permanece impasible.

IV.

—Tiene razon que le sobra—esclama el marqués de la Cabeza:—lo que haces con ese pobre anciano es cruel; no hay motivo, ni pretesto de ninguna especie que justifique ya tu conducta. Yo ignoraba el suceso de la Fuente Castellana; ahora que lo sé, me arrepiento de mi complicidad en tus planes, para no tener que arrepentirme cuando sea tarde.

—¡Es cruel lo que hago con Lorenzo!—prorumpe el baron, con ironía.—Temiéndome estoy que el dia menos pensado se llame verdugo al facultativo de Buñol, porque le estrajo valerosamente la esquirla que estuvo á pique de gangrenarle la pierna. No todas las esquirlas se ven, ni se palpan, señor *marqués del arrepentimiento;* la que lleva clavada en su espíritu Lorenzo, pertenece á ese número, y se llama tristeza, hipocondría, pasion de ánimo, abatimiento, ó como gustes bautizarla. Si el enfermo se resiste, si se impacienta porque no se le estrae con rapidez, y chilla, tanto peor para él y para los que presenciamos sus padecimientos; pero dia llegará en que se toquen los beneficios de nuestra humanidad... inhumana, y todos saludaremos con regocijo ese dia.

CAPITULO XLIII.

Enriquez desafía á Bravo, y Bravo no admite.—Conformidad seráfica de Enriquez.

I.

Llega el dia veintisiete, y Bravo recibe en su casa á los padrinos de Enriquez. Es uno de ellos un general, un militar que ha ganado la faja arrastrándose por los salones de los palacios, haciendo cortesías á las damas, y tomando parte en todas las intriguillas cortesanas y en todas las vilezas de los tahures políticos, mientras otros militares de la misma época, han derramado en los campos de batalla una sangre que á ellos no les ha producido otro fruto que amarguísimos desengaños.

El segundo, mas jóven, pertenece á esa falange de aventureros y merodeadores del periodismo que se alistan indistintamente bajo cualquier bandera, y reciben sueldo y puntapiés de cualquier amo, siempre que el último enganche les produzca mayores ventajas que el anterior; séres cosmopolitas, que se aclimatan con la misma facilidad y desfachatez en las heladas regiones del oscurantismo, que en las ardientes zonas de la democracia.

Dos celebridades, en fin, vaciadas en el molde mismo que la del respetable y virtuoso jurisconsulto.

Hablan, como es de suponer, de honor ofendido, de justas reparaciones, de lavar manchas con sangre (sin considerar que la sangre mancha de encarnado), y hasta le presentan la minuta de una palinodia pública de lo hecho, para que la firme y pueda insertarse en los periódicos, pues de lo contrario, Enriquez, que está hecho una sierpe, apelará en desagravio propio al supremo recurso de las armas, que nunca esquivan los hombres pundonorosos.

Enterado, nuestro amigo del objeto de la visita, vese un instante perplejo entre echarse á reir ó responderles formalmente; no por ellos, que por su carácter de embajadores deben serle sagrados ó inviolables, sino por la persona de quien han recibido plenos poderes para entenderse con él.

Esta última consideracion le hace optar por el segundo estremo.

II.

—Siento mucho, señores—dice, disimulando la violencia que le cuesta la calificacion siguiente,—que personas tan estimables como ustedes, hayan sido ofendidas con la eleccion del señor Enriquez, para tratar conmigo de un asunto que ha de ser ventilado, si Dios quiere, en otra forma y en otro lugar que los que se me propone que señale yo.

—El señor Enriquez—esclama el general—nos favorece con la mision que nos ha confiado.

—El señor Enriquez—observa el periodista—es capaz de favorecer á personas mas dignas que nosotros.

—Es una ventaja para ustedes—repone Bravo—el vivir en esa ilusion, porque de otra suerte se avergonzarian de tener que representarlo.

—La idea que usted se ha formado de Enriquez—replica el general—es justamente la que él se ha formado de usted; habiendo, pues, paridad de casos, no me parece muy admisible la escusa que acaba de darnos.

—Ustedes pensarán de mí lo que gusten; pero yo no me bato con Enriquez, ni firmo ese papel, porque no acostumbro á poner en contradiccion mis palabras con mis obras.

—Reflexione usted—dice el periodista—que no batiéndose con Enriquez, echa sobre sí una nota que lo desconceptuará ante la opinion.

—¿Qué nota? esclama Bravo.

—La de cobarde.

—¡Bah! ¡bah! yo tengo hechas ya mis pruebas.

—Pero la sociedad es muy exigente, y pide mas.

—La sociedad las tendrá cumplidas, yo se lo juro á ustedes; pero á él, particularmente, no le dispensaré el honor de una satisfaccion personal.

—No comprendo; observa el militar.

—Los delitos comunes—dice Bravo—tienen marcados por esa misma sociedad que ustedes invocan, los tribunales que deben juzgarlos.

—Acabe usted de esplicarse.

—Enriquez será juzgado por ellos.

—¡Señor de Bravo! esclama el general, en un tono que envuelve una amenaza.

Lejos de contener esta actitud á Bravo, presta á su exaltacion mayores brios.

—Yo he rendido tambien, y acaso como pocos, tributo á las preocupaciones que sobre el honor existen, en una época tan falta de él como la presente, pues al fin arrancan de un orígen noble; lo cual, si no justifica el duelo, al menos atenúa la culpa de la usurpacion que el particular comete, erigiéndose en ejecutor de castigos que la sociedad ha confiado á las autoridades legítimas. Es posible que todavía, si se me llama, no falte á mi puesto; pero soy muy amigo de la igualdad y no mediré nunca mis armas con quien no sea caballero como yo. Ya ven ustedes que no rehuso por cobardía el duelo, como alguno de ustedes—añade Bravo, aludiendo al jóven padrino de Enriquez—se ha servido sospechar.

—Nuestro ahijado—responde el aludido—ocupa una posicion que si no escede á la de usted, tampoco es temerario afirmar que la iguala. Es un capitalista apreciado, es un banquero, un...

—Lo sé; y sin embargo, me consideraría mil veces mas honrado batiéndome con un peon de albañil ó con el artesano mas humilde.

III.

Los padrinos de Enriquez no acaban, ó no quieren penetrar el verdadero sentido de las espresiones de Bravo.

Han oido hablar de éste como de un terrible duelista,

pensaban sin duda hallar en él un fanfarron de sainete, una especie de majo de los que tosen fuerte y escupen por el colmillo, y se encuentran con que es un hombre como otro cualquiera, y hasta con sus ribetes (á juzgar por las apariencias) de tímido, cuando no de cobarde.

Alentado por esta suposicion el periodista aventurero, se atreve á decirle:

—Su negativa de usted á dar una satisfaccion de caballero á Enriquez, nos autoriza, pues, para hacerla pública por medio de la prensa.

—Atrévase usted—responde Bravo, con una mirada que hace bajar los ojos á su interlocutor.—Señores, acabemos de una vez—añade, no pudiendo ya dominar lo impetuoso de su carácter;—yo no me bato en el campo con Enriquez, porque Enriquez es reo de delitos comunes, y además tengo consagrada en la actualidad mi vida á empresas un poco mas difíciles para mí, aunque parezca inmodesto lo que digo, que meterle una bala en el corazon ó marcarle el rostro como lo hice muy tranquilamente en la Castellana la tarde de San Juan. Pero si no admito el duelo en el campo, en cambio lo provocaré á que se defienda, si puede y sabe, que ni sabrá ni podrá, ante un juzgado. Yo lo abofetearé, y lo pisaré, y lo azotaré allí, presentando á la faz de la nacion su conciencia en cueros vivos, y no por espíritu miserable de venganza, sino por espíritu de justicia.

Temiendo haber dicho mas de lo conveniente, conoce Bravo que debe concretar sus acusaciones á un hecho que no revele el conocimiento que tiene de lo que se trama contra él y contra Clotilde.

—Enriquez—añade—robó á su bienhechor don Lorenzo Figueroa; dejándolo sumido en la miseria, en la desgracia y en el descrédito; y yo poseo medios suficientes para probarlo, y mandar á Enriquez y á sus cómplices á presidio.

—Señor de Bravo—esclama el general,—lo que usted acaba de manifestar es muy grave.

—Y lo peor para Enriquez—dice Bravo,—es que es muy cierto. Si ustedes no lo creen, supónganlo por un momento, y díganme con la mano puesta sobre el corazon, si en mi lugar se rebajarian hasta el punto de aceptar el reto de una persona tan abyecta.

El general responde en el acto:

—Yo no.

—Tampoco yo; dice el periodista.

—Pero se trata de una suposicion; observa aquel.

—¡Claro!—repite á manera de eco el merodeador de la prensa.—Se trata de una suposicion.

—Pues bien—repone Bravo;—como yo considero la hipótesis ni mas ni menos que un hecho real y positivo, y me degradaria batiéndome con Enriquez, manifestaré la idea que acaba de ocurrirme para zanjar decorosamente las dificultades que se presentan: ¿tiene alguno de ustedes la conviccion íntima, profunda, evidente, de que Enriquez, lejos de ser un malvado, es digno de ser defendido por un hombre de honor? En este caso, yo, que poseo la conviccion contraria, mediré mis armas con el que se decida á ser su paladin. ¿No la tienen? Entonces aplacemos la terminacion de este asunto, para el dia en que los tribunales de justicia sentencien el proceso que en breve ha de principiarse. ¿Es el fallo favorable á Enriquez? Autorizo á ustedes para que, además de la pena que se me imponga por calumniador, publiquen mi negativa á batirme ahora con él, y me desprecien, y me escupan al rostro.

IV.

La proposicion de Bravo desvanece las sospechas de cobardía que respecto de él pudieran tener los padrinos del valeroso Enriquez.

Por otra parte, la fama de este (cuya repentina fortuna ha sido y continúa siendo objeto de comentarios nada lisonjeros) no es tan limpia que personas que en algo se estimen deban apresurarse á romper lanzas por ella.

Pasan unos cuantos segundos de silencio.

El general y el aventurero de la prensa se consultan con los ojos sobre lo que deben responder á la estraña proposicion de Bravo.

—Señores—dice este,—es particular lo que aquí ocurre: su ahijado de ustedes se pone la venda, siendo otros los heridos; yo soy quien debia desafiarle á él, pues lo que hizo en la Castellana, lo que dió orígen á mi indignacion, no tiene nombre.

—Él afirma que fué casual—esclama el periodista merodeador,—y precisamente esto es lo que agrava la situacion de usted.

—Quiero convenir por un instante—repone Bravo—en que lo fuera; y sin embargo, ni aun así dejaria de merecer Enriquez la afrenta que recibió de mi mano, por otros hechos que me reservo hasta ocasion oportuna. En fin, señores, ruego á ustedes que al comunicarle el resultado de esta conferencia, no omitan nada de lo que he dicho; y veremos si tiene valor para publicarlo. Su resolucion definitiva les demostrará con evidencia si me he equivocado ó no al espresar mi sentimiento, como dije al principio, de que personas tan estimables como ustedes, hayan sido ofendidas con la eleccion de Enriquez para entenderse conmigo acerca de un asunto que ha de ventilarse en los tribunales.

V.

El general y el aventurero del periodismo desempeñan su desagradable mision *cerca* (estilo diplomático) de Enriquez, conviniendo de antemano los dos en aconsejarle el aplazamiento de la lid hasta que los tribunales confirmen su inocencia, que sí confirmarán, ó no habrá ley en el mundo, así como tambien la cobarde conducta y la perversidad de Bravo.

—Usted—añade el general, despidiéndose de Enriquez—se ha portado como cumple á un caballero, y aquí estamos nosotros para atestiguarlo si se ofrece; pero por costoso que le sea el sacrificio, debe resignarse á esperar el fallo de la justicia, con el fin de que vea todo el mundo que si hoy vence á su enemigo en prudencia y en valor, dos cualidades preciosas que tan bien se hermanan en usted, mañana lo confundirá y lo anonadará en el terreno de la moral.

No le parece á Enriquez tan fácil como á su padrino la conquista de los laureles que este le presenta en perspectiva; pero acepta el consejo, tanto porque Bravo le infunde pavor, á pesar de sus alardes pendencieros, cuanto porque no se crea que el amago de un proceso turba ni poco ni mucho la inalterable serenidad de su conciencia inmaculada.

De esta suerte eluden el periodista y su amigo el compromiso de apadrinar á un hombre de probidad bastante problemática ya, para que, con lo que acaban de oir á Bravo, les halaguen sus relaciones.

Ahora, si la fortuna llega á sonreir á Enriquez, si el fallo judicial es absolutorio, por mas que estén convencidos ellos de la criminalidad del ahijado, no serán los últimos en girar alrededor de sus talegas, como las moscas en torno de la miel, pues debe advertirse que uno y otro andan verdaderamente escasillos de numerario.

CAPITULO XLIV.

Lo que sucede en Madrid poco despues del desestero.—Quiénes son don
Ufrasio y don Donisio.—Somoza se dedica á la caza de lobos.

I.

Los habitantes de la coronada villa y córte de Madrid (hablo de los que pueden, y de algunos que no pueden) preparan
maletas, cofres y *mundos* para las escursiones que la moda,
mas que la salud, han hecho indispensables de poco tiempo
acá, y que principian exactamente en el punto á que llegamos
de nuestra historia.

Aquella caprichosa deidad va estendiendo su dominio por
todas partes: de los palacios, donde antes recibia esclusiva
adoracion, ha descendido á la modesta familia de la clase media, y no tardará en invadir los talleres y las chozas.

Que el viajero corra media Europa, ó que se detenga á unos
cuantos kilómetros de Madrid; que vaya en camino de hierro,
en diligencia, á caballo ó en galera, importa poco; el caso es

salir de este recinto, ó hablando con mas exactitud y propiedad, eclipsarse por espacio de un par de meses para luego aparecer regenerado y triunfante, y tener el gusto de que le digan:

—¡Qué famoso viene usted! ¡Está desconocido!

Hay criatura que no pasa de Vallecas, de Vicálvaro, de los Carabancheles, ó á lo sumo, de Miraflores de la Sierra; que no ha visto mas paisajes que alguna colina tamaña como un requeson, ó algun rastrojo de cebada, y describe con gravedad pasmosa lo que ha leido en cualquier manual de viajeros, logrando, á veces, causar dentera á su auditorio.

Otros, menos felices, se encierran de dia en sus cálidos tugurios, y salen á la hora de los murciélagos, eligiendo para esparcirse sitios solitarios, y á los cuales no concurren sus *conocimientos*. A estos mortales desventurados, los consuela la esperanza de que se presuma que son personas *comm'il faut*, y no gente baladí, casera y estacionaria.

Aquellos, contarán que la leche de los *chalets* suizos (de la cual pueden muy bien haber apurado fabulosas cantidades... con la imaginacion) es la primera leche de Europa; pero no confesarán, aunque los sajen, que la que les han servido todas las mañanas, era de cabras españolas por todos sus cuatro costados.

Estos, convertirán á los aguadores de la fuente inmediata (que muchas noches no los han dejado pegar los ojos con sus berridos) en gondoleros venecianos, cantando melancólicas baladas sobre las olas del Adriático, á la dulce claridad de la luna.

— Lo que en este Madrid se miente, por darse tono, con mo—

tivo del veraneo, no es para dicho aquí deprisa; quédese, pues, para otro dia, lector, y salgamos tambien nosotros de la córte, al punto de la Península donde nos llaman personas y asuntos que no debemos dar al olvido.

II.

Estamos en Buñol, delante de los amigos de Pespuntes, de los insignes Orejas y Letanías, encargados de llevar los hijos de Clotilde á París, en donde el respetable y virtuoso jurisconsulto, de acuerdo con su familia y la de Enriquez, se propone educarlos. Esta, al menos, era la razon que don Amadeo habia dado á Pespuntes, al decirle que le buscase dos hombres de confianza para acompañar á los niños.

En cuanto á la forma y clase de educacion y de vida que esperan á Amelia y Arturo, nada ha podido traslucirse, ni en verdad es cosa que en este momento nos importa averiguar.

Cuando llegaron á Buñol Clotilde y Somoza, no tenia el tio Chaume habitacion alguna disponible, para hospedar decorosamente á la primera con los niños, pues todas las ocupaba una familia de Valencia; hubieron, pues, de instalarse en la casa de doña Tula, á la cual fueron tambien á parar Orejas y Letanías.

Somoza se hospedó enfrente, para no perder de vista á la *señora blanca*, nombre con que principiaban á distinguir en el pueblo á Clotilde, por la interesante palidez de su rostro.

La Capitana está en sus glorias. Con Clotilde, Orejas, Letanías y Chima, puede celebrar frecuentes *sudares*, y si consigue atraer á Somoza, que se muestra un poco rebelde, ¿quién podrá toserla en Buñol?

El primero de aquellos dos compinches de Pespuntes no desmiente su apodo; sus orejas no son orejas, son dos apéndices cartilaginosos que, despegándose de las partes laterales del cráneo, dan á la cabeza el aspecto de una olla barriguda con dos grandes asas, á lo cual contribuye tambien lo redondo y abultado de los mofletes. El conjunto de su fisonomía revela bondad; por su traje y sus modos, podria confundírsele con una persona decente.

Pespuntes pintó gráficamente en la casa de vacas de Madrid, con una sola frase al segundo, diciendo que su cara *es de oveja arrepentida;* y una oveja, arrepentida por añadidura, no es de presumir que encierre mucha maldad en su corazon. La frecuencia con que mira al cielo, aumenta la beatitud de su semblante.

Clotilde formó de ellos, á simple vista, el concepto de que eran unos infelices. Somoza le hizo vivir alerta; y cuando recibió en una carta de Bravo sus señas particulares, que tan exactamente se ajustaban á los apodos, dijo á Clotilde:

—Hay moros en la costa; don *Ufrasio,* como lo llama la Capitana, es un tal Orejas, y don *Donisio,* un tal Letanías; dos criminales que no están en presidio, merced á don Amadeo.

—¿Qué hacemos? ¿Le parece á usted que me mude de casa?

—De ninguna manera; es preciso disimular, para cogerlos *in fraganti.*

—¿Por qué no viene usted á vernos á menudo? Así me creeria mas segura.

—Me es preciso aparecer como persona indiferente.

—Anoche me propuso la Capitana un viaje á Valencia con los niños, para ver el mar.

—¡Hola! ¿con que para ver el mar?

—Parece que esos dos hombres tampoco lo han visto, y se han ofrecido á ir con nosotras.

—Acepte usted, Clotilde.

—¿Y si llevaran intenciones siniestras?

—Acepte usted.

—¡Por Dios, Somoza, medite bien lo que dice!

—Usted va á mostrarse con ellos mas amable que nunca; la mas pequeña indiscrecion, el mas leve indicio de sobresalto ó de inquietud, desbarataria nuestros planes.

—¿Cómo quiere usted que los vea impasible como otras veces, jugar con mis niños, acariciarlos, y aun llevárselos á paseo con los sobrinos de la patrona?

—Es el último sacrificio que se le exige á usted por el bien y acaso por la existencia de sus hijos; no puedo ser mas esplícito, Clotilde; es usted madre, y no debo poner á prueba su abnegacion, descubriéndole lo que por otra parte no me es permitido. Vaya usted á Valencia, y suceda lo que quisiere, descanse en la confianza de que hay quien vela por su seguridad y por la de Amelia y Arturo.

—Venga usted con nosotros, y tendré serenidad y valor para todo.

—Los seguiré de cerca, y me hospedaré donde se hospeden. ¿Quiere usted mas?

—Me basta, Somoza.

—¡Ah! Necesito ir antes yo sólo á Valencia, para tomar

mis medidas. Luego que todo esté arreglado, usted misma fi-
jará el dia del viaje.

III.

Somoza partió para Valencia, á poco de su conversacion
con Clotilde, y por la noche se hallaba de regreso en Buñol.

En Valencia mandó al correo la carta siguiente, para
Bravo.

«Caballero Cantárida:

»Muy señor mio y dueño: Si el ser buen cazador sirviera
de título para sentarse en los escaños del Congreso, no dudo
que así usted como mi señora doña Lucrecia, contribuirian al
triunfo de cualquiera de las candidaturas mias que me han
hecho abandonar, por no sé qué escrúpulos que nunca acabo
de comprender. Yo confieso que veria, sin afligirme ni asom-
brarme, sentarse en ellos abogados memos, ricachos sin meo-
llo, propietarios de pega, representantes deslenguados y sin
lengua, gigantes sin talla, sabios tontos, jóvenes sin juventud, es decir, sin alma, y otra porcion de sabandijas de las
muchas que rebullen y pululan por los distritos en tiempo de
elecciones. ¿Qué razon hay, pues, para que tantos como carecen de todo, de todo absolutamente, de dinero, de fé, de patriotismo, de seso, de importancia y de pudor, que es la mas
negra, puedan aspirar á la diputacion, segun mis principios
tolerantes y ámplios, y á mí, que sirvo para algo, se me cier-
ren, segun los de ustedes, todas las calles, callejones, encru-
cijadas, puertas, postigos, ventanas, chimeneas y rendijas por
donde pretendo asaltar el alcázar de las leyes? ¿No hay mérito

ninguno en limpiar de animales dañinos una comarca? Pues
si lo hay, justo es recompensarlo.

»Pero vamos al caso.

»Convido á usted á una cacería.

»Dicen que han aparecido lobos en estas inmediaciones, y
aun se añade que han devorado ya algunos niños en la cuna;
esto último será cuento, y si no lo es, prueba muy poco celo
en las madres, que dejan solas á las criaturas, sin tomarse el
trabajo de cerrar la puerta de su casa, y adoptar otras precauciones convenientes, sabiendo que hay peligro. De las familias que yo conozco, ningun niño ha desaparecido hasta
ahora.

»Yo, tanto por aficion, cuanto por humanidad, me propongo cazarlos pronto, bien á tiros, bien con trampas, á cuyo
efecto he averiguado ya el punto donde tienen la madriguera
dos de ellos, que si no han comido carne de niños, podrian co-
merla.

»Llevaré tambien perros, que olfateen el rastro, y en caso
de necesidad, me ayuden; de manera que, aunque dichas ali-
mañas se cubran con piel de ovejas, no es fácil que se nos
vayan.

»¡Ah! se me olvidaba.

»Haga usted presente á mi señora doña Lucrecia que no la
invito á esta espedicion, porque, sobre no ser propio de damas,
considero que para entretener tal cual madrugada no le faltará por esas calles alguna liebre que correr ó algun *pérdis* que
tirar.

»Yo me prometo escelentes resultados: para conseguirlos
rezaré un rosario y fijaré los ojos en las *letanías*; de todas ma-

neras, lo que fuere sonará, y se oirá, pues, ni aquí ni ahí faltan *orejas*.

»Pidan ustedes al bendito San Huberto, abogado y patron de los cazadores, que favorezca al que lo es de distritos... y de lobos, y besa á usted la mano

S.»

CAPITULO XLV.

De cómo Orejas y Letanías obsequiaron á los hijos de Clotilde.

I.

¡Qué esponjada no se pondria la discreta viuda de Curro, cuando vió asomar una noche á Somoza, al mismo Somoza de carne y hueso, á la puerta de su sala, ya célebre por las *suda-rés* de que habia sido teatro!

Reluciéronle de gusto los carrillos, y todos los chillones colorines de su traje se regocijaron materialmente en ocasion tan solemne.

Madrid entero se le metia en casa.

¿Qué hubiera dicho el que pudre, á levantar del sepulcro la cabeza? ¿Qué imposibles no venceria la Capitana, con la proteccion de Clotilde, de Somoza, y principalmente de don *Ufrasio* y don *Donisio*, á quienes por lo mismo que hablaban poco, para no descubrir la hilaza, suponia personajes de gran cuenta y muchas campanillas?

Observando que Chima se colocaba siempre junto á Orejas, doña Tula debió pensar en contraer estrecha alianza con él, entregándole la mano de su sobrina.

Casual ó no casual, es lo cierto que sorprendió amorosísimas miradas entre el amigo predilecto de Pespuntes y Chima. Hasta los enormes apéndices cartilaginosos del madrileño se le figuraban á ella de buen tono, por lo mismo que no eran vulgares. Orejas de dimensiones proporcionadas al volúmen de la cabeza y de corte comun, las encontraba doña Tula en el individuo mas misérrimo; pero aquella esplendidez exuberante, aquel desarrollo maravilloso, aquella prodigalidad épica, embelesaba sus sentidos y su espíritu de una manera particular. En un hombre cualquiera le hubiesen parecido risibles; en un hombre á quien su fantasía adornaba de cualidades estraordinarias, antojábansele modelos intachables. ¡Con cuánta razon dice el refran que al que feo ama, hermoso le parece!

Clotilde se condujo á satisfaccion de Somoza, ejecutando fielmente lo convenido entre ellos.

Permitió que Orejas y Letanías tocasen con sus labios groseros la frente virginal de Amelia y las rosadas mejillas de Arturo; celebró gozosa sus salidas záfias é insípidas, y nada se le ofreció que responder á las promesas que hicieron á los niños de comprarles juguetes en Valencia; pues, al fin, se acordó el viaje para el dia siguiente.

Somoza dijo, por su parte, viéndose rogado por todos, que si despachaba á tiempo sus negocios, saldria con ellos; y que de no, los buscaria unas cuantas horas mas tarde en la fonda que allí designaron.

II.

La del alba seria cuando partieron para Valencia, en dos tartanas, los huéspedes y tertulios de doña Tula.

Iban en una de ellas la elegante viuda, su sobrina y Orejas; este arrobado en suaves deliquios.

El amor ó alguna otra causa desconocida, parecia hacer medrar de gusto los apéndices cartilaginosos de su reconocido propietario, pues nunca se ofrecieron, que yo sepa, á la contemplacion pública en estado mas próspero.

La otra, recibió á Clotilde con sus niños y Turco y al simpático Letanías, quien, si no rezaba las de la Vírgen, como es de suponer, iria rezando las del demonio, sin necesidad de suposiciones; pero que algunas rezaba, al menos mentalmente, era indudable, si ha de juzgarse por su aspecto devoto y humilde.

A distancia conveniente de los carruajes, para no ser conocido, distinguíase un ginete, con sombrero de jipijapa hasta los ojos, un rewólver en cada bolsillo del *chaquet* de *orleans* negro, y una nube de polvo alrededor de su cuerpo y de la bestia, que era un caballo de empuje, al cual el ginete, ó Somoza, sujetaba con las bridas para que no saliese del paso que á sus intentos convenia.

Finalmente, detrás de Somoza, caminaban por la misma carretera, dos guardias civiles de á caballo.

III.

Un pequeño incidente estuvo á pique de turbar la dulce calma de Orejas, poniéndoselas mas encendidas que la grana, si bien á poco recobraron su color natural.

El lector sabe que doña Tula andaba siempre á caza de buenas relaciones, como Somoza á caza de distritos: aunque las de Orejas y Letanías eran ya seguras, en su concepto, quiso afirmarlas mas aún, haciendo ostentacion de las que le unian con la marquesa de la Estrella.

En un intérvalo de silencio, que nadie se disponia á romper, disparó, á boca de jarro, esta pregunta al insigne Orejas:

—Don Ufrasio, ¿conoce *ustez* en Madrid á la señora marquesa de la Estrella?... Es... una señora... una *personaja* de... ¿estamos?

Estremecíase Chima de piés á cabeza, cada vez que le daba á su tia por pulir el lenguaje.

El *personaja* que acababa de soltar, le hizo un efecto deplorable.

—¿La *señá* quién, ha dicho usté? preguntó Orejas, mas con acento de inquietud, que de curiosidad.

—La señora marquesa de la Estrella; es de las nuestras; yo le profeso mucha *antipatía*, desde que *tuvo* la *honra* de aposentarse en mi choza.

Orejas se tranquilizó al oir que la hermana de don Amadeo apreciaba á su patrona.

—¡Ah! ¡sí!—esclamó, discurriendo una mentira, para

darse importancia.—Es muy amiga de mi parienta; allá ellas se juntan y tienen... ¡Vamos, sus cosas y sus...

—*Sudarés*, ¿eh?

—Eso, eso; me lo ha quitado usté de la punta de la lengua. Su hermano don Madeo tambien es guapo sugeto.

—No lo conozco—observó la Capitana, á quien Chima crujia á pisotones para que no trabucase las cosas.—No lo conozco—repitió por via de enmienda;—pero pronto tendré el gusto de ir á *ponerme á sus piés.*

IV.

Los espedicionarios de Buñol se hospedaron en una modestísima fonda de Valencia. Como pensaban hacer noche en esta ciudad, dejaron para la madrugada del dia siguiente el paseo al muelle y al Cabañal.

Somoza se apeó una hora despues que ellos en la puerta de la fonda.

El tiempo que medió entre la llegada de unos y otros, lo habia empleado Somoza en conferenciar con el jefe de policía de la capital y algunos subalternos del ramo.

Tres de estos, vestidos de paisanos, rondaban la fonda, disponiendo que dos tartaneros esperasen en una esquina inmediata, hasta nueva órden.

Nuestros viajeros almorzaron alegremente.

Orejas y Letanías *hicieron los honores* de la mesa, esmerándose en servir á las damas, como cumplidos galanes, sin olvidar á los niños.

Turco participó tambien del festin, con tanto mas placer,

cuanto que no veia por allí ninguna cachiporra que lo alarmase.

Unicamente Somoza se hallaba distraido, meditabundo y desganado, sobre lo cual llamó doña Tula varias veces la atencion de sus compañeros. Nuestro amigo tuvo, pues, que fingir, para alejar sospechas, un terrible dolor de estómago.

Terminado el almuerzo, Clotilde, con arreglo á las instrucciones recibidas, dijo que se retiraba á descansar un rato.

Chima y la Capitana manifestaron iguales deseos.

Entonces Orejas y Letanías pidieron permiso á Clotilde para ir con los niños á una tienda de tiroleses, dónde Amelia y Arturo podrian escoger los juguetes que mas les gustasen.

Temia Somoza que faltara valor á Clotilde para separarse de sus hijos en aquel instante crítico, y unió sus ruegos al de los compinches de Pespuntes.

—¡Anda, mamaita, déjanos salir con don *Ufrasio* y don *Donisio!* dijo Arturo, saltando delante de su madre.

—Hace mucho calor, Arturito; balbuceó Clotilde.

—Señora—observó Orejas,—iremos en tartana.

—¿Te gusta á tí andar en coche, perla? preguntó Letanías á Amelia.

—¡Vaya! Pero yo quisiera que nos acompañase tambien la mamá—respondió la niña.—¿Por qué no vienes, mamá? ¡Sí! ¡Ven!

—Es claro, anímese usté; apoyó diplomáticamente Letanías, guiñando un ojo, y elevando en seguida los dos al cielo.

Orejas cogió la seña al vuelo, y dijo:

—La señora está delicada, y no es justo abusar.

Clotilde estaba á punto de llorar y abrazarse á sus hijos, para que no los arrebatasen de sus brazos; pero Somoza intervino á punto, diciendo:

—¡Ea! Yo tambien salgo; el ejercicio suele aliviarme. ¡Don Eufrasio, don Dionisio, andando! ¡Qué Clotilde! Es lo que se llama una madraza. Arturo, voy á comprarte un tren de artillería, una cartuchera, un sable y un chacó.

—¡Viva! ¡viva! gritó el niño, palmoteando y corriendo por el comedor.

Clotilde recordó que la noche antes le habia dicho Somoza que de su docilidad dependia el bien y acaso la existencia de sus hijos.

Dióles, pues, un beso que parecia arrancarla el corazon, pudiendo sólo articular estas palabras, si bien con mas firmeza y serenidad que lo que esperaba Somoza:

—Vayan ustedes con Dios, y no tarden.

Somoza le dijo al oido, junto á la puerta:

—¡Valor, Clotilde! Escribiré á usted muy pronto.

El ofrecimiento de Somoza contrariaba grandemente los proyectos de Orejas y Letanías. Disimularon, no obstante, y salieron del comedor.

Somoza les dijo en la escalera:

—El caso es que por ustedes me he comprometido á una cosa, que no sé cómo cumplir. ¡Tengo tanto que hacer! Los acompañaré hasta el comercio, y mientras compran los juguetes, haré las diligencias mas precisas. Tenemos—añadió, sacando el relój—la una. Espérenme ustedes hasta las dos, para volver juntos á la fonda, y luego saldré otra vez á correrla. ¡Cómo ha de ser!

A Orejas y Letanías les pareció muy puesto en razon el plan de su compañero.

En seguida, entraron todos en una tartana y encamináronse á una de las mejores tiendas de tiroleses.

Otras dos tartanas los seguian á unos veinte pasos.

Somoza mandó parar la que ocupaba, delante de una magnífica tienda, y saludando á los consocios de Pespuntes, desapareció por una de las próximas calles.

Orejas y Letanías pagaron y despidieron por precaucion al tartanero; compraron de prisa algunos juguetes, y salieron con los niños y Turco, el inseparable amigo de Arturo, en busca de otro carruaje.

No lejos de la tienda habia un viejo coche de alquiler.

La caballería de este carruaje, pelada á trechos como si tuviese alopecia, triste, cabizbaja, huesosa, llena de mataduras y alifafes, mas pertenecia ya al otro mundo que á este. Con decir que la hubiera desechado para una plaza de toros el contratista mas cicatero, sin mas que mirarla, queda hecho su elogio.

Pero era preciso aprovechar el tiempo, para que cuando Somoza volviera, se encontrase con que los pájaros habian volado.

En su consecuencia, Letanías dijo al cochero el nombre de la calle y número de la casa donde iban, y entrando con Orejas y los niños en el desvencijado armatoste, gritó:

—¡Arrée usté! ¡A escape!

Lo del escape hizo gracia á Orejas, quien, menos aturdido que su compañero, habia observado con dolor la situacion de la bestia y el estado ruinoso del vehículo.

Con todo, el caballo-espectro emprendió un trotecillo inverosímil, y aunque un veterinario hubiera tenido sus dudas sobre si aquello era movimiento natural ó síntoma seguro de esparavanes, el coche avanzó majestuosamente, acabando por perderse en el laberinto de calles de la carrera.

———

CAPITULO XLVI.

Clotilde apurando el cáliz de la amargura, en el cual echa una gota de miel un agente de policía, para endulzarlo.—Hace grandes elogios doña Tula de su propia perspicacia, y sin ser Dios, ní mucho menos, logra un imposible.

I.

Sólo una madre es capaz de comprender lo que la infeliz Clotilde sufre, separada de sus hijos, que tantas lágrimas y tantos dolores le han costado desde el dia en que nacieron.

Mientras la Capitana y su sobrina se despojan de los vestidos de viaje, sustituyéndolos con otros mejores, y se atusan el pelo y se acicalan, ella se entrega en una alcoba al llanto, y murmura, mas con el corazon que con los labios, fervorosas plegarias.

Bravo, Garciestéban y Somoza han hecho por ella sacrificios propios de las almas heróicas: la han redimido de la miseria, han luchado hasta donde es posible contra enemigos poderosos y temibles para conquistar un nombre á Amelia y á

Arturo, y sus consejos deben ser obedecidos ciegamente.

¡Pero qué obediencia tan costosa la de hoy!

—¡Vírgen de las Angustias!—esclama interiormente.—
¡Que vuelva yo á ver pronto á los hijos de mis entrañas! ¡Santísimo Cristo de los Desamparados, aparta de mi boca este cáliz amargo, por los méritos de tu Pasion dolorosa! Mira que soy una pobre criatura; mira que mis fuerzas están ya agotadas. Perdonaré á mis enemigos, olvidaré el horror que me inspiran, ahogaré en mi corazon todo sentimiento de venganza, haré todo, todo lo que se exija de mí; pero sálvame á mis hijos, ó pierdo el juicio: ¡sí, lo pierdo, lo pierdo!... porque otra vez siento, como en Madrid, en la buhardilla horrible de la calle del Leon, que mi cabeza se estravía, que el vértigo me aturde, que esta miserable máquina cruje y vacila, que estoy á la boca de un abismo, y que en medio de las tinieblas que flotan en su fondo, relucen los ojos de Amelia y de Arturo, que me miran mis hijos, qué asoman sus manecitas trémulas, que tiran por mí, y abren sus bocas para decirme con gritos acusadores:

—Mamá, ¿por qué nos abandonas?

II.

Esta esclamacion última, hecha en alta voz, resuena en el cuarto que ocupa la desventurada madre con la Capitana y Chima, las cuales acuden presurosas á saber lo que ocurre.

—¿Soñaba usté, doña *Crotilde?* pregunta la viuda, echándose á la espalda la copiosa madeja de pelo que desenmarañaba la sobrina.

—¿Yo? esclama Clotilde, mirándolas despavorida, y llevándose las manos al pecho, como en los tiempos en que su enfermedad nerviosa la ponia frecuentemente al borde del sepulcro.

—¡Nos hemos llevado un susto, como para nosotras solas! observa Chima.

Interrumpida Clotilde en el momento en que su desvarío principiaba á tomar proporciones graves, levántase de la cama, recuerda la situacion en que se encuentra, y responde:

—Sí, es verdad, estaba soñando: ¡soñaba unas cosas tan tristes!... ¡tan tristes!...

La Capitana se sienta, y Chima sigue peinándola.

—¿Acostumbra *ustez* á dormir sobre el lado del corazon?— pregunta doña Tula.—Porque cuando yo me echo de ese lado, tengo pesadillas, lo mismo que cuando bebo agua al tiempo de acostarme.

—Igualito que yo—observa Chima.—Asómese usted al balcon, para que le dé el aire, doña Clotilde. En este cuarto hace un calor insoportable.

Clotilde se asoma al balcon, y recorre con ojos inquietos la calle, esperando ver en ella á sus hijos. Retírase despues, da algunos pasos por la estancia, y vuelve á asomarse una, y dos, y veinte veces. ¡En vano espera! Los niños no vienen, y cada minuto es para la infeliz un siglo. El remordimiento de haber confiado sus vidas preciosas á dos criminales, se levanta aterrador en su espíritu, amenazándola con tremendos castigos. ¡Qué responsabilidad ante su conciencia! ¡Qué responsabilidad ante Dios!

Afortunadamente, un subalterno de policía, vestido de uniforme, es entonces anunciado por el camarero. El dependiente de la autoridad entra en el cuarto, y preguntando quién de las tres señoras es doña Clotilde, esta abandona corriendo el balcon, y esclama:

—¿Qué hay? ¿Qué hay? ¿Los ha visto usted? ¿Dónde están mis niños?

—Señora, no sé qué decir á usted: yo vengo de parte del inspector de policía, á traer esta carta.

Clotilde rasga temblando el sobre, y apenas sus ojos, llenos de lágrimas, le permiten leer con febril avidez estas palabras, escritas con lápiz:

«¡Animo, Clotilde! Amelia y Arturo no corren el menor peligro.

Los dos perillanes que han venido de Buñol con usted, se hallan vigilados de cerca, y caerán INFALIBLEMENTE en la trampa. Los niños podrian estar ya en sus brazos de usted; pero no conviene: es necesario sufrir tres ó cuatro horas mas. Si doña Tula y Chima estrañasen la tardanza de don Eufrasio y de don Dionisio, no hay ningun inconveniente en decirles, como si fuese ya cosa hecha, que están en la cárcel. Rompa usted este papel; ánimo otra vez, y sobre todo, confianza en Dios, y en su amigo

S.»

—¿Dónde veria yo al señor de Somoza? pregunta Clotilde al portador de la carta.

—Lo ignoro, señora; pero lo primero que me advirtió, al entregarme esa carta el inspector, fué que no saliese usted de la fonda.

III.

Clotilde, doña Tula y Chima vuelven á quedar solas.

La curiosa Chima daria un dedo de la mano derecha por saber lo que sucede.

Viendo que Clotilde torna al balcon, y permanece en él un buen rato, acábasele la paciencia, y se decide á esplorarla, tomando pié de las mismas palabras que aquella habia pronunciado al entrar el agente de policía.

—Serénese usted, señora—dice:—Valencia es poblacion grande, tiene mucho que ver, el tiempo vuela sin sentir, y aunque es verdad que esos caballeros tardan, no hay motivo para alarmarse. ¡Apostaria á que están encantados con los niños, delante de algun escaparate!

—¿Qué duda tiene? observa la Capitana, acercándose al balcon, para que la sobrina le ponga unas horquillas.

—Si ustedes supieran quiénes son los tales caballeros, comprenderian mi inquietud.

—¿Pues quiénes son?

—Dos malvados.

La Capitana abre los ojos desmesuradamente, como si quisiera oir por ellos. No se atreve á creer que la penetracion de que blasona haya sido engañada.

Chima dice para sí:

—¡Dos malvados! ¡oh! lo serán: ¡no hay mujer mas desgraciada que yo!

—A estas horas—continúa Clotilde—están bajo la vigi-

lancia de la autoridad, segun me anuncian, y será dificil que
se libren de ir á presidio.

—¿A presidio?... dice Chima.

—Sí señora.

—¡Animas benditas del purgatorio!—esclama doña Tula,
santiguándose.—¡Pero, á fé, que bien me lo calaba yo! ¡Para
que me la peguen otra vez! Pero señor, ¿es posible que *haiga*
hombres de tan malos procederes? ¡Si aquella cara de queso de
bola de don Ufrasio no podia dar de sí otra cosa! Lo mismo que
aquellas orej...

—No hay tal don Eufrasio—interrumpe Clotilde,—ni tal
don Dionisio: el uno se llama Orejas, y el otro Letanías.

—¡Qué nombres, Dios mio! murmura Chima.

La Capitana observa:

—Eso iba yo á decir: ¡aquellas orejas de tan mal gusto,
nunca me dieron buena espina! Pues ¿y el otro, mirando
siempre al cielo, como si en el cielo se le hubiese perdido algo?
Y luego, lo mismo don Donisio que don Ufrasio, digo, Orejas
y Letanías, ¡se espresaban en un lenguaje tan ordinario, tenian un aire tan no sé cómo!... ¡A la legua se conoce los que
cautivan (cultivan) el trato de las personas que valen! ¡Sólo
que una es tan *indigente* (indulgente) que!... Pero ¡váyale
ustez á esa canalla con *indulugencias*! Bien dicen que el hábito
no hace al monje.

La buena de la Capitana prosigue ensartando desatinos á
diestro y siniestro. Dejémosla despacharse á su gusto, y aun
démosle un voto de gracias, porque muchos de sus desatinos
son de tal calibre, que logra con ellos el imposible de arrancar
una leve sonrisa á Clotilde.

Por lo que hace á Chima, aún tardará mucho tiempo en volver en sí del asombro que le han causado las revelaciones que acaba de oir.

Lo único que de vez en cuando se atreve á balbucear entre dientes, es su primera esclamacion:

—¡No hay mujer mas desgraciada que yo!

———————

CAPÍTULO XLVII.

Nublado en el cielo y nublado en la tierra.—Una santera que cuida de la Vírgen y de Satanás.—Un *obispo* y un familiar de zaragüelles dan un refresco á Orejas y á Letanías.

I.

El cielo, todo el dia despejado, se ha ido cubriendo lentamente de nubes siniestras.

A la entrada de la noche, que es la hora en que principian los sucesos que voy á narrar en este capítulo y en el siguiente, no se ve una estrella, y al lejos se oye la tempestad, que, levantándose en el golfo, corre desbocada á estrellarse en las deliciosas playas de Valencia.

La oscuridad es amiga de los malhechores; pero tambien favorece á la justicia, la cual, oculta en la sombra, puede espiar, sin ser descubierta, los pasos de aquellos, haciendo que sientan el golpe antes que el amago de su brazo.

Basta, no obstante, el resplandor cárdeno y fugaz del relámpago, para distinguir un edificio de mal aspecto, separado de la muralla de la poblacion por un huerto, que pertenece á él.

Seis árboles secos, ruinas de una noria situada en el centro, y algunos cuadros en los que ha debido haber flores, pero que sólo conservan el contorno de su figura, marcado por orlas de boj interrumpidas á trechos, indican el mas completo abandono del cultivo.

Con todo, el edificio no está aislado; constituye parte de un callejon estrecho y corto, en uno de cuyos estremos brilla una lámpara de vidrio verdoso, delante de la imágen de una Soledad.

Pocos pueblos habrá en España donde, relativamente al número de habitantes, se hallen tantas manifestaciones de religioso culto como en Valencia.

Si la hipérbole no pareciese demasiado meridional, pudiera decirse que tiene en cada esquina un nicho, y dentro de cada nicho, un santo.

Dominada alternativamente por árabes y cristianos, cada raza de estas ha estampado en su recinto las huellas de su paso; y á pesar de los estragos de las edades, todavía el viajero que se detiene pensativo al pié de sus monumentos ó de sus escombros, puede estudiar en ellos el espíritu de dos civilizaciones que han llenado de maravillas el arte moderno.

La lluvia, que principia á desprenderse de las nubes, aumenta la soledad, el silencio y las tinieblas del callejon.

Solamente una viejecilla corcobada, pequeña de estatura, enjuta de carnes y de rostro lívido, camina en direccion del edificio, renqueando, como si la enorme alcuza que con sus dedos gafos y secos agarra, inclinase hácia esta parte el peso todo de su cuerpo.

Acaba de limpiar y encender el farol de la piadosa imágen, á cuyo cuidado se consagra hace tiempo, costeando el aceite y demás gastos que se originan, y se retira á su vivienda.

Sigámosla; y puesto que abre la puerta de la casa que con dos palabras he descrito, entremos furtivamente y veamos los personajes que la habitan, si por ventura no es ya mansion de brujas y duendes.

II.

Lo primero que á nuestros ojos se ofrece, despues de subir veinte peldaños de madera, que crujen bajo los piés amenazando hundirse, es una habitacion desmantelada, que debe haber servido en otro tiempo de palomar, como lo indican los huecos de regulares dimensiones que en las paredes se advierten, á distancias próximamente iguales.

Como á la mitad de uno de los muros, hay una puerta, que sin duda conduce á distintas habitaciones; contra un ángulo se apoyan varias armas de fuego, y delante de otro, alrededor de una tosca mesa de nogal, con vasos, porrones de vino, restos de comida, y alumbrada por un enorme velon de tres mecheros, se agrupan cinco personas de diversos trajes y cataduras.

Los piés de la mesa descansan sobre una mala estera de esparto.

Dos de los cinco personajes, son Orejas y Letanías, á quienes ya conocemos.

El tercero, ó el *Bisbe* (obispo), es un moceton alto y tozudo, cubierto con hábitos clericales: sotana, capa y solideo.

El cuarto viste zaragüelles, faja negra y sombrero cónico de fieltro, á la valenciana.

Por último, el quinto es una muchacha de fisonomía dulce y delicada, como una de esas vírgenes que vemos en los retablos de la época del Renacimiento, la cual permanece en pié, detrás de todos, sin pestañear, y con los ojos encendidos de haber llorado.

Esta muchacha es la novia del Bisbe, á quien ama... de miedo.

Los valencianos, antiguos conocidos de los madrileños, han hospedado á estos, obsequiándolos de una manera rumbosa; y dicho sea en honra y gloria de su desinterés, sin ulteriores miras de reciprocidad en el caso de ir ellos á la córte *á negocios*. Orejas y Letanías, por su parte, les han ofrecido su casa, dejándolos enamorados con sus atenciones y fino trato.

III.

La aparicion de la vieja, ó de la *Santera*, que así la llaman, en el palomar, produce una especie de movimiento y rumor de curiosidad en los presentes, rumor dominado por los sollozos de la jóven.

Al oir á esta, levántase de improviso el Bisbe, tambaleándose, y le da una bofetada, esclamando brutalmente:

—¡A esta *dona* le tengo *prenosticao* que la voy á clavar en la *paré* con cuatro *arfileres*, á *mó* de *mursiégalo*, como se *mus* ande con *antusiasmos!*

—Déjala, *home*, déjala; dice el de los zaragüelles, empinando tranquilamente un porron.

—Es *presiso* escarmentarla—responde la vieja;—es muy *soberbiosa*, y el dia menos pensado nos pierde. Se las tiene *jurás* al Bisbe, porque no le *agrá* la vida que trae, y le *repuna* que salga de noche á sus obligaciones *vestio* de capellan.

IV.

En efecto, la dona, perdidamente enamorada del falso clérigo, antes de principiar este la carrera del crímen, luego que supo los pasos en que andaba, procuró atraerlo al buen camino con sus consejos, espresion de un alma candorosa, dotada de alto sentido moral.

¡Vanos consejos! Su amante continuó por la fatal pendiente, admirando, sin embargo, con una especie de idolatría, incomprensible en él, la virtud y la pureza de la jóven, á quien la pasion hizo cómplice involuntario de los hechos mismos que condenaba.

Unicamente cuando la embriaguez le turbaba la razon, este hombre desconocia todo linaje de respetos, no viendo entonces en su novia mas que un obstáculo, un estorbo á sus criminales intentos.

No habia ya vicio, por repugnante que fuese, que no tuviera segura morada y asiento en la sentina de su alma; beodo, gloton, blasfemo, iracundo, rencoroso, obsceno, jugador, todas estas llagas, toda esta hediondez, toda esta podredumbre, la cubria á la sazon bajo el disfraz religioso con que lo

vemos sentado junto á los amigos y admiradores de su ingenio y de sus hazañas.

Esta usurpacion sacrílega de las insignias sacerdotales, para
prevenir acaso con ellas los recelos de gentes sencillas é ignorantes, y ganarse su afecto, su credulidad y su confianza, su-
blevó la conciencia de la jóven, en la cual se pintaban con vivos colores los castigos eternos de que sus padres la habian hablado en la infancia, y que la musa anónima del pueblo describe en las coplas y relaciones de ciego, valiéndose de imágenes que se graban para siempre en la imaginacion de los
oyentes. Las llamas del infierno despedian ante sus ojos reflejos
como de sangre; mil garras de mónstruos deformes, parecian
dispuestas á destrozarla.

Su protesta fué desatendida.

La llegada de Orejas y Letanías, á las tres de la tarde, con
Amelia y Arturo, á la *cueva*, le produjo un estremecimiento de
horror, que le heló la sangre en las venas. Interesóse en favor
de los niños... ¡inútilmente!

Desde entonces hizo propósito de salvar su alma, huyendo
para siempre de aquel hombre. Del amor antiguo, ya ni cenizas quedaban en su corazon.

V.

—¡Ea, hijos mios! en la calle no hay nadie, la noche es negra como boca de lobo—esclama la Santera, despues de apurar
medio vaso de vino,—está lloviznando, y se prepara un chubasco de mi flor. La ocasion la pintan calva; con que... cuando
estos caballeros gusten—añade, por Orejas y Letanías,—pue-

den arrancar de aquí. ¿Y mis *colometes* (palomitas)? ¿Siguen durmiendo mis *colometes*? ¡Ya se ve! ¡estarán tan rendidos! ¡lloraron tanto! No será porque se les *haiga* tratado mal, pues yo les puse en una mesita allá dentro sus *mollas* de carnero bien gordo, su plato de *llus* (merluza) y sus copas de aguardiente anisao. ¡Ni á los infantes de España se los regala con el mimo que á ellos! Pero los *colometes*, pia que te pia: ¡Mamá por arriba... mamá por abajo, y vuelta con la mamá, que me aserraban y partian el corazon! Yo, ¿qué les habia de responder? ¡Hijos, que os conviene, que es por vuestro bien, que nadie os tocará al pelo de la ropa!...

—Basta de sermon, tia Santera—dice el Bisbe;—vengan los *colometes*.

La vieja desaparece por la puerta oscura de que antes se ha hecho mencion.

CAPITULO XLVIII.

——

Halagos y regalo que Amelia y Arturo reciben de la Santera.—Turco se mete á redentor, y...

I.

Todos callan.

La dona vuelve azorada los ojos al punto por donde han de venir los niños.

En los anchos lienzos del palomar se mueven, al reflejo del velon, que despide por sus mecheros tres columnas de humo negruzco, denso y de olor repugnante, como si estuviese lleno de posos de aceite, las sombras de los bandidos; las cuales, por la direccion de la luz, adquieren, al copiarse en la pared, proporciones gigantescas.

El silencio es medroso: diríase que el rapto de los dos niños inocentes, débiles ó inofensivos, gravita sobre la conciencia de los mónstruos con el peso de todos sus crímenes juntos.

II.

—¡Que no quiero ir contigo! ¡Que no quiero ir contigo! grita Arturo, á quien la Santera saca, medio arrastras, al palomar.

—*Fill meu, ¿vols callar?* (¿Te quieres callar, hijo mio?)— responde la vieja.—¿No ves á *ta chermana* (tu hermana) seguirme como una *colometa*?

—Don Dionisio—dice Amelia, acercándose á Letanías,— ¿es cierto que vamos adonde está la mamá?

Letanías eleva los ojos al cielo con una mirada estática, y responde:

—Sí, perla fina.

—¡Me da un miedo esta casa tan fea!

—Pues aquí todos te queremos, diamante. Manda á tu hermano que deje de hacer pucheritos y no alborote, porque le duele la cabeza al padre cura. Si se calla, le doy una cosa. A ver, tia Santera, traiga usté los juguetes de ese muchacho, y mire á ver si tiene algo suyo que regalarle.

La vieja obedece á Letanías, y cinco minutos despues vuelve con las dos cajas que los madrileños compraron en los tiroleses. Además, pone al cuello de Arturo un escapulario con la *Santa Faz*, cosida á un retazo de lana negra, y dice mirando á los circunstantes, satisfecha de su obra:

—¡Es que el *anchelet* (el angelito) parece, de veras, un mayordomo de fábrica!

III.

No bien pronuncia estas palabras la Santera, se oyen dos fuertes aldabazos á la puerta de la calle, que retumban en las solitarias y espaciosas habitaciones del edificio.

Orejas, Letanías y el de los zaragüelles, se levantan atropelladamente.

El Bisbe, medio amodorrado por el vino, abre los ojos y los clava con recelo en su novia, que lo contempla todo silenciosa y sin pestañear.

—¿Qué es esto?—pregunta Orejas.—¿Estaremos vendidos?

Los aldabazos se repiten con mas fuerza que antes.

El Bisbe y el de los zaragüelles separan la mesa del sitio en que está, quitan la estera que hay debajo, y levantando una trampa, descubren la boca de una bodega.

Orejas y Letanías cogen en sus brazos á los niños, engañándolos con que los llevan á la mamá si se callan y son buenos, y bajan con sus compañeros al oscuro subterráneo.

La Santera y la jóven colocan nuevamente la mesa en su sitio, y arrojan al corral el resto del banquete.

En seguida la vieja toma un candil, y se dirige á la escalera de la calle.

Poco despues, entran en el palomar diez guardias civiles, acompañados del jefe de la policía y de Somoza.

IV.

—Siéntense *vostés*, señores, y descansen; dice la Santera, que es de todas las personas de la casa la que mayor serenidad conserva.

El inspector, sin hacer caso de tan cortés invitacion, esclama:

—No venimos á sentarnos.

—Lo siento, caballeros; pero otro dia será: una servidora
de *vostés* se alegrará *mólt*.

—¿Quién hay en esta casa?

—Una servidora y la *fadrina* (moza) que está presente.
Nadie mas.

—¿Nadie mas?

—Nadie mas; como esa luz bendita.

—Mírelo bien.

—Pueden *vostés* registrarlo todo.

—A ver, guie usted.

El inspector, seguido de cuatro civiles, y alumbrado por la
Santera, que va refunfuñando un *Padre Nuestro*, recorre la
parte habitable y habitada del edificio, sin encontrar en ella
indicio alguno que le muestre el paradero de la gente que
busca.

La situacion de la jóven es en estremo difícil. Su amor al
capellan, como ya se ha dicho, ha muerto, y aun debo añadir
que se va convirtiendo en odio; la suerte de los niños le interesa y la llena de angustia; pero le repugna el oficio de dela-
tora, y aunque una palabra suya puede salvar á Amelia y Arturo, esa palabra no sale de su boca.

—A *vosté*, señor *ispetor*—esclama la vieja, que vuelve
renqueando al palomar,—deben haberle engañado. Yo soy una
mujer de bien: la vecindad conoce á la Santera de la Vírgen
que hay en la esquina, que así á todos nos libre de malas voluntades, y puede informar.

—Puesto que se empeña usted en negar, es preciso que me siga con esa jóven.

—¿Yo tambien?

—Tambien.

—¿Adónde he de ir, señor? ¿Adónde he de ir?... pregunta sobresaltada la dona.

—¿Adónde ha de ser? A la cárcel.

La muchacha se pone pálida como la cera, y cae medio desvanecida y temblando sobre una de las sillas arrimadas á la mesa.

Somoza está seguro de que Orejas y Letanías se hallan dentro del edificio; sabe que, merced á las esquisitas precauciones que se han tomado, no pueden haber salido, y sin embargo, un desasosiego inesplicable se apodera de su espíritu. ¿Qué va á decir á Clotilde, qué va á responder á una madre que le ha confiado sus hijos, cuando lo vea volver á su presencia sin ellos?

—Aquí—dice el inspector—han venido á las tres de la tarde dos hombres, con una niña y un niño; es necesario que parezcan inmediatamente: miren ustedes que lo repito por última vez.

—¡Señor! esclama la dona levantándose, como dispuesta á declarar.

La Santera le lanza una mirada amenazadora, al paso que gruñe entre dientes:

—*Padre Nuestro, que estás en los cielos, santificado sea tu...*

—Hable usted, jóven; dice el inspector.

V.

En el momento de ir á hablar la muchacha, preséntase de improviso un personáje en quien nadie ha reparado, y cuya aparicion es providencial y benéfica. Este personáje es Turco, el perrillo de Arturo; Turco, que acaba de despertar, y que buscando inútilmente por varios puntos de la casa al niño, viene mústio y con el rabo entre piernas al palomar.

Despues de oler las de Somoza, y convencerse de que se las há con un amigo, el leal animalillo se deshace á brincar delante de él y á escarbar alternativamente la estera que cubre la trampa.

—¡Tuto!—grita la vieja, hecha un basilisco.—¡Tuto, que ensucias al señor y me destrozas la estera!

Somoza coge á Turco, enseña al inspector el nombre de Arturo, bordado en la cinta de raso que lleva al cuello, y exclama lleno de gozo:

—Este animalillo tiene entrañas mas sensibles que esa infame bruja. El nombre que ve usted aquí, es el del niño.

Ya habia reclamado Arturo en la bodega su cariñoso compañero, no bien lo echó de menos; pero Letanías le tapó la boca para impedirle que gritase.

Aprovechando la jóven un instante de distraccion de la Santera, y conociendo que al fin es ya inevitable el descubrimiento de los bandidos, resuelve apresurarlo, para evitar que los niños sufran mas, é indica al inspector con una mirada el sitio donde unos y otros se ocultan.

Esta buena accion rompe el único lazo que une con el Bisbe

á la dona, quien comienza á respirar con desahogo. Su frágil belleza, velada por una sombra de amargura como la de una violeta por la sombra de la noche, brilla con doble esplendor que antes; no parece sino que la dulce claridad de la aurora besa su frente, resbalando por ella.

Manifestando la viejecilla profunda estrañeza de ver que los civiles separan la mesa á una voz del inspector, esclama:

—¿Qué *fasen vostés*, señores? ¡Vaya, dejen *vostés* las cosas en su sitio y no me desarreglen la sala! *¡Dios te salve, Reina y Madre, Madre de Misericordia, vida y dolsura!*... ¡Consideren *vostés* que luego no podré poner la mesa en su lugar, porque me faltan las fuerzas, y *ma grá mólt* (me gusta mucho) la limpieza. *¡Santa María, Madre de Dios, ruega, Señora, per nosaltres!*...

Descubierta la boca del sótano, le ocurre á Somoza la idea de llamar á los niños, seguro de que si están allí, le responderán.

Por de pronto, el intrépido Turco se precipita por la escalera, ladrando desesperadamente de alegría.

—¡Amelia!... ¡Arturo!... — grita Somoza. — ¡Amelia!... ¡Arturo!... vuelve á gritar.

Nadie le responde, y hasta los ladridos del perro cesan de repente.

Orejas y Letanías tapan la boca á los niños, y el Bisbe se encarga de Turco.

—¡Melia!... ¡Turo!... —repite la Santera, mutilando los nombres de los niños—¡Melia!... ¡Turo!... En la bodega no hay mas Melia ni mas Turo que las paredes; y si nó, bajen *vostés.* *¡Creo en Dios Padre, Todopoderoso!*...

El inspector pide á la vieja el candil de la cocina, con el cual y con el velon alumbran á los civiles, que á una órden suya descienden á la cueva.

Los bandidos conocen que será inútil por parte de ellos toda resistencia. El aturdimiento que les produjo la llegada de la policía al edificio, y tal vez la confianza del no ser sorprendidos, les hizo olvidarse de las armas que contra un ángulo del palomar tenian dispuestas, segun recordará el lector.

Sueltan, pues, á los niños, y estos echan á correr hácia los civiles, uno de los cuales los sube inmediatamente al palomar.

—¡Señor Somoza!... ¡Señor Somoza!...—grita Amelia.—Sáquenos usted de esta casa. Esos hombres nos han tapado la boca, y nos han metido miedo.

Somoza estrecha á los niños contra su pecho.

La jóven llora enternecida.

Viendo Amelia sus lágrimas, dice á Somoza:

—Uno de esos hombres malos la pegó, y la queria matar, porque le dijo que nos llevasen á la mamá.

La jóven besa á la niña, y responde:

—Y me matará, como pueda.

—Descuide usted, jóven, dice Somoza; y en seguida habla por lo bajo con el inspector.

—¡Ah, *yosa!* (perra) gruñe entre dientes la Santera.

—¡A ver, arriba, caballeros! grita el cabo á los bandidos, marcando sarcásticamente la última palabra.

Suben los civiles al palomar, y uno á uno van saliendo Orejas, Letanías, el Bisbe y el de los zaragüelles.

—¡Qué buen racimo de uvas de cuelga!—observa el ins-

.....alumbran á los civiles, que á una órden suya descienden á la cueva.

pector, al oido de Somoza; añadiendo:—lleve usted los niños á
su pobre madre, que estará en ascuas, y acá nos arreglaremos
con esta gente. Cabo Lopez, acompañe usted á este caballero.

Somoza, Amelia y Arturo salen del palomar, precedidos del
cabo de civiles.

La Santera, cogiendo la alcuza, se dispone buena y llana-
mente á seguirlos; pero el inspector la agarra de un brazo, y le
pregunta:

—¿Dónde va usted?

—A limpiar el farol de la Vírgen y echarle un poco de *oli*
(aceite), para que alumbre bien. *Soc mólt* devota de la *Mare de
Deu*, y con estas y las otras, todavía no he podido bajar esta
noche. *¡Perdónanos nuestras deudas, así como nosotros perdona-
mos á nuestros deudores!...*

—Quieta aquí; responde el inspector.

En seguida se dirige á los civiles, y les dice:

—A ver, amárrenme ustedes y aseguren bien á esos cuatro hombres.

—Señor—esclama Orejas, quitándose el sombrero, con la
mayor cortesía,—don Donisio y yo somos forasteros, que hemos venido á negocios particulares; sino que el capellan nos
encontró en la calle con los niños, y nos dijo:—«Hombre, po-
díais venir á refrescar, y luego *sus* los llevareis á su madre;»—y como uno es tan obediente... *velay usté.* Que le diga
el señor capellan á usía, si no pasó la cosa con la *legalidad* (con
la exactitud) que lo he contado.

El Bisbe quiere corroborar la afirmacion de su compañero,
con una profunda reverencia; pero como el vino que tiene en
el cuerpo no le permite guardar equilibrio, al inclinarse un

poco hácia adelante, da consigo en brazos de Orejas, que lo recibe amorosamente en ellos.

Letanías implora con los ojos el favor del cielo, levantándolos y poniéndolos en blanco, de tal manera, que parecen dos huevos de paloma, y sus órbitas dos nidos. Aunque conoce que el asunto es sério, y que le servirá de poco el ovejuno arrepentimiento pintado en su cara, su lealtad le exige acudir en auxilio de Orejas; así, pues, con toda la mansedumbre y la humildad que para las grandes ocasiones reserva, esclama:

—Don Ufrasio ha dicho el Evangelio: yo soy hombre muy *corresponsal* (muy veraz), mejorando lo presente, y por el mismo tanto, es el decir de que no debo engañar á las autoridades. Cuando el capellán nos convidó, es *verisímil*, pongo por caso, de que...

El inspector repite la órden del amarre, que es ejecutada al pié de la letra, con sentimiento de Orejas, el Bisbe y la Santera, á quienes el exordio del discurso de Letanías iba pareciendo inmejorable; hecho esto, abandonan todos el palomar. La Santera y la jóven caminan sueltas delante de ellos.

VI.

La llegada de Somoza con Amelia y Arturo á la fonda, produjo en Clotilde, en la Capitana, y aun en Chima, una esplosion de alegría imposible de pintar.

Las dos últimas habian presenciado la terrible inquietud de la pobre madre, por espacio de cinco ó seis horas, en álgunos momentos de las cuales temieron que iba á volverse loca, á pesar de las seguridades espresadas en la carta de Somoza.

Chima, envidiosa *á nativitate*, pudo una vez en su vida esperimentar las dulces emociones de un sentimiento desinteresado y noble, por la sencilla razon de que lo ocurrido no era los mas propio para que ninguna rival le disputase el cariño de un hombre como Orejas. Si hubo ocasiones en que su ruin pasion le hizo sospechar no sólo de Clotilde, sino hasta de su propia tia, el desengaño presente le patentiza la inocencia de entrambas.

Doña Tula, corazon sano, no cesó de besar y abrazar, hecha una fuente de lágrimas, á Amelia y Arturo, repitiendo con frecuencia:

—¡Pobrecitos mios! ¡Prendas de mi alma!

Respecto de Orejas y Letanías, las calificaciones mas suaves que les dirigió fueron las de ladrones, pillos é infames, escarneciendo particularmente los apéndices cartilaginosos y el hablar chabacano del personaje que, con el nombre supuesto de don Eufrasio, le habia parecido un modelo de caballerosidad y de elegancia.

En una palabra, todo fué alborozo en la fonda hasta la hora de retirarse á dormir los espedicionarios de Buñol: una sola cosa vino á turbarlo, aunque por breves momentos; la exigencia de Arturo, que se empeñaba en que fuesen á buscar á su fiel compañero de infancia, al cariñoso Turco, olvidado con las prisas en la cueva que habia servido de escondite á los criminales, y sin el cual no se hallaba el niño. Prometióle su madre que á la mañana siguiente mandaria por él, como lo verificó: los que fueron lo encontraron en un rincon de la cueva, pero inmóvil, yerto, silencioso, tendido á la larga y sin responder á la voz que lo llamaba: lo habia estrangulado el

Bisbe, para que sus ladridos no pudieran guiar á la policía.

Añade la crónica, que la sensible desgracia de Turco halló casi tanto eco en el corazon de Clotilde, Amelia y Arturo, como lo hubiera hallado la muerte de una persona querida. Lo creo.

CAPITULO XLIX.

Somoza se compara con Nemrod, y describe usos y costumbres de varios animales monteses.—Un maestro insigne y un discípulo aprovechado.— Pespuntes pide limosna, y Quico se la da.

I.

Somoza escribió, sin pérdida de correo, á Bravo y á Garci-estéban la carta siguiente:

«Caballeros andantes:

»Muchos y muy diestros cazadores ha habido desde que el mundo es mundo; pero no recuerdo que la historia registre el nombre de ninguno comparable con Nemrod, mas que el de mi amado Cantárida, si bien este se dedicó en sus mejores tiempos á la caza de fieras mujeres, ó de mujeres fieras, cosa que lo constituye en una situacion escepcional. Sin embargo, para que no se crea que trato de usurparle glorias que no necesitó, le concedo gustoso el título de Nemrod II, y me adjudico modestamente el de Nemrod III.

»Cuatro lobos, una loba y una tímida liebre que, por las malas compañías, quizá se hubiera trasformado en lobezna, han caido ayer noche en poder de los ojeadores, consiguiéndose la salvacion de dos criaturas de tierna edad que en su madriguera tenian.

»La esperiencia me ha enseñado á conocer el lenguaje, las costumbres y las ocupaciones de toda clase de caza, lo mismo de la mayor que de la menor; así es que si algun dia me dedico á escribir fábulas, tengo andada la mitad del camino para ponerme á la altura de Iriarte y de Samaniego, sino para eclipsarlos.

»Esta ventaja me proporciona hoy el gusto de participaros los nombres y oficios de las piezas cazadas.

1.ª Un tal Orejas; en verdad las suyas eran tan disformes, que nadie con mas razon que yo puede decir que ha visto las orejas al lobo.

2.ª Un tal Letanías: no hay cara que se asemeje mas á la de una oveja arrepentida ó hipócrita.

3.ª Un tal Bisbe (obispo, en castellano); figuraos un lobo guardando un rebaño de ovejas, y comprendereis la cuenta que nuestro Bisbe daria de las que cayesen en sus uñas.

4.ª Un familiar de este obispo, vestido de zaragüelles.

5.ª La Santera, loba de edad madura, que al rezar á su modo, parecia que masticaba carne humana.

6.ª Una bonita y medrosa liebre, cuyo nombre ignoro, única pieza que miraba con ojos de compasion á los niños, y á quien por tanto hay que salvar.

»Un sólo desastre hay que deplorar: el pobre Turco ha sido víctima de su fidelidad; cuando os refiera los pormenores de da cacería, no podreis menos de consagrarle una memoria; así como hay personas con corazon de perro, en el mal sentido de la palabra, hay perros con sentimientos humanos.

»Evacuadas aquí ciertas diligencias, tendreis á vuestro lado con C. y su familia al

CAZADOR DE LOBOS... Y DE DISTRITOS.»

»P. D. Cuando esta llegue á vuestras manos, habreis recibido un despacho telégráfico mio: es una suposicion.»

II.

Mientras en la hermosa ciudad del Cid ocurria lo que en los cuatro capítulos antecedentes se ha dicho, preparábase el laborioso Pespuntes con buen ánimo á dar la última mano á la obra que su consecuente parroquiano el respetable y virtuoso jurisconsulto le tenia encomendada.

Usando su mismo lenguaje, diremos que *tela* no le faltaba, su *aguja* y demás herramientas eran de lo fino, y en cuanto al *cosido*, con sólo recordar su nombre, debe suponerse que se esforzaria lo posible para no hacerlo desmerecer en un ápice; que en su oficio, y aun en otros, ora sean altos, ora bajos, el crédito, la opinion, la fama, ó llámese como quiera, es dinero, por aquello de que oró es lo que oro vale.

Don Amadeo le habia encargado la mayor actividad, á consecuencia de la última decision del cónclave reunido en casa de Enriquez, horas despues de haber cruzado Bravo á éste, y no de caballero, en la Fuente Castellana; Pespuntes le juró que no se dormiria en las pajas, y en efecto, la misma noche que en Valencia dirigia Somoza la caza de lobos, acechaba aquel la suya, acompañado de Quico Perales, en las inmedia-

ciones de la calle del Caballero de Gracia, entre una y dos de
la madrugada.

El nublado de Valencia parecia haberse estendido á Madrid
ó *vice-versa;* pues el cielo de la córte no estaba mas despejado
que el de aquella ciudad.

Era noche de luna, y por consiguiente no se habian encendido los reverberos; de manera que el estado tempestuoso
de la atmósfera, interceptando la luz del astro nocturno, favorecia los planes de Pespuntes.

Solia ponderar este al marido de Cipriana el negocio en
cuestion, uno de los mas *bonitos* que en su aprovechada carrera se le habian presentado.

En efecto, hay hombre en Madrid que por un duro, menos
aún, por una copa de aguardiente, es capaz, en ciertas ocasiones, de dar muerte á otro. Mucho influye á veces en esto la
miseria; pero la causa principal es la falta de una educacion
bien dirigida, á lo que se agregan despues el abandono vo-
luntario y todos los vicios que produce la vagancia.

No se sabe lo que le valdria á Pespuntes su primera hazaña; muy poco debió ser, cuando tan satisfecho se mostraba
ahora con los seis mil reales que despues de algunos años de
ejercicio se le ofrecian por la muerte de Bravo.

III.

Veamos cómo el ingenioso Pespuntes ha dispuesto su plan
de ataque.

Bravo, para allanar obstáculos al asesino de la calle del Tribulete, y de acuerdo con Garciestéban, viene hace tiempo de

la de Hortaleza, donde vive Amparo, sin otra compañía que un buen rewólver en el bolsillo, por si acaso.

Pespuntes, disfrazado de mujer, se acercará á pedirle limosna en el momento de doblar la esquina de la calle del Clavel, segun su itinerario conocido, para entrar en la del Caballero de Gracia.

Ningun sereno, ni municipal, como si fuésen cómplices en el atentado, aparece de algunas noches á esta parte por allí; además, cómplices ó no, tal vez confie Pespuntes en la oportunidad con que unos y otros acostumbran á presentarse cuando se les necesita.

En el acto mismo de pedir aquel la limosna, Quico echará un lazo al cuello de Bravo, para que si tiene este la fortuna de librarse del puñal de Pespuntes, no se escape de una estrangulacion en toda regla, á cuyo fin ha hecho Mala-Sombra repetidos y felices ensayos en el cuarto de su distinguido consocio, protector y maestro.

Debo decir, á fuer de imparcial, que la admiracion de Quico no tuvo límites, cuando vió la destreza, la agilidad, la gracia, el tino, la conciencia, en una palabra, el arte que su profesor desplegó en la enseñanza; baste saber que un dia, sirviéndole de maniquí para representarlo todo al vivo, fué tan grande el entusiasmo del maestro, que por poco no despacha al discípulo para el otro mundo. El cordel hizo sacar á este un palmo de lengua y amoratársele la cara.

El disfraz de mujer sienta á Pespuntes á las mil maravillas; si algo le faltase para dar un chasco al mas lince, supliríale la oscuridad de la noche.

Recuérdese el retrato que de su físico tracé al hacer conocimiento con él, y se convendrá en que se presta admirablemente á este género de trasformaciones.

«No hay—dije—en el aspecto de Pespuntes, nada que revele al criminal de oficio; no puede decirse que tiene barba de maton, porque es lampiño; y el pintor que buscase en su casa la cicatriz, la arruga honda, el entrecejo ceñudo, el color cetrino, la mirada recelosa ó algun otro rasgo de los que suelen reflejar ó de los que la rutina ha convenido en que reflejan un alma depravada, se llevaria chasco; porque el rostro de Pespuntes es candoroso como el de una niña de quince años, contribuyendo tambien á aumentar su carácter afeminado la voz atiplada, lo rubio del pelo, lo azul de los ojos y la trasparencia del cútis.»

Quico debia estar apostado á unas veinte ó treinta varas de Pespuntes, con el objeto de avisarlo así que oyese los pasos de Bravo.

Quien haya visto el traje lastimoso de una de esas pobres vergonzantes, que arrimadas á la pared ó en el hueco de una puerta, sin duda para ocultar el rubor de acudir á la caridad pública, alargan una mano huesosa, trémula y fria al transeunte en las altas horas de la noche, no necesita mas esplicaciones acerca del de Pespuntes; el que no la haya visto, sepa que este se compone de una falda negra, escurrida y muy usada, de merino, pañuelo de percal oscuro al cuello, vélille echado y roto, con casco de seda raida, y una miserable cabellera postiza.

Es de advertir que Pespuntes habia estado antes en la calle de Hortaleza, y que se trasladó á la del Caballero de Gracia, al despedirse Bravo de Amparo y de Marieta.

IV.

Quico abandona de repente su puesto, y acelerando el paso, se acerca al maestro y le dice:

—Aquí lo tenemos.

—¿Viene alguien mas? le pregunta Pespuntes.

—No.

—A ver si te luces, Mala-Sombra.

—Descuida, no se me escapará.

—Tira con aire, *pa* que el cordel corra y le apriete la nuez como corresponde. Me parece que le has *dao* poco yeso.

—¡A que tienes miedo!

—Es preciso tumbarlo, sin que diga tus, ni mus.

—Trabajaré á *sastifacion.*

—Pero no hay que adelantarse, Mala-Sombra.

—Ni un segundo.

—Hasta que veas que lo he *alumbrao* con la *tea,* no hagas ninguna *movicion.*

—¡Dale, bola!

—Si nos *sosprendiesen* por una casualidad, pongo la *similitud* de que un municipal... ¿estamos? no me vendas, que yo no te venderé á tí; caiga el que caiga, el señor don Madeo nos levantará; no es como otros, que dejan al pobre que cumple con sus deberes, en las propias astas del toro.

Dados estos y otros sanos consejos, el maestro compónese la mantilla, compunge el semblante y echa mano al puñal, mientras el discípulo prepara el cordel retirándose unos seis pasos. Cualquiera que hubiese fijado un poco la atencion en estos dos hombres, hubiera oido latir precipitadamente sus corazones.

Bravo se aproxima silbando con tanta serenidad, como si se tratase de una cosa indiferente.

Su mano derecha parece como que arregla el chaleco, y es que acaricia un rewólver.

Ya lo tenemos á cuatro pasos de Pespuntes, quién avanzando uno, le dice con voz lastimera:

—¡Caballero, una pequeña caridad por amor de Dios!

En seguida, con la rapidez del rayo, le tira una puñalada.

—¡Toma la caridad, tunante! grita Quico, aplicando con tal aprovechamiento las lecciones recibidas, que viene como de molde el refran aquel de *al maestro cuchillada.*

Pespuntes siente en su garganta la presion del lazo.

Al mismo tiempo se abre una puerta, que solo está entornada, y aparecen como por encanto Garciestéban, un inspector de policía, dos municipales y un sereno.

Bravo, después de vacilar un momento, cae al suelo, bañado en sangre.

—¡Asesino!... ¡malvado!...—esclama Quico, lanzándose á Pespuntes.—¡He de arrancarte los ojos, y la lengua, y el corazon! ¡Has muerto al hombre mas valiente y mas bueno del mundo!

—¡Quieto, Quico!—responde Garciestéban.—¡Cuidado con tocarle al pelo de la ropa! El castigo de ese hombre no es de cuenta tuya.

—¿Y que en tanto otros infames!... ¡Déjeme usté, déjeme usté, señorito! grita Quico.

—¡Silencio, Quico, silencio! repite Garciestéban, arrodilla-

do junto al cuerpo de Bravo, cuyo rostro pálido rocía con sus lágrimas.

Despues de buscar el punto de la herida, dice al inspector, dándole las señas del domicilio de Bravo:

—Que vayan inmediatamente á una casa de socorro por un médico. ¡A ver... un municipal; aquí tambien, Quico!

El inspector y un municipal se llevan á Pespuntes al Saladero; el sereno corre á buscar el facultativo; Garciestéban, Quico y el otro agente de policía cargan con Bravo, y en un momento lo conducen á su casa.

———————

CAPITULO L.

_____

En el que se pinta la inquietud de Cipriana Santos, juntamente con la sabiduría y diplomacia del señor Lázaro, á quien aquella deja boquiabierto con una inesperada *salida*.

I.

Da la una, dan las dos, las tres, las cuatro... ¡las cuatro! y la pobre Cipriana. espera que te espera horas y horas á su marido, y su marido no vuelve, cuando todo, segun él, debia ser cosa de un momento. En verdad, hay motivo para que la antigua niñera de Amparo se alarme sériamente.

Si han preso al vecino de la calle del Tribulete, ¿por qué no vuelve Quico? Si no lo han preso, es señal de que ha sucedido alguna desgracia imprevista.

El dia comienza á clarear, y se oye el rumor confuso y vago, semejante al zumbido de las abejas en torno de una colmena, que anuncia el despertar de una poblacion.

Mil veces ha ocurrido á Cipriana durante la noche la idea

de salir en busca de Quico; pero ¿adónde ir una mujer sola, á semejantes horas, en un pueblo tan grande?

Por último, la luz del alba viene á poner fin á sus temores; echa una batita azul á Albaricoque, encájale la gorra de chichonera, y dando un par de vueltas á la llave del cuarto, encamínase á casa de Bravo, para preguntar si ha dormido en ella.

A la mitad del camino se detiene, dudando si seguir adelante, ó volverse.

—Es muy *trempano*—dice para sí,—y no habrán abierto aún la puerta.

Pero sus vacilaciones concluyen pronto. Una vez fuera de casa, ¿qué pierde con verlo? Todo se reduce á andar un poco mas ó un poco menos.

En la misma calle del Caballero de Gracia oye las cuatro y media. Las tiendas están cerradas; así es que al llegar á la casa de Bravo, le sorprende ver al portero fumando en el umbral de la puerta.

—Buenos dias, señor Lázaro—le dice temblando.—¡Parece que se madruga!

—¡Santos y buenos dias te dé Dios, Cipriana!

—Venia á saber qué es de mi Quico y del señorito Bravo.

El señor Lázaro que, como buen portero, es curioso para sí, no es menos reservado para los demás; es el bello ideal del portero, segun lo desea la mayor parte de los inquilinos. La última condicion, sobre todo, forma la base ó sustentáculo de su fama.

Despues de pesar interiormente el pró y el contra de una respuesta clara y terminante, y de ayudar esta difícil opera-

cion mental con dos ó tres buenas chupadas de cigarro, esclama:

—¿Con que venias á saber qué es de Quico y del señorito?
¿No es así?

—Precisamente.

—¿Y de qué señorito?

—Del señorito Bravo.

—¡Ya!... ¡Estoy, estoy! Pues, hija...

—¿Qué?

—En eso hay sus mas y sus menos; observa el señor Lázaro, creyendo haber dicho demasiado.

Cipriana, apurada ya la paciencia, dice con muestras de
grande enojo:

—¡Hombre, acabe usté de reventar, por las ánimas benditas, que me está usté haciendo pasar las penas del purgatorio!

Indudablemente el señor Lázaro ha nacido para sabio de
cierta especie, ó para diplomático, y ha errado el camino, dedicándose á vigilante doméstico. Sabios hay cuya ciencia ó es
anónima, ó aparece, cuando se dignan revelarla á los pobres
mortales, con todos los síntomas de una ignorancia que aterra,
pudiéndoseles aplicar con justicia aquello de: habló el buey, y
dijo mu. La ciencia de muchos diplomáticos es tan dudosa,
tan nebulosa y tan misteriosa, que si se los despojara de sus
genuflexiones, de sus reticencias, de tal cual frase sibilina, de
tal cual gesto espresivamente ininteligible, seria, y es cuanto
hay que decir, un cero á la izquierda de la unidad científica
de ciertos sabios.

—Mujer—dice el portero,—tú preguntas y yo respondo;
no puedo hacer mas.

—¡Vaya una manera de responder, dejándole á una á oscuras! ¡Ande usté, señor Lázaro!

—¡Cipriana, no seas el pecado mortal!

—Yo voy á subir.

—Mira que no tengo órden para dejarte; verdaderamente ignoro si permitiré ó no permitiré...

—¿No tiene usté órden? Pues yo me la tomo.

II.

Cipriana atraviesa resueltamente la portería y sube la escalera; antes de tocar el tirador del cuarto de Bravo, aparece Quico, y le dice:

—No metas ruido, que está descansando.

—¿Quién?

—¿Quién ha de ser? El señorito.

—¿No ha dormido?

—No es eso, mujer, no es eso...

Quico se interrumpe de improviso, y tirándose de las greñas como un desesperado, esclama:

—¡Hasta maldito sea el...

—¿El qué, hombre, el qué? En esta casa todos se han vuelto locos ó tontos. Le pregunta una al señor Lázaro, y lo mismo que si se les preguntase á los leones del Congreso; te pregunto á tí, y vuelta á los rodeos.

—El señorito está herido.

—Habla con formalidad, no gastes bromas tan pesadas.

—¡Sí, *pa gromas* está el tiempo!

—¿Quién lo ha herido? interroga asustada Cipriana, que
ya no duda de la veracidad de su marido.

—Pespuntes.

—Me lo daba el corazon; ¡en *cuantis* ví que no volvias á
casa... ¿Y el bribon de Pespuntes? que pespunteado lo vea yo
por las uñas del demonio.

—Lo han llevado á la cárcel; lo pesqué yo con el lazo corredizo, y aunque coleaba, como una *enguila*, para escurrirse en
el acto, se fastidió. El discípulo habia *deprendido* bien la leccion del maestro.

—Y dime, Quico: ¿ofrece cuidado la herida?

—No se sabe; pero el señorito ha perdido mucha sangre.

—¡Qué trago para la señorita Amparo! ¡Vamos, el mismo
Barrabás anda en las cosas de uno! Cuando creemos que van
bien, ¡cataplum!

—Por eso yo sigo en mis trece, y repito y vuelvo á repetir
que el mundo está patas arriba.

—¿Qué te parece? ¿Será conveniente que mi amo don Lorenzo lo sepa?

—Se lo preguntaré al señorito Garciestéban.

—¿Está dentro?

—Sí.

—Pues anda; aquí espero.

III.

Entra Quico á desempeñar su comision, y momentos despues vuelve á la puerta.

—¿Qué dice?

—Dice que lo aprueba, con tal que te limites á referir el hecho de la herida, sin meterte en mas honduras. El amo mira con mal ojo al señorito Bravo, y no se le pueden declarar las cosas segun han pasado, hasta que determine el señor baron de Solares, única persona que le tiene cogidas las sobaqueras, como aquel que dice.

—¿Voy yo, ó vas tú?

—¡Siempre el borrico delante! Lo que es tú no *deprenderás* á hablar en la vida de Dios, Cipriana. ¿De qué te ha servido tener trato con gente fina?

—¿A qué santo me reprendes ahora?

—Al santo de que en vez de preguntar ¿vas tú, ó voy yo? has preguntado ¿voy yo, ó vas tú? ¡Soóoo!

Albaricoque ha dormido con la cabeza reclinada sobre el hombro de Cipriana; así que la ve Quico restregarse los ojos y estirar los brazos, esperezándose, esclama:

—Déjame que me la coma.

Y, en efecto, la besa hasta hacerla llorar.

—Con que, ¿en qué quedamos? pregunta Cipriana; ¿vas tú, ó voy yo?

—Tú; lo que es yo, aquí permanezco hasta que me apolille, ó se levante el señorito y ande por su pié.

—Entonces... quiere decir que me retiro á echar un vistazo al cuarto, y encender el fogon, mientras llega la hora de ir á casa de mis amos. Si el señorito se pone peor, y ocurre un pronto, no tienes mas que mandarme un recado, y lo dejaremos todo; lo primero es lo primero.

—Se supone.

—¡Vaya, pues *diquiá* luego!

—Anda con Dios.

Al pasar Cipriana por la portería, le dice el señor Lázaro:

—Vamos, ¿estás ya contenta?

—Estoy ya contenta.

—¿Qué tal sigue el señorito?

—El que quiera saber que vaya á Salamanca; responde ásperamente Cipriana, saliendo á la calle.

CAPITULO LI.

Despejado y nubes.—Triunfo de don Lorenzo, y desesperada maldicion de Solares.—Las esplicaciones de Cipriana son tan claras, que Amparo se queda á buenas noches.—El baron rompe con don Lorenzo, y don Lorenzo cose el rasgon.—El marqués de la Cabeza guiña un ojo, y el calendario particular de nuestros personajes anuncia buen tiempo.

I.

Momentos antes de llegar la mujer de Quico á casa de sus amos, leia el baron de Solares á doña Cármen, Amparo, Marieta y el marqués de la Cabeza, una carta de Garciestéban, concebida en estos términos:

«Acabo de saber, por despacho telegráfico de Somoza, que don Eufrasio y don Dionisio (*alias*, Orejas y Letanías), han caido con otros dos criminales en poder de la autoridad, y se hallan en la cárcel. Clotilde y sus dos niños, libres.

»Cipriana Santos enterará á usted de lo ocurrido ayer noche á cosa de la una, en la calle del Caballero de Gracia. A

nuestra vista le esplicará los pormenores de todo, su afectísimo
amigo Q. B. S. M.

GARCIESTÉBAN.»

Indecible fué el contento que produjo en cuantos la oyeron,
la carta de Garciestéban, en lo relativo á la familia de Clotilde; pues antes de proceder á su lectura, y considerando que
ya era inútil el silencio, el baron habia manifestado las verda-
deras intenciones de don Amadéo al ahuyentar de la córte á la
desventurada madre, bajo el pretesto de que sólo así reconoce-
ria á sus hijos.

La vaguedad, ó mejor dicho, el misterio que envolvia lo
contenido en el segundo párrafo de la carta, dió lugar en cada
uno de los circunstantes á cavilaciones algo menos satisfacto-
rias.

En particular Amparo, naturalmente predispuesta por las
vicisitudes de su vida en los últimos tiempos á verlo todo de
color triste, quedóse pensativa y sin atreverse á despegar los
labios para salir de dudas, temiendo que la realidad fuese mas
cruel que la incertidumbre.

Marieta rompió el silencio. Habia oido el nombre de la calle de Bravo; habia visto demudarse el rostro de su amiga, y
abrigando quizá la esperanza de que no habria que lamentar
ningun suceso desagradable, esclamó:

—¿Pues qué habrá ocurrido en la calle del Caballero de
Gracia?

La pregunta iba dirigida á su tio.

El baron no pudo resistir la indagadora mirada de su sobrina, y bajó los ojos, respondiendo:

—La carta nada indica. Veamos otra vez. «Cipriana San-

»tos enterará á usted de lo»... y Solares rezó, mas que leyó, el resto del segundo párrafo.

Solamente Quico, Bravo, Garciestéban, Somoza y el baron conocian el secreto de los planes de Pespuntes; esto esplica la natural observacion del marqués de la Cabeza, quien dijo, encogiéndose de hombros:

—No lo entiendo, soy franco. Aquí nadie sabe nada, y sin embargo, eso no debe haberse escrito así... al buen tun tun.

—¿Dice la carta que ayer noche á la una? preguntó Marieta á su tio.

—Justamente.

Amparo se iba poniendo cada vez mas pálida; echólo de vér el baron, y esclamó con el objeto de esperanzarla:

—Tengo para mí, que pronto hemos de felicitarnos por otra buena noticia; es un presentimiento. Y en resumidas cuentas, ¿á qué estamos devanándonos los sesos? ¿A qué formar conjeturas aventuradas, si Cipriana ha de venir?

II.

La mujer de Quico está ya en casa del baron.

Nadie la ha visto entrar mas que don Lorenzo, que como sale poco á la calle, está dando una vuelta por la galería de cristales que rodea al cuarto.

El es, por consiguiente, el primero que sabe lo que tanto se afanan en averiguar los que en la sala departen.

Es don Lorenzo hombre compasivo y de escelente índole, y así no es de estrañar que sienta de corazon el lamentable caso del amante de su hija; pero á todas estas nobles prendas sobrepónese siempre en él su tenacidad incorregible, y con decir su tenacidad, dicho se está que su carácter, puesto que ella es el rasgo que con mas vivos y mas verdaderos colores lo determina.

. La desgracia de Bravo es un triunfo para él, porque desde luego la mira como consecuencia de alguna calaverada. ¡Qué dato mas precioso para anonadar al baron de Solares y á la camarilla del mismo, empezando por su hija y acabando por su mujer!

El desmayo de la marquesa de la Estrella en el Buen Retiro, el escándalo de la Fuente Castellana y la situacion actual de Bravo, ¿no reconocian por causa imprudencias del último, cuyo nombre tantas veces ha oido sonar, figurando en aventuras análogas?

III.

—Pasa adelante, pasa adelante y siéntate; repite á la mujer de Quico, desde la puerta de la sala.

Cipriana entra y se sienta.

—¿Qué hay? le pregunta Amparo, sin poderse contener.

—Poco bueno, señorita; responde Cipriana.

Don Lorenzo continúa su paseo por la sala, deteniéndose de vez en cuando para observar el efecto de la noticia en los circunstantes.

La nueva interlocutora se enjuga las lágrimas con una manga del vestido.

Albaricoque brinca, segun costumbre, sobre el regazo de su madre, palmoteando alegremente.

—Aquí dice el señor Garciestéban... principia el baron, mostrando la carta.

—Es verdad—responde Cipriana;—el señorito Bravo está herido. Anoche al retirarse le dieron una puñalada.

—¡Maldito sea el demonio!—esclama el baron, levantándose.—¿Dónde lo han herido?

—En un brazo; dicen que ha perdido tanta sangre, que es una lástima verlo.

—¿Y el hombre que lo hirió?

—En el Saladero.

—¡Si estoy harto de decirlo! Quien ama el peligro, en él perecerá;—observa sentenciosamente don Lorenzo;— ¡querer que las cosas no sigan su curso, es querer imposibles!

Amparo se ausenta de la sala con su amiga, para entregarse libremente al dolor y al llanto, donde nadie la vea.

El baron impone silencio á Figueroa con una terrible mirada.

—Está bien, Cipriana, está bien—repite;—no necesitamos saber mas. Véte á tus quehaceres, y di en casa del señorito que dentro de un rato me pasaré por allí.

El tono imperativo con que el baron pronuncia estas palabras, no admite réplica.

Cipriana abandona su silla y se despide; pero no quiere partir sin ver á Amparo; antes la harian pedazos.

Entra, pues, en el gabinete de su señorita, y dejando en un rincon á Albaricoque, se arroja á los brazos de aquella, diciendo:

—¡Amparo de mi alma! ¡Amparo de mi vida! ¡Válgame Dios y qué desgraciada eres!

Marieta pregunta:

—¿Es tan grave la herida del señor de Bravo?

—Quico lo ignora—responde Cipriana, con voz trémula y entrecortada por los sollozos,—y yo no he podido ver al señorito.

—¿Pero fuiste á su casa? pregunta Amparo.

—¡Pues no! A las cuatro de la mañana.

—¡Luego sabias algo!

—Yo iba en busca de Quico.

—¿Y qué tenia que hacer allí Quico á esas horas? esclama Amparo, estrechando cada vez mas á su niñera.

—¡Qué sé yo! ¡Figuraciones que una se figura!

—No, Cipriana; tú me ocultas la verdad.

—Como no habia parecido en toda la santa noche por casa, dije: acaso haya ido á visitar al señorito.

—¡Tan de madrugada! ¿No conoces que te estás descubriendo?

Cipriana se pone encendida como el carmin.

—¡Bah! san se acabó—esclama de repente;—yo no sirvo para mentir.

—¡Cuéntame, Cipriana, cuéntame!

—Allá va, pues: un pillastre pagado por don Amadeo y su gente, ha querido asesinar al señorito; pero como Quico andaba en el ajo, se fastidió; ya está en el cepo. Yo me figuro que Quico le echaria el lazo corredizo. ¡Que vuelva, que vuelva Pespuntes á enseñarle! Tengo ya ganas de ver al señor Luis, el cazador, que vivia con nosotros en la calle del Tribulete, y se mudó á otra, huyendo de Quico y de mí, lo mismo que de la peste. Algunos adelantan demasiado los argumentos; no por-

que el señor Luis y la señá Márgara sean de esos, ni quien tal
pensó; pero vamos al decir de que como no les gustaba que
Quico tuviese tratos ni contratos con Pespuntes... ahí está el
quid. La verdad es que mi marido lo conocia de una vez que
quiso echarse á hombre malo. ¡Ideas de las personas! ¡Lo que
yo le *pedriqué* entonces para que se dejase de bolinas, ó hiciese
lo que la tia Liebre!

Desconociendo Amparo los hechos y los personajes á que
Cipriana alude en su cháchara vulgar, no comprende en toda
su estension el servicio inmenso que debe á su niñera y á
Quico; pero sí lo suficiente para admirar mas y mas sus corazones leales.

—Lo mejor me lo dejaba en el tintero—añade Cipriana,
despues de respirar un momento;—has de saber que todo, todo, todo lo que hace el señorito, y los males que vengan sobre
él son *por mor* de tí y de mis amos, que no sé cómo al señor
no se le cae el alma á los piés y se porta como Dios manda;
porque esto de andarse ya con que si pitos, si flautas, es un
cargo de conciencia: clarito, ¿á qué hemos de andar con tapa-
deras? Otra que tú, pues tú eres obediente como una malva,
ya se hubiera... En fin, ¡Dios me perdone! Mucho quiero á
mi amo y mucho á mi ama; un ojo daria por ellos; pero lo que
es por el señorito, daria los dos, y por tí, hasta la última gota
de mi sangre.

Volviéndose luego á su hija, dice:

—¿Vamos, Rosarito?

Amparo besa á su ahijada, y Cipriana añade por despedida:

—El señor baron hablará con el señorito Garciestéban, y
él podrá enterarte de todo mejor que yo. Me voy, no sea que

entre alguien: adios, Amparo y serenarse; quede usté con Dios, señorita Marieta.

Así transcurren algunos instantes, hasta que de

IV.

Cuando Cipriana pasó de la sala al gabinete de Amparo, quedáronse silenciosos los tres ancianos, en cuyos rostros se ven pintados los diferentes afectos que los dominan.

Don Lorenzo sigue paseándose con una agilidad estraña en él; frótase á menudo las manos, y poniendo una sobre otra hace describir á la de debajo movimientos giratorios, acompañados del chasquido particular que producen los nudillos ó articulaciones de los dedos cuando se tira por ellos para saber cuántos amores tiene una persona, según la preocupación vulgar. En su mirada, triste generalmente, hay una especie de sonrisa de triunfo.

Su amigo Solares ha recibido un verdadero pesar, oyéndole atribuir la desgracia de Bravo á las causas de siempre, y se confirma en la idea de que su manía es incurable. La presencia de Amparo y de Marieta habia reprimido, no obstante, á duras penas, los ímpetus de su enojo, próximo á romper todos los díques.

Por último, doña Cármen y el marqués de la Cabeza ven venir el chubasco, y acaso disponen ya las lanchas de su prudencia, como diria un culterano, y el salvavidas de la razón, para impedir el naufragio de una amistad, cuya conservacion á todos interesa.

V.

Así trascurren algunos minutos, hasta que el baron, mas vivo de genio que su amigo, esclama:

—¡Lorenzo!

Figueroa se detiene para contestar, y lo hace con notable entereza y resolucion, en esta forma:

—¿Qué?

—Coge el sombrero.

—¿Para qué he de coger el sombrero?

—Vas á venir conmigo.

—¿A dónde?

—A ver al herido.

—Perdona, eso sí que no.

—¿No?

—No.

—Pues hemos concluido. Ahora no serás tú quien me abandone, seré yo quien te abandone á tí.

El baron da tres pasos hácia la puerta.

Doña Cármen y el marqués se levantan, para conducirlo á su sitio, usando mil ruegos y palabras conciliadoras.

—Obedezco á ustedes—continúa el baron;—pero sólo por un instante. Ya que no hay peligro en que sepa ese todos los pormenores de los sacrificios que el herido ha hecho con el mayor desinterés y delicadeza por él y por su familia, muchos de los cuales ignora Amparo misma, espero que no tendrá inconveniente en oirme. Siéntate, Lorenzo; seré breve.

Hácelo así Figueroa, y el baron comienza su relato, com—

prendiendo en él los hechos principales de esta verdadera historia.

Don Lorenzo los oye abatido como un reo; esta historia es su sentencia.

Ahora ve claramente la causa de los viajes de Bravo, sus relaciones con la marquesa de la Estrella, la proteccion dispensada á Quico y á Clotilde, las escenas del Buen Retiro y de la Fuente Castellana, la ida de Somoza con aquella madre infeliz á Buñol, y últimamente á Valencia, para impedir el rapto de los niños, y la trama urdida por Pespuntes contra el amante de su hija.

El baron concluye con estas palabras:

—Una hora te doy de término para que medites sobre lo que acabo de manifestar. Si pasada esta hora todavía quedase en tí el convencimiento de que obras bien negándote á toda razon, llévate á tu esposa y á tu hija, y como si no nos hubiéramos conocido jamás. Pero no olvides que las llevas al suplicio, y que en el mundo no es el verdugo mas cruel el que, en virtud de una desigualdad feroz, descarga maquinalmente, y aun con repugnancia, la cuchilla de la ley sobre la cabeza del culpable, sino el que asesina inocentes con los invisibles instrumentos de sus odios ó de sus preocupaciones. ¿No te has quejado mil veces de la justicia humana, porque no lograste probar tu inocencia y la culpabilidad del que causó tu ruina? Pues bien: lo que ni tú, ni la justicia humana pudísteis hacer, puede hacerlo hoy un hombre, de quien depende la perdicion completa de tus enemigos. La complicidad de Enriquez y los suyos en tres distintos crímenes, todos ellos enormes, los envuelve en una red sin salida. Si Bravo habla, la justicia humana cumplirá con su deber, pues en lo tocante á la justicia divina, ya se cumple hace mucho tiempo en la conciencia de esos desgraciados.

VI.

El baron de Solares da fin á su relato, y don Lorenzo, visiblemente conmovido, se levanta en ademan de alejarse.

—Ahora—dice el baron—me toca á mí preguntarte que adónde vas.

—Y yo te respondo—contesta don Lorenzo,—que por el sombrero. ¿Y Amparo? interroga á doña Cármen.

—Creo que estará en su gabinete con Marieta. ¿Quieres que la llame?

—Sí: dile que se disponga á salir al momento con el baron y conmigo.

—¡Vengan acá esos brazos!—esclama el baron, recibiendo en los suyos al anciano Figueroa.—¡Por vida del chápiro! ¿Sabes que ya iba teniéndote por un hombre sin pizca de corazon? ¿Sabes que nos has hecho pasar la pena negra? Ahí está *mi salsa*—continúa, recobrando la jovialidad de su humor,—que parece una Magdalena arrancada de un retablo. ¡Mira qué cara!

—¡Amparito! ¡Amparo! grita doña Cármen.

—Silencio todo el mundo—observa el baron,—y mucha gravedad por cinco minutos. Quiero cobrarme anticipadamente la buena noticia que vamos á darle. Es la última penitencia que, en nombre de Lorenzo, debe imponérsele, por el pecado inaudito de haber correspondido á un muchacho que vale un imperio.

VII.

Vuelve Amparo con su amiga, y el baron, revistiéndose de una seriedad impropia de su carácter, y que lo venderia á las primeras palabras, á estar aquella menos preocupada con lo que ha oido á su antigua niñera, le dice:

—Hija mia, tu papá es el hombre de siempre; digo mal, hoy se muestra mas exigente que nunca. Sordo á los consejos de la amistad, aburrido de todo, y oyendo la voz de sus intereses particulares, de su egoismo, ha resuelto sacrificarte, prometiendo tu mano á un hombre á quien hasta hoy no ha conocido. Tu mamá, el marqués y yo, hemos luchado lo que no es decible para quitarle de la cabeza prevenciones que le hacian poco favor, y lo que hemos conseguido es que te entregue á...

—Di que no, di que no, Amparo—grita Marieta, abrazándola y besándola, loca de alegría;—el señor marqués me ha guiñado un ojo, y se tapa la boca para no reirse.

—¡Es tontería!—esclama el baron.—Con ese no se puede contar para nada; es un destripa-cuentos.

—No merece Amparo—observa el marqués—la pena de que por complacerte á tí, la martiricemos á sangre fría. Si no inventas chistes de otro género, te declaramos cabeza de chorlito. Amparo, avíese usted en un vuelo para ir á ver al herido, con su papá y con ese... ¿cómo lo he llamado?... ¡qué memoria! ¡ah! con ese cabeza de chorlito.

Amparo, don Lorenzo y doña Cármen, agrupados en medio de la habitacion, derraman dulces lágrimas.

Marieta, á una palabra de su tio, corre á sacarle el frac y adjuntas prendas, porque el bueno del baron no acaba nunca de convencerse de que ya no están presentables, y menos en la córte, por mas que se las cepillen cón el mayor esmero, y el marqués lo haya acribillado á pullas. El cariño de Solares á su traje, es igual á la prevencion que don Lorenzo conservaba contra Bravo. ¿Quién vive sin manías?

CAPITULO LII.

Cipriana vuelve por la honra de su marido, y cambia un *niñato* por dos perdices.—Un *fénix;* trabucazos entre Garciestéban, Bravo, don Lorenzo y Amparo.—Dos parrafillos acerca de la familia de ayer, y algunas otras menudencias que sirven de postre al capítulo.

I.

De las declaraciones prestadas en Valencia por las personas que figuraron en los sucesos que el lector conoce, sólo resultó, en sustancia, que Orejas y Letanías habian recibido la comision de llevar los dos niños al estranjero, para que allí los educasen, contra la voluntad de su madre.

Ni esta, ni Somoza, nombraron á los verdaderos autores del atentado, por carecer el último de instrucciones de Madrid acerca del particular.

Orejas, Letanías, el Bisbe, su compañero y la Santera quedaron en la cárcel; la dona salió, bajo fianza, porque nada resultó contra ella; la Capitana y Chima se volvieron á Buñol, algo mas tristes que á su partida para la ciudad del Cid, y

Somoza, Clotilde, Amelia y Arturo regresaron á la córte, no sin
acordarse este de su alegre compañero, alevosamente estrangulado por el pícaro Bisbe.

Así que Garciestéban supo su llegada á Madrid, encargó á
Quico que buscase cuarto, para vivir, como antes, en compañía de Clotilde; así fué ejecutado con notable prontitud, ya
por las comodidades y economía que á las dos pobres familias
proporcionaba la liberalidad de los tres amigos, ya también
porque Cipriana no se creia muy segura en la casa de la calle
del Tribulete, por la cual figurábasele andar vagando la ven-
gativa sombra de Pespúntes.

No quiso, con todo, abandonar aquel barrio, sin despedirse
del cazador y de su mujer, la señora Margarita, que vivian
allí cerca, para ofrecerles su nuevo domicilio y poner la honra
de su marido en el punto y altura correspondientes.

Enterado el señor Luis de la captura de Pespúntes, dijo á
la mujer de Quico:

—¿Sabe usté, señá Cipriana, acá para nosotros, que casi lo
siento?

—¡Otra te pego, santéro!—observa Cipriana.—¿Pues no
huyó usté de nosotros por causa de aquel bribon? ¿Quién entiende este belen?

—Es que hubiera yo tenido gusto en cazar por mi mano
el pájaro.

—Pues, hijo, aunque usté sea como aquel que dice la flor
y *la mapa* de los cazadores, lo que es el mio no se ha portado
mal; ¿noverdá, señá Márgara?

II.

El señor Luis y su mujer estaban almorzando, cuando llegó Cipriana. Habíala invitado una vez, aunque con frialdad, la señora Margarita, sin duda porque el almuerzo era de patatas, á juzgar por las esplicaciones que dió poco despues, como avergonzada.

—Vecina, no le insto á usté—esclamó,—porque la cosa no lo merece: mi marido es mas patatero que no me hagan decir; el dia menos pensado le sale un patatal en el estómago.

—No le alabo el gusto—observa Cipriana:—entre las patatas, que son las perdices de los pobres, y las perdices de los ricos, que son las que corren por el campo, estoy por las últimas.

—Esa es la mia: ahí afuera tiene usté colgada una docena; pero ya se sabe: en casa del herrero, cuchillo de palo.

—¿Te quito yo, acaso—pregunta el señor Luis á su mujer,—que te las comas todas, si quieres?

—Rejalgar se me volverian, si las comiese yo sola; pero se ofrece, pongo por caso, una ocasion como la presente, y no puede una cumplir.

—¿Tienes mas que regalar un par de ellas á la vecina? El remedio está en la mano.

¡Tú que dijiste! La señora Margarita se levanta como un rayo, y entrega á Cipriana dos magníficas piezas.

—¡Vamos, que no! dice Cipriana, resistiéndose á tomarlas.

—¡Vamos, que sí!—insiste la mujer del cazador.—¿Las desprecia usté, vecina?

—Pues hagamos un trueque.

—Déjese usté de trueques, ni de truecas.

—¿Le gusta á usté el *niñato* (1), señá Márgara? pregunta Cipriana, levantando una servilleta que cubre la cestita que lleva.

—No señora, ni verlo; responde aquella.

—Diga usté que sí, señá Cipriana—observa el cazador.— En su último embarazo no me dejaba parar con su niñato por acá y su niñato por allá.

—Es que entonces estaba antojada. ¡Qué cosas tienes, hombre!

—Lo que es yo, no me llevo las perdices, si la señá Márgara no *aceta* el que he comprado en el Rastro.

—Ea, pues no se hable mas; lo disfrutaremos en nombre de usté.

—Y que las haga á ustés buen provecho, y hasta otro dia, si Dios quiere.

—Vaya usté con Dios, y espresiones al pariente.

III.

La visita del baron, don Lorenzo y Amparo al herido no se llevó á efecto hasta pasados cinco dias.

El marqués de la Cabeza manifestó que le parecia una imprudencia, en el estado actual del enfermo, á quien pudiera perjudicar cualquier clase de emociones fuertes.

Cuando fueron á verlo, hallábase el señor Lázaro en su ga-

(1) Así llama el vulgo en Madrid á la ternera *mortata*.

rita porteril, y movido por la curiosidad, ya se disponía á hacerles un interrogatorio, con el objeto de saber sus nombres.

Ahorróle el baron este trabajo, dando á conocer el suyo, é inmediatamente cesaron las dificultades. El señor Lázaro dobló su espina dorsal, como si fuese un junco, y los acompañó hasta el pié de la escalera, deshaciéndose á cortesías, con grave lesion del calzado, que, en verdad, no estaba para muchos arrastres.

La primera persona que vieron al entrar en el cuarto, fué Quico, no apolillado, pues sólo llevaba seis dias sin salir al aire, pero sí descolorido y con ojos soñolientos; señales seguras de las malas noches, pasadas en velar á su protector.

Bravo habia abandonado la cama, y advertido por Garciestéban de la próxima visita de don Lorenzo y del baron, esperaba impaciente en una cómoda butaca; pero uno y otro ignoraban lo ocurrido en casa de Solares, así como tambien que Amparo venia con ellos.

IV.

El baron es el primero que entra en la sala; síguele su amigo Figueroa, y en último término, Amparo; como despues de una tempestad va descubriéndose á trechos, y por grados, el azul del cielo, hasta que aparece el sol en todo el lleno de su hermosura.

Oprímesele el corazon á Amparo, quien no puede contener las lágrimas, viendo la estremada palidez y decaimiento del hombre generoso que tanto ha hecho por ella y por su familia, sin retroceder ni un momento en su camino, todo erizado de dificultades. y de peligros; y ahora, mas que nunca, lamenta la ciega tenacidad de su padre, orígen de los males presentes.

—¿Por qué—dice para sí—no habré tenido yo valor para desobedecerlo, cuando mi desobediencia podia haber evitado tantas desgracias? ¿Con qué derecho hemos permitido que Bravo esponga por nosotros su tranquilidad, sus intereses y su vida?

El baron, que observa al herido en actitud de salirles al encuentro, esclama estendiendo un brazo:

—¡Quietecito! ¡Quietecito! No hay que molestarse, caballero Bravo.

Don Lórenzo estrecha afectuosamente entre las suyas, la mano que el enfermo le presenta.

Los ojos de Amparo dicen lo que sus palabras no acertarian á espresar.

Garciestéban se sienta entre su amigo y la hija de Figueroa, que, conociendo lo que vale y lo que se merece, lo ama como á un hermano.

—Aquí tienes—dice el baron á don Lorenzo, por Garciestéban, despues de enterarse de la salud de Bravo;—aquí tienes el fénix de la prensa, el tipo del periodista ideal, y perdóneme su modestia si le hago asomar los colores á la cara.

En efecto, Garciestéban se ruboriza como una jóven tímida, á quien se le dice:

—¡Qué bonita es usted!

—Acepto la lisonja—responde,—con la condicion de que se entienda aplicada, no á mi conducta como periodista, sino al ideal que hay en mi alma, y cuya realizacion en la esfera de los hechos es imposible. Procuro acercarme á él, y cada vez desconfio mas de alcanzarlo; porque si el bien tiene poderosos encantos y brinda al hombre con su atmósfera pura y elevada, el mal lo fascina y lo seduce con la voz de esas engañosas sirenas que se llaman pasiones. ¡Y en el periodismo bullen tantas pasiones!

—Por eso—dice Bravo—la gloria del periodista que mejor logra vencerlas, es una de las glorias mas grandes y mas legítimas de cuantas ofrece la vida pública. El oro, los honores, la importancia social, los halagos del poder, la satisfaccion del orgullo ó de la venganza, hé aquí algunas de las tentaciones que sin cesar lo asaltan, obligándolo muchas veces á rendirse. Vencer sin luchar, no tiene mérito: vencer luchando contra pocos enemigos, ó contra enemigos débiles, ya es algo mas; pero dominarse, resistir, vencer en esos combates desesperados y oscuros entre el hambre y la abundancia, la pobreza y el sibaritismo, el olvido y la nombradía, el pudor y el cinismo, y todo esto, no en la soledad del desierto, como los anacoretas, ni detrás de las rejas del cláustro, como las monjas, sino en aquel punto del océano social donde las olas son mas soberbias y mas temible la atraccion del abismo, esto es grande, esto es hermoso. Pues bien; mi amigo Garciestéban ha preferido la miseria de la honradez á los favores de la ignominia; y si como periodista no es una encarnacion perfecta de su ideal, es por la misma causa que el sol no es una encarnacion perfecta de la luz divina, porque no es un espíritu; pero refleja la imágen de su ideal, como un buen espejo refleja la de la persona que en él se mira. Dispensen ustedes al cariño que le tengo la debilidad de un elogio que seguramente le avergüenza.

—No es un elogio—esclama Garciestéban, procurando dar otro giro á la conversacion,—es un trabucazo á quema-ropa; en vez de ponerme una corona de laurel, me has puesto una corona de espinas, que va á hacerme perder mas sangre que la que tú has perdido.

—Hé ahí—responde Bravo—un elogio que, usando de la misma figura que tú, diria yo que es otro trabucazo.

V.

El baron se agita en su asiento, como si estuviese azogado. Conoce los deseos que su amigo Figueroa tiene de disculpar su conducta, y reniega de la cortedad que le ata la lengua. Quizá los dos jóvenes, conociéndolo tambien, se apoderaron de las lisonjeras frases que dirigió á uno de ellos, para conducir como por la mano al padre de Amparo al objeto principal de la visita.

Para animarlo, pues, dále el baron tres codazos seguidos, y le dirige una mirada que le hace romper el silencio.

—Ya sé por mi amigo el baron—esclama don Lorenzo—que el asesino le hizo á usted una herida grave.

—Un rasguño, señor de Figueroa—responde Bravo;—la prueba es que no he tenido calentura. Algo débil me siento; pero mi debilidad es, ni mas ni menos, la que he sentido siempre que me han sangrado. No hay que dar tanta importancia á un suceso que carece de ella.

—Lo cierto es que nos hemos llevado un susto—dice el baron, pisando aún mas espresivamente que antes á su amigo,—como para nosotros solos.

—Y yo agradezco—repone Bravo—el interés que se dignan mostrar por mí unas personas tan estimables como ustedes. Aun cuando no fuera mas que por merecerlo, arriesgaria mil veces mi existencia. Yo iba preparado por precaucion con un rewólver; pero no me dió tiempo el asesino para usar de él: se arrojó sobre mí con tal rapidez, que aquello fué un relámpago. Cuando quise parar el golpe, ya tenia encima la puñalada. Él me tiró al corazon; pero al sentir en su cuello el lazo de Quico, que tiraba de él, no tuvo otro remedio que retroceder, y en este movimiento, el arma homicida varió un poco de direccion.

—Es decir—observa don Lorenzo,—que por nosotros estuvo usted á pique de morir. ¡Oh! el remordimiento hubiera acibarado el resto de mis dias. Han sido necesarias toda la constancia, toda la voluntad y toda la abnegacion de usted, para conseguir que cayese de mis ojos la venda que los cubria.

—Señor de Figueroa, yo no tengo derecho, ni tal he pensado nunca, de pedir cuenta á un padre sobre la proteccion que estime conveniente dispensar á sus hijos: cualquiera que sea y haya sido mi modo de pensar acerca de los límites de ese derecho, lo he respetado hasta ahora, no obstante lo que la fama me atribuye. Así, pues, le ruego que olvide los escrúpulos que tanto le atormentan, y que á mis ojos tanto le honran.

—No es sólo á usted á quien debo una satisfaccion, sino á mí propio; conceda usted á mi egoismo, á esta ruin pasion de los viejos, lo que no quiere conceder á su generosidad. Yo, señor de Bravo, aunque por mis negocios y por el porvenir de mi hija, me he visto obligado á participar tambien de las agitaciones de la época, conservé siempre algun apego al sistema de educacion que recibí de mis padres, retirados, como todos los de su tiempo, en el fondo del hogar doméstico, en el que se reconcentraba toda la vida de entonces. La familia, la sociedad civil entera presentaba un aspecto monástico; el ciudadano se aislaba en su casa, como el fraile en su celda, como el cenobita en su gruta; y únicamente los domingos, ó el dia de fiesta, ponia los piés en la calle, ya para ir á misa, ya para dar un paseo, ya, en fin, con motivo de un cumpleaños, de un pésame, de un acontecimiento estraordinario, ó cosa por el estilo. No hay exageracion en decir que España era un convento: el mismo silencio, igual reposo, parecida organizacion y disciplina en la sociedad civil que en la sociedad monástica.

—Lo recuerdo bien—interrumpe el baron, echando de menos al marqués para anonadarlo.—España no era entonces un cuerpo vivo: era un cadáver, que casi olia ya, como el Lázaro de la Escritura. Afortunadamente, el aire de fuera ventiló un poco la atmósfera, y Lázaro se puso en movimiento.

—Ignoro—continúa don Lorenzo—si era ó no conveniente á la familia, y con especialidad á las hijas, aquella clausura, de la cual salian, cuando se casaban, con los ojos cerrados, y sin conocimiento ni esperiencia del mundo: sea de esto lo que quiera, yo he ejercido en la mia una autoridad, una tutela y una vigilancia que si, como no trato de negar, reflejaban algo de lo antiguo, poseo la conviccion de que era lo bueno que lo antiguo tenia. Si me opuse hasta hoy á las relaciones de usted y de Amparo, fué porque hasta hoy no me he persuadido de que usted puede hacer su felicidad, y de que mi prevencion, mi suspicacia y mis inquietudes carecian de fundamento. Si errores hay disculpables, pocos deben serlo mas, en mi concepto, que el escesivo celo de un padre que desea para una hija idolatrada, no riquezas, no posiciones deslumbradoras, sino un hombre digno de ella, una persona que la merezca; y será ilusion de padre, pero yo creo que Amparo merece mucho.

—Allá va, señor herido—esclama el baron,—otro trabucazo; pues si Amparo merece mucho, y usted es el afortunado mortal que se la lleva, saque usted la consecuencia. Desmiénteme, Amparo.

Amparo se echa á reir.

—No sé—continúa Solares—si formó esta chica igual concepto de mí cuando en Buñol me hacia la córte para pescarme. Creo que sí.

—¡Jesús, qué imaginacion!—esclama Amparo.—¿Cuándo he querido á usted yo?

—Estas madrileñas—responde el baron—son capaces de hacerle á uno creer que lo blanco es negro.

—Usted sin duda me confundió con su apasionada Chima, observa Amparo.

—¡Hola! ¿esas tenemos? ¿tambien tú haces epigramas? ¡Valiente amor seria el de aquella lombriz, cuando á las primeras de cambio me olvida por un caballero llamado Orejas, á quien el señor de Somoza sorprendió en tiernos coloquios con ella! Y á propósito: ¿qué hacemos de la pobre Clotilde? ¿Cuál va á ser la suerte de sus niños?

—Los niños—responde Bravo—serán reconocidos por don Amadeo; y en cuanto á Clotilde, le obligaremos á que le señale una pension.

—Permítanme ustedes—observa Solares,—que mientras eso se realiza, cuide yo de su manutencion. Repartámonos las cargas.

—A nosotros no nos pesan—dice Bravo;—además, nosotros no tenemos obligaciones que nos priven de hacer esa caridad, y mucho menos á escote.

—Amparo, estudia con atencion á tu futuro, antes de ir á la Vicaría; te lo aconseja un amigo. Yo lo creia intachable, y por de pronto, acabo de descubrir en él un vicio que detesto.

—¿Cuál, señor baron? pregunta el aludido.

—El egoismo, señor de Bravo. ¿Tan poco hago con cederle la familia de Quico Perales?

—Enhorabuena—responde Bravo.—Encárguese usted de la de Clotilde.

—Y crea usted, que haciéndolo así, no contraigo mérito alguno, pues, á mi ver, el mérito no existe donde no hay sacrificio.

—Esa es tambien mi opinion—observa el herido.—Cuando un pobre me pide limosna en la calle, no diré que, dándosela, quede yo descontento de mí; pero tampoco este acto, indiferente, maquinal en cierto modo, deja en mi alma la huella profunda, íntima, dulce y duradera que los que se ejercen cuando hay que renunciar á un goce, ó á la satisfaccion de necesidades mas ó menos imperiosas. Dicen comunmente que la caridad debe empezar por uno mismo, y guiado por ésta máxima grosera, hay quien nunca se cree en el caso de principiar á ejercerla con el prójimo.

—Esa máxima—observa el baron—ya no se entiende con mi amigo Lorenzo, que ha venido á traerle á usted la salud.

Sea usted franco, ¿no se encuentra mejor ahora que antes?

Bravo responde con una sonrisa.

—Pues lo debe—continúa el baron—á que parte de la caridad que Lorenzo tenia almacenada para su uso particular, la ha distribuido entre varios necesitados: usted es uno; Amparo quizá nos dé noticia del otro.

—No vuelvo á ir con usted á ninguna parte; dice Amparo.

—¿Por qué, señorita?

—Porque nunca habla con formalidad.

VI.

Quico entra con dos tarjetas para Bravo; este le pregunta:

—¿Qué has dicho á esos señores?

—Que está usted descansando.

—Perfectamente.

Viendo que el marido de Cipriana se dirige á la puerta, lo llama don Lorenzo para hacerle contar la caza de Pespuntes.

Nuestros amigos tuvieron un rato agradable, oyéndole esplicar minuciosamente las lecciones de la esgrima de navaja y cordel que su maestro le habia dado, con la nomenclatura especial de los instrumentos, ejercicios, ardides, precauciones y demás nociones indispensables para formar un buen teórico y un insigne práctico.

En seguida refirió los preparativos de la caza, los consejos de Pespuntes en el momento de entrar Bravo en la calle del Clavel, la confianza que el maestro tenia en la proteccion de don Amadeo, en una palabra, todo lo que le pareció digno de ser mencionado; pero con unas muecas, una gesticulacion, y unos movimientos tan espresivos, tan cómicos por la misma formalidad y entusiasmo con que los ejecutaba, que los espectadores no podian tenerse de risa.

Concluido el espectáculo, despidiéronse don Lorenzo, Amparo y el baron, quedando solos Bravo y Garciestéban, que esperaban á Somoza para convenir en los medios de terminar gloriosamente la campaña por los tres emprendida.

CAPITULO LIII.

A Estremadura.—Lo que hace una madre por un hijo.—Juegos de juegos.—
Concierto campestre, en que el grillo ejecuta un papel importante.

I.

De todas las provincias de España, tal vez las de Estremadura sean las menos á propósito para veranear. En la misma
Andalucía, que es mas cálida, los rigores del estío no son tan
sensibles, ora por la mayor abundancia del riego, ora por las
brisas de sus costas que se meten tierra adentro, ora, en fin,
por estar mejor preparadas las viviendas.

Bien quisiera yo trasladar el lector á las del Norte, las
cuales, en la estacion presente, ofrecen ventajas indisputables
sobre unas y otras; pero la verdad histórica me priva de to-
marme tan provechosa licencia, y yo la respeto demasiado
para faltar á ella.

Lo que podemos hacer para evitar los rayos del sol, es salvar de un salto la distancia que media entre la córte y una aldea, *de cuyo nombre no quiero acordarme*, situada en la parte de Estremadura conocida con el de *tierra de barros*, y tomar asiento bajo el frondoso emparrado de un cenador, que en el centro de un huertecillo, bien cultivado, y lleno de árboles frutales, levanta su ligera armazon de cañas.

Elegiremos tambien la caida de la tarde, y puesto que nadie nos lo impide, la caida de una tarde en que no sopla el *solano*, viento abrasador que parece nacido en las entrañas de un volcan: podemos añadir para regalo del oido, el gorgeo de tal cual ruiseñor; para regalo de la vista, un cielo azul plomizo, con una ancha línea de fuego hácia el poniente; y para regalo del gusto y alivio de la sed, que supongo tendremos, no hay inconveniente, y nuestra prevision nos lo aconseja, en colocar próximo á un ángulo del huerto, bajo el verde y espeso ramaje de unos cuantos limoneros y naranjos, una fuentecilla de agua potable, que el oido, los ojos, y el paladar regocije.

Tales son, en efecto, la estacion, el sitio y la hora en que una anciana, de noble y melancólico aspecto, y con los codos sobre la mesa del cenador, lee para sí una carta á la que se comunica el temblor de sus manos, el cual, unido al llanto que empaña sus ojos, aumenta lo trabajoso de la lectura.

Esta pobre señora se llama doña Andrea, y es madre de Enriquez.

La carta es de Madrid.

La firma, de un sobrino de la anciana.

Para comprender la agitacion que el contenido le ocasiona, conviene recordar ciertos hechos.

II.

Antes de la quiebra de don Lorenzo, vivia doña Andrea en Madrid con su hijo, que nunca le habia dado el menor disgusto.

Ganaba entonces Enriquez treinta mil reales; con este sueldo y los regalos que de su principal recibia en ciertas épocas del año, lo pasaban madre é hijo desahogadamente. Además, don Lorenzo habia ofrecido á este darle alguna parte en sus negocios en recompensa de su buen comportamiento, circunstancia que, como es de suponer, lisongeaba en estremo el natural orgullo de aquella.

Este amor verdadero, profundo, inmenso, ¡amor de madre al fin! no hizo, sin embargo, á la de Enriquez dejar de inculcarle frecuentemente los principios de una moral severa.

La constancia y el celo en el trabajo, la probidad en el manejo de intereses, la gratitud y el respeto á su principal y bienhechor, inspiraron á doña Andrea los mas sanos consejos; Enriquez los seguia, y su madre soñaba con una vejez tranquila para ella y un porvenir halagüeño para su hijo.

Consumada la ruina de don Lorenzo, no obstante el fallo del Tribunal de Comercio, circularon contra Enriquez rumores de que tuvo noticia su madre, en quien comenzó á germinar alguna sospecha, especialmente notando poco despues el lujo y los derroches de su hijo. Aumentóse el gasto de la casa, agregáronse al servicio doméstico dos criados mas, cubríase todos los dias la mesa de costosos manjares presentados en vajillas de gran valor; y los comensales de que entonces se vieron favorecidos, proyectaban empresas importantes, en las que la mayor parte de las veces el nombre de Enriquez aparecia en primera línea.

Todas estas, y algunas otras coincidencias, confirmaron los recelos de la desventurada madre.

Una noche tuvo con su hijo un horrible altercado. Conjuróle con sus lágrimas, con sus ruegos, y hasta con su maldicion, á que le declarase la verdad, si no queria verla morir de dolor á sus plantas. Hubo un instante en que Enriquez, abrumado por el remordimiento, se vió á punto de hacer una revelacion completa de su delito; faltóle, empero, valor, y siguió negándolo.

Cuatro dias despues, caminaba ella hácia Estremadura, habiendo arrojado con desprecio á los piés de su hijo el dinero con que este creia comprar su conciencia, y anunciándole que iba á vivir de limosna en casa de un pariente suyo.

Conociendo Enriquez el carácter de su madre, y devueltas por la misma las letras que el primero giró contra un vecino del pueblo en que la segunda residia, renunció á la esperanza de aplacar su justa cólera, é hizo porque el recuerdo de la anciana se borrase de su memoria.

El pariente de doña Andrea era un honrado labrador, padre de numerosa familia y con escasos bienes de fortuna; no obstante, la recibió con los brazos abiertos, partiendo con ella el pan que acaso se quitaba de la boca.

El huertecillo que estamos viendo es lo que mas vale de la casa; si queremos visitar el interior, la imágen de la pobreza nos recibirá desde los umbrales y nos acompañará hasta el fondo.

III.

El contenido de la carta, atrasado para nosotros, es nuevo para doña Andrea. Refiérele su sobrino la escena de la Fuente Castellana y los nombres de los actores. La presencia de Amparo en Madrid, á caballo, en el paseo de mas lujo, y la afrenta inferida á su hijo, le revelan peligros para este y variacion notable en la fortuna de aquella.

La carta nada le dice; su corazon de madre lo presiente, lo adivina.

¡Qué hacer en este caso! ¿Qué hacer? En ocasiones semejantes, jamás vacila una madre. ¿Qué hacer? Volar á él, abrazarlo, perdonarlo, consolarlo, suplicar, llorar, arrastrarse por el suelo, revolver el mundo entero para salvar á su hijo, ¡para salvar á su hijo, sobre todo! pues para una madre, por recta, por severa, por inflexible que sea, antes que todo, antes que la fortuna, que la posicion, que el aprecio público y que la honra, está la libertad, está la vida de sus hijos.

Si doña Andrea no quiso participar de alegrías, de satisfacciones, y de comodidades cuyo orígen creyó sospechoso, ahí está ella, cargada de años, trémula, casi ciega, casi exánime, dispuesta á participar de los dolores, del desprecio y de la infamia de que aquel se ve amenazado.

—¡Hijo mio! ¡pobre hijo mio!—esclama, cubriéndose el rostro con el papel empapado en lágrimas.—¿Quién se compadecerá de tí en este amargo trance? ¿A quién volverás los ojos, que no te humille, ó no te insulte con sus miradas? ¿Dónde se esconderán ahora los que te adulaban y te perdian? ¿Por qué olvidas á tu madre? ¿Por qué no me has escrito?

Cuantas veces recorre el papel funesto, el dolor martiriza sus entrañas maternales. Busca una frase, una palabra, una sola que disipe sus temores, menos aún, que la deje ¡triste consuelo! siquiera el consuelo de la duda, y no la encuentra. Su hijo ha sufrido una afrenta pública: el látigo de un caballero que acompañaba á la hija de Figueroa, ha azotado su rostro, dejando en él una huella infamante. ¡Quién sabe! Quizá no exista, quizá un acero enemigo haya puesto fin á su existencia.

—¡Qué bien le decia yo!—vuelve á esclamar la anciana.—¡Arroja ese oro que no te pertenece, que te mancilla, que te abrasa las manos, que te quita el sueño, que te roba para siempre la paz del alma! No lo hagas por don Lorenzo, ni por mí, ni por la memoria de tu padre; hazlo por tí propio, por tu interés, por tu dicha, por tu salvacion eterna. Con lo que tenemos somos felices; tu principal te estima, todo el mundo te aprecia; ¿qué mas deseas? No envidies la felicidad aparente de los poderosos; nadie es rico por el oro que amontona, como nadie es pobre por el oro de que carece; considera, hijo mio, que el hombre es rico ó pobre, segun lo que representa lo que posee; si lo que posee, por mucho que sea, es mal adquirido, mas le valiera pedir limosna; si es el fruto de una vida laboriosa, honrada, sufrida, paciente, intachable, el último será el primero, el mas pobre será el mas rico. ¡Oh! ¡perdon, Dios mio, perdon por haber dudado de vuestra misericordia! Cuando yo os pedia que me llevásels; cuando llamaba á la muerta como el único remedio de mi desesperacion, bien sabíais la falta que esta débil criatura hacia en el mundo, porque una madre, ¿qué digo? la sombra de una madre es el escudo mas fuerte en las tribulaciones de sus hijos. ¿Quién es capaz de comprender lo que vale una madre, hasta que la pierde? ¡Partiré, sí—añade medio loca;—partiré para Madrid, aunque me muera en el camino, aunque sea á pié, pidiendo limosna! Y si no me ceden un rincon en las posadas, ni un vaso de agua para humedecer mis labios, secos por la fiebre, dormiré en el campo, sobre el rastrojo, sobre las peñas, beberé el agua turbia de los arroyos, el cieno de los pantanos. ¿Por qué le devolví su dinero, necia de mí? ¿Por qué?... ¿por qué?... Ahora quisiera tener un puñado de aquel oro infame, para ir en un vuelo á consolarlo y á fortalecerlo.

IV.

Esta lucha espantosa de encontradas pasiones en el alma de la infeliz madre, produce tal sacudimiento en su endeble máquina, que, á prolongarse unos minutos mas, no podria resistirlo.

Acércase á la anciana su prima, la mujer del labrador, quien al oir las últimas palabras, dice con acento de tierna compasion:

—¿Qué es esto, Andrea? ¿Has perdido el seso? ¿Qué decias de dormir sobre el rastrojo y beber el cieno de los pantanos? De verdad te digo, que estoy *rejilando* (temblando), como si tuviese el frio de la terciana.

—¡Si supieras lo que sufro, Catalina! ¡Si supieras lo que

¡Has perdido el seso? ¿Que decias de dormir sobre el **rastrojo** y beber el cieno de
los pantanos?

me pasa! responde la anciana, fijando tenazmente en el papel sus dilatadas pupilas.

—¡Mal haya *amen* la hora en que te dieron esa carta!

—¡No, no, bendita, porque sin ella hubiese yo ignorado qué es de mi hijo!

—¡Ah! ¿te escriben de Madrid? ¿No ha sentado mi sobrino la cabeza? ¿No reconoce que su madre le aconsejaba lo justo, cuando le decia que no fuese al juego? ¡Eh! ¡cosas de jóvenes! Él se enmendará. ¿No era bueno antes? Pues no te aflijas, que al fin de los años mil, vuelve el agua á su carril. ¡Vamos, Andrea, que no quiero verte así! ¡Vírgen de Guadalupe! ¡No parece mas, sino que te ha picado un *morgaño!* (Araña venenosa.) Con esto y con que sigas con tu dieta y tu desgana, el mejor dia nos das un susto. ¡Bernardino, riñe á esta!

V.

El labrador viene del campo, de acarrear un monton de *jacinas* (haces) de trigo.

Su chaleco de percal azul y su calzon de paño están cubiertos de una ligera nube de polvo.

Ruédanle desde la frente, deteniéndose en el vello de la tabla del pecho, gruesas gotas de sudor, de ese fecundo y copioso rocío del trabajo, sin el cual la tierra se moriria de sed y de esterilidad en algunas comarcas.

Es el labrador hombre de mas de cincuenta años, pero de constitucion robusta y color sano, circunstancias que lo hacen parecer en la fuerza de la juventud.

—¡Animo, Andrea!—dice.—¡Por vida del que ató á Cristo! No hay que acobardarse.

—Quiere irse á la corte, pero no en diligencia, ni con arriero, ni cosa que lo valga; observa Catalina.

—Pues no lo entiendo; ¡á no ser que se vaya como los pájaros, ó en el caballo de San Francisco! Andrea, dejémonos de locuras; penas á un lado. ¿Quieres bajar al *egido?* Tengo que tornar por un carro de paja, y te llevaré como á una reina. Allí nos sentaremos tranquilamente sobre la parva; los mozos van á merendar, y los acompañaremos. Verás cómo la *chacina*, el gazpacho, y las aceitunas te vuelven el alma al cuerpo. Lo que tienes tú es debilidad, desmadejamiento.

—Le han escrito de Madrid; esclama Catalina.

—¡Ta! ¡ta! ¡ta! entonces no digas mas.

La anciana levanta la cabeza de repente, y dice con voz resuelta:

—Necesito verlo.

—¿A quién? pregunta el labrador.

—A mi hijo; pero inmediatamente. Yo soy gravosa aquí; además...

—¿Estás en tí, Andrea? ¿No vives con nosotros á gusto? Pues tambien nosotros vivimos á gusto contigo.

—¡Si no es eso! ¡Si no es eso! repite la anciana, sin atreverse, de vergüenza, á decir la verdad.

—¡Corriente, mujer, corriente! Motivos poderosos tendrás para emprender en este tiempo un viaje tan largo. ¿Y en qué, ó dónde piensas ir?

Doña Andrea no acierta en el momento qué responder. Por fin, dice tristemente:

—No sé.

El labrador se quita el sombrero, sacude las pajas que tiene en la vuelta del ala, y rascándose la cabeza, cual si pretendiese obtener alguna idea por resultado de esta operacion, esclama:

—¡Qué diantre!

Discurre el bueno de Bernardino de dónde sacar dinero para que su prima haga el viaje con toda comodidad.

—¡Qué diantre!—repite.—Entre *toma tú* y *daca tú* me han dejado temblando el monton de la era. ¡Pues señor! No hay que apurarse; le meteremos otro tiento, y Cristo con todos. Prima, irás en diligencia. Mañana, al rayar el dia, á Trujillo.

Durante las meditaciones de Bernardino, la anciana se ha quitado del cuello una cruz de oro pendiente de un cordon de pelo, que sin duda ha pertenecido á su madre ú otra persona querida.

Sabiendo los apuros de Bernardino, y acordándose del único objeto de algun valor que ha traido de Madrid, pues ni aun de ropa quiso proveerse y sólo contaba con la puesta, bien usada y pobre por cierto, entrega á su prima la cruz, besándola antes, y diciendo, con voz trémula:

—Catalina, empéñala ó véndela ahora mismo; yo me compraré otra mejor en Madrid.

—Antes soy capaz de vender la camisa que llevo puesta; esclama el labrador.

—Es ya antigua la cruz, Bernardino; allá las hay mas de moda.

—¡Estoy, estoy!

—Y mas ligeras.

—¡Te digo que estoy!

—¿Dónde voy yo con tanto peso, y en verano, por esos caminos?

—Vuelve á ponértela, prima, vuelve á ponértela, y no hagas que me enfade.

No tiene la anciana otro remedio que obedecer.

Esta accion le representa vivamente el crímen de su hijo.

Hay un instante de silencio.

Catalina toca suavemente el hombro de la anciana, que no cesa de sollozar, tapándose el rostro con las manos, y le dice:

—Andrea, estás ofendiendo á Dios, con lo que haces. ¿No consideras que te quitas la vida, criatura?

—¡Todos se portan mejor que él! esclama doña Andrea, con un arranque de dolorosa energía.

Su primo repone:

—Tambien tú eres como Dios te ha hecho. Malo es que el chico juegue, pero de esto se ve mucho; no es ninguna cosa del otro jueves. Peor seria que abandonase á su madre, y él no te ha abandonado. ¡Ya quisieran mas de cuatro hijos, que se dicen buenos, socorrer á las suyas, como él ha querido socorrerte á tí! ¡A no ser que pretendas que el tuyo sea un santo! Pues, hija, el mejor tiene mas faltas que una pelota.

—Dice bien este—observa Catalina, aludiendo á su marido;—si tú no fueses tan escrupulosa, podrias pasarlo como una abadesa. ¿No te mandó dinero en cierta ocasion tu hijo para que te comprases una casa? ¿No devolviste en otra una letra de seis mil reales que te regalaba para ropa? Pues una persona que así se conduce, no tiene mal corazón, aunque le gusten los náipes.

—Y si no, ejemplo al canto—añade Bernardino:—el cura, el alcalde, el médico, el escribano, y qué sé yo cuántos mas le dan que se las pelan á la *secansa*, al *truquiflor* y al *tute*, y juegan tirado, como que á veces se atraviesan sus cuarenta y sus cincuenta reales. Otras veces se juega un cordero, un par de *cochifritos* y un pellejo de vino para merendar, y nadie dice que esto sea pecado; por cierto que el dia de San Juan, el albéitar cogió una mona que le llamaba á Dios de tú. Si no *jocicó* (cayó de bruces, de hocicos) diez veces, no *jocicó* ninguna.

Los ejemplos que el labrador cita, de buena fé, creyendo que su sobrino juega y que esto es lo que incomoda á su prima, sólo sirven para aumentar el sufrimiento de la anciana. Óyelos, no obstante, resuelta á no sacarlo de su ignorancia acerca de la gravedad de los hechos que á ella la afligen; y para mayor disimulo, dice:

—Tienes razon: vamos al egido; verdaderamente no hay motivo para atormentarse una. Mañana partiré, y, Dios mediante, el chico se enmendará, viéndome á su lado.

Ya el velo del crepúsculo principia á dar á los objetos esos contornos indecisos que las tinieblas de la noche borran completamente, ó que la pálida claridad de la luna modifica, trasformando cada árbol, cada peña, cada sombra en un fantasma, á quien presta voz el aire que gime entre las hojas, ó el susurro cercano de alguna fuente.

Óyense hácia las eras ecos de panderetas y guitarras, acompañados por la voz de los labradores jóvenes que, para descansar de la trilla y otras faenas, bailan junto á las parvas, despues de merendar.

El grillo, oculto en el rastrojo, desplega sus alas de fino encaje, despidiendo ese canto agudo, tenaz, incesante, que alegra la recoleccion de los frutos en el verano, y que en el invierno, cuando la lluvia anega los campos y el vendabal estremece la choza del pastor, suele interrumpir el silencio de la noche, saliendo del caliente hogar como si habitase en él un espíritu doméstico y amigo. Protégele ahora la oscuridad; los muchachos de la aldea, sus perseguidores, se hallan lejos, y el inocente animalillo celebra, á su manera, la plenitud de su dicha, y acaso la bondad del Criador que se la concede.

CAPITULO LIV.

I.

Los ferro-carriles, las carreteras, los caminos vecinales y la guardia civil han dado en nuestra patria el golpe de gracia al bandolerismo que infestaba los despoblados de la mayor parte de nuestras provincias, por las cuales el traginante y el viajero transitaban temerosos de ver salir detrás de un matorral, de un peñasco ó de una encina, quien, con la voz de un trabuco, les pidiese la bolsa ó la vida.

Las lindes de los caminos estaban pocos años há llenas de cruces, sobre pirámides de piedras; las piedras eran signos elocuentes del miedo y de la piedad del transéunte; cada una de ellas significaba la limosna de un *Padre Nuestro*, de una oracion que el pasajero hacia por el alma necesitada del muerto, en el sitio donde se iba levantando la pirámide fatal.

Jaime el Barbudo, José María, Diego Corrientes, Zamarrilla, Francisco Estéban, Los Niños de Écija y otros bandidos, célebres é inmortales en las coplas y en las consejas populares, cantadas en las calles y recitadas al amor de la lumbre, habíanse alzado con la soberanía absoluta de los despoblados, hasta el estremo, en ocasiones, de tratar, como quien dice, de potencia á potencia con el gobierno del país.

Al sostenimiento de tal estado de cosas contribuian de consuno, segun se colige de lo dicho, por una parte la escasez de buenas vias, por otra la falta de una fuerza pública, numerosa, activa, moral y disciplinada que protegiese la seguridad de las personas, y finalmente, el apoyo que los malhechores encontraban en los mismos pueblos ó, lo que era peor, en muchas autoridades. Así era frecuente oir, que los viajeros salian ya robados de sus casas ó de las ventas y mesones. Si á esto se añaden las simpatías que por actos de dudosa generosidad y de valor efectivo, se conquistaba tal ó cual bandido, como el dar á los pobres parte del botin robado á los ricos, se concibe perfectamente que la musa anónima de un pueblo de imaginacion impresionable, de carácter activo y de sentimientos hidalgos, como el español, elevase á la categoría de héroes personajes de esta calaña. Y no sólo la musa anónima del pueblo, sino la pluma del escritor, no se desdeñó de trasladar á la escena y á la novela algunas de esas figuras siniestras, vestidas con un ropaje poético y seductor que hacia amarlas, tanto ó mas que aborrecerlas.

Guarecíanse generalmente en la aspereza y profundidad de los bosques, en cuevas desprovistas, como es de suponer, de

luz y de todo lo que distingue á la mansion del hombre de la
de las fieras, y que al mismo tiempo que de vivienda les servian de almacenes, en donde muchas veces era depositado el
fruto de las rapiñas.

Habia, sin embargo, en este bandolerismo mas nobleza
que en el que hoy tiene asiento en lo interior de las pobla-
ciones, y principalmente en los grandes centros.

El valor, la audacia, la temeridad, que desafiaban á la luz
del sol todos los peligros, han sido reemplazadas por la astucia, la perfidia, la cobardía y la cautela, que trabajan en la sombra. Los grandes criminales no vagan ya por los montes, viven en las ciudades; no habitan cuevas, sino edificios suntuo-
sos; no temen la cuchilla de la ley, porque llevan coraza y
casco de oro, y es demasiado duro este metal para que no se
embote el filo de aquella en él. Los criminales al por menor,
los asesinos de baja estofa, los ladronzuelos, los *tomadores del
dos*, raza degenerada de los facinerosos antiguos, son menos
temibles que estos, y además, la escoba de la policía suele de
tiempo en tiempo (pues *aliquando bonus dormitat*) limpiar de
ellos el paso, como la escoba del barrendero limpia de basura
las calles.

II.

La cueva donde celebra sus conciliábulos la cuadrilla un
tiempo capitaneada por don Amadeo, no se parece á las que
arriba he indicado. Es, al contrario, un bonito gabinete, que sa-
tisface las exigencias de la última moda. Paredes cubiertas de
damasco azul, con flores carmesí y de plata; sillería de palo san-

to; divanes y butacas de seda; preciosos candelabros de plata maciza, con bujías de color de rosa; una soberbia araña de cristal, que se enciende en las noches de invierno; cuadros y muebles en que los pintores y el dorador han agotado su genio y habilidad respectivos; hé aquí en cuatro palabras el lugar en que vamos á ver reunidos á Enriquez y su digna esposa la marquesa de la Estrella, á don Amadeo y la suya, no menos digna, y al señor Leoncio, quien, con sus consejos, aunque truncados, y sus observaciones, aunque trabajosas, no es la persona menos influyente en la resolucion de cualquier asunto.

Pespuntes, visitado en el Saladero por su consecuente protector don Amadeo, habia dicho á este que, en su concepto, la herida de Bravo era mortal; y qué, en cuanto á Mala-Sombra, cuando él saliese á la calle se encargaba de pagarle el favor que le debia. De manera que por esta parte, y contando con la discrecion de Pespuntes, parecia que no era de temer ningun caso adverso.

Lo que ahora los trae sobremanera inquietos y cariacontecidos es la carta que acaban de recibir de Valencia, en la que un su encargado les anuncia la captura de Orejas, Letanías y consortes, y el regreso de Clotilde, sus hijos y Somoza. á Madrid, que aquellos ignoraban.

Piedad está sofocada, como el que se ve amagado de un ataque apoplético; sus ojos, fijándose tenazmente en don Amadeo, arrojan chispas de cólera; los demás permanecen mudos y confundidos bajo el peso de la fatal noticia.

Bien quisiera don Amadeo convencer á su parentela de que el peligro que los amenaza no es tan inminente como piensan, y de que aun siéndolo tiene él en su habilidad, en su erudicion y en sus misteriosos recursos, elementos para conjurarlo; pero no puede. El desprecio, la ingratitud y la crueldad con que su mujer y sus hijastros lo tratan, unidas al inesplicable dominio y presion que sobre él ejerce el singular afecto que le profesa el señor Leoncio, han ido acobardándolo de dia en dia hasta el estremo de anularlo completamente.

Si alguna vez, siguiendo su antiguo tema, osa citar autores y mas autores, en corroboracion de un aserto, llámalo su mujer necio, pedante, animal cargado de fárrago, y otras cosas por el estilo, principalmente cuando su dictámen no favorece los intereses particulares de Piedad: el nombre de Bartolo, jurisconsulto favorito de don Amadeo, la pone epiléptica; así es que el infeliz marido ha renunciado últimamente á él, con harto dolor de su corazon.

Todo esto le pasa á la víctima en lo íntimo del hogar, sin otros testigos que sus verdugos, sin otra esperanza, ni otro consuelo que la muerte, llamada por él desde el instante en que se unció al yugo matrimonial, que ahora aborrece.

No menos odioso le es el suyo á Enriquez, desde la noche en que la marquesa le reveló sus relaciones con Bravo y la confidencia que á este habia hecho del delito que ocasionó la ruina de don Lorenzo. No obstante, las empresas encomendadas á Pespuntes, Orejas y Letanías, habíanlo esperanzado, hasta cierto punto, por creerlas, como todos sus cómplices, de éxito favorable.

El desengaño le aterró; pues, á pesar de las seguridades dadas por don Amadeo acerca de los presos, veia, quizá mas claramente que nadie, los peligros de la situacion actual.

III.

—¡Nos hemos lucido! esclama Piedad, fulminando contra don Amadeo una mirada, que, á materializarse, tendria la punta de un puñal.

Y en seguida, golpeando fuertemente el suelo con la planta del pié, añade:

—¡Maldito sea el dia y la hora en que me casé! ¡Qué afrenta, Dios mio de mi alma, qué afrenta! Habla, Amadeo, habla tú que tienes la culpa de todo, tú que buscaste á esos malvados, que los conocias, que ponderabas sus habilidades, su lealtad, su... ¡A mí me va á dar algo! ¡Yo no estoy buena! ¡Yo nunca me he visto en estos lances! ¿Por qué no se escucharon mis consejos?

—¿Qué consejos, hija mia? ¿Qué consejos, Piedad? se atreve á interrogar el jurisconsulto.

—Eso digo yo—añade irónicamente la marquesa;—¿qué consejos, querida? La noche en que nos reunimos aquí para tratar del asunto, si abriste la boca, fué para aprobar los planes que acordamos.

—¿Yo?—pregunta Piedad, llena de asombro.—¿Yo he aprobado plan ninguno?...

—Tú, hija mia: haz memoria, yo te lo suplico—observa don Amadeo;—la mas pequeña oposicion de tu parte, me hubiera bastado á mí para obedecerte.

—En efecto—esclama el señor Leoncio;—Pi... Pié... Piedad convino con los demás en que... que... porque el éxito era de e... de e... ne, ne, segun el leal saber y entender del

señor con... con... conde de Bue... de Buena... de Buena...
pues si el señor con... con... conde de Buena... hubiera dado
menos seguridades so... so... sobre la... cla... cla... claro es
que...

—Y las repetiria en este momento—interrumpe don Amadeo, que principia á sudar y á sufrir oyendo al señor Leoncio;—pero yo ignoraba que Pespuntes hubiese buscado á un
traidor, que lo llamaba amigo, por confidente de su secreto.

—Pero, señor—observa Piedad;—¿en qué cabeza cabe no
enterarse bien de la clase de sugetos á quienes se encomiendan comisiones tan delicadas? No hables, no hables de traidores; esos traidores son buenos en el teatro, para engañar á los
tontos. En el mundo se hila mas delgado; en el mundo no se
confia así como quiera el honor de las personas al primer miserable que se presenta.

—Es claro—repone Enriquez, á quien todavía le escuece
el latigazo de Bravo;—y ahora me esplico la escena de la
Fuente Castellana, puesto que Pespuntes dice que en la madrugada de San Juan propuso á su falso amigo, tomando con
él leche de vacas en la calle del Prado, lo de quitar el estorbo
que mas contrariaba nuestros planes. ¡En buen berengenal
nos has metido, Amadeo!

—No lo creas, Enriquez—observa Piedad, con sarcasmo,—
tranquilízate; ya nos sacará de él mi marido; verás como ape-
lando á Bartolo y á otros santos de su devocion todo se arregla á pedir de boca.

—Estás insultante, Piedad—esclama la marquesa;— mi
hermano se ha comprometido en lo de Clotilde sólo por tí, porque tus hijos se lleven lo que debian llevarse otros ó yo mis-

ma, á la muerte de tu marido: en vez de alentarlo á que discurra y trabaje para salvarnos, te gozas en su martirio. Aquí todo el mundo se santifica, todo el mundo se lava las manos, despues que nos vemos así Amadeo y yó por los demás; que si p Dios gracias, bien nos estábamos en nuestra casa, disfrutando de la estimacion general, antes de nuestro enlace. Hija mia, el que está á las maduras, es preciso que esté á las duras.

—Mi señora la ma... la mar... la marquesa—prorumpe el señor Leoncio—habla mejor que un li... li... libro. Hay que resignarse y que... Pi... Pié... Piedad era tan feliz antes de su ca... caca... casamiento, que perdonen ustedes lo ba... lo bajo del dicho, no le faltaba mas que sar... que sarna que... pero ya que contrajo ma... matri... matrimonio, y ha tenido la desgracia de verse en... enre... enredada en co... co... cosas, á la verdad un po... poco, un po... poco... turbias, cla... cla... claro es que...

—Despues de todo—esclama don Amadeo,—si pasado algun tiempo no halláramos medio de salvar á Pespuntes y consortes, á quienes, en tanto, taparemos con oro la boca, todavía nos queda un medio.

—¿Cuál?

—¿Qué medio?

—Habla.

—Oigamos.

Dicen al mismo tiempo los restantes interlocutores.

—Arreglar nuestros asuntos, realizar nuestra fortuna, y partir al estranjero.

—Lo acepto; esclama al punto Enriquez.

—Y yo.

—ah—Yuyo...

—Al..............idem...

—Repiten la coro la marquesa, Piedad y el señor Leoncio,
quien por mortificar á don Amadeo, cree conveniente añadir:

—¡Si po... pode... podemos!

—Además—continúa el jurisconsulto, cuyos ojillos cenicientos chispean animados por la idea que de improviso le
ocurre,—precisamente dentro de muy poco va á concederse
un indulto general; mi influencia como diputado, y mis relaciones particulares con algunos individuos del gabinete, casi
me aseguran el triunfo de mis esperanzas. Tenemos el deber
de salvar á esos chicos, de hacer cuantos sacrificios podamos
por ellos, en recompensa de la fidelidad que nos han mostrado.

—Virtud muy ra... ra... rara y muy...—observa el señor Leoncio,—y que me... mere.. merece ser tenida en cu...
cuen... cuenta; los tri... tribu... tribuna... tribunales no se
conformarán probablemente con esa o... opi... opini... opinion
tan... pero manejando bien el pan... pande... pandero, cla...
cla... claro es que... Además, si se compa... papá... si se
compara el desliz de Pes... Pespun... Pespuntes, y de... con
los tropezones que otros dan sin detri... tri...tri... sin detri-
mento de su... cla... cla... claro es que... Dicen que la Justicia es cie... ciega; yo digo que es tu... tu... tuer... tuerta, y
que sólo favorece á lo que le entra por el o... jojo... por el ojo
útil, que es el derecho. Si las pesas y las ba... balan... y las
balanzas con que la pin... pin... pintan fuesen legales, cla...
cla... claro es que... pero si las reconociese el fi... fifi... fiel
contraste, estoy seguro de que se descu... cucú... se descubri-
ria la ma... mamá... la mácula y la...

—Es cierto—dice don Amadeo, animándose por grados al notar que sus últimas palabras han producido buen efecto;— durante mi larga práctica en el foro he visto muchas veces, con dolor, en ejercicio lo que se llama vulgarmente la ley del embudo: ley ancha para unos, y estrecha para otros; he visto faltas leves que podian pasar como una hebra de hilo por el hondon de una aguja, y no pasaban; mientras que crímenes de grueso calibre como cables enormes, lo atravesaban con la mayor holgura. Pero el mal no consistia en la ley, que aunque imperfecta, pues al fin y al cabo es obra de mortales, ha previsto la mayor parte de los casos que en la práctica se presentan; el mal consistia en los vicios de los encargados de su aplicacion; cosa que ya en tiempo del célebre Bartolo...

IV.

Fortuna fué para el erudito jurisconsulto que al pronunciar el nombre del autor que á su mujer le crispaba los nervios, y que á él se le escapó de los labios inadvertidamente, entrase un criado para anunciar la llegada de un personaje á quien hemos conocido en el capítulo que antecede.

Este personaje era la anciana madre de Enriquez, vestida con una falda de merino oscuro, llena de polvo y casi andrajosa, gaban de seda en deplorable estado, y sombrero viejo de paja, de cuyo primitivo color lo habian despojado el uso y la accion del tiempo. Algunas plateadas hebras de su cabello cubríanle en desórden parte de la frente, donde el dolor marcaba sus huellas con hondas arrugas.

Este suceso imprevisto produjo en todos gran sorpresa, y

particularmente en Enriquez una especie de estupor, que lo privó de movimiento por espacio de cinco ó seis minutos.

En efecto, habia en la aparicion de la anciana en Madrid, algo estraordinario, fatídico, providencial. Era como la sombra de Dios, que venia á trazar sobre la pared del lujoso gabinete la sentencia final condenatoria de los que en él se congregaban.

Los presentimientos y las predicciones de la madre principiaban á realizarse; cerníase la tempestad sobre la cabeza del hijo culpable, que nunca pudo apartar de su memoria, por mas que hizo, la despedida de aquella al partir para Estremadura. La palabra acusadora pronunciada por la voz del justo, cae como una piedra en la conciencia del criminal, resonando en sus profundidades con ecos eternos.

Cuando Enriquez quiso levantarse, ya los brazos de la madre, que habia visto la huella cárdena del látigo marcada en su rostro, lo estrechaban apasionadamente, oyéndose un solo acento, entrecortado por sollozos, que decia:

—¡Hijo mio de mis entrañas! ¡Corazon mio! ¡No temas, á nadie temas, teniéndome á tu lado! ¡Yo te salvaré!

CAPITULO LV.

La esperanza es lo último que se pierde.—Sin embargo, es lo que pierde
primero la cuadrilla madrileña, así que oye respirar á doña Andrea.—
Piedad es una actriz eminente, cuando no se acuerda del teatro.—Por qué
doña Andrea no se muda el traje de camino.—En paz, y jugando.

I.

No hay hombre, por desgraciado que sea, que no abrigue
en su pecho alguna esperanza halagüeña. El reo que camina
á la muerte, que sube las gradas del patíbulo, que se sienta
en el banquillo, y murmura con voz trémula el principio del
Símbolo de la fé, debe estar oyendo la palabra *perdon* hasta
que el verdugo le abre las puertas de la eternidad, en donde
la clemencia divina es ya la única que puede pronunciarla.

El náufrago, mísero juguete de la borrasca, tal vez se
figura que la ola fugitiva es su tabla de salvacion, y pugna
por asirla y aferrarse á ella, en el delirio de la agonía.

El próximo indulto, la espatriacion: hé aquí las dos esperanzas de los personajes reunidos en el gabinete de Enriquez; hé aquí el perdon y la tabla de estos criminales, de estos náufragos de la moral. Creian en ellas, ciertamente, pero con una creencia recelosa, con una fé débil, sin raices en el corazon. La luz que divisaban no era la luz fija, segura y protectora del faro que alza en el puerto su cabeza coronada de rayos, como una vision celeste; era una luz engañosa, fosforescente, un fuego fátuo como el que se desprende de los cementerios ó como el que cruza con rápidez el éter en las tranquilas noches de julio y agosto, apagándose en el momento de nacer.

La última esclamacion de la anciana, habia aumentado las esperanzas de los mismos que viendo entrar á esta en el gabinete, se creyeron completamente perdidos.

—«No temas, á nadie temas, teniéndome á tu lado»—habia dicho la madre de Enriquez:—«yo te salvaré.»

Y en tanto que la madre abrazaba al hijo, sin cuidarse de los demás, la imaginacion de estos sonreia á la idea que presentándose á ella cual una dulce y hermosa jóven de quince años, la habia enamorado con sus atractivos.

La lógica de todos ellos era idéntica; conocian el motivo de haber abandonado á Madrid doña Andrea; constábales igualmente que la madre no habia querido admitir las dádivas del hijo, con quien cortó desde su partida todo género de relaciones; y pensaban: «Ella sabe lo que hay, y sin embargo, dice que lo salvará: que lo salvará, es seguro; pues sino ¿á qué fin hacer un viaje tan largo y tan penoso para una señora de su edad?»

II.

La marquesa, como la persona mas íntimamente ligada á la suerte de su marido, y como mujer, y por tanto curiosa, es la primera que pasados algunos momentos de espansion entre Enriquez y doña Andrea, esclama:

—¿Ha dicho usted que lo salvará? Pues ¿qué peligro le amenaza? ¿Sabe usted algo?

La anciana, fijando la vista en el rostro de su hijo, responde sin vacilar:

—¡Todo! ¡Todo!

—Señora—repone la marquesa,—esplíquese usted, pues; seguramente sus palabras nos sorprenden.

—Así es—añade Piedad,—nos sorprenden y nos alarman; tiene razon esta.

—Y nos a... ala... alar... alarman—repite como un eco, el señor Leoncio;—á no ser que... Yo sospe... pe... pecho si el car... carde... cardenal que su se... su señor hi... hi... hijo tiene en la... Si á eso alude, cla... cla... claro es que... Pe... pe... pero el cardenal fué un ac... acci... accidénte for... for... fortuito, y sin consecuencias que á una ma... ma... madre le...

A doña Andrea le sucede lo que á don Amadeo. Es la primera vez que oye al señor Leoncio, y no obstante, el sentido mutilado de sus frases, que ella tiene que completar, le produce una fatiga indecible.

Por otra parte, ignora, aunque lo presume, quiénes son las personas que acompañan á su hijo; el casamiento de Enriquez se habia verificado mucho despues de partir ella para Estremadura.

—No sé—dice á la marquesa—con quién tengo el honor de hablar, señora.

—Soy la marquesa de la Estrella, la esposa de Enriquez.

Y mirando luego sucesivamente á los que nombra, añade:

—El señor, es mi hermano Amadeo, conde de Buena-Ley; la señora, es Piedad, su esposa; y ese amigo, el señor Leoncio, estimable funcionario público.

Es de advertir que el señor Leoncio es ya empleado, y que aprende á leer, escribir y contar, pues apenas sabe, para desempeñar su cometido.

Aunque doña Andrea no ha conocido personalmente hasta ahora á ninguno de los nombrados, recuerda la triste celebridad que don Amadeo y la marquesa tenian ya, entre personas dignas, cada uno por su estilo, cuando ella abandonó la córte; así, pues, no se estrañe que responda con ceremoniosa frialdad:

—Por muchos años.

Examinando en seguida con mirada penetrante y severa el aspecto de sus interlocutores, que bajan los ojos, como si maquinalmente obedeciesen á igual resorte, añade:

—No lo sabia.

La soberbia de Piedad se revela contra la especie de acusacion que les dirige la forastera con sus miradas y su lenguaje, y dando rienda suelta á su genio impetuoso, esclama con ironía:

—Pues... convendria que lo supiese usted, señora.

Don Amadeo se santigua mentalmente, asustado del giro que su consorte principia á dar á la conversacion, y se arrodilla con los ojos á los piés del señor Leoncio, suplicándole que medie al punto, para que no se turbe la paz envidiable de las dos familias.

El señor Leoncio le consuela con un guiño conciliador, misericordioso, y esclama:

—La ma... ma... mamá de Enriquez no po... po... podrá menos de amar entra... tra... entra... entrañablemente á su nuera y al señor don A... mama... deo cuando el tra... tra... trato íntimo y la... ¡Co... como hasta ahora no se habian visto, ni!... Porque á no ser así, cla... cla... claro es que su... Una chis... chis... chispa basta para producir un incendio, pa... papa... para inflamar un barril de...

—Como yo nunca he aprendido á fingir, no digo lo que no siento; quédese eso para los cómicos—interrumpe doña Andrea.—Mi hijo no se dignó consultar mi parecer cuando su boda, que á pedírmelo, yo le hubiera negado mi beneplácito.

—¡Señora! grita la marquesa, irguiéndose en la silla, hecha un basilisco.

—¡Madre! esclama Enriquez.

—¿Aludia usted á mí, al decir lo de los cómicos? interroga Piedad con un gesto y una actitud casi trágicos.

La anciana responde á Piedad:

—¿A usted? ¿Por qué?

—Si yo he sido cómica, señora mia, lo tengo á mucha honra.

Doña Andrea, que tampoco sabia esta circunstancia, dice:

—¿Ha sido usted cómica? Muy enhorabuena; no veo en ello ningun mal.

—Es que no tolero que nadie...

—Señora, castígueme Dios, si he tratado de ofender á usted al espresarme como lo he hecho. Yo he tenido un hermano cómico, y nunca me creí rebajada por ello; al contrario. Antonio, que esté en gloria, honraba su glorioso y difícil arte, y, modelo de hijos y de padres, sostenia con su trabajo una numerosa familia que adoraba en él. Para mí, sólo hay una cosa indigna y despreciable: el vicio, la maldad, el crímen, por muy alto que esté.

—¿Nos hará usted el obsequio de manifestar por qué hubiera negado á Enriquez el consentimiento para casarse conmigo? pregunta la marquesa.

—Sí señora; ya he dicho que soy muy franca; lo hubiera negado, porque la voz pública señalaba á usted y á su hermano como cómplices de mi hijo en la desgracia de don Lorenzo Figueroa, si es que no lo instigaron á consumarla.

La austera energía de la anciana, en cuya ruinosa máquina alienta un espíritu varonil, confunde á los que la escuchan.

Enriquez no se atreve á mirarla; el resplandor de la virtud deslumbra á las almas enfermas, como la del sol al mortal que osa contemplarlo cara á cara; pero balbucea, con aire sumiso y respetuoso:

—Madre, á usted la engañan; sin duda confunden á mi esposa y á su hermano con otros. En cuanto á lo de la desgracia de don Lorenzo Figueroa, es una obcecacion de usted, que me lastima, y sentiria que en lo sucesivo fuese causa de mas disensiones entre nosotros. La justicia lo condenó, y el aprecio general me ha compensado posteriormente con usura los sinsabores que tan sensible acontecimiento me ocasionó, y que con

gusto hubiera yo evitado, á ser posible, aun á costa de mi
sangre...

—¿Lo niegas todavía?

—¿No he de negarlo, madre?

—Bien está, bien está; hablemos de otro asunto, yo averi-
guaré...

—Es que yo no permito—interrumpe la marquesa, encendida como la grana, efecto de un arrebato de sangre á la cabeza—ni permitirá mi esposo que por sospechas que me abs-
tengo de calificar, ande nuestra honra en lenguas de nadie.

—No pa... papa... parece justo—observa sentenciosamente el señor Leoncio, otra vez estimulado por el jurisconsulto, á
quien espanta la firmeza y la inflexibilidad de doña Andrea,—
no pa... papa... parece justo, ni prudente; pues el que jue...
jue... juega con fuego, por ca.... caca... callosas que tenga las
manos, cla... cla... claro es que...

—Bien está—repite con sencillez la anciana que, en dos
minutos, ha formado su plan;—no daré paso alguno; me con-
venzo de mi error, ustedes son inocentes; basta que ustedes lo
digan.

—Señora, hay mu... muy mala gente; esclama el señor
Leoncio.

—Tal voy creyendo; responde la anciana.

III.

Doña Andrea, con el deseo de ver y abrazar á su hijo, no
se ha limpiado el traje de camino. El contraste que su miseria
forma con el lujo del gabinete no puede ser mas completo.

Tomando pié de esta circunstancia para captarse el favor y el cariño de su suegra, dícele la marquesa, suavizando, si es ha decirlo así, su acento gutural:

—El caso es que con estas y las otras no hemos preguntado á usted si quiere tomar algo.

—Gracias, gracias; un poco mas tarde.

—¡Estará usted rendida!

—¡Considere usted; el mal camino, el traqueteo del carruaje, la falta de sueño!...

—Entonces voy á decir que preparen una cama, y en seguidita á descansar.

—Eso sí.

—¿Quiere usted lavarse antes?

—Sí; pero con agua tibia; que echen en ella unas gotas de agua de Colonia ó de vinagre.

—Será usted complacida. ¡Supongo que se desnudará usted! El vestido está lleno de polvo, conservará el calor del coche y no podrá usted dormir.

La anciana, que no tiene otro, responde:

—Eso á la noche; ahora con sacudir un poco la falda, ya estoy corriente.

—Como usted guste. Si en tanto que descansa, quiéré que mi doncella le saque y le limpie la ropa que ha de ponerse cuando se levante... ¡Sí, sí, será lo mejor!

Y sin esperar contestacion la marquesa, grita desde la puerta del gabinete:

—¡Agustina! ¡Agustina!

Acude corriendo la doncella, y su ama le dice:

—Esta señora dará á usted la llave del *mundo* ó de la maleta que ha traido; saque usted la ropa que haya en ella, y límpiela, para cuando se la pidan.

—¡Ah! ¿La señora ha traido equipaje? No lo hemos visto, responde, con asombro, la doncella.

—Habrá quedado—dice ingénuamente la marquesa—en la administracion de diligencias. Es igual; téngalo usted presente, para cuando lo traigan los mozos.

A la pobre anciana le falta valor para decir que no tiene mas que lo puesto, que está desnuda, que ha vivido de limosna, por no admitir nada que procediese de su hijo, de su hijo que nadaba en oro, mientras su bienhechor don Lorenzo acaso habria tenido que mendigar tambien el sustento de su familia.

Las suposiciones de la marquesa llégante, pues, al alma, hiriendo de rechazo la única fibra sana del corazon de Enriquez, la del afecto á su madre, cuya indigencia ahora comprende.

Para no amargar mas su horrible situacion, esclama:

—Agustina, guie usted á la señora á su habitacion, y despues veremos lo que se hace.

Obedece la doncella, y seguida de la madre de Enriquez y de la marquesa, entra en una de las habitaciones mas retiradas del cuarto.

IV.

Lo mismo es desaparecer la madre de Enriquez, levántase Piedad, mucho mas sofocada que anteriormente, sacúdese la falda del vestido, y haciendo un mohin que revela disgusto, dice al letrado:

—¿Vamos, Amadeo?

—¿Tan pronto? esclama Enriquez.

—¡Vaya que no se me puede olvidar la imprudencia!

—Los viejos—observa Enriquez—son como los niños, y como á niños hay que considerarlos.

—Pero á los niños—replica Piedad—se les reprende, y cuando no se enmiendan, se les castiga. ¡Los mios podian venirme á mí con esas! Que diga, que diga mi marido si les consiento que pierdan el respeto á nadie...

Y clava en el marido mártir una mirada tal, que le obliga á responder:

—Nada menos que eso.

—Es que co... coco... como los de usted—esclama el señor Leoncio—hay po... popó... pocos. Una buena educacion es la ba... bába... base de todo el... Porque sin una bue... buena educacion, cla... cla... claró es que... Una buena ba... bába... base es la educacion de... de...

El señor Leoncio se ve y se desea para desenmarañar la madeja que ha formado con las cuatro ú seis palabras repetidas, y al fin desiste, conociendo la imposibilidad de conseguir su objeto.

—Lo que es por mí—esclama Piedad—no vuelvo á poner los piés en tu casa, Enriquez, mientras haya en ella quien me insulte. ¿Qué necesidad tengo yo de esponerme á estos sofiones? ¿Te parece que hay paciencia que baste para oirse una poner como hoja de perejil, sin chistar? Segun tu madre, somos unos foragidos, unos malvados. ¿Y por qué? Porque defendemos nuestros intereses. Yo al menos, vivo muy tranquila sobre el particular. Estoy casada en legítimo matrimonio con Amadeo, y

debo defender su fortuna, que puede ser la de mis hijós, con‑
tra las pretensiones de una mujer débil y de conducta equívo‑
ca, por no decir otra cosa.

—Yo te respondo—observa Enriquez—de que no volverá
á suceder lo que hoy. Preocupada aún mi madre con la idea que
le hizo dejar mi compañía, exasperóse encontrándonos aquí
reunidos, y la sorpresa, más que otra causa, la indujo á espre‑
sarse con alguna ligereza. Luego que la convenzamos de su
error, que sí la convenceremos, tú serás la primera que la
disculpe.

V.

La marquesa confirmó, un instante despues de esta con‑
versacion, las esperanzas de Enriquez.

Dijo que doña Andrea era un alma de Dios; que su ánimo
no habia sido ofender á nadie; que pedia al cielo le sacase de
su error; que deseaba ardientemente la concordia de la fámi‑
lia, y que habia venido á Madrid temiendo que lo de la Fuen‑
te Castellana fuese cosa mas grave.

Estas palabras calmaron hasta cierto punto el enojo de
Piedad, quedando, al parecer, igualmente satisfechos Enri‑
quez, don Amadeo y el señor Leoncio.

CAPITULO LVI.

Breve relacion retrospectiva de una plática que tuvieron doña Andrea y Cipriana Santos.—Funerales de un alma.—La madre de Enriquez llama á un corazon, y no le responden.—Llama con mas fuerza, y le abren.— Los tribunales son mas sordos que los corazones, y por qué de esta sordera.—*Ultimatum* de don Lorenzo y de Bravo á sus enemigos.

I.

Dos horas descansó doña Andrea, ó mejor dicho, el cuerpo de doña Andrea, pues su espíritu era difícil que se tranquilizase, hasta averiguar aquello que obligó á decir á la marquesa que ni ella ni su esposo permitirian que su honra anduviese en lenguas de nadie.

Al apearse la anciana del coche que la condujo de la administracion de diligencias á casa de su hijo, pasaba casualmente la antigua niñera de Amparo. Vióla Cipriana, y haciéndose la desentendida, siguió su camino; pero doña Andrea, aprovechando tan feliz coyuntura para adquirir noticias que pudiesen ilustrarla acerca del objeto de su viaje, pagó al cochero, y aceleró el paso para alcanzar á aquella.

Luego que lo hubo conseguido, esclamó, dándole un golpecito en el hombro:

—¡Cipriana!

Volvióse entonces la mujer de Quico, y con fingida sorpresa, dijo:

—¡Ah! ¿Es usté, doña Andrea?

Añadiendo en seguida, para no comprometerse hablando mas de lo regular:

—No puedo detenerme, voy deprisa; vaya, que usté lo pase bien; hasta otro dia, si Dios quiere.

Doña Andrea la asió de un brazo, preguntándola:

—¿Están sus amos de usted en Madrid?

—Sí señora, contestó Cipriana, mirándola con recelo, y en ademan de seguir andando.

—Necesito verlos; he venido á Madrid sólo para hablar con ellos. ¿Dónde viven?

Esta pregunta puso en grande aprieto á la interpelada. ¿Se fraguaria otro complot? El traje de doña Andrea era sospechoso. ¿Cómo esplicar la miseria que revelaba, viviendo su hijo en la opulencia?

La madre de Enriquez no estrañó el silencio de Cipriana. Esta habia formado, en cierto modo, parte de la familia de don Lorenzo; continuaria siendo fiel á sus amos, y era natural que desconfiase de aquellos que eran considerados como autores de su desdicha.

—No tema usted, Cipriana. A pesar de lo que ha habido, yo siempre soy la misma para los bienhechores de mi hijo. Deseo aclarar algunas sospechas, y dígame usted ó no dónde viven, no pararé hasta tener una entrevista con ellos.

La niñera de Amparo conservaba, confusos, recuerdos de haber oido hablar de ciertas disensiones entre doña Andrea y su hijo, y la esplicacion de su interlocutora acabó de aclararlos. Con todo, antes de darle las señas deseadas, quiso oirla algo mas.

No tardó en logrársele este deseo. Doña Andrea le dijo:

—Estoy enterada del lance de la Fuente Castellana, y la verdad, ignoro qué motivo tuvo el agresor para afrentar á una persona como mi hijo, que ningun daño le habia hecho.

—¿Ninguno?—esclamó Cipriana, sin poderse contener.—¡Bah, señora! Está usté muy atrasada de noticias. Lo de la Fuente Castellana llovia ya sobre mojado. ¿Pues y lo que se preparaba en Valencia? ¿Pues y lo de la calle del Caballero de Gracia, que si no es por mi Quico, ya está haciendo adobes con la cabeza el señor de Bravo?

—Diga usted, diga usted, Cipriana.

—Lo qué yo digo, doña Andrea, es que aquí el que no corre, vuela.

—No entiendo.

—Lo que yo digo—repite Cipriana, marcando mucho las palabras,—es que algunos parece que no han roto un plato en toda su vida, y no tiene el demonio por donde desecharlos; velay lo que yo digo. ¡Jinojo! que le hacen á una hablar, ó malparir.

—No puede usted figurarse, Cipriana, lo que agradezco lo que le he oido; no quiero tampoco abusar de su benevolencia, y así me retiro, rogándole otra vez que por Dios me diga las señas de sus amos.

La mujer de Quico vió asomar dos lágrimas á los ojos de la

anciana, y movida á compasion, le hizo el favor solicitado, separándose de ella inmediatamente.

II.

Sigamos ahora á doña Andrea la cual, habiendo comido apenas, salió al anochecer de casa de su hijo, con el protesto de ir á la iglesia, como de antiguo acostumbraba hacerlo. Habíala instado la marquesa á que se mudara el vestido, poniéndose uno suyo hasta que se surtiese de la ropa indispensable para andar decente; pero ella lo rehusó, contestando que para de noche bueno era el puesto, y que á la mañana siguiente proveerian acerca del particular.

El vestido de la marquesa la hubiera abrasado, como á Hércules la túnica de la famosa Deyanira.

Vedla, pues, atravesar una y otra calle con la rapidez de una jóven de veinte años: el dolor, la curiosidad y la impaciencia prestan alas á sus piés.

Madrid, tan bullicioso á estas horas, en que los transeuntes hormiguean en la via pública, figúrasele un sepulcro, y los faroles del gas y las luces de las tiendas otros tantos blandones encajados en sus hacheros.

No es Madrid el difunto; es la alegría de la anciana lo que ha muerto.

¡Con qué legítimo orgullo iba acompañada, en otro tiempo, de su hijo, parándose á contemplar los mil objetos preciosos con que el comercio atrae las miradas del público, á la hora misma en que hoy camina furtivamente y sola, tapado el rostro con el velo del sombrero! Anciana sin báculo que sostenga el peso de sus años y de sus desventuras; débil hiedra sin el arrimo de un árbol á cuyo tronco enlazarse para no caer, quizá el instante actual sea el último de su vida; quizá la rapidez, la firmeza y la energía de su paso y su valerosa actitud, sean la suprema espresion de una existencia que se apaga como una lámpara, y que reune y concentra sus rayos todos para alumbrar con vacilantes resplandores su propia agonía. No hay fuego que devore mas pronto el combustible de la vida que el dolor.

III.

Ya don Lorenzo conoce, por la mujer de Quico Perales, la pretension de la anciana, y aunque duda un momento entre recibirla ó no, decídese á lo primero, que es lo que mas en armonía se halla con su natural clemencia.

Guiado por un buen impulso, quiere evitar á la desconsolada madre cuantas humillaciones pueda, y encarga que nadie entre en la sala durante la entrevista. Sospecha que doña Andrea va á interceder por su hijo, y seria una inhumanidad rodearla de testigos que presenciasen tan lastimoso espectáculo; que la desgracia, por merecida que sea, tiene el privilegio de escitar la simpatía de las almas grandes.

No por lo dicho se entienda que don Lorenzo se halle dispuesto á ceder en nada de lo justo; antes que Enriquez, está su honra y el porvenir de su familia, y para asegurarlos es menester el sacrificio de la honra y del porvenir de otra familia; dilema fatal para un hombre como Figueroa.

IV.

Cuando la pobre doña Andrea principia á saludar á don Lorenzo, anúdasele la voz en la garganta, y un torrente de lágrimas brota de sus ojos.

Don Lorenzo aparta los suyos á un lado, por no verlas; su firmeza parece que vacila. El huracan puede estrellarse contra una torre sin arrancar una piedra de su robusta fábrica; una lágrima es á veces bastante para vencer á un corazon generoso.

—Siéntese usted, señora, siéntese usted; esclama don Lorenzo, recobrando su serenidad, á la idea de lo que ha sufrido por causa de Enriquez.

—Esta mañana—dice doña Andrea, tomando aliento—he llegado de Estremadura, con el fin de ver á usted, y ahora vengo aquí sin conocimiento de mi hijo.

—Sírvase usted esplicarse.

—Tengo una espina clavada en el corazon, que no me deja vivir, y es la sospecha de que mi hijo es culpable, de que malos consejos y peligrosas compañías lo separaron del camino por donde yo lo guiaba, y deseo convencerme de su inocencia ó de su estravio, para salir de esta horrible incertidumbre.

—Enriquez ha sido un perverso, doña Andrea; y no es lo peor que lo haya sido, sino que continúe siéndolo.

La anciana apenas puede respirar. El agitado movimiento de su pecho, da claros indicios de lo que sufre.

—¿Pues qué ha hecho mi...

Iba á decir «mi hijo;» pero se interrumpe como avergonzada de ser madre del ingrato dependiente de don Lorenzo, y en su lugar pregunta, con voz entrecortada:

—¿Pues qué ha hecho Enriquez?

—Ser autor y cómplice de dos atentados, que Dios no ha permitido que se consumaran: de un homicidio en la persona del señor de Bravo, y del rapto de dos niños, para evitar, sin duda, que heredasen á su padre don Amadeo, y heredarlo su mujer y la del mismo don Amadeo.

Los hilos de estas y otras infernales tramas los tengo en mi poder; á una palabra que yo pronuncie, todos los culpables van á presidio. Los infames instrumentos de que se valieron para la ejecucion de sus planes, se niegan á declarar el nombre de los instigadores. Sin embargo, este silencio no salvará á ninguno: diga usted á la marquesa, pero sólo á ella, que el dia en que reveló á cierta persona, con quien ha tenido relaciones, los detalles de mi ruina, la estaban oyendo varios testigos detrás del tabique de la alcoba donde hizo su revelacion; y diga usted á Enriquez, que, aunque hubieran muerto al señor de Bravo la otra noche en la calle del Caballero de Gracia, no hubiera bajado con él ningun secreto al sepulcro, y que hasta de las piedras brotarían amigos para pedir cuenta de la sangre derramada, porque el secreto del señor de Bravo ya no lo es para sus nobles y fieles amigos, á quienes por precaucion se lo ha confiado mucho tiempo hace.

—¿Y usted... pronunciará... esa... palabra, señor don Lorenzo? balbucea la infeliz madre.

—La pronunciaré, puesto que, á pesar de lo que se ha hecho en varias ocasiones para que se arrepientan, nada se ha conseguido. La pronunciaré; y bien sabe Dios que me pesa.

El tono resuelto y formal con que don Lorenzo acaba de espresarse, no admite duda. La anciana mide con su imaginacion la profundidad del abismo en que está su hijo, y durante breves minutos desmaya su valor.

Don Lorenzo presume lo que está próximo á suceder: ha visto como ha ido condensándose poco á poco el dolor en la frente de su interlocutora, y teme sucumbir en la prueba á que el ageno infortunio va á someter su debilidad, si es que puede llamarse debilidad la clemencia contra nuestros mayores enemigos. Teme, al mismo tiempo, que su clemencia sea estéril; teme sembrar mas bondades en tierra ingrata, y decide poner término á esta situacion que le hace sufrir de un modo inesplicable.

—Señora—dice,—he satisfecho los deseos de usted; nada me resta que añadir. Si gusta que la acompañe á su casa un criado, voy, con permiso de usted, á dar la órden, y será complacida.

—¡Perdon para mi hijo, señor don Lorenzo! ¡Perdon para mi hijo!—grita la anciana, cayendo á sus piés, y abrazándose á sus rodillas, con movimientos convulsivos.—¡Señor don Lorenzo de mi vida, perdon para mi hijo!

—¡Levántese usted, señora, levántese usted! responde Figueroa, tendiéndole las manos.

— Yo conozco que mi hijo no es digno de compasion... ¡bien lo conozco! ¡Pero no lo haga usted por él, hágalo usted por mí, que soy su madre, su madre! ¡Considere usted que no tengo mas hijo, que estoy sola en el mundo, que siempre lo creí á usted inocente, que mientras él gozaba, yo he llorado por usted, y con usted, y con doña Cármen y con Amparo;

que no he querido vivir con él, ni comer de su pan!... ¿Qué
diria yo á usted, para enternecerlo, y luego bendecirlo por
el resto de mis dias?... ¡Ah! ¡vuelve la cabeza!... ¡No quiere
oirme!... Póngase usted en mi lugar, señor don Lorenzo: si
usted tuviese un hijo culpable, si le amenazase á su hija Amparo el peligro que á mi hijo, el rigor de la justicia, el calabozo por casa, el desprecio, la ruina, la miseria, el llanto, el
remordimiento, ¿no minaria usted la tierra para salvarla? ¿No
se arrastraria usted á los piés de la víctima, de los jueces, de
la reina, de todo el mundo?

—¡Señora, señora!—repite don Lorenzo, procurando des-
asirse de ella.—¡Déjeme usted por Dios! ¿No conoce usted lo
que sufro? ¿No ve que me está martirizando?

—No se acuerde usted del mal que le ha hecho; yo me
acordaré eternamente del bien que ha recibido; acuérdese usted de los años que lo sirvió con celo y con lealtad; acuérdese
usted de que entró en su casa, apenas salido de la niñez, pobre, desnudo, sin apoyo, sin recomendaciones, y que á fuerza de
trabajo, de constancia, de aplicacion y de moralidad logró que
usted lo mirase como de la familia. Toda una vida sin mancha, ¿no basta para expiar el estravío de un hombre? Pues
entonces, no nos llamemos cristianos; ¡es mentira! Si no per-
donamos, si no olvidamos, si no compadecemos, si no amamos
hasta á nuestros enemigos, somos peores que los gentiles, mil
veces peores, pues ellos viven en tinieblas, porque no conocen
la luz del Evangelio.

—¡Yo olvido!... yo perdono...—murmura don Lorenzo;—
pero los tribunales no deben, no pueden perdonar.

—¡Ah! ¡bendito sea Dios! ¡Usted olvida! ¡Usted perdona!

¿He oido mal? ¡Nó! ¡Es verdad!... ¡Usted es el hombre bondadoso de siempre!... yo lo iré diciendo por todás partes; mi última palabra será una bendicion pára usted y para su familia.

Don Lorenzo tiende una mano á la anciana, y hace que
tome asiento; en seguida esclama:

—Ha apelado usted á mis sentimientos de padre, y por lo
que á mí toca, no puedo hacer mas en su obsequio.

—¡No señor, no señor!

—Pero si yo renuncio á mi accion contra su hijo de usted,
queda la de los tribunales y la de otras personas, cuya voluntad ignoro.

—Veré á esas personas.

—No es necesario; yo las consultaré, y aun, si es preciso,
interpondré mi valimiento para sacar el mejor partido posible. Ahora, en cuanto á los tribunales...

—Si el ofendido perdona, ¿qué han de hacer ellos?

—Nosotros representamos únicamente nuestro derecho in-
dividual, y este es renunciable; los tribunales representan la
justicia de la sociedad. Cuando se cometen delitos, cuando se
perpetran crímenes de cierta especie, no solo sufre lesion la
persona aislada, sino la sociedad entera. Una mujer puede, por
ejemplo, perdonar al que la ha seducido, porque este delito
sólo á su honor particular interesa; un hombre puede igualmente desistir de su accion contra el que lo calumnia atribu-
yéndole un robo, porque solo á él perjudica la calumnia; pero
los atentados contra la vida, contra la seguridad y contra los
bienes de las personas, afectan hondamente al órden y á la
existencia del Estado, que se fundan en el respeto y en la in-
violabilidad de leyes hechas en beneficio de todos,

—¿Pues no decia usted que Dios no ha permitido que se consumase el robo de los niños, ni la muerte del señor de Bravo?

—Pero hubo intencion, hubo premeditacion, y la ley castiga severamente estos hechos, considerando que hubieran tenido efecto á no impedirlo una fuerza superior á la voluntad de los que intentaban ejecutarlos.

—¡Dios mio! ¡Dios mio!—repite la anciana, inclinando la cabeza sobre el pecho.—¿Es decir, que no hay remedio para él? ¿Es decir, que estoy condenada á seguirlo al presidio, á verlo arrastrar la cadena, á vivir entre lo mas hediondo que la sociedad arroja de su seno?

—¿Usted, señora?

—¡Oh! no lo dude usted; yo lo seguiré como la sombra al cuerpo, estaré siempre á su lado para enjugar sus lágrimas, para limpiarle el sudor del rostro cuando la fatiga del trabajo lo postre, para asistirlo cuando la enfermedad lo asalte, para inspirarle ánimo, paciencia y resignacion, y poder decir, al llegar mi última hora: «¡hice por él cuanto podia hacer una madre!»

Despues de una breve pausa, esclama con el grito de la desesperacion mas profunda, y gimiendo como una niña:

—¡Pero si ya no tengo fuerzas para nada! ¡Si este golpe acaba conmigo! ¡Si yo no puedo con esta cruz, Dios mio!

V.

Un accidente corta la palabra á la pobre mártir.

Al grito acuden Amparo y doña Cármen, únicas personas que hay en la casa.

Amparo corre á su gabinete así que observa la situacion de la anciana, y vuelve con dos pomitos de esencia, que le hace respirar alternativamente.

—Papá—dice,—es preciso que conozcan otra vez, aunque nos espongamos de nuevo á su ingratitud y á su perversidad, la diferencia que hay entre ellos y nosotros. Esta señora se muere, si no le damos alguna esperanza de salvar á su hijo. Usted recordará lo que nos apreciaba; por mí en particular, tenia delirio. ¿No es justo recompensar este afecto?

—¡Pobre doña Andrea!—esclama doña Cármen.—¡Qué acabada está! ¡Es una sombra!

—Sí, sí, tienes razon—dice don Lorenzo á su hija;—es preciso portarse con ella. De ninguna manera mejor puede celebrar su dicha el que es feliz, que acordándose de los que sufren. Pero antes de todo, hay que contar con Bravo; ignoro cuáles son sus intenciones con respecto á doña Andrea y á los demás, y no me atrevo á disponer nada por mí solo.

—¿Quieres que se le llame ahora mismo, papá?

—Sí; que haga el favor de venir al instante.

Amparo comunica la órden á un criado, que parte en un vuelo.

VI.

Poco despues de presentarse Bravo, la anciana abrió los ojos, dando muestras de conocer á los presentes.

En el breve espacio que medió entre la llegada de aquel y la vuelta de doña Andrea á su conocimiento, se habia acordado la única solucion favorable, el sólo medio de conciliar, hasta cierto punto, los intereses de todos.

Enriquez debia entregar á don Lorenzo las sumas defraudadas, y ausentarse para siempre de España, dejándole una declaracion escrita en que constase el hecho, por si en alguna circunstancia tuviese necesidad Figueroa de hacer uso de ella.

Don Amadeo reconocéria á sus hijos Amelia y Arturo, nombrándolos herederos universales, y señalando á Clotilde los alimentos que se acordasen.

Para la contestacion fijóse un plazo de cuarenta y ocho horas.

Antes de acordarla los interesados, Enriquez y Bravo debian celebrar una entrevista, sin mas testigos que don Amadeo y Garciestéban.

Doña Andrea vió el cielo abierto, deshízose la infeliz en demostraciones de gratitud y de júbilo, y sin perder tiempo, corrió á casa de su hijo, para darle cuenta del resultado de su diligencia.

CAPITULO LVII.

En este capítulo se da cuenta de los prodigiosos adelantos de Taravilla en todos los troncos, ramos, hojas y hojarasca del saber humano.—Triunfa de los callos y otros enemigos que conspiran contra los piés del hombre.— Esplícase el barbero el orígen de una injusticia notoria de la marquesa de la Estrella.

I.

Taravilla sigue estudiando, y estudiando con provecho, diga lo que quiera el intruso. Cierto es que á veces se le indigesta, acaso por lo escesivo de la cantidad, ó por lo malo de la calidad, el alimento que ofrece á su inteligencia; pero su inteligencia habia ayunado grandes temporadas en Baños, y ahora quiere desquitarse, echándose la cuenta del pobre: mas vale reventar, que no que sobre.

En su ánsia de confundir y aniquilar al intruso, no hay para Taravilla tronco, ramo, ni hoja del saber humano que se libre de sus furibundas acometidas, dedicándose, por supuesto, con preferencia á todo lo que se relaciona especialmente con la rasura, las mandíbulas, el cabello, la sangría y la aplicacion de apósitos, vendajes, cauterios y otros remedios locales, bajo diversas formas, así á las regiones altas, como á las medias y bajas, anteriores y posteriores del individuo, en el lecho del dolor tendido, ó en la butaca de la peluquería arrellanado.

La anatomía, la patología, la botánica, la historia, la política, la novela, el teatro, la aritmética, todo, absolutamente todo, le paga tributo, y él va depositándolo en los algibes de su cerebro, sin método ni regla, á la pata la llana, á la buena de Dios, bebiendo indistintamente, ora en puros y limpios manantiales, ora en turbios arroyos, unas veces á grandes sorbos, otras en cantidades homeopáticas, segun el tiempo que le dejan sus ocupaciones; así, puede asegurarse que su instruccion es un modelo de instruccion enciclopédica.

Imitando la actividad de las abejas, labra su panal con la miel que recoge en los fértiles campos de la inteligencia.

Si ve el anuncio de un invento, la revelacion de un secreto útil ó curioso en los periódicos ó en las obras que en sus manos caen, ó le echa la tijera, ó lo copia, y en seguida lo almacena en un cajon que bajo la cama tiene, con su tapa y todo para preservarlo de los ratones.

Recetas para teñir el cabello, para matar chinches, para quitar pecas y para hacer pomadas; contra los sabañones, contra la rabia y contra los mosquitos; cartas amorosas, esquelas de convite, bombas ó brindis, versos para dar dias, pésames y enhorabuenas... ¿qué arqueólogo, qué erudito, qué bibliotecario podria apuntar, ordenar y clasificar los tesoros de ciencia al pormenor, reunidos en el *mare-magnum* de su archivo?

Digo que estudia con provecho, porque, sin poner en duda su racionalidad, no hay animal de su especie que, cargado con el fárrago de conocimientos de análoga importancia y valor que el que sobre sí lleva el industrioso barbero, no se encarame, andando el tiempo, á la cumbre del favor, de los honores y de la veneracion. El dia menos pensado le da un susto la mejor Academia, recibiéndolo en su seno maternal, por aclamacion. Esto es fácil; lo difícil sería estraer de su mollera, bien esprimida y estrujada, una gota de sustancia para hacer una limonada científica.

Una de las varias cosas en que especialmente se distingue Taravilla es en la estraccion de callos, clavos, puerros, ojos de gallo, cebolletas, y otros tumores y escrecencias que hacen necesaria la habilidad del pedícuro.

Su maestro, notable en este género de operaciones, le habia aleccionado antes de caer en cama con el último ataque de reuma, encomendándole parroquianos de cuya paciente sensibilidad tenia numerosas pruebas. En ellos ensayó, pues, nuestro futuro practicante las tijeras, las pinzas, la lengua de mirlo, el corta-callos, la lengua de gato, la lágrima, el haba, el rascador y demás instrumentos, desempeñando su cometido con tan buena fortuna, que nunca se llevó por delante, á Dios gracias, dedo alguno, ni rebanó tajada de consideracion.

Permitióse á veces el filo ó la punta del instrumento libertades para las que no estaba autorizado, poniéndose en contacto con tegidos que debian ser inviolables, y bien lo demostraron la sangre, los gritos y tal cual lagrimon del paciente, digámoslo así; pero este pequeño percance, no sólo era compensado, sino que hasta servia para aumentar el gusto que luego resultaba al parroquiano y al operador, quien solia mostrar por trofeo, ya una raiz de asombrosas dimensiones, ya trozos de piel endurecida, cuya figura redonda y tamaño le hacian compararlos con dos reales de plata, cuando no con una peseta ó un napoleon.

Nuestro Perez debia recoger, con el tiempo, el merecido fruto de sus estudios, de sus observaciones y de su práctica en tan difícil ramo; ganóse la preferencia del maestro, sobre los demás mancebos, y ya no hubo pié, por delicado que fuese, que no se confiara á su pericia.

Los despojos principales de las victorias ganadas por Taravilla, figuraron dignamente en su Museo anatómico, junto á los trozos de solitarias, piedras de la vejiga, ó *cálculos vesicales*, y demás, que en uno de los capítulos de esta historia fueron mencionados.

II.

Afligida, sobre toda ponderacion, se hallaba la marquesa de la Estrella por los punzantes dolores que en el pié derecho, le producia un ojo de gallo, en el momento de llegar de Estremadura la madre de Enriquez. Llenábalo de maldiciones que, no por mentales, dejaban de ser de las de primer órden. Y en verdad era injusta la marquesa, pues el ojo aquel estaba tan inocente de lo que hacia, como el ave casera que le da nombre, de cualquier asomo de crueldad.

El crímen, si lo hubo, del nacimiento del ojo de gallo por la marquesa maldecido, á nadie debia atribuirse, imparcialmente, mas que á ella.

Su pié calzaba la friolera de... no sé cuántos puntos: en Francia hubiera sido un escándalo el tal pié; en España era una monstruosidad inconcebible.

Pues bien; la marquesa, para hacerlo entrar en razon, sujetólo á un tormento parecido al del borceguí, uno (y no de los mas blandos, por cierto) de los que aplicaban á las víctimas los verdugos del Santo Oficio, ó de los que posteriormente se han aplicado á las ideas. Asombrábase el zapatero mismo de que el calzado que á la marquesa hacia, le redujese el pié hasta las diminutas proporciones del de las mujeres chinas, ó poco menos.

III.

Llamado por la marquesa el insigne Taravilla horas antes de la llegada de la madre de Enriquez, anunció se mientras esta descansaba de las fatigas del viaje.

Entraron, pues, la paciente y el operador en una especie de antecámara, y despues de un ligero baño del pié que sufria (y que fugándose de la cárcel en que aprisionado estaba, hizo subir de un modo estraordinario, por su natural volúmen, el nivel del agua), apoderóse de él Taravilla, poniéndose préviamente de hinojos, como á su galante costumbre, á su deber y á la comodidad de entrambos cumplia.

Nunca se habia quejado la marquesa de su jóven callista y peluquero; al contrario, mil veces le oyó este decir, concluido su trabajo, que quedaba en la gloria, y aun lo gratificó á menudo con alguna moneda ó con un par de habanos superiores de los que su marido fumaba.

Pero en el dia de que se trata, la vieja dama comenzó á quejarse desde el momento de principiar la *sesion*, soltando estas y otras frases parecidas:

—¡Jesus, Perez! ¡hoy está usted fatal!

—Pero, hombre, ¿dónde tiene usted los ojos?

—¡Hijo mio, me hace usted ver las estrellas!

—¡Vaya, vaya! mas vale dejarlo.

—¡Perez, cuidadito por Dios, no me deje usted coja!

Sudaba Taravilla la gota gorda, jurando para sí, en Dios y en su ánima, no haber puesto en los dias de su vida la habilidad y el esquisito cuidado que en el presente.

Ni la mas leve escoriacion, ni la cortadura mas mínima dejaban señal que hiciese nacer la menor sombra de escrúpulo que lo atormentase.

Su mano abarcaba suavemente el juanetudo pié de la marquesa; los instrumentos punzantes, mas que penetrar entre la callosidad cutánea y el tegido sano, parecia que diesen delicados toques, como el artista que traslada al lienzo la diafanidad de una nube; paseándose la hoja de los cortantes sobre la dureza del ojo de gallo, como el imperceptible hálito del céfiro sobre la serena superficie de un lago, ó como un cuchillo de plano sobre una rebanada de pan al cubrirla de manteca de vacas.

Considerando Taravilla desapasionadamente las quejas de la sensible dama, vió cuán infundadadas eran, y resignóse al cumplimiento de sus deberes, con abnegacion sublime, deplorando, empero, en su interior, la injusticia de que era blanco. ¿Qué significaba, en afecto, la protesta de una mujer profana en el arte, ante los progresos del pedícuro en el mismo? Su orgullo lastimado revelóle entonces la verdad de lo que él había escarnecido en el intruso, y no pudo menos de murmurar entre dientes: «¡El mundo marcha; quien se quiera parar, será aplastado, y el mundo continuará marchando!»

Si alguna observacion se le escapó en defensa propia, formulóla en términos que, no por humildes é inofensivos, dejaron de aumentar el humor ácre de la marquesa.

—¡Perdone usía!

—¡Procuraré no molestar á usía!

—Señora, no acierto á esplicar el...

—Pues mi pulso está firme, y los instrumentos corrientes.

A lo mas que se atrevió en el colmo de su desesperacion, fué á decir:

—¡Qué demonche!

Palabra que en seguida le pareció la mayor falta de respeto y de urbanidad de que tenia que acusarse.

IV.

Escusado es añadir que en este dia no hubo monedas, ni cigarros, lo cual le desconsoló ciertamente, porque habia pensado salir á la calle provisto de un buen veguero y ostentar su famosa sortija, al quitarle, con el dedo en que la llevaba, la ceniza que, en otras ocasiones, sirvió de pretesto á sus arranques vanidosos.

Quedábale únicamente el recurso del relój, que, de tanto meterlo y sacarlo en el bolsillo del chaleco, ya habia oscurecido la blancura de la tela con ciertas sombras que le robaban parte de su lucimiento.

A muchas y muy sérias reflexiones le dió lugar lo que acababa de acontecerle.

No encontrando razon ni pretesto para el desagrado de la marquesa, buscó en otra parte la causa de lo que á su torpeza ó distraccion se habia atribuido.

Al fin dió con esta causa, ó al menos tal fué su parecer.

Habíale encargado aquel dia, acaso por centésima vez, su prima Cipriana, mucho tiento en lo que hablase en la casa de Enriquez y en la de don Amadeo, dándole á entender, con frases trasparentes, que uno y otro, como asimismo sus respectivas consortes, eran gente de peligroso trato, y con quienes era fácil que tuviese que ver muy pronto la justicia. Noticióle al propio tiempo la llegada de doña Andrea, con motivo de sucesos graves, estendiéndose en elogios de don Lorenzo y su familia, á quienes la suerte principiaba á cansarse de perseguirlos.

Taravilla, que desde su primera entrevista con don Amadeo y la marquesa, creyó vislumbrar misterios que nunca pudo esplicarse satisfactoriamente, pero que debian ser de mal género, esclamó con su acostumbrada veleidad, dándose un golpecito en la frente, con la mano de la sortija:

—¡Tate! ¡tate! ¡Ahora caigo! Donde esa bruja endemoniada tiene los callos que le duelen, es en la conciencia. ¡Si aquella cara de vinagre está diciendo lo que es! ¡Apuesto á que hay en su alma, no digo yo ojos de gallo, sino un gallinero! ¡Pues al diablo que se los arranque y estirpe, que yo soy lego en la materia!

CAPITULO LVIII.

En este capítulo no pasa nada; cosa ciertamente singular, porque despues de
lo que ha pasado, parece que debiera amenizarse con envenenamientos, pu-
ñaladas y otros horrores de grueso calibre, que, en el curso natural de la
vida en los pueblos civilizados, suponen algunos que ocurren un minuto sí
y otro no. Dispense el lector; los personajes de nuestra historia ni siquiera
se dan de mogicones.

I.

Enterados Enriquez y don Amadeo de la resolucion acordada por don Lorenzo y por Bravo, poco antes de recobrar doña
Andrea su conocimiento, y convencidos de la inminencia del
peligro que los amenazaba, hicieron el sacrificio de acudir á la
entrevista, que efectivamente se celebró en casa del último,
sin que la marquesa y Piedad lo supiesen ni lo sospechasen.
Fundábase la principal esperanza que aún tenian los dos primeros de quedar impunes, en el silencio de Pespuntes,
Orejas y Letanías (á quienes ya se habia asegurado que su libertad estaba próxima), y en el de un escribano, un calígrafo
y otros agentes subalternos, seducidos por el respetable y vir-

tuoso jurisconsulto, á fuerza de oro, para sus enredos y misteriosas fechorías.

¡Cuál no sería su asombro, cuando oyeron á Bravo pronunciar uno por uno los nombres de los autores y cómplices de la
ruina de don Lorenzo, y del frustrado secuestro de Arturo y
de Amelia! ¡De qué terror tan profundo no se verian sobreco-
gidos, cuando le oyeron enumerar las firmas, escrituras y otros
documentos falsos, las operaciones de banca fingidas, y, en fin,
todos los abusos de confianza de Enriquez, que habian sido necesarios para dar en tierra con una casa tan fuerte y tan acre-
ditada como la de Figueroa!

Algo de esto sabia. Enriquez, por confesion que, en globo,
le hizo su mujer (en la misma noche despues de lo ocurrido en
la Fuente Castellana), de sus antiguas relaciones con Bravo; pero la revelacion de la marquesa á Enriquez no habia
sido completa, como lo era, en el momento á que el presente
capítulo se refiere, el minucioso relato que estaba oyendo.

—Yo no disculpo mi último galanteo con la marquesa, del
cual hasta hace poco sólo han sido sabedores mis amigos Somoza y Garciestéban—añadió Bravo;—pero juro bajo la fé de
hombre honrado, que ni aun de ese insignificante ardid me
hubiera valido, á no tener el presentimiento, casi la conviccion de la existencia del delito que acabo de patentizar, y aun
doy gracias al cielo de que por él se hayan evitado á tiempo
mayores males. Esta fortuna permite á don Lorenzo, á su esposa y á su hija dar espansion á sus sentimientos compasivos,
enjugando, hasta donde es posible, las lágrimas de una madre
traspasada de dolor; y que por su ejemplar virtud merecia otra
ancianidad mas dichosa. Ahora bien: ó ustedes aceptan el me-

dio único de salvarse que les he propuesto, ó mañana se presenta ante un juez un escrito, cuyas consecuencias no son difíciles de adivinar. A las cuatro de la tarde espero á ustedes aquí con la respuesta. Nada mas tengo que añadir.

Enriquez y el jurisconsulto salieron cabizbajos de la entrevista, maldiciendo á duo la traicion de la marquesa y la fo-
gosidad de sus pasiones, que á tan duro estremo habian traido
á todos ellos.

II.

Veinte dias despues, devolvió Enriquez á don Lorenzo casi
todo el capital robado, reconociendo tambien el jurisconsulto
á sus hijos, á quienes debia ver muy de tarde en tarde.

El escribano y el pendolista desembolsaron igualmente las
sumas recibidas por don Amadeo; en una palabra, todas las condiciones impuestas por Figueroa y por Bravo se cumplieron.

Enriquez debia espatriarse con la marquesa (personificacion
del martirio que aguardaba á su existencia miserable, porque
aborrecia mas que nunca á su mujer), y don Amadeo vivir la
vida horrible del desprecio y del ódio con que envenenaban y
despedazaban su corazon cuatro víboras: la hermosa Piedad,
sus hijos Augusto y Júlio, y el señor Leoncio, cuya mision ó
destino en su casa continuó siendo enigmático para él.

III.

Si en el momento en que voy narrando esta parte de
nuestra historia, tuviese delante de mí al marido de Cipriana,
le diria:

«Quico: dos palabras. El infeliz á quien dan garrote en el Campo de Guardias, á presencia de una multitud curiosa ó cruel que, vestida de gala, acude veloz y jadeante á ver morir un hombre, como acude á ver morir un toro, abandonando los talleres, las casas y los palacios, esto es, el trabajo y los goces apacibles del hogar, inundando las calles y apiñándose en los balcones, ventanas y tejados de la carrera; aquel reo infeliz es menos digno de compasion, que los que cubiertos de hopa amarilla con manchas rojas y soga al cuello, aunque invisibles al mundo, están clavados en la picota de su conciencia delante de un solo testigo, que es Dios. No compadezcas á Enriquez por la pérdida de bienes perecederos, tan malamente adquiridos; compadécelo por la pérdida del sosiego interior, de este bien inmortal, cuyo precio sólo se conoce cuando ya no se posee. Tú, quitándote el pan de la boca y vendiendo las galas de Albaricoque para socorrer á tus amos en los dias de su infortunio; tú, encerrado en el Saladero por haber saltado, sin querer, un ojo á un transeunte; tú, comerciante en vino, que sin duda por fatal influjo de tu estrella, se convertia en esquisito vinagre; tú, calumniado como autor de un incendio, que por poco no os achicharra á tí, á tu mujer y á tu hija; tú, repartidor de periódicos agonizantes, que murieron al nacer tu esperanza de ayudarte á vivir con el valor del reparto; tú, pobre, tú desnudo, tú hambriento; tú, perseguido y amilanado, eras mil veces mas rico y mas dichoso que don Amadeo el jurisconsulto, conde de Buena-Ley, oficial de la Legion de Honor y padre de la Patria, y que Enriquez, el improvisado banquero. Entonces no lo conocias, ahora lo conocerás; entonces el mundo, segun tus cortos alcances, estaba al revés, y sin embargo, el mundo estaba tan á derechas como ahora. ¿Qué pretendias? ¿Qué esperabas? ¿Que la voluntad y el pensamiento divino se torciesen, ó variasen á tu arbitrio, por interés de un gusano como tú? Imposible, Quico: el hombre de razon y de creencias inalterables, no pide al invierno la cosecha que tiene marcado su tiempo en la estacion contraria; el que trabaja en la heredad del porvenir, tampoco espere recoger en el breve invierno de este valle el fruto de sus afanes, el cual no tendrá madurez perfecta hasta que la mano piadosa de la muerte dé entrada por la puerta del sepulcro á la luz y al aire del eterno dia, que han de sazonarlo. Tú, pobre ó ignorante, ves únicamente la Babel que la soberbia y la locura humana construyen con sus vicios, porque es un monumento material propio para ser visto con los sentidos, y que con toda su altura no llega á las nubes; pero no ves esa otra escala inmaterial que se esconde en la profundidad de los cielos, y que los trabajos, la resignacion y el martirio, peldaños seguros, van formando al hombre virtuoso, para que suba al lugar de las recompensas. El dolor no es el enemigo, es el amigo inseparable y leal del varon justo; una vida sin dolor, es una vida estéril, porque es una vida sin lágrimas, sin sudor, sin actividad, sin fatiga, sin sacrificio; es decir, sin nada de lo que prospera y santifica la obra humana. ¿Qué debe la moral, qué debe el arte, qué debe la ciencia, qué debe la industria, qué debe la civilizacion al sibarita que duerme cuando sus hermanos velan, que goza cuando estos sufren, que rie cuando otros lloran, que reposa en el ocio cuando los demás trabajan, que gusta la copa de un festin contínuo, miéntras innumerables séres agotan la de la amargura? Hoy dices que el mundo está á derechas, porque la fortuna, vuelve á sonreir á tus amos: considera por un momento la suerte aciaga de otros séres que valen tanto ó mas que ellos, y dirás, so pena de ser loco ó necio, que está al revés. ¡Ánimo, Quico! No desmayes, no blasfemes, no digas, como los niños ó como los ignorantes, que el sol anda y que la tierra se está quieta, porque no sientas bajo tus piés su movimiento; no digas que el malvado vive, porque no veas el cadáver de su alma. Trabaja, sufre, y adora al que posee la clave de los grandes misterios; y si alguna vez se digna regocijar tu pobre corazon un solo momento de la vida, bendícelo y dale las gracias, porque hasta de ese gozo, con ser tan breve y tan escaso, podria, y no quiere, privarte su misericordia.» Todo esto diria yo á Quico Perales.

IV.

Pero si me oyera uno de esos hombres, llamémoslos así, que no creen mas que en lo que tocan, porque carecen de ideal, me responderia con mucha sorna:

«¿De dónde viene usted, buen señor? ¿Usted vive en el mundo, ó en el limbo de los niños? Por mas que pondere las ventajas y méritos de los trabajos, de la resignacion y del sacrificio, no creo que haga muchos prosélitos; y aun debo añadir, que hasta me repugna ver al demonio metido á ermitaño, esto es, escuchar en boca de ciertos autores máximas y consejos que nunca realizan en su vida práctica. Yo no tengo otro ideal que darme buena vida; comer, beber, divertirme y tumbarme á la bartola, y á Dios gracias, engordo que es un portento. Al artista, al sabio, al hombre probo, al genio modesto, al república virtuoso que esperen á que les llueva el maná del cielo, sin pregonarse, sin agitarse, sin arrastrarse, trabajo les mando. La vida es un pugilato, en el cual el que tiene mas fuerza, mas habilidad ó mas cinismo, es el que mas pronto logra los favores de la suerte. Se lucha con los brazos, con los piés, con los dientes, con las uñas y con la lengua, repartiendo puñadas, punteras, mordiscos, arañazos y calumnias; es preciso que el hombre posea para vencer, la facultad prodigiosa de convertirse en Proteo, tomando distintas formas segun las exigencias del momento; es preciso que se trasforme en mujerzuela, en alcornoque, en mármol, en culebra, en sapo, en alacrán, en incensario, en ángel, en santo, en diablo; que sea mudo, sordo, ciego ó idiota cuando le convenga; que para coger la breva que ansía y que está en la parte opuesta al punto que él ocupa en el espacio, salte por encima de sus amigos, de sus bienhechores, de su hermano, de su padre. La vida de hoy es difícil, es cara: la industria ha hecho una revolucion profunda, incalculable, en los antiguos hábitos del individuo en particular y de los pueblos en general: cada adelanto, cada invento suyo es una tentacion para los sentidos á que muy pocos resisten, porque asaltan la fortaleza humana por los ojos, por la boca, por el oido, por el olfato y por el tacto, bajo la forma de coches, de escaparates, de joyerías, de telas, de manjares, de perfumes, de teatros y otros mil. Lo que antes costaba el alquiler de un palacio, cuesta hoy una ratonera; lo que antes... ¿pero á qué me canso en decir lo que de nadie es ignorado? ¡Pobre autor de *El Mundo al revés!* Un consejo de amigo: ¿quiere usted acertarla? Déjese de músicas celestiales; descienda del paraíso de los *tontos*, y siga la corriente, que es lo que hacen otros tontos que no habitan ese paraíso, y los hombres mas distinguidos por su sabiduría.»

V.

El pobre autor de *El Mundo al revés* tiene la conviccion íntima de que si practicase la doctrina consoladora desenvuelta en su libro, el caballero positivista, que con tal desenfado la escarnece, lo respetaria en el fondo de su alma; que lo santo y lo bello, posee el privilegio de ser simpático aun á los que mas distan de realizarlo.

CAPITULO LIX

Quéjase Somoza de la falta de equidad que, segun él, ha presidido al reparto del botin de la campaña que se ha narrado en la presente historia.—Bravo le propone una novia.—Descúbrese que Garciestéban es casado.—Bodas ideales.—La semilla del porvenir.

I.

—Observo—dijo una mañana Somoza á Bravo—una falta irritante de equidad en el reparto del botin y en la concesion de recompensas al finalizarse la campaña en que, con tanta gloria y abnegacion, he peleado. En primer lugar, tú, á lo tonto, te cuelgas la gran cruz del matrimonio, que celebraré te sea ligera, como suele desearse á los muertos, hablando de las paletadas de tierra que les echan encima.

—Adelante; esclama Bravo.

—En segundo lugar, don Lorenzo recobra su fortuna que, sin perderla él, se habia encontrado Enriquez, mocito con una vista de lince que pasma.

—¿Hay mas?

—En tercer lugar, mi señora doña Lucrecia va á ponerse al frente de *La Humanidad*, periódico rabioso, costeado por tí, con el que bloqueará y bombardeará *inhumanamente* el bello alcázar del pasado, que Dios conserve muchos años; lo cual significa, en dos palabras, que al fin su sueño de oro se realiza.

—Concluye.

—¡Sí! ¡sí! ¡Ya escampa, y llovian guijarros! En cuarto lugar, Clotilde asegura el nombre y el porvenir de sus hijos.

En quinto lugar, tu novia se encarga de la educacion de Albaricoque, y regala á Cipriana Santos y á Quico Perales la cantidad que necesiten para *poner un puesto* en la plazuela del Cármen, que le diga al de no sé qué tia Liebre: *quitate allá.*

En sesto lugar, no ahorcan á don Amadeo.

En fin, chico, todos chupan.

Y yo ¿qué saco? Lo que el negro del sermon.

—Te equivocas—responde Bravo;—tu sueño de oro va tambien á realizarse.

—¿De veras?

—Con una condicion; observa al punto Garciestéban.

—¿Cuál, mi señora doña Lucrecia?

—Que te alistes bajo una bandera; que seas fiel á los principios que adoptes; que seas persona decente; que tengas pudor político.

—¿Puedo yo, por ventura, ser mas fiel de lo que soy? ¿No soy consecuente en mi inconsecuencia? ¿No amo la libertad, con un amor tan acendrado como el del pajarillo que vuela de

rama en rama, libremente, por supuesto? ¿Quién mas esclavo
que el hombre que se pega para siempre á la falda de una
mujer, y el que se unce para *in ætermum* al yugo de un
partido?

—Es condición precisa—esclama Bravo—que te declares
blanco ó negro, azul ó verde; que tengas un color.

—¿Y qué?

—Y serás diputado.

—¡Oh, querido Cantárida de mi alma!—grita Somoza,
abrazando á su amigo, loco de contento.—¡Oh querido Cantárida!—repite.—¡No me la pegues, no te burles!

—El baron de Solares y el marqués de la Cabeza te pres-
tarán su apoyo y el de sus amigos, que te elegirán para la
vacante de uno de los distritos de la provincia de Valencia,
anunciada como próxima, por renuncia del que lo representa.
Se les ha dicho que eres hombre honrado y de talento, y conviene que vean que tambien eres hombre formal.

—¿De qué color os parece que me pinte?—pregunta Somoza;—porque, á la verdad, hasta hoy no me he detenido á
pensarlo.

—Nosotros—responde Garciestéban—estamos por lo negro: somos negros bozales, somos esclavos... pero de una idea.

—Soy negro—esclama Somoza;—¡viva la esclavitud... sin
cadenas! ¡Viva el carbon! ¡Viva la tinta... negra! Chicos, me
siento ya con el entusiasmo y el valor de un Espartaco! Formalmente, lo que he hecho por Clotilde me ha convencido de
que resulta mas gloria, mas alegría y mas felicidad de ocuparse en algo útil, en algo bueno, que de estar sosteniendo
esquinas, papando moscas, haciendo cabriolas, ó tirando de la

oreja á Jorge. ¡Pobrecilla! ¡Si la hubiéseis visto, como yo, llorar á lágrima viva, y abrazarme, y besar á Chima y estrechar á la Capitana contra su seno, cuando entré en la fonda con Amelia y Arturo! ¡Si hubiéseis visto aquel rostro blanco, pálidamente mortal, reanimarse, encenderse, trasfigurarse al calor de los besos de sus hijos! ¡Si hubiéseis visto asomar una lágrima á mis ojos, cuando á la mañana siguiente encontré, en un rincon de la cueva donde Orejas y consortes metieron á los niños, el perrillo leal de Arturo, ahogado por los infames! Fué aquella mañana la primera vez que hice justicia á mis sentimientos, y la primera que, poniéndome una mano sobre el corazon, dije:

—¡Aquí hay algo, sí señor, aquí hay algo; aquí hay una cosa que yo ignoraba que existiese!

—Una pregunta suelta, Somoza—dice Bravo:—¿quieres casarte con Marieta?

Somoza se queda pensativo...

Bravo repite:

—¿Quieres casarte con Marieta?

—¡Hombre, lo has dicho tan de sopeton!

—¿Qué te parece la chica? Formalmente.

—No me disgusta.

—Es guapa, es juiciosa, es mujer de gobierno, lo cual, unido á la circunstancia de no tener el baron de Solares pariente mas próximo ni mas apreciado que ella, hace de Marieta un partido ventajosísimo.

—Mis amores—observa Somoza—principiaron en Buñol, camino de la Fuente de San Luis, mientras tú y Amparo pelábais la pava, y aún no sé cómo los ha recibido ella; lo único

que puedo decirte, es que no he visto genio mas jovial que el
suyo en los dias de mi vida. Yo creo que conoció que las grandezas mias que le iba pintando eran ilusiones vanas, cuentos
forjados por mí para aturdirla y pescarla. Convengo en que
me escedí en mi representacion de amante improvisado; que
dí un color y un relieve escesivos á mis relaciones, á mis
prosperidades, á mis esperanzas y á mis simpatías en el país;
no recuerdo si me eché á sus plantas, como galan de teatro,
impulsado por mi eficacia en servirte y distraer su atencion,
mientras mi señora doña Lucrecia distraia la del baron de Solares y el marqués de la Cabeza; lo que recuerdo perfectamente es que Marieta se desternillaba de risa oyéndome hablar.
Tal es el estado de nuestro asunto.

—Pues yo sé que tú no le eres indiferente.

—Supongo que lo sabrás por Amparo.

—Justo.

—En fin, lo meditaremos.

—Eso es, hazte ahora el interesante.

—Es que el casarse no es asar castañas; y si no, que lo
diga ese cartujo, que no hace otra cosa que oir, ver y callar.

—Yo estoy casado en secreto hace mucho tiempo; responde Garciestéban.

El tono solemne con que Garciestéban pronuncia estas palabras, sorprende á sus dos amigos.

—¡Oiga! esclama Somoza.

—¿Con quién? pregunta Bravo.

—Con mi Musa, con mi Idea, con la Libertad—responde
Garciestéban sonriéndose.—Quiero consagrarle aún toda mi
inteligencia, todo mi amor, todas mis fuerzas, hasta que la

vea coronando la cima de nuestras instituciones, como la cruz corona las cúpulas de los templos, como el sol corona los cielos. Jóven soy, soy huérfano, y antes de formarme una familia, antes de buscar una compañera con quien compartir las penalidades y los goces de la vida, antes de contraer obligaciones que hoy no podria cumplir, quiero romper algunas lanzas mas por la dama de mis pensamientos, en la batalla que riñen los dos principios que se disputan la direccion de los pueblos.

—Chico, el mejor dia te llevan á la casa de locos de Leganés—dice Somoza;—no seas maniático: rinde, en buen hora, homenaje á tu Dulcinea; pero ni tanto, ni tan calvo que se le vean los sesos.

—Su manía es respetable—esclama Bravo;—yo te aseguro que si todos participásemos la mitad siquiera que este de ella, otro gallo nos cantara. Los hombres mas cuerdos, han sido locos sublimes. La locura de Colon, dió al mundo un continente; la locura de los grandes pensadores y de los grandes artistas, ha descubierto horizontes divinos, tras de los cuales se oculta la verdad. El hombre que ama verdaderamente á una mujer, no la ama sólo por su belleza física, sino por las perfecciones morales de que la juzga adornada, y que completan el sueño de su felicidad. El hombre que ama verdaderamente una idea, la materializa, le da cuerpo, la hace carne, si puede decirse así, en su pensamiento, y la coloca en el altar de su alma, completando de esta suerte, como el primero, el sér que considera digno de su adoracion. Estas nobles figuras que crea la mente, no lo dudes, Somoza, tienen voz que nos habla, ojos que nos miran, brazos que nos acarician, labios que nos besan, encantos, en fin, que nos atraen, y seducen y fascinan. La jóven que aún no ha entregado su corazon, se forja en el alma el ideal del hombre, segun lo concibe entonces; y ama bastante mas este ideal, este sueño, que despues al hombre mas perfecto; pues, por mucho que lo sea, siempre tendrá las imperfecciones de la realidad. La muñeca formada en la imaginacion de una niña, siempre es mas linda que las muñecas de carton y de tela que ve en los escaparates de *La Estrella del Norte;* el drama que concibe un poeta, la estátua que concibe un escultor, siempre son mas bellos que el drama escrito y que la estátua cincelada. Por otra parte, las grandes ideas inspiran grandes hechos, y aunque las instituciones humanas no se las asimilen por completo, lo mejor que tienen, á ellas se lo deben.

—Me convences, Cantárida; y en prueba de ello, y de que deseo adquirir los hábitos de una vida nueva, esta es la última vez que te doy el nombre del insecto, que tan legítimamente ganaste en la vida vieja.

En cuanto á *ese,* ya que no pueda imitarlo, no le negaré mi admiracion, no diré que sus palabras son música celestial, su fé una antigualla, y su consecuencia un objeto de risa ó de lástima.

—Quizá lo diga yo con el tiempo—observa Garciestéban—cuando las canas principien á blanquear mi cabeza, cuando el frio de los años paralice en mis venas el curso de la sangre y apague el calor de mi alma, ó la fortuna me arrulle y aduerma en sus brazos. ¿Quién podrá responder de sí? La juventud es la edad de los sentimientos puros y desinteresados; hablo en general, pues hay tambien jóvenes que, á semejanza de cier-

tas flores de aparente lozanía, llevan oculto en su corazon el
gusano que nace de la muerte. Yo despreciaria y escupiria,
si no los compadeciese, á esos hombrés caducos, decrépitos,
que niegan la luz del sol que ha alumbrado el camino de su
pobreza; que no consagran una memoria al árbol amigo, cuya
leña mantiene vivo el calor del hogar, en torno del cual se
sientan él y sus hijos; que se burlan del agricultor que siembra la semilla del porvenir, acaso para que recojan otros ingratos como ellos, la cosecha debida á sus afanes. Júdas vive
aún; todavía Jesucristo está en la cruz, y la aguda lanza del
soldado romano atraviesa su pecho divino. En *La Humanidad*
desarrollaré mi doctrina con la estension, el detenimiento y la
independencia porque he suspirado años enteros. Será el periódico de todos los que aman, de todos los que sufren, de todos los que creen: ahora mas que nunca, debo esperar que al-
cen contra mí un clamoreo general, los que odian, los que
rien, y los que niegan; los rencorosos, los cínicos y los ateos.
Me llamarán cándido, utopista, visionario; me dirán que formo
castillos de náipes, que predico en desierto, figurándose acaso
en su imbecilidad que las revoluciones en las ideas nacen de
escopetazo, y que basta que el hombre diga *Fiat lux*, hágase
la luz, para que la luz sea. La luz será, sin embargo; y si yo
dejo á mi paso por el mundo de la inteligencia un átomo siquiera, ese átomo formará una parte, aunque mínima, del
océano que ha de bañar el mundo venidero, el mundo que se
presiente, que se oye, que se acerca. No constituyen por sí solos un árbol el tronco y las ramas, sino tambien las hojas mas
pequeñas; el mar no existiria, si no existiese la humilde gota
de agua; ni la playa, si no existiese el grano de arena; ni el

dia, si no existiese el minuto. Bravo, tú eres rico, y me ofreces parte de tu capital para auxiliarme en una empresa que, aunque fuera imposible de realizar, no por eso dejaria de ser generosa, como lo ha sido la que hemos llevado á cabo por tu iniciativa y con tu ayuda: vas á casarte con Amparo, y serás cinco ó seis veces millonario; mucho bien puedes hacer; nada mas te digo, porque sé que, al menos en esta ocasion, no predico en desierto. En cuanto á Somoza, me atrevo á pronosticarle que nuestra compañía lo perderá al fin, pues la fruta sana, como él, que está al lado de la fruta podrida, como nosotros, segun repite á menudo, concluye por podrirse.

La conversacion que antecede siguió al anuncio hecho por Bravo á Garciestéban y á Somoza de su próximo enlace con la hija de Figueroa. Los dos últimos debian ser testigos del primero en la Vicaría, así como de Amparo el baron de Solares y el marqués de la Cabeza.

CAPITULO LX.

Forman la ausencia y la muerte
en el alma un cementerio,
con nichos donde el olvido
va enterrando los recuerdos (1).

I.

El otoño viene á iluminar con las tintas melancólicas de
sus rayos el entierro de una madre olvidada por el mundo,
pero cuyas virtudes están muy presentes en nuestra memoria.

La madre de Enriquez ha pasado á mejor vida; la evidencia del crímen de su hijo, y la espantosa lucha de afectos de
que fué teatro su corazon desde su llegada á Madrid, agotaron
las pocas fuerzas que le restaban.

A los dos dias de partir aquel para el estranjero con su
mujer, espiraba doña Andrea en una miserable buhardilla,
donde unas buenas almas tuvieron la caridad de recogerla.

(1) Copla del autor de esta novela, en su coleccion de *Armonias y Cantares*, recientemente publicada.

Convencida, en el poco tiempo que los trató, de la clase de gente que eran don Amadeo y Piedad, y de la parte que habian tenido en la perdicion de su hijo, abandonólos sin decirles dónde pensaba habitar hasta volverse á Estremadura, único deseo que ya tenia.

Una vieja parihuela ó camilla, llevada por dos dependientes de la parroquia á que la difunta pertenecia, encierra sus restos mortales.

Detrás de la camilla... nadie; la pobreza no tiene séquito, ni en vida, ni en muerte.

¡Y sin embargo, qué vida tan útil y tan ejemplar la de esta mujer sublime! ¿Deberemos sentir su ausencia? ¿Qué le quedaba ya que hacer en el mundo? Su obra estaba concluida.

El árbol que da su flor, su perfume y su fruto, ha cumplido el fin que en la creacion tiene marcado.

Pero si no sigue á la camilla un lucido cortejo fúnebre, acompáñanla la apacible serenidad de la tarde, la luz de ocaso que se quiebra entre el ramaje y corona los montes, el gorjeo de los pájaros que en las arboledas del rio se ocultan, el rumor de los campos, la amorosa despedida, en fin, de la naturaleza, que en semejantes horas siempre exhala un suspiro por el sol que cae y por el hombre que muere.

II.

Los cirios, los cetros, el estandarte, el acetre, la cama imperial y otras *asistencias* que las cofradías y sacramentales dan á sus individuos cuando fallecen, naturalmente faltaron en esta ocasion á doña Andrea, cuyo nombre no se hallaba inscrito en ninguna, como le habian faltado las hachas, el roquete, la muceta, el pálio y el altar en el momento del Viático; por la misma razon no van detrás de su *féretro*, pomposamente colocado en carro fúnebre de lujo, coches de respeto, ni al llegar á la última morada lo recibe nadie mas que la soledad y el silencio que suelen reinar en ella todo el año, menos el dia de los Santos.

Yo, que visito alguno frecuentemente, nunca he acertado á esplicarme la triste soledad de los cementerios, sino atribuyéndola, en general, á la falta de creencias.¿ Qué hay en ellos que deba entristecernos ó espantarnos, trascurridos los primeros dias de la separacion de nuestros padres, de nuestros hermanos, de nuestros amigos ó de nuestros hijos? ¡El dolor! ¡Triste disculpa de la indiferencia y del olvido! Si fuera posible ver lo que hay en la memoria de gran parte de los vivos, hallaríamos en ella una soledad mil veces mas horrible que la que observamos en el asilo de los que fueron.

Mal se aviene este olvido eterno con la pompa de los funerales en la poblacion, y con el ornato de los mausoleos y de los nichos en el cementerio, cuando se celebra el aniversario general de los difuntos. No seré yo quien repruebe estas manifestaciones cuando proceden del amor y no de la vanidad. Yo tengo en el Campo Santo una niña, única posteridad que Dios me habia concedido, y á serme posible hubiera levantado un templo á la memoria de su inocencia virginal, que hoy es el consuelo, como ayer fué la esperanza y la gloria de mi vida. ¿No pienso en ella, y la veo, y la oigo, y le hablo á todas horas, porque está dentro de mí con su belleza de ángel, con su voz, con sus gracias y con su pureza? ¿Por qué he de temer

acercarme á los sitios en donde se respira algo que ha pertenecido á ella, en donde su dulce sombra viéne á mí con los
brazos abiertos, con sonrisa de cielo, vestida de luz y coronada
de azucenas, como para contarme y hacerme, en cierto modo,
partícipe de su felicidad presente?

Para el alma de creencias firmes y profundas, la muerte
es mentira, la muerte no existe. El hombre *al pasar* de esta á
la otra vida, no hace mas que despojarse del viejo y roto vestido del trabajo, como el jornalero cuando llega el dia de fiesta, para ataviarse con sus mejores galas, y descansar de sus
fatigas. Es como la flor, cuya esencia se conserva en vasos de
purísimo cristal, despues de haber desparramado por el viento
sus hojas secas.

III.

Habia en uno de los patios, á la derecha de la entrada del
Cementerio general, una profunda zanja irregular, una especie de barranco estenso, donde se enterraba de caridad á los
pobres procedentes de la poblacion y de los hospitales. Hoy
está revestido de ladrillo, y se ha modificado, aunque poco, el
aspecto de frio, de repugnante, por no decir criminal abandono, en que se tenia este depósito de cadáveres cristianos.

Esta zanja es la fosa comun, el *hoyo grande*, como dice el
pueblo.

El pueblo, que tiene una memoria felicísima, ha recibido
la indicada mejora con gratitud, con alegría.

Contemplándola estaba yo una tarde, apoyado sobre la baranda de madera que limita el hoyo, en su parte superior, ó
impide caer en él á los curiosos, cuando una jóven, despues de

mirarlo bien, dijo á su anciana compañera, con la fruicion ponderativa del que desease morirse para ser enterrado allí:

—Señá Engracia, ¿ha visto usté qué igualito lo han puesto? ¡Vaya! ¡Es que está *mu* bien, *mu* bien!

La tarde á que aludo era la del dos de noviembre.

En el fondo del hoyo grande ví unos paños ó bayetas negras, raidas, salpicadas en toda su estension de gotas de cera: en dos de los cuatro ángulos de cada una de estas fúnebres alfombras, ardian, ó mejor dicho, no ardian, por haberlas apagado el viento, estaban dos velas en sus candeleros, cuya falta de luz contribuia á aumentar la desolacion del espectáculo: en el centro de entrambas una calavera con dos huesos delante puestos en forma de cruz, servia como de epitafio general á la gran sepultura anónima de los pobres; anónima, porque ninguna lápida espresa jamás los nombres especiales de los cuerpos que traga la fosa comun, así como ninguna lápida sóbre la superficie del Océano espresa los de los náufragos que las olas tragan. Aquel epitafio sin letras era, no obstante, mas elocuente que todas las doradas inscripciones del cementerio juntas, porque en él leia el corazon la gran palabra *Hombre*, pronunciada por la voz grave y solemne de la eternidad.

Por eso mientras los curiosos cruzaban indiferentes las galerías (cuando no reprimiendo una sonrisa burlona, si el fúnebre ornato de los nichos y demás enterramientos particulares no se ajustaba á su gusto), raro era el que entrando en el patio del hoyo grande salia sin murmurar un *Padre nuestro* y echar alguna limosna sobre las bayetas, para responsos.

Durante mi contemplacion, oí á propósito de esto, esclamar á un muchacho:

TOMO II.

79

—¡Cuánto dinero! ¡Lo menos *ajuntan* un duro!

Y á una mujer, fijándose menos en la colecta que en el desolado aspecto de la fosa comun:

—¡Y tanto *antusiasmo* para vivir!

IV.

Ya que hemos seguido el *féretro* de doña Andrea, acerquémonos al hoyo grande para despedirla con una lágrima, puesto que no la acompaña el dolor de Enriquez, ni la piedad de un amigo; su muerte, segun se ha dejado entender, fué ignorada de todo el mundo.

El Cementerio general es árido como una playa arenosa; apenas un ciprés caduco, una acacia raquítica, interrumpen á largos trechos la monotonía desconsoladora de sus patios; en el de la fosa comun, menos afortunado, ni un arbusto, ni una flor deben haber nacido nunca; no es de estrañar, pues, que los pájaros huyan de él, y que sólo la voz (no muy respetuosa quizá) de los sepultureros, á quienes inhumaciones de esta clase únicamente proporcionan trabajo sin recompensa, se oiga en tales casos.

Pero al levantar uno de ellos la tapa de la camilla, el último rayo del sol poniente dió de lleno en el rostro de la difunta, ó hizo ver esa inefable sonrisa, esa espresion dulce y tranquila, esa augusta majestad que parecen indicar ya la posesion plena de la bienaventuranza.

El sepulturero mas anciano, y, por tanto, de mas esperiencia, sorprendido al observar una fisonomía que no presentaba ninguno de los rasgos con que la muerte marca á sus víctimas en la generalidad de los casos, y dominado por una impresion que le hubiera sido imposible esplicar, dijo á su compañero:

—¡Si esta mujer no es santa, no hay santos en el cielo!

V.

La tierra del hoyo grande, es decir, el oleaje de este mar, donde nunca podrán ya encontrarse los restos de doña Andrea, aunque su hijo vuelva mañana opulento, regenerado, lloroso, y quiera pagar la exhumacion á peso de oro (porque ninguna lápida espresa jamás los nombres especiales de los cuerpos que traga la fosa comun, así como ninguna lápida sobre la superficie del Océano espresa los de los náufragos que las olas tragan), cubrió poco despues con su velo piadoso, con su humilde y cristiano sudario, sin un triste responso siquiera, la faz de la mártir que hemos visto trasfigurada, y cuyos funerales se reducirán en el próximo aniversario de los difuntos á la escasa parte que le corresponda de las oraciones de los que pasen por este patio.

No necesita mas.

CONCLUSION.

Comida y baile modestos, para celebrar la boda de nuestros amigos Bravo y Amparo, con los bríndis y demás cosas dignas de ser contadas. Despídense el lector y el autor de varios compañeros de tránsito por el mundo, que lo merecen, y el último entona un *hossanna* á la civilizacion.

I.

Sabe el lector que don Lorenzo Figueroa conserva aún cierto apego á las añejas costumbres domésticas en que lo educaron, y que teniendo que conceder algo á la época, ya por su posicion, segun ahora se dice, y por sus relaciones como banquero, ya por no parecer ridículo, se habia visto obligado muchas veces á relajar, en sus buenos tiempos, la rigidez austera de aquellas costumbres, permitiendo que Amparo concurriese á brillantes *soirées*, y aun franqueando los salones de su casa á sus antiguos *conocimientos*.

El paréntesis de su ruina ahuyentó de su lado á las personas que, en los dias de prosperidad, lo buscaban; así es que ahora, libre de compromisos, se propone celebrar la boda de su hija, como si dijéramos, á puerta cerrada, convidando únicamente á la comida y al baile de familia, que constituyen el programa, á las personas de su mayor confianza y cariño.

Cuando el baron de Solares le dice que es necesario seguir la corriente, dar á Dios lo que es de Dios y al César lo que es del César, entendiéndose por César la sociedad, puesto que en sociedad vive y no en un desierto, él le responde con el acento de una resolucion invariable:

—Mira, baron, déjame en paz con mis aprensiones y mis rarezas: hoy mando yo aún en mi hija y en Bravo; mañana resigno mi autoridad, que tú has calificado tantas veces de absoluta, y podrán hacer de su capa un sayo. Manteles limpios, comida buena y abundante, amable franqueza, cuatro amigos, mucha paz y poco ruido, bastan para satisfacer mis ambiciones con motivo de la boda de mi hija. El marqués aprueba mi plan, y si no se te ofrece otra cosa en que yo pueda complacerte, lo que es en esa... perdona.

El baron replica, hecho un gallo inglés, que su aristocrático amigo está mandado recoger, que es una figura escapada de un tapiz, un hombre del tiempo de Maricastaña, y por consiguiente, no sabe á qué hora estamos del siglo; añadiendo que lo que el marqués se propone, aprobando el banquete patriarcal, es tener pocos testigos de vista, para entregarse con toda libertad á los escesos de la gula que lo distingue, á pesar de sus dolores de estómago, en los cuales nunca ha creido mucho él.

Defiéndese de tan rudos ataques el marqués, observando que para él no hay banquete humilde, ni manjar desabrido, mientras *su salsa*, el baron de Solares, los sazone con sus amenos *absurdos*, relativos á las ventajas de este siglo sobre los anteriores.

II.

Verifícase, pues, la comida á gusto de don Lorenzo, colocándose los que en ella toman parte por el órden siguiente:

En el testero de la mesa, don Lorenzo, con doña Cármen á la derecha, y el baron y el marqués á la izquierda.

Al frente de ellos los novios, formando una pareja que da gloria verla: á la derecha de Amparo, Cipriana, con su inseparable Albaricoque sobre el regazo, y Quico Perales; los tres emperegilados y vistosos á mas no poder, con los colorines de sus trajes acabaditos de estrenar: á la izquierda de Bravo, se ve á Marieta, Somoza y Garciestéban, con otra media docena de convidados.

El recuerdo de lo sufrido, contrastando con la felicidad presente, hace brotar, en medio de la alegría y animacion del banquete, mas de una lágrima, que se apresura á enjugar el bueno de Solares, asaeteando á su vecino el marqués con punzantes observaciones.

Otras veces, un disparate de Quico, inmediatamente corregido por Cipriana con otro mayor, ó algun pellizco por bajo de cuerda, enciende entre ellos disputas que aumentan el comun alborozo.

Si Somoza flecha con sus ojos á Marieta, al descuido con cuidado, y los sorprende por casualidad una mirada curiosa, el rubor de aquella revela misterios y simpatías hasta ahora de nadie, ó de pocos, sospechados.

Por último, Albaricoque, charlando como una cotorra, y haciendo esas mil monadas de los niños, que embelesan á sus padres y suelen fastidiar á los estraños, tiene en este dia tan graciosas ó inesperadas salidas, que el baron jura no haber conocido gorgojo de su edad, dotado de inteligencia mas precoz ni de genio mas vivaracho y comunicativo.

Hay un contagio del que nadie huye, y contra el cual nadie pide cordones sanitarios ni lazaretos: el contagio de la alegría.

Este contagio ha invadido á todos los comensales, menos á dos, de quienes debe hacerse mencion aparte: Clotilde y Amelia; pues en cuanto al travieso Arturo, su corta edad lo dispensa de entregarse demasiado á reflexiones y sentimientos dolorosos. La entrada de la vida, como la de ciertos rios que corren al pié de sonoros bosques, es alegre, segura y llena de luz; pero á medida que nos alejamos de la orilla, distraidos aún por sus encantos, la pendiente, al principio suave, se va inclinando y haciéndose resbaladiza de una manera insensible, hasta que llegamos á un punto en donde la atraccion de un abismo y la falta de firmeza del fondo, nos arrastran á peligros incalculables, causándonos temores que no siempre logran vencer la serenidad y el valor mas probados.

El largo martirio de Clotilde ha impreso en la faz de la pobre niña un sello de melancolía que conmueve, sin dejar de hacer mas interesante de lo que en sí es su natural belleza, casto reflejo de la de la madre. A la de Clotilde (cuya marmórea blancura mate, un tanto violada en los párpados, se destaca del oscuro marco de los cabellos), no le falta mas que la demacracion ascética, para representar la imágen de una de aque-

llas antiguas pecadoras que, como la Magdalena, regaban con
su llanto y llenaban con sus gemidos la soledad de los desiertos. En su mirada, luminosa y profunda, siempre hay algo
sombrío, que viene de la noche del alma; en su sonrisa, aun la
mas dulce, siempre se percibe la espresion amarga de la pena
interior; pero de una pena sin remordimiento, porque la expia-
cion de la culpa y el amor á los hijos han purificado y redimido á la madre. Esta pena sin remordimiento, podria compararse con un sonido lejano, y aun mejor, con las últimas y
apagadas vibraciones de una cuerda herida por una pulsacion
vigorosa.

Pero si Clotilde y Amelia no participan por completo del
comun regocijo, este regocijo, sin embargo, les hace bien,
como el agua al que tiene sed, como el pan al que tiene hambre, como el calor al desnudo, como la compasion al des-
valido.

Yo creo poco en la conversion sincera de las *Traviatas*, de
esas mujeres desgraciadas cuyo oficio es la liviandad; creo,
por el contrario, que si fuese posible reintegrar en su salud,
en su hermosura y en su esplendor perdidos, á las Violeta, á
las Margarita Gautier, volverian á sus desórdenes, y acaso con
mayores brios que nunca. Su virtud es una virtud de farsa,
una virtud de las que fabrican ciertos autores que se distinguen por esa habilidad calamitosa para el arte, que los fran-
ceses llaman *savoir faire*, para edificacion y asombro de los
ignorantes; es la virtud de la impotencia, es la virtud del que
no anda porque está tullido, del que no canta porque ya carece
de voz, del que no juega porque ha perdido todo su dinero.

Pero la pobre Clotilde, si no es una santa, es una mártir,

y consagrada en la fuerza de su vida, en la plenitud de su hermosura y con el pié en una senda que le ofrece flores y reposo, á los deberes de la maternidad y á los deberes de la gratitud, bien merece que no se la confunda en el triste anatema lanzado por la moral contra aquellas infelices criaturas, y que se la coloque en el lugar en que ya la coloca el aprecio de los que han contribuido á sacarla del abandono y de la miseria en que la conocimos cuando por primera vez la visitó Garciestéban.

III.

Al fin de la comida, y antes de abandonar la mesa, propone el baron que cada cual pronuncie un bríndis, seguro de que don Lorenzo apoyará esta idea, que tan de acuerdo se halla con su apego á lo antiguo.

Nuestros abuelos, en ocasiones semejantes, echaban, como vulgarmente se dice, una cana al aire, celebrando con risas y estrepitosas palmadas, ó con arqueamientos de cejas, en señal de asombro, el soneto meloso, la décima insulsa, el candor de una agudeza, de un chiste problemático, ó el soporífero epitalamio que un aprendiz de poeta leia ó recitaba, despues de muy rogado, para que venciese una modestia siempre dispuesta á dejarse vencer.

Reducianse, por lo comun, los bríndis, á desear á los novios mucha salud, muchas pesetas, y muchos hijos, á cuyo efecto, en vez de invocar á Dios y á la Vírgen, como cristianos, católicos y apostólicos que eran, invocaban á todos los dioses del paganismo, siendo Vénus, Apolo y Cupido los que merecian la preferencia.

La terminacion de una comida de boda convertíase entonces en una orgía, en una verdadera saturnal de inocentes desahogos que, á pesar de todo, no era raro encendiesen el rubor, así en las mejillas de las mozas casaderas, como de las ancianas.

La moda va acabando con estas alegres y bulliciosas espansiones, tras de las cuales venia la reposada gravedad de la vida casera, que, segun he dicho en otro capítulo, tantos puntos de contacto tenia con la del cláustro.

Las familias de las clases trabajadoras solázanse aún en la *Fonda de Europa*, en la *Pradera del Canal*, ó en *San Antonio de la Florida*, cuando ocurre un acontecimiento de esta especie; pero en la media, y principalmente en la alta clase, se ha introducido la costumbre de que los novios, apenas el sacerdote los une, huyan impacientes, como avergonzados, ó como criminales perseguidos, á esconder su lograda ventura y pasar la luna de miel, ya en país estranjero, ya en un campestre retiro.

IV.

Pero no es sólo, como á primera vista parece, el deseo de dar á la comida de boda el aspecto y color de lo antiguo lo que induce á Solares á proponer los bríndis; hay un complot fraguado, con gran secreto, contra los novios y sus padres, por el baron, el marqués, Marieta, Clotilde, Somoza, Garciestéban, Quico, Cipriana, Amelia, Arturo y Albaricoque.

Ninguno de los presentes, ni los ricos en calidad de tales, ni los pobres como pobres, ha regalado valor de un alfiler siquiera á los novios; cosa en verdad no para sentida por estos, ni por los padres, mas sí para estrañada, porque en semejantes casos no hay amigo que deje de hacer alguna demostracion de esas que el afecto y la costumbre tienen sancionadas.

Pronto va á cesar la estrañeza, si acaso existe en alguien.

La niña de Cipriana, obedeciendo á esta, que tiene en la mano una copa de Champagne, manda desde su sitio una porcion de besos á los novios, y esclama con su media lengua:

—¡*Bindo* por mamita Amparo!

Hace luego una breve pausa, y añade, apuntando con un dedo al novio:

—¡Y por aquel!

Todos aplauden el gracioso desparpajo de la intrépida Albaricoque, la cual es, además, recompensada con un sorbito del espumoso vino, que hoy ejerce, con derecho ó sin él, la soberanía de los bríndis en los banquetes públicos y privados.

Quicó se vuelve á Amparo, y con acento de satisfaccion y de orgullo, le dice por Albaricoque:

—*Eso* es de lo que no hay; es un diablillo que se pierde de vista.

V.

Durante este bríndis ha salido Arturo con su madre, y volviendo al comedor, ofrece á los novios dos ramos de pensamientos en una primorosa bandeja de plata, en cuyo centro una figura celeste, símbolo de la caridad, cubre con sus alas á tres pobres, al pié de los cuales brilla esta inscripcion:

CLOTILDE, AMELIA Y ARTURO

Á

SUS BIENHECHORES.

Los novios estrechan en sus brazos á Arturo; la emocion les corta el uso de la palabra, y aun Solares se ve obligado á decir á Amparo:

—¡Eh! ¡niña! ¡se prohibe hacer pucheritos!

Prohibicion que, á ejemplo de lo que sucede con nuestras leyes, queda sin efecto, cuando Amelia recita, siguiendo en el turno á su hermano, unos versos, ó mejor dicho, una plegaria compuesta por Garciestéban, en la que la dulce niña pide á Dios que bendiga la union de la feliz pareja.

Silenciosos, hondamente conmovidos, y como colgados de la boca de aquel ángel, oyeron todos la poesía; pues fué recitada con tal sentimiento, tan natural sencillez y espresion, que unánimemente la consideraron como un eco profundo del alma.

VI.

Quico dice que él y su mujer son *súditos* fieles hasta el valle de Josafat, ofreciendo á los novios hasta la última gota de su sangre... y sus *haberes* y *utensilios:* esto es, sus vidas y haciendas; pero el mismo afan de lucirse y ponderar su adhesion, le hace perder varias veces los memoriales durante su breve y muy estudiado bríndis, en términos que, al finalizarle, Cipriana le murmura al oido:

—¡Anda, torpon, que hasta los niños de teta te dan ya quince y falta!

—¿Quieres callarte?—le responde su marido.—Y si no, ¿*pa qué* no hablas tú, que te pareces al maestro reparos?—

VII.

A una seña del marqués, entra un criado, y entrega á la novia un brillante aderezo de gran valor, y no menos gusto, que pasa de mano en mano para que todos lo admiren.

—¡Señores, señores—dice Bravo sonriéndose,—esto no es lo tratado! Conspiran ustedes, sin piedad, contra nuestro corazon, y conspiran cobardemente; pues son ciento y la madre contra dos personas á quienes privan de todo medio de defensa, porque no la hay contra cierta especie de ataques.

VIII.

El baron se ha reservado uno de los últimos puestos del turno. Sólo el marqués sabe en qué consiste el regalo que destina á los novios. Los bríndis de los que le han precedido resuenan aún en su alma, y le turban de tal suerte, que el papel que saca del bolsillo del costado de su famoso frac, le tiembla en las manos, como el puñal en la de un asesino.

En efecto, su rostro, su ademan, su temblor, todo parece que revela mas al delincuente que va á leer su propia sentencia, que al hombre sensible, recto y generoso que va á hacer una buena obra.

Viéndolo el marqués perplejo y tímido, le obliga á despachar, esclamando:

—¡Que lea sus versos!

—¡Que los lea! repiten los circunstantes.

El baron responde:

—Estos versos, aunque suenen bien, valen mucho menos que los recitados por Amelia, porque son oro con mucha liga de otros metales, y aquellos son oro puro: este oro se encuentra en el corazon de la tierra; aquel sólo se cria en el fondo del alma. Supla, pues, mi buen deseo á la pequeñez de la oferta.

En seguida lee la escritura de cesion de unas fincas tasadas en cuarenta mil duros, hecha por él y por Marieta á favor de Bravo y de Amparo.

—¡Mira, baron—esclama don Lorenzo, con mas muestras de enojo que de alegría,—eso sí que!...

—¡Mira, Lorenzo—interrumpe el baron, dirigiéndose á su amigo,—á la menor palabra que hables, tomo el camino de Buñol! ¿Te debo algo? ¿No soy dueño de disponer de lo mio?

—Falta saber—observa Amparo, mirando maliciosamente á Marieta y á Somoza,—si con esa cesion no se perjudica á cierta persona.

El baron comprende la indirecta, y responde:

—¿Y qué dirá mi ahijada, cuando sepa que esa persona es la misma que me lo ha aconsejado?

—¡Marieta! esclama Amparo, en ademan de levantarse.

La sobrina del baron la gana por la mano, y las dos amigas se confunden en un estrecho abrazo.

—Está bien—dice Bravo,—se acepta la cesion; pero el dia de la venganza se acerca, y entonces, ¡ay de los que ahora nos abruman con sus obsequios! Sufrirán la pena del talion: ¡ojo por ojo, diente por diente!

—Lorenzo recordará—observa el baron—que esos cuarenta mil duros, con ochenta mil encima, estuvieron destinados al dote de una señorita con quien hubiera yo contraido matrimonio, á no darme ella calabazas. Háganse cuenta los novios de que me he casado, y así no tendrán que acusarme de rumboso; antes, al contrario, pues que me reservó ochenta mil duros y lo demás que constituye el resto de mi fortuna, para dotar á quien yo me sé. Pero estamos perdiendo un tiempo precioso en hablar de cosas que no merecen la pena. ¡Señor Garciésteban!... ¡Señor Somoza!... ¿qué hacen ustedes? ¿se han vuelto mudos?

—¿Qué falta hacemos?—esclama Garciestéban.—¿Qué falta hacemos nosotros, pobres rezagados, y sin municiones de guerra, cuando el grueso del ejército ha batido ya esos dos fuertes con toda clase de proyectiles, desde el perdigon hasta la granada, y con toda clase de armas, desde la carabina Minié hasta el cañon rayado, desde los besos de Albaricoque hasta la escritura que usted acaba de leernos? En fin, sálvenos tambien, como á usted, nuestra buena intencion; cuando la patria reclama el concurso de todos sus hijos, con igual gratitud recibe el óbolo de los pobres, que el espléndido tributo de los ricos. ¡Allá va eso!

Garciestéban deposita en la bandeja una moneda de dos reales. Imítale Somoza, y dice por lo bajo á Bravo:

—¡Chico, lo que es nosotros, como no empeñemos el modo de andar!

—Venga acá la bandeja; dice el baron.

Al llegar á sus manos, examina cuidadosamente las monedas, mirándolas por el anverso, por el reverso y por los bordes, en medio del mas profundo silencio, hasta que las vuelve á poner en su sitio, esclamando:

—Lo que dije de los versos de Amelia, lo repito ahora: ¡esto es oro puro! ¡oro puro!

IX.

El baile de la noche fué un baile puramente de familia.

Era preciso complacer en todo á don Lorenzo.

El baron decia á los novios, sonriéndose delante del anciano Figueroa, y aludiendo á él:

—Afortunadamente, hoy concluye su mando; mañana podreis entrar de lleno en el mundo, y gozar de los placeres lícitos con que brinda al que sabe y quiere buscarlos. Dejemos á Lorenzo y al marqués hablar de escollos, de precipicios, de engaños, de redes, de emboscadas, y demás peligros de que las personas atrabiliarias rodean á la sociedad: no negaré yo su existencia; pero esas emboscadas, esas redes, esos engaños, esos escollos y esos precipicios, mas que en la sociedad, existen dentro de nosotros mismos. El que obra con rectitud y sabe rodearse de personas igualmente rectas, no los teme; y si encuentra algunos en su camino, los mira como accidentes de poca importancia: sólo hay uno eterno y terrible: el remordimiento; el alma que cae en este abismo, con dificultad sale de él, porque las alas se le destrozan en su caida, y un ave sin alas no puede elevarse á las regiones de la luz, á las atmósferas puras, que son su elemento.

X.

Don Lorenzo y el marqués se reian, desde un rincon, al ver tan arriscado á Solares, que pareció remozarse participando con los jóvenes de la diversion de la noche.

Ciertamente el buen caballero se salió de sus casillas, sirviendo de pareja, en dos rigodones, á la novia y á Marieta, y haciendo otros mil escesos, como diria el marqués; el cual, fuera de esto, no halló motivo para escandalizarse de nada, á pesar de que hubo polkas, de cuyo baile habia dicho pestes en sus disputas con su amigo, sosteniendo él, y no sin razon, que le disgustaban esas afinidades livianas, esas combinaciones íntimas de dos personas de distinto sexo, que tanto retrasan los progresos de la química moral.

—¿Habia yo de consentir—esclamaba en semejantes ocasiones—que viniese un mastuerzo cualquiera á sobar y estrujar deshonestamente en sus brazos á mi esposa, á mi hermana, ó á mi hija, si las tuviera, sin echarle un bufido que lo alejase para siempre de nuestro lado? ¡Y se llaman esposos, y se llaman hermanos, y se llaman padres los que toleran espectáculos capaces de ruborizar á las heroinas de Mabille!

XI.

Hagamos aquí punto, lector, y antes de despedirnos de esta buena gente, consignemos las noticias que han llegado á nuestros oidos relativas á otros personajes de nuestra historia.

Poco podria yo añadir, á no ser adivino, ó á no tener la poca aprension de algunos novelistas estranjeros, famosos calumniadores de la vida, que venden como narraciones humanas los absurdos abortos de sus cerebros; que han convertido al hombre en payaso, la historia en un cuento, la moral en una prostituta, el arte en una industria soez, y á quienes, sin embargo, la fama ha erigido altares en los que no hay necio que no haya quemado su granito de incienso.

Yo debo ser franco y verídico: no sé mas de Taravilla, sino que estudia como un desesperado, y que despues de enterarle sus primos de ciertas cosas, sigue en sus trece con respecto á los ojos de gallo de la marquesa, que sus sospechas colocaron en la conciencia, y no en los piés de la misma. Su tema contra el intruso está en cuarto creciente.

La Capitana Tula dispone una espedicion á Madrid, para lucirse en algun *sudaré* y pretender un estanco, fundándose en los servicios prestados al país por el que pudre. ¡Fresca está!

Chima anda á la husma de un novio que se acuerde y se compadezca de su doncellez menesterosa, y de vez en cuando recuerda con horror la pasada de mal género que estuvo á pique de jugarla el tunante de don Eufrasio, *alias* Orejas.

De este, de Letanías, Pespuntes, el Bisbe, la Santera y el de los zaragüelles, se sospecha con razon que serán condenados.

Los periódicos han anunciado la escapatoria de una jóven de la aristocracia madrileña con un torero: esta jóven es Abelina; aviso á las mamás lironas. La pobre vizcondesa del Salto, á quien de veras compadezco, principia á conocer los inconvenientes de· tener los ojos cerrados mas tiempo del regular, cuando las hijas los tienen demasiado abiertos.

XII.

Y ahora despidámonos afectuosamente de las familias de Figueroa, de Bravo, de Solares, de Quico, de Clotilde y demás buenos compañeros de peregrinacion durante el momento de la vida en que han pasado los sucesos referidos, y á quienes quizá ninguno de nosotros vuelva á encontrar en su camino.

Si por ventura te hubiere interesado la historia que fiel, aunque pálidamente, acabo de narrar; si leyendo mi libro en las veladas de invierno, al amor de la lumbre, ó en estacion mas benigna, rodeado de niños, de mozos, de ancianos, de una familia, en fin, que busca y sigue lo bello, lo noble y lo bueno, has sorprendido ya una lágrima, ya una sonrisa en los ojos ó en los labios de tus oyentes (segun las diversas vicisitudes de los personajes dignos de simpatía que en él figuran), ni tú podrás menos, ni tu familia dejará de hacer votos porque lleguen felizmente al fin de su viaje.

Triste es ver que todo lo que llegamos á amar, todo lo que forma nuestra esperanza, nuestra delicia, nuestro bien y nuestra gloria, desaparezca tan pronto, y desaparezca tal vez cuando menos lo pensamos, cuando la desaparicion de esos séres que han vivido á nuestro lado, en nuestra alma, ha de herir mas hondamente á nuestra flaca naturaleza; pero el hombre religioso no debe abatirse. Cuando el viajero con quien ha caminado en grata compañía algun trecho, necesita apresurar el paso para seguir el itinerario que la Providencia le marca, lo saluda, no con la desesperacion de un loco, sino con la tierna melancolía propia de una ausencia temporal, porque horas antes ú horas despues, han de encontrarse en la patria comun de las almas buenas.

En la existencia y en la suerte de la mujer, como en la del hombre, en la del niño como en la del anciano, en la del rey como en la del mendigo, se observa una sucesion alternativa de goces y de penas, de reveses y de prosperidades, que podríamos comparar con el flujo y reflujo del Océano; pero estos distintos elementos, á primera vista contradictorios, contribuyen

en igual medida á la perfeccion del sér aislado, y por consiguiente, de una manera reflexiva, al progreso del sér colec-
tivo, que se diferencia del mar, en que así como á este le ha
dicho Dios, sujetándolo con un débil dique de arena: *De aquí
no pasarás;* á la humanidad le grita á todas horas: ¡*Adelante!*

En la tierra no está nuestro hogar; no es un término la
tierra, es un tránsito para otra parte, un arenal con pocos
oasis, donde esta noche clavamos nuestra tienda, como el árabe
la suya en el desierto, para levantarla al nuevo dia y andar
otra jornada, hasta que luzca á nuestros ojos la nueva Jerusa-
lem, donde encontraremos el reposo y la felicidad completa á
que vanamente aspiran aquí nuestros afanes.

La tarea de la humanidad consiste en allanar ese tránsito,
en hacerlo mas fácil, mas dulce, mas llevadero; en abrir en
ese arenal fuentes que calmen la sed del viajero, en sembrar
de flores su aridez, y en señalar una via segura para que éste
no se pierda en la inmensidad, ni se deje seducir por el espe-
jismo engañoso del desierto.

¡Gloria á la fé, gloria á la ciencia, gloria al arte! estos
tres faros amigos de la caravana que conduce la ofrenda de
los siglos, para depositarla á los piés del Criador, y decirle:
«¡hé aquí mi trabajo, hé aquí mi redencion, hé aquí los títulos con que aspiro á tu bondad y á tu amor infinitos!»

FIN DE LA NOVELA.

INDICE

DEL TOMO SEGUNDO.

COLOCACION DE LAS LAMINAS.

TOMO PRIMERO.

TOMO SEGUNDO.

ERRATAS IMPORTANTES.

En la pág. 451, linea 2 y siguientes del tomo I, donde dice: «y por la tarde volvió á Buñol, deseando que llegara la hora de acudir á» léase: «mas no á la capital de la provincia, porque tenia que estar en Buñol á la hora de».

En la pág. 96, línea 4 del tomo II, donde dice: «Somoza y Bravo» léase: «Bravo y Somoza».

Y en la pág. 191, línea 24 del mismo tomo, donde dice: «¿Qué paga el cuarto?» léase: «¿Qué gana el cuarto?»

OBRAS LIRICAS

DEL MISMO AUTOR.

——

Armonías y Cantares; preciosa edicion. Un volúmen; su precio 8 rs.
Elegías; edicion elegante, con un retrato hecho por distinguidos artistas. Un volúmen; 8 rs.

OBRAS HUMORISTICAS, EN PROSA.

Proverbios ejemplares; 1.ª y 2.ª séries. Dos volúmenes; 20 rs.

OBRAS EN PREPARACION.

Proverbios ejemplares; 3.ª y 4.ª séries.
La Arcadia moderna; coleccion de idilios burlescos.
Mesa revuelta; artículos y cuadros de costumbres.